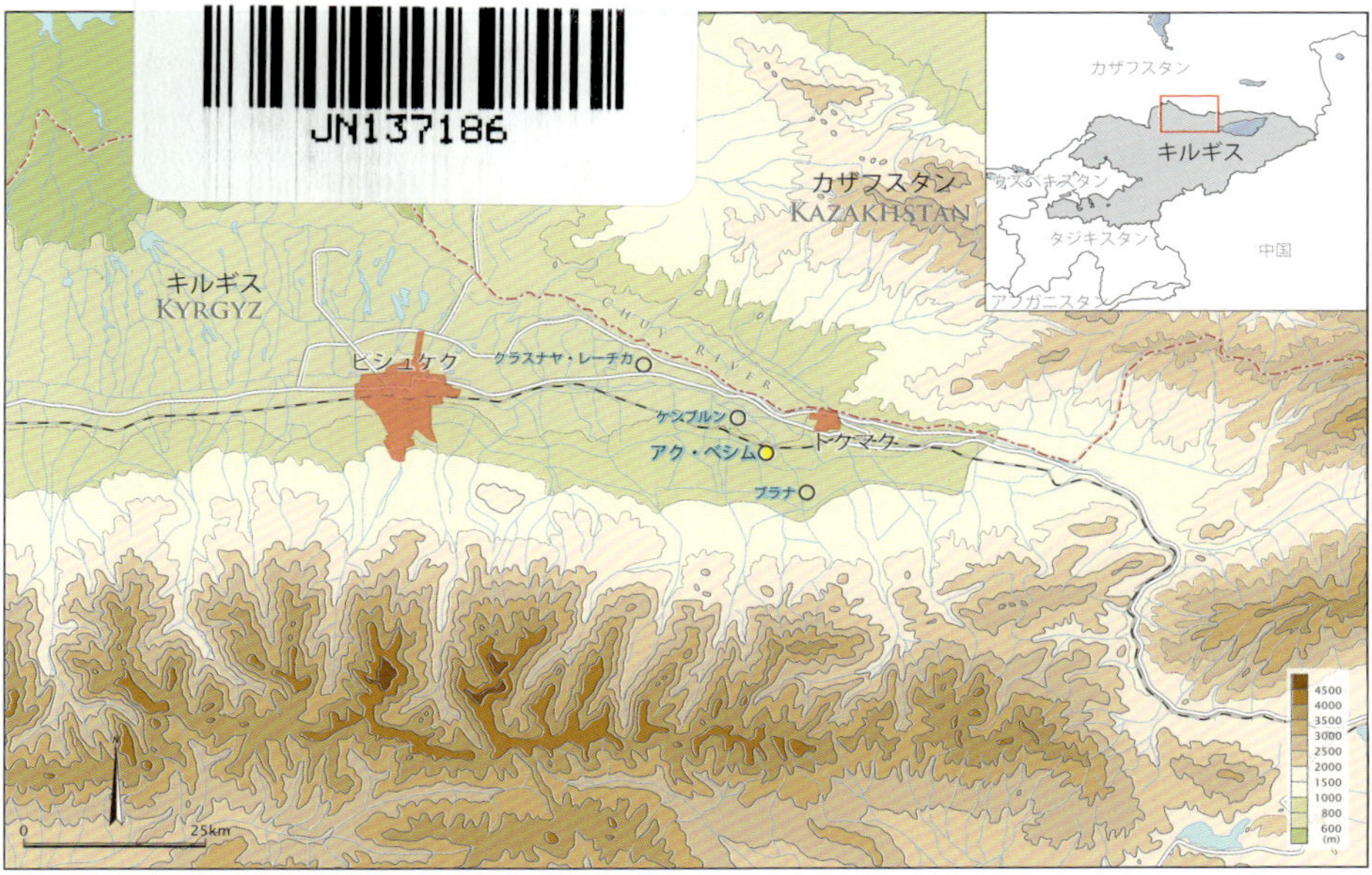

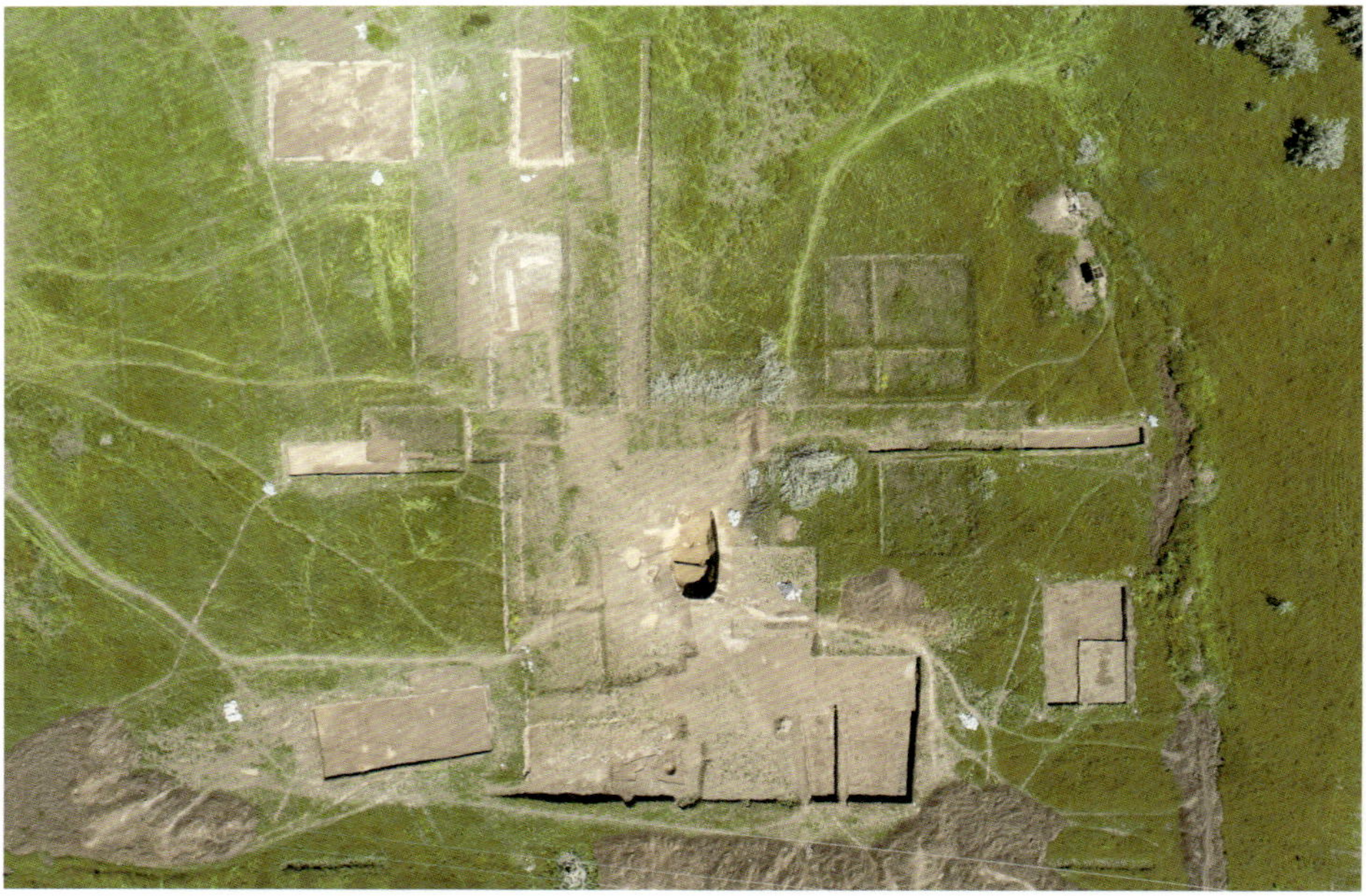

(上) ①キルギス共和国のアク・ベシム遺跡の位置（帝京大学文化財研究所提供）

(下) ②第2シャフリスタン発掘地点全景（帝京大学文化財研究所提供）

（上右）③南東から撮影した第1シャフリスタン（AKB8）（帝京大学文化財研究所提供）

（上左）④杜懐寶碑（スラブ大学附属博物館蔵、帝京大学文化財研究所提供）
→【平野論文、森論文、福井論文、齊藤コラム参照】

（下右）⑤アク・ベシム遺跡第2シャフリスタンの花柄石敷（帝京大学文化財研究所提供）
→【平野論文参照、向井論文参照】

（下左）⑥花柄石敷（部分拡大）（帝京大学文化財研究所提供）→【平野論文参照、向井論文参照】）

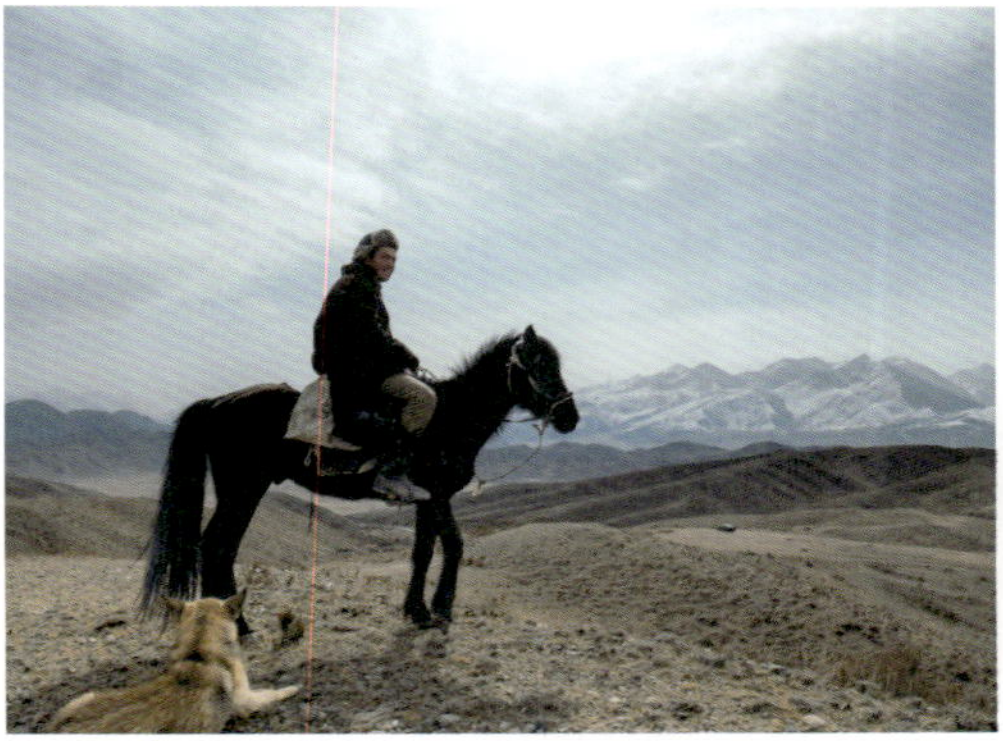

（上右）⑦イシク・クル湖湖畔の村に住む家族（福田大輔撮影）→【福田コラム参照】

（上左）⑧イシク・クルの羊飼い（福田大輔撮影）→【福田コラム参照】

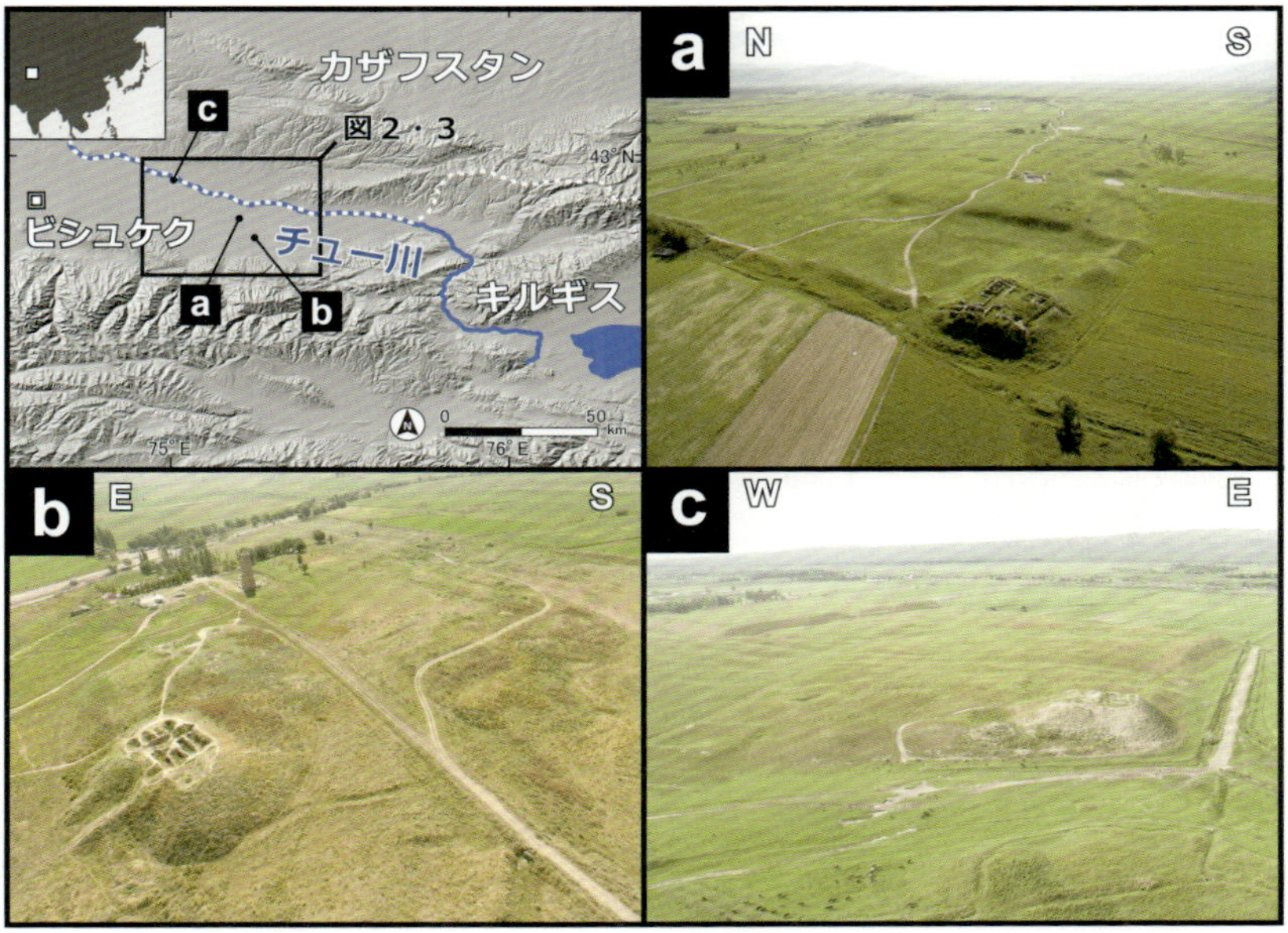

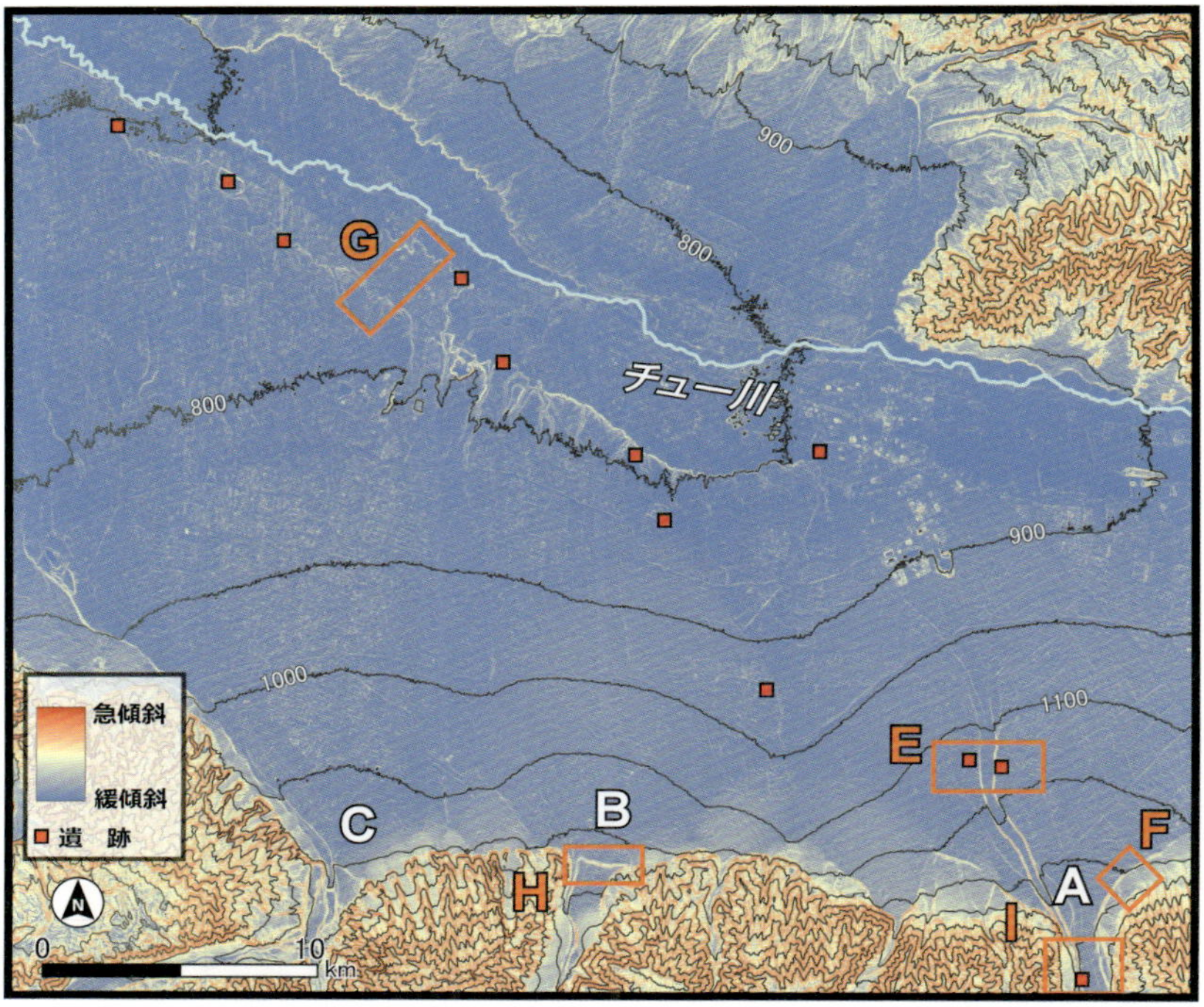

（上）⑨調査地の位置と遺跡の空撮写真）（a：アク・ベシム遺跡、b：ブラナ遺跡、c：クラスナヤ・レーチカ遺跡）→【佐藤論文参照】

（下）⑩調査地の傾斜量図と遺跡の分布→【佐藤論文参照】

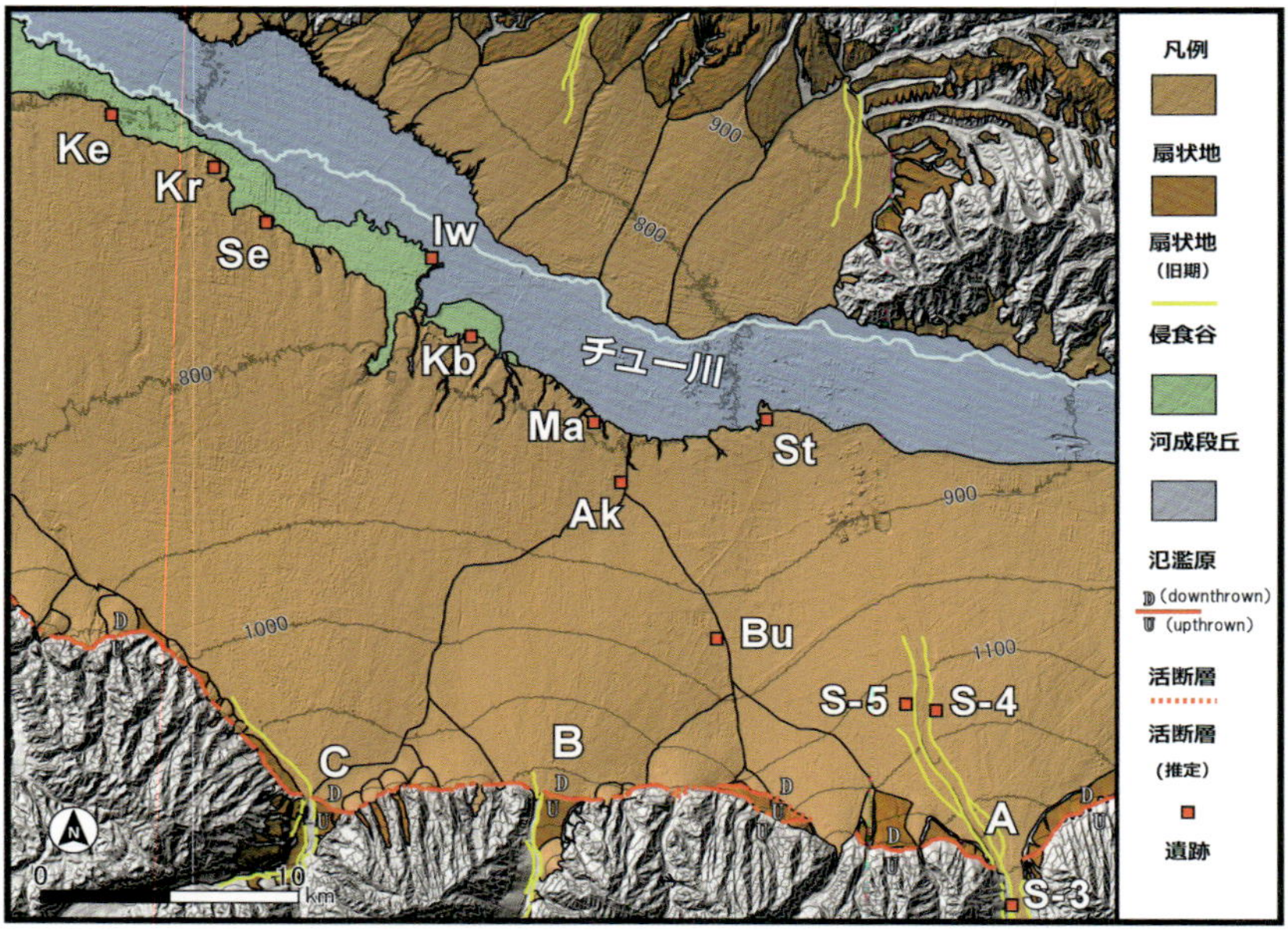

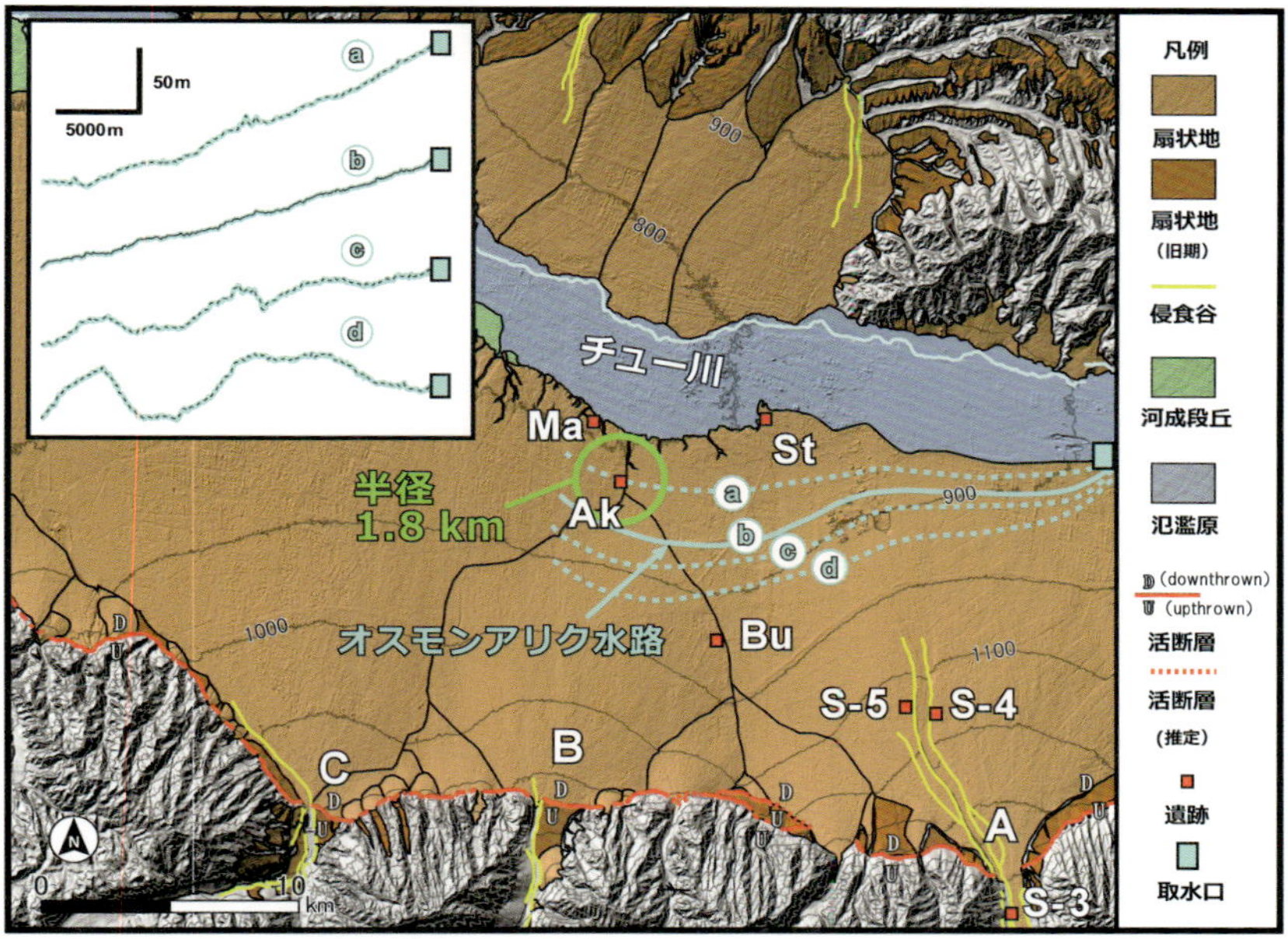

（上）⑪調査地の地形分類図と遺跡の分布→【佐藤論文参照】

（下）⑫調査地の地形分類図とオスモンアリク水路との位置関係

Ke: ケネシュ , Kr: クラスナヤ・レーチカ , Se: セレホズヒミヤ , Iw: イワノフカ , Kb: ケン・ブルン , Ma: 小アク・ベシム , Ak: アク・ベシム , St: スタラヤ・パクロフカ , Bu: ブラナ , S-3: シャムシー 3, S-4: シャムシー 4, S-5: シャムシー 5→【佐藤論文参照】

アク・ベシム

Ак-Бешим

遺跡を掘る

よみがえるシルクロードの交易都市

山内和也・齊藤茂雄〈編〉

勉誠社

アク・ベシム

山内和也
齊藤茂雄〈編〉

Ак-Бешим

遺跡を掘る

よみがえるシルクロードの交易都市

ソグド文字が刻まれた方孔銭

「軍事」の二文字が刻まれた碑文断片

青銅製の十字架

III 出土遺物・文化

「懐」の字が刻まれた丸瓦の破片

方孔銭＝第1シャリフスタン出土
丸瓦、十字架、碑文断片＝第2シャリフスタン出土
図版提供＝すべて帝京大学文化財研究所

序文

山内和也

ユーラシア大陸を貫き、洋の東西と南北を結ぶシルクロードは、「もの」を伝える交易の道というだけでなく、技術や宗教、思想、芸術、文化といった人間の知恵を伝える道でもあり、人と人が出会う場でもあった。「もの」や人間の知恵は、人と人が出会うことで世界に広まっていった。その意味で、シルクロードは人類の歴史において重要な役割を果たしてきた。

シルクロードを東から辿ると、唐の都長安（現在の西安市）を出発して西に向かい、河西《かせい》回廊を抜けるとタクラマカン砂漠の東端に至る。ここで道は南北二つの道に分かれ、北側の道はさらに天山山脈を挟んで南北二つの道に分かれる。天山山脈の北麓を抜ける道は天山北路、天山山脈の南麓を抜ける道は天山南路（西域北道）と呼ばれている。この二つの名称は、もともとはともに清朝時代の行政区域の名称であったが、現在ではシルクロードの二つのルートの名称として知られるようになった。

天山山脈は中央アジアの南東部、中国の北西部に位置する東西に伸びる山脈で、長さ約二五〇〇キロ、南北幅約四〇〇キロにも及び、中央ユーラシアの地勢を南北に分ける山脈であるだけでなく、中央アジア世界と東アジア世界を隔てる山脈でもある。この天山山脈の西側に位置する二つの支脈がチュー・イリ山脈とキルギス・アラトー山脈であり、本書で取り上げるアク・ベシム遺跡は、天山山脈の二つの支脈に挟まれたチュー盆地（チュー谷）に位置している（**口絵①**参照）。

天山山脈の支脈であるキルギス・アラトー山脈の北麓、一帯に広がる畑地のなかに佇む都市遺跡、これが現在アク・ベシムと呼ばれる遺跡である。かつてはスイヤブと呼ばれ、五世紀～十一世紀にかけて、シルクロードの交易都市、そして農耕の拠点として繁栄していた。アク・ベシム遺跡は、北側と南側の二つの山並みに挟まれた平地にあり、北側の山並み（チュー・イリ山脈）はすでに隣国のカザフスタン共和国の領土である。冬の寒さは苛烈で、氷点下二十度まで下がることもあるが、三月下旬から四月初旬になり、春が訪れ、雪融けが進むと、遺跡の周囲一帯は一気に緑で覆われるようになり、赤や白、黄色や青の花が咲き乱れる。時折り寒くなったり、雨が降ったりするものの、春は緑豊かで過ごしやすい季節である。しかしながら、春はとても短く、五月の下旬からは雨も降らなくなり、暑い夏が十月頃まで続くことになる。夏の暑さもまた苛烈で、三十五度から四十度に達することもしばしばである。この時期には大地はすっかり乾いてしまい、灌漑によって水がもたらされる畑を除けば、一帯は茶色へと変わってしまう。十一月に入ると急に寒くなり、雪も時折り舞うようになり、また寒い冬が始まる。

編者の一人である山内がこのアク・ベシム遺跡で調査を開始したのは、二〇一一年のことで、すでに十四年になる。二〇〇二年からアフガニスタンのバーミヤーン遺跡の文化遺産の保護に携わっていた私は、それを足掛かりとして中央アジア、シルクロードの文化遺産の保護や調査研究に取り組みこととなり、それとともに中央アジアの国々を巡る機会が増えることとなった。私自身、若い頃にイランのテヘラン大学に留学していたこともあり、なじみがあったイラン世界の文化や美術の影響が中央アジアにも及んでいることを実感することが少なからずあった。その一方で、中央アジアを東に進むにつれて、イラン世界の影響がどんどん薄くなり、東アジア世界の影響が強まっていくことを感じることができた。私が肌で感じた東アジア世界とイラン世界の境界線は、まさにキルギス共和国が位置するあたりであった。ある意味、多くの日本人にとってのシルクロードは、東アジアの端にある日本から見える西方世界なのかもしれないが、私にとってのシルクロードは西方から見える東方世界であり、さらには日本へと戻る「道」なのかもしれない。

そうしたなかで発掘調査の対象として選んだのがこのキルギス共和国に位置するアク・ベシム遺跡である。キルギス共和国の東側の隣国は中国であり、まさに東アジア世界との接点に位置しているということができる。といっても、その当時、東京文化財研究所で勤務していた私は、実のところ、文化遺産の保護と研究のワークショップを行なう場としてこのアク・ベシム遺跡を選んだのであり、当初は発掘調査を本格的に行なう場とは考えていなかった。二〇一一〜二〇一四年にかけて実施されたこのプロジェクトでは、中央アジア諸国やアフガニスタン、アルメニアの若手研究者を招へいし、文化遺産の保護に関わる人材育成や技術移転を行ない、大きな成果をあげることができた。この経験を土台に、二〇一五年からは発掘を主たる目的とした調査を開始することとなった。

二〇一六年、私が帝京大学文化財研究所に勤務することとなったのと合わせて、帝京大学は、創立五十周年(二〇一六年)を機に「帝京大学シルクロード学術調査団」を設立し、帝京大学文化財研究所を中心としてアク・ベシム遺跡での本格的な発掘調査に着手することとなった。それ以来、新型コロナウイルス感染症が蔓延した二〇一九年と二〇二〇年を除いて、キルギス共和国国立科学アカデミーと共同で、かつてスイヤブと呼ばれたこのアク・ベシム遺跡で発掘調査を実施している。

発掘シーズンは毎年、四月中旬から五月下旬としている。それは、夏はとても暑いだけでなく、スコップの歯が立たないほど土が乾いてしまううえに、掘った土がみるみる乾き、真っ白になってしまい、土の色が見分けられなくなってしまうからである。その一方で、春は過ごしやすいうえ、冬に積もった雨や雪が大地に浸み込んでおり、土も柔らかく、また土の色も見分けやすいからである。宿舎は遺跡から車で二十分ほど離れたトクマク市内のサウナ兼ホテルであり、私たちの憩いの場でもあり、仕事場でもある。施設全体を貸し切りにし、生活するとともに、建物内や屋外で、出土した遺物の洗浄や調査を行なっている。食事は、三食ともに地元の料理人に頼んで作ってもらっているが、曜日を忘れないようにするために、毎週金曜日の夕食には日本風のカレーライスを食べることとしている。昼食はランチボックスで、現場での作業の合い間の楽しみともなっている。

二〇一六年から続いている発掘調査ではさまざまな成果が上がってきている。現在では、古典的な考古学のみならず、文献史学や美術史学、生物考古学、文化財化学、考古医科学、地理学、民俗学といったさまざまな分野の研究者が集い、このアク・ベシム遺跡＝スイヤブがどのような場所であったのかを解明すべく取り組んでいる。土に埋もれたシルクロードの交易都市がどのようなものであったのかが、徐々にではあるが、その姿が浮かび上がりつつある。

本書は、アク・ベシム遺跡の調査に関わる成果を広く紹介することを目的として編まれたものである。成果の一端をご紹介することで、これまでどのような研究や調査が行なわれ、またどのような成果が得られているのかをご理解いただければ幸いである。

［総論］

アク・ベシム遺跡（スイヤブ）とは

山内和也・齊藤茂雄

やまうち・かずや――帝京大学教授・帝京大学文化財研究所長。専門はシルクロードの考古学・文化史。主な編著書に『シルクロードのコイン1』『シルクロードのコイン2』『砕葉史研究』（帝京大学シルクロード叢書、帝京大学出版会、二〇二五年）、論文に「砕葉鎮城の大雲寺の位置と伽藍配置に関する試論」「砕葉鎮城の建設とアク・ベシム遺跡シャフリスタン1の都市プランの変化」（『帝京大学文化財研究所研究報告』二三、二〇二五年）などがある。

さいとう・しげお――帝京大学文学部史学科講師。専門は古代遊牧民族史。主な論文に「砕葉とアクベシム――7世紀から8世紀前半における天山南部の歴史展開（増訂版）」（『帝京大学文化財研究所研究報告』二〇、二〇二一年）、「文献史料から見た砕葉城」（『帝京大学文化財研究所研究報告』二一、二〇二二年）、「タラス河畔の戦いと砕葉――唐の出兵目的をめぐって」（『東洋学報』一〇五―一、二〇二三年）などがある。

はじめに

アク・ベシム遺跡は、キルギス共和国の北部、天山山脈の支脈である三〇〇〇～四〇〇〇メートル級の山が連なるキルギス・アラトー山脈の北側の沖積平野にあり、同じくキルギス・アラトー山脈に源を発し、この沖積平野を東から西へと流れるチュー川の南岸に沿って連なる都市遺跡の一つである（**口絵①**参照）。この都市遺跡は、五～十一世紀にはシルクロードの国際交易都市として栄え、アラビア語やペルシア語史料ではスイヤブ（スーヤーブ）、漢文史料では砕葉城（『旧唐書』など）、素葉水城（『大唐西域記』）、素葉城（『大慈恩寺三蔵法師傳』）の名称で記録されている。六三〇年には経典を求めてインドへ向かった玄奘がこの地を訪れたことでも知られている。

かつてスイヤブと呼ばれた都市遺跡アク・ベシム（望月コラム**図2**参照）は、五世紀頃に西方から移住してきたソグド人が東方つまり中国世界への進出拠点として建設したもので、シルクロード交易の拠点としてのみならず、この地域の農耕の拠点としても繁栄した。ソグド人が進出する以前は、アク・ベシム遺跡、つまりスイヤブが位置するチュー川流域はおもにテュルク系の遊牧民が支配する地域であったが、ソグド人によって都市、そして耕地が作られたことによって、この地域に農耕都市空間が出現することとなり、その結果、現在見られるような景観が誕生することとなった。七世紀の前半には西突厥の政治的な中心地となったが、七世紀後半には西突厥、吐蕃、唐がこの地の支配を巡り、抗争を繰り広げた。西方への勢力拡大を目指した唐は西突厥を破り、この地を安西四鎮の一つに加え、六七九年にはその拠点となる「砕葉鎮城」を建設した。これによって、中央アジア的なソグド人の都市と中国の都市（軍事拠点）が隣り合って存在するという、中央アジアでは類を見ない、特徴的な都市となった。

しかしながら、唐による直接統治は長くは続かず、八世紀の初めに唐が撤退すると、同じくテュルク系の遊牧民である突騎施（テュルギシュ）がこの地を本拠地として、西方から進出してきたイスラーム勢力に対抗した。その後、葛邏禄（カルルク）の拠点となったが、カラハン朝が台頭した十世紀にはこの地域の政治的、経済的な中心がベラサグン（現在のブラナ遺跡）へ、経済的な中心がナヴィカト（現在のクラスナヤ・レーチカ遺跡）に移ったことで、スイヤブ（アク・ベシム遺跡）は十一世紀頃には衰退へと向かい、十二世紀にはほぼ完全に都市としての機能が失われたと考えられる。その後、この地域は再び遊牧民が支配し、生活する地域へと戻ることとなる。

一、アク・ベシム遺跡に残された痕跡

一九七〇年代に進んだ大規模な整地と耕地化によって、現在では痕跡を確認することはできなくなっているものの、一九四〇～五〇年代に作成された遺跡地図や一九六〇年代に撮影された空中写真によれば、アク・ベシム遺跡の南側と西側、そして北側は全長約一〇キロを越える壁で囲まれており、東側には防御の濠をかねた二本の水路があった（**図**参照）。この壁と水路で囲まれた範囲がその当時スイヤブと呼ばれた農耕都市空間の範囲であり、その大きさは東西約四キロ、南北約三・五キロである。その中心にはソグド人が建設した街と中国の唐軍が建設した街が隣り合って存在している。西側に位置する小高い丘状の遺跡が、ソグド人が建設した街（第一シャフリスタン）で、ほぼ長方形

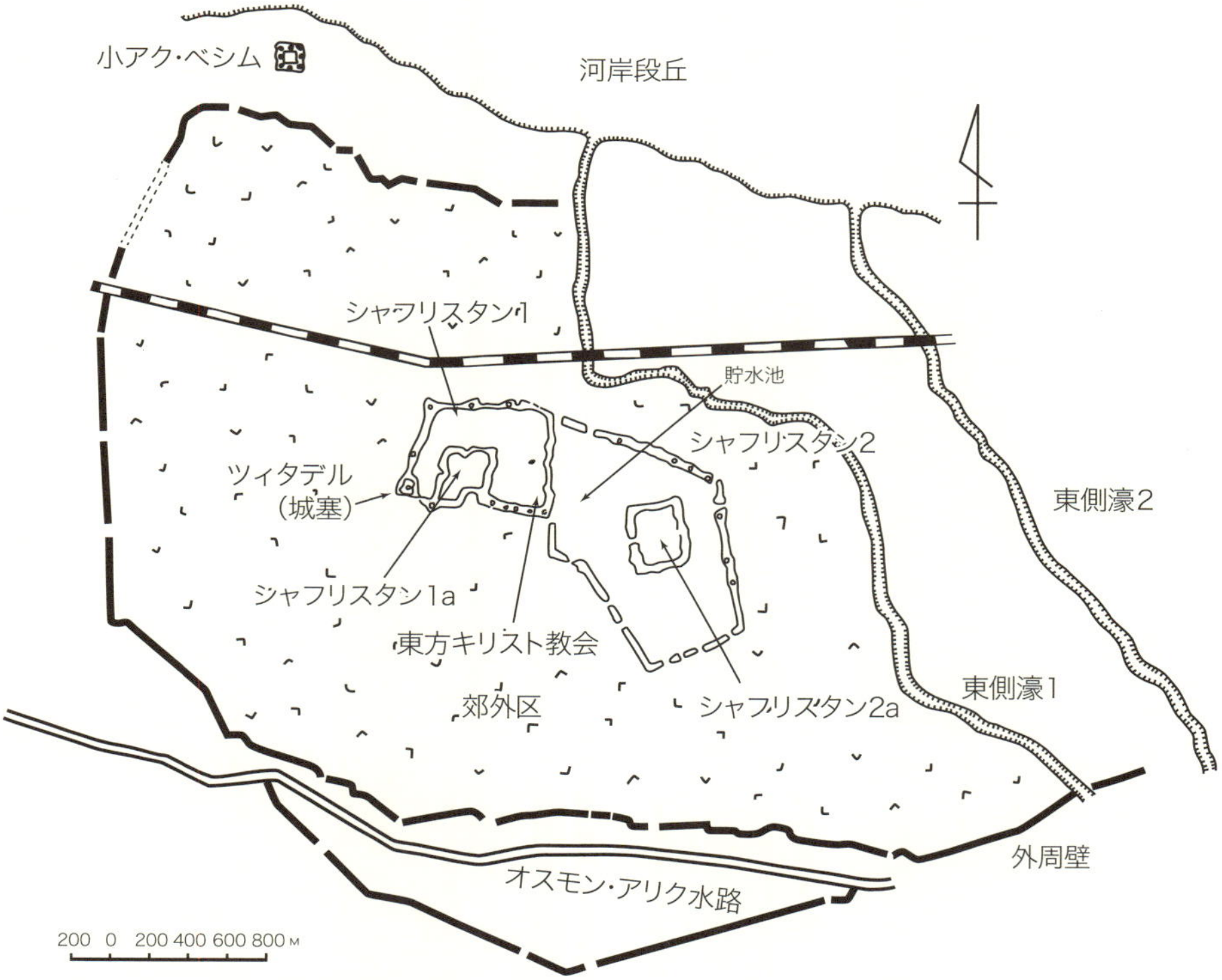

図　アク・ベシム遺跡全体図および呼称名

をなし、大きさは東西七四〇メートル×南北五四〇メートルである。東側に位置するのが砕葉鎮城（かつては「ラバト」と呼ばれていた第二シャフリスタン）の跡である。一九六〇年代の空中写真によれば、砕葉鎮城は不整五角形をなす壁で囲まれており、大きさは東西七〇〇×南北一二〇〇メートルほどであったが、大規模な耕地化による削平のために、現在では東壁と南壁の一部を残すのみである。この二つの街は一本の壁を共有しつつ、東側と西側に隣り合うように位置しており、砕葉鎮城が存在していた七世紀後半から八世紀初めにかけては、まさに東方世界と西方世界の接点であった。

　このスイヤブの南側の周壁に沿って、その南側（壁の外側）には、チュー川の上流から引かれたオスモン・アリクと呼ばれる一本の水路が等高線に沿うようにして東から西に向かって流れている。この水路はソグド人によって計画的に造られたもので、街と耕地に水を供給していた。街の南側にはキルギス・アラトー山脈が位置しており、春には雪融け水が南から北へ、つまりスイヤブに向かって流れ下ってくることから、この水を利用すれば良いと考えがちである。しかし、春の雪融け水は一時的なものであり、またときには洪水を引き起こす可能性があり、その水を恒常的に利用することは決して容易なことではない。この地に進出したソグド人は、交易の民であると同時に、農耕民でもあり、都市や水路といったインフラ整備に必要な土木技術を持ち合わせていたようである。ソグド人は、まずは地形を観察し、春の洪水を避けるために微高地を都市建設の場として選びつつも、それに先んじて、街とその周辺の農耕地に水を供給するために北側を流れるチュー川の上流から水路を引くことが可能な地点を綿密に選定していたものと考えられる。中心となる二つの街とその周囲を取り囲む壁の内側に広がっていた空間は、このようにして得られた水によって豊かな農地へと変貌しただけでなく、現在のこの地の景観を生み出す基礎となった。

ソグド人の街（第一シャフリスタン）の南西隅には領主の居館の跡が残されている。街の入り口（南門）は南壁のほぼ中央にあり、その北側で行われた発掘調査では、幅約八メートルの街路とその両側に立ち並んでいた日干しレンガ造りの建物が見つかっている。南門の南側でも土器の破片などがたくさん見つかっていることから、この場所には南門に通じる街路が伸びており、多くのキャラバンが行き交うとともに、現在の中央アジアでも見られるような数多くの店が軒を連ねるバザールが広がっていたようである。

唐王朝が建設した砕葉鎮城（第二シャフリスタン）は、大規模な整地のために、建物の痕跡を地上で確認することはできないものの、ところどころに灰色の焼成レンガの破片が散らばっている。こうした痕跡を基に発掘調査を行なった結果、これまで幅二×長さ二五メートルの帯状に集積した大量の瓦片や色とりどりの川原石で花の文様が描かれた石のモザイク、大型の建物が立ち並んでいたことを示す土造りの大規模な基壇の痕跡などが見つかってきており、土に埋もれたかつての砕葉鎮城の様子が少しずつ明らかとなってきている。

これ以外にも、このアク・ベシム遺跡では、シルクロードを辿って広がった宗教に関する建物も発見されている。ソグド人の街である第一シャフリスタンの南西側（第一仏教寺院）と南東側（第二仏教寺院）にそれぞれ仏教寺院があり、中央アジアの様式を示す建物や仏像などが見つかっている。玄奘の記録には仏教寺院に関する記述がないこと、そして出土しているコインに基づけば、いずれの仏教寺院も八世紀の中頃に建設されたものと推測されるが、現時点では確証はない。さらには、砕葉鎮城のなかにも別の仏教寺院（第〇仏教寺院）があり、ここでは中国様式の仏像が見つかっている。この中国式の仏教寺院は、武則天が命じて各地に建設させた「大雲寺」であろうと推測されていることから、七世紀の終わり頃に建設されたものと考えられる。

仏教以外にも、東方キリスト教会も二つ見つかっている。ソグド人の街（第一シャフリスタン）の内側、南東隅にある教会址は、現在でも見ることができる。もう一つの教会址は砕葉鎮城の範囲（第二シャフリスタン）の内側に位置するが、これは唐軍の撤退のあとに建設されたものであろう。この二つの東方キリスト教がいつ建設されたかは明らかとなっていないが、八世紀の後半頃のものであろうと推測される。

さらには、ソグド人が信仰していた宗教の一つであるゾロアスター教に関する痕跡も少ないながらも残されている。現在、第一シャフリスタンのすぐ北側には、首都ビシュケクとイッシク・クル湖を結ぶ鉄道が走っているが、この鉄道建設の際に、ゾロアスター教徒が葬送に用いたオッスアリ（蔵骨器）が見つかっている。他方、ゾロアスター教の神殿の存在はまだ確認されていないが、それは神殿が街のなかにあり、これまで調査が行なわれていないために見つかっていないのであろう。

このスイヤブに関して、私たち日本人にとってなじみのある歴史上の人物といえば、玄奘という名が真っ先に上げられる。玄奘は、経典を求めてインドへ向かう途上、六三〇年にこのスイヤブ（アク・ベシム遺跡）を訪れ、遊牧国家である西突厥の王に会った。その大きな目的は、アフガニスタンの北部に至るまで支配していた西突厥の可汗《カガン》（遊牧国家の君主のこと）から旅の安全を保証してもらうためであった。玄奘は、可汗から中国語と西域諸国の言葉を解する通訳、諸国への手紙などを受け取り、インドへの旅を続けることとなった。さらにもう一人の名を上げるとすれば、李白という名であろう。唐代に活躍した中国最大の詩人の一人であり、「詩仙」と称される李白の生まれ故郷として、もっとも有力な候補地の一つとされているのがこのスイヤブであるが、その真偽は定かではない。

本節を終える前に、なぜアク・ベシムという遺跡が高い丘状になっているかについて簡単に触れておきたい。ソグド人の街（第一シャフリスタン）の街路地点で行なわれた発掘調査では、街路の両側で日干しレンガや土のブロックで構築された建物の痕跡が見つかっているが、その一方で、街路からは大量の土器や動物骨の破片が見つかっている。これらはすべて日常的に捨てられたゴミである。その当時は、現在私たちが利用しているようなゴミの回収といったシステムは存在せず、基本的には日常生活で出るゴミはそのまま街路に捨てられていたようである。街路にゴミを捨て続けたために、いつしか街路の路面が建物の出入口より高くなってしまい、雨が降ると街路から汚水が建物に流れ込んでしまうようになったものと考えられる。そのため、定期的に、といっても何十年といったタイムスパンであったものと推測されるが、建物を建て替える必要性が生じ、それまであった建物の基礎を嵩上げして、さらに壁を造り直したようである。都市遺跡であるアク・ベシム遺跡が現在、丘状の高まりになっているのはこのような状況があったためであろう。

二、アク・ベシム遺跡の研究史

前述したように、アク・ベシム遺跡は、中央アジアのソグド人が作った西方部分（第一シャフリスタン）と、中国の唐王朝が作った東方部分（第二シャフリスタン）という二つの城壁のある街が隣接している、という珍しい遺跡である。この遺跡こそが、五〜十一世紀頃に繁栄し、西方のイスラーム史料では「スイヤブ」、東方の中国史料では「砕葉」と記録される都市であり、中央アジアの重要拠点として古くから認識されていた。何より、中央アジアの都市と中国の都市が隣り合って存在している都市は周辺になく、当時から特徴的な都市だったはずだ。

それゆえ、古くからアク・ベシム遺跡は注目を集めてきた。十九世紀にこの遺跡を訪れたロシアの東洋学者バルトリドは、この遺跡は十一〜十二世紀に当地にあったカラキタイの都、バラサグンであると指摘した（Бартольд 1966 (1897), pp. 56-57）。上述した現在の認識からすると誤っており、碩学バルトリドにしては珍しく下手を打ったわけだが、彼の影響力の大きさから、当初この遺跡はバラサグンであると思い込まれていた。

それゆえ、最初にこの遺跡を発掘したベルンシュタム（Бернштам 1950／川崎・山内二〇二〇）は、頭からこの遺跡をバラサグンであると決めつけたうえで調査を行っている。次にこの遺跡を発掘したクズラソフ（Кызласов 1959）にいたり、この遺跡が十一～十二世紀まで存続していないことが指摘されて、ようやくこの遺跡がバラサグンではないことが明らかとなった。

このクズラソフの発掘成果に反応したイギリスのトルコ学者クローソン（Clauson 1961／山内・吉田二〇二一）は、この遺跡がスイヤブ（砕葉）であると初めて指摘した。しかしながら、彼が論拠としたソグド語でトクマクと書かれているというコインの銘文は、現在ではその読みが否定されており（吉田二〇二一）、盤石のものとは言えなかった。

その間も遺跡の発掘は続いていたが、手がかりは意外なところから手に入った。近隣の農民が、漢字の書かれた碑文を発見して届け出たのである。その碑文こそが、本書でも随所で登場する「杜懐寶碑」である。詳細は本書の**齊藤コラム「アク・ベシム遺跡出土の「杜懐寶碑」について」**に譲るが、この碑文中に「砕葉」の記述があったことで、ようやくアク・ベシム遺跡がスイヤブであったことが確実となったのである。フランスのドゥ・ラ・ヴェシエール（二〇一九、八六―九八頁）は、中央アジアのオアシス都市民であり、シルクロード交易を牛耳る商業民だったソグド人が、五世紀頃に入植してスイヤブを建設したと考えており、本書でもその理解に従っている。(1) そのため、スイヤブは交易都市としての性格も持っていたと考えられている。

ところで、なぜ遺跡の遺物が農地から発見されるのか不思議に思った読者もいるのではなかろうか。既に述べたように、アク・ベシム遺跡の東方部分、第二シャフリスタンは城壁も含めてほとんどが削平され、現在では農地になってしまっている。そのため、遺跡の航空写真としては、まだ削平される前、一九六六年に撮影されたものを使わざるをえないのである（望月コラム、**図2**参照）。この点は、本書の**望月コラム「空中写真でアク・ベシムを探る」**が削平以前のアク・ベシム遺跡を過去の空中写真によって紹介しつつ、その土地様相の変遷を述べている。

さて、上述の経緯を経てスイヤブであることが確実となったアク・ベシム遺跡では、二〇一六年から帝京大学を中心とした発掘調査が進展している。さらに二〇二一年からは、山内を代表者とする科研基盤（S）プロジェクト「シルクロードの国際交易都市スイヤブの成立と変遷――農耕都市空間と遊牧民世界の共存」（課題番号：21H04984）が開始され、その発掘調査によってこの遺跡が持つ東西文化の接触点としての性格が明らかになりつつある。

科研プロジェクトでは、発掘調査にとどまらず、周辺に割拠した遊牧民族の歴史、唐による西域進出史、イスラーム勢力進出の歴史といった歴史学的検討に加え、美術史や宗教史、動物や植物利用の考古学的分析、現代の民間療法といった文化的な検討、さらには周辺地形の地理学的分析、出土遺物の成分分析といった自然科学的な検討も行っており、アク・ベシム遺跡の持つ総合的な文化・歴史の解明を目指した研究班を編成している。

本書は、科研プロジェクトによる研究活動の一環として、それらを一般向けに再構成したものである。以下では、本書の構成に触れながら、スイヤブとその周辺地域が持つ歴史的意義を概観していく。

三、本書の構成とスイヤブの歴史的意義

第一部は、スイヤブをめぐる歴史的背景を述べることを目的とする。スイヤブことアク・ベシム遺跡とその周辺の都市遺跡は、乾燥した草原地帯の中に存在する。中央アジアからモンゴル高原にかけての草原地帯は、牧畜を主体として季節ごとに移動生活を送る「遊牧」と呼ばれる生業が主体となることが多い。遊牧が行われる草原地帯は都市による集住に向かない地域が多いが、スイヤブなどの都市が作られたチュー川流域にはブラナ、クラスナヤ・レチカ、ケンブルンなど、現存する都市遺跡が数多く存在する（**口絵①**）。なぜこの地域には都市が多く建設されているのか。まずは、土地の立地から議論を始める必要がある。そこで**佐藤論文**「**チュー川流域東部の地形と遺跡の分布特性**」では、チュー川流域のどのような地形の場所に都市が造られているのか、地理学的視点からチュー川流域の都市を分析し、そのなかでアク・ベシム遺跡が持つ特徴を描き出している。

「アク・ベシム遺跡周辺」から見ていくという点では、遊牧民の活動は欠かせない論点となる。なぜなら、牧畜に必要な騎馬技術を駆使する遊牧民は、当時、広域を支配する有力な政治集団であり、スイヤブは遊牧民の庇護を受ける中心的な都市だったからである。「庇護」と書いたのは単純な支配関係ではなく、遊牧民は都市に集まる長距離商人のために交易路を保護し、代わりに商人たちは遊牧民を経済的に支援する、という互恵関係が存在していたからだ。スイヤブが栄えた六〜九世紀には、西突厥や突騎施《テュルギシュ》といったトルコ系遊牧民がチュー川周辺で活動していた。**齊藤論文「砕葉川のトルコ系遊牧民」**では、複雑に展開するこれらトルコ系遊牧民の歴史を概観し、天山山脈北麓に広がる草原地帯がどのような歴史展開をたどったのか、先行研究に基づいて論じている。

地理学的視点に基づく佐藤論文、文献史学に基づく齊藤論文を受け、実際に中央アジアを旅してスイヤブまで至った求法僧、玄奘に着目したのが**山内論文「玄奘が見たスイヤブ」**である。玄奘は『西遊記』の三蔵法師のモデルになったことでも知られる唐代初期の僧侶であり、タリム盆地から天山山脈を越えてスイヤブにいたり、西突厥の可汗に面会して、その庇護のもとインドまで求法の旅を続けた。彼が残した地理志『大唐西域記』と、伝記『大慈恩寺三蔵法師伝』は一級史料であり、山内論文ではそれらと関連する文献・図像資料を組み合わせて玄奘の足取りを解明している。

第二部では、話題はいよいよアク・ベシム遺跡の発掘調査に関わる論考へと移っていく。第一シャフリスタンについて、**櫛原論文「ソグド人の街の発掘」**では、日本隊が発掘に携わった街路地区（AKB―13）ならびにキリスト教寺院跡（AKB―8）の発掘成果を中心に、都市がいかに造られ、人々がどのように生活していたのかを論じている。上述したように、アク・ベシム遺跡は第一シャフリスタンと第二シャフリスタンという二つの城郭都市からなるが、第一シャフリスタンがもともとのスイヤブであり、ソグド人領主が統治する一種の都市国家を形成していた。交易の中心地となっていたのは恐らく第一シャフリスタンであろう。

その歴史が五世紀から始まることは既に述べたが、九世紀半ば以降に西部天山地域にカラハン朝が建国されるとイスラーム化した。ただし、キリスト教寺院の存在から分かるように、宗教の多様性は維持されていたものと見られる。櫛原論文では、イスラーム化した以後のスイヤブの姿も論じている。最終的に、都市の中心部は十世紀後半から十一世紀初頭に廃絶された（Abe 2014, p. 15）。とはいえ、櫛原論文が論じているように、都市廃絶後の十二〜十三世紀にもキリスト教会周辺には人が住み着いていたようである。

第二シャフリスタンについては、**平野論文「唐代砕葉鎮城（AKB—15）を掘る」**が、砕葉鎮城中枢部（AKB—15）の発掘成果より、第二シャフリスタンを造った唐軍が駐屯していた中枢部がどのような構造をしていたのかを論じている。第二シャフリスタンは、唐が中央アジア支配の拠点として四つの都市に置いた駐屯軍、「安西四鎮」のひとつである「砕葉鎮」として建設された。建設の年も明確に分かっており、調露元年（六七九）に王方翼が約五十日で建造したという（『旧唐書』巻一八五上「良吏伝上 王方翼」（四八〇二頁））。第二シャフリスタンからは大量の瓦が発見されており、中国式の瓦葺きの建物の存在が想定される。アク・ベシム遺跡で出土した瓦の分析は**櫛原コラム「アク・ベシム遺跡出土の瓦」**で論じられている。

その後、唐は長安三年（七〇三）に進出してきた突騎施に支配の主導権を奪われたが、軍の駐屯自体は開元七年（七一九）に砕葉鎮を安西四鎮から除くまで続いたと見られる（齊藤二〇二一、七五頁）。その後は、突騎施や、やはりトルコ系遊牧民であるカルルクが、八世紀末頃までスイヤブを拠点としており、さらに九世紀半ばまではモンゴル高原にあった東ウイグル可汗国の勢力圏に入った可能性がある（齊藤二〇二三、三二—三四頁）。唐の駐屯自体は約四十年間という短期に終わっているが、その後、遊牧国家の拠点として第二シャフリスタンが利用された可能性が高いのである。現時点での発掘では、文献史料がほとんどない、唐撤退後の時期に属す遺物も発見されており、注目に値する。

次の**岩井論文「アク・ベシム遺跡とその周辺の仏教寺院」**では、アク・ベシム遺跡に存在する三ヶ所の寺院址のプランや遺物を、中央アジアにおける他の寺院址と比較検討している。そして、西方のトハーリスターンからの影響と東方の中国西域の影響が見られることを指摘する。仏教は、古代の中央アジアで広く信仰されていた宗教であり、アク・ベシム遺跡もその影響下にあった。さらに、唐に代わって周を建国した武則天が全国に置いた、大雲寺がスイヤブにあったことも知られている（『通典』巻一九三「辺防九 西戎五 石国条所引 杜環『経行記』」（五二七五頁））。岩井論文で述べられているように大雲寺の場所は遺跡内で既に推定されており、今後の発掘によってその全貌が明らかになる可能性がある。

続く**向井論文「アク・ベシム遺跡発見の唐代花柄石敷とその性格」**では、二〇一七年にアク・ベシム遺跡第二シャフリスタン（AKB―15）から発見された、花柄石敷遺構について論じている（**口絵⑤⑥**）。この遺構は色とりどりの石を敷き詰めた美しさで目を引くが、向井論文はこうした花柄石敷は中国で伝統的に見られる建築であることを指摘している。アク・ベシム遺跡の花柄石敷は、第二シャフリスタンに駐屯していた唐軍が作ったものと見て間違いないが、軍事拠点として設置された砕葉鎮城にこのような美的装飾がほどこされていたことに驚かされる。唐駐屯軍の意義を考察するうえでも重要な論考と言えよう。

次の二本、植月論文と赤司・中山論文は、遺跡から発掘された遺物を利用した研究という点で軌を一にする。遺物といっても装飾品や碑文のような特殊なものではなく、遺跡に残された生活の跡を利用した研究である。**植月論文「家畜利用からみたアク・ベシム遺跡」**は、アク・ベシム遺跡から出土した動物骨の分析から、都市の性格に迫る論考である。第一シャフリスタンと第二シャフリスタンでは出土する動物骨の種類・量が異なっており、都市としての性格が異なるとする指摘は、両シャフリスタンの独立性を考えるうえで重要な指摘であろう。両シャフリスタンは建設の経緯が全く異なることは上で述べてきたが、都市の性格も異なったまま推移していくとすれば興味深い。動物に注目する植月論文に対して、**赤司・中山論文「植物遺存体からわかる当時の暮らし」**は遺跡から出土する植物の痕跡に注目する。特に腐らずに残った種子などは一般の人々の食文化を伝える貴重な情報源となる。一般の人々の生活は文献史料にはほとんど残らないものであるため貴重である。赤司・中山は、アク・ベシム遺跡から出土する植物は中央アジアの他遺跡と同様であるものの、同じ中央アジアのウズベキスタンと異なり堅果類が少ないという地域性の可能性も指摘しており、興味深い。

第三部は、チュー川流域や中央アジアに関する遺物や文化から見た論考である。**森論文「チュー川流域出土の初唐様式仏教彫塑」**は、チュー川流域から発見された仏教美術に対して、中国初唐期の中原美術が与えた影響を論じている。前述の「杜懐寶碑」といったアク・ベシム遺跡出土遺物に加え、クラスナヤ・レチカなど周辺の遺跡から出土した美術品も検討し、中原の影響があるもののそこから逸脱した作例もあるため、影響が及んだ時期は短かったと考えられることなどを指摘している。砕葉鎮が置かれたアク・ベシム遺跡とその周辺からは、短期ではあるが中原文化の直接的な影響が見られることが、ひとつの特徴と言えるだろう。

その見解と軌を一にするのが、**福井論文「チュー川流域出土漢文史料の書風分析」**である。この論文では、書道史の観点から、アク・ベシム遺跡で発見された漢字史料の書体を分析している。特に、「杜懐寶碑」に対しても分析を行い、初唐期中原の書風・語句の流行を備えている可能性を指摘している。中国以外から発見された漢字史料は少なくないが、それを書道史の観点から扱った研究は少なく、特色ある研究と言える。そして、書道史の観点からも中原文化の強い影響が指摘されているのである。

上述した**齊藤コラム**に続き、**柿沼論文「アク・ベシム遺跡出土の亀符と則天武后」**は、アク・ベシム遺跡から出土した中国隋唐代の割符の一種である随身符を手がかりに、中国古代からの割符制度を概観していく。アク・ベシム遺跡で発見された随身符が唐に仕えたトルコ系の人物が帯びていたものであるとする指摘は、唐の中央アジア進出によって、現地遊牧民との間に単純な対立関係だけが生まれたわけではなく、唐に仕えて何らかの利益を得た者も存在したことを示唆するのである。

続いて、**吉田・藤澤論文「アク・ベシム遺跡出土のコイン」**では、アク・ベシム遺跡から発見された中国・中央アジアのコインを分析している。前半部は吉田がソグド語も含むコインの銘文解読をしつつ、出土コインの歴史学的な分析を行っている。後半では、藤澤がコインの科学分析を行い、製法の推測やおおまかな産地の推定を行っている。歴史学的な分析と科学的な分析が共存する論考は珍しく、様々な分野の研究者が参加する本プロジェクトの真骨頂と言える。

続く**影山論文「セミレチエのソグド人キリスト教徒が制作したとされる銀器について」**では、アク・ベシム遺跡を含む広域のセミレチエ地域で製作されたと推定される四点の銀器を取り上げ、美術史の観点からソグド文化を考察している。影山は、これらの銀器にはソグド美術に由来する要素はもちろん、東トルキスタンの仏教美術に影響を受けた要素も見て取れるとし、岩井論文の指摘と共通する。当時の中央アジアにおいて、いかに東西交流が活発であったかうかがい知れよう。

次の**大谷論文「物質文化資料からみた天山地域の遊牧民」**では、天山山脈周辺から出土した遊牧民関連の資料を集め、概観している。既に述べてきたように、文献史料からも天山山脈周辺における遊牧民の活動は見て取れる。しかし、文献史料から見えるのは政治的活動がほとんどであり、生活や文化に関わる情報源として、大谷が紹介するような墓葬出土資料は貴重である。大谷は、ユーラシア草原地域における文化の類似性を指摘しており、広域における遊牧民の移動や接触が想定されよう。

藤崎・高柳・池田論文「キルギスにおける伝統医療とシャーマン」では、現代のキルギスにおいて伝統医療を担うシャーマンに聞き取り調査を行い、実際の治療内容とその医学的根拠を概観している。本研究がユニークな点は、筆頭著者の藤崎は現役の医師であり、シャーマンたちの医療行為を現代医学の見地から評価している点であろう。第二著者の高柳は聞き取り調査に慣れた文化人類学者であるため、文理融合研究としての特徴も備えている。この論文では、シャーマンの医療行為には一定の医学的根拠があり、様々な地域の要素が見られることが指摘されており、キルギス伝統医療の文化的重要性を示唆する。

最後二点のコラムは、いわゆる「研究者」によるものではない。**榊原コラム「アク・ベシム遺跡を活用した観光開発」**は、アク・ベシム遺跡の観光開発を含む、JICAのキルギス観光開発プロジェクトについて紹介している。**福田コラム「ファインダーから見たキルギス」**は、帝京大学ならびに科研プロジェクトに毎年帯同しているカメラマンが、キルギスをどう見ているのかを述べる。福田の本業は写真撮影であるため、まずは写真の美しさを堪能していただきたい。一部の写真は口絵にも掲載されている。このように、研究の枠組みを超えてアク・ベシム遺跡をめぐる活動を提示できたのも、本書の特徴のひとつと言えるだろう。

以上、冗長ながらそれぞれの内容を紹介しつつ、アク・ベシム遺跡を取り巻く歴史展開の説明も一通り行ったつもりである。一見しただけでもバラエティに富んだラインナップであることが了解されると思う。本科研プロジェクトならびに本書の最大の特徴は、最新の考古発掘を中核に据えつつ、文理の別を問わない様々な分野の研究者が集まり、協働していることである。すなわち、文献史学・美術史学・地理学・民俗学・文化財学等、関係する分野の知見を総動員して、シルクロードの交易都市スイヤブとその周辺地域の歴史を明らかにしようと試みている。本書のラインナップはその特徴を最大限生かしたものとなったと自負している。その一端を読者諸氏と共有できたなら幸いである。

最後に皆さんに弁解しておかなければならない。本科研プロジェクトは現在も継続中であり、二〇二五年も新たな発掘調査が行われる予定である。それゆえ、来年には本書の内容が大きく改められている可能性もあるが、その時には、それだけ研究が進んだのだと好意的に受け止めていただきたい。編者としては、むしろそうなることを願っている。

注

(1) ヴェシエールは、最新の概説書で七世紀にスイヤブの街が建設されたことを示唆して、従来の主張を改めている(Vaissière 2024, pp. 49, 513-514)。しかし、その根拠となっているのはアク・ベシム遺跡近隣のクラスナヤ・レーチカ遺跡の発掘成果であり、それをただちにスイヤブに適応できるかどうか、現時点では判断しかねる。そのため、本書では従来の説に従っておく。

参考文献

『旧唐書』/『通典』=中華書局標点本
川崎建三/山内和也「ベルンシュタムによるアク・ベシム遺跡シャフリスタン2の発掘調査——1939年、1940年」(『帝京大学文

化財研究所研究報告』一九、二〇二〇年）二一五―二四五頁
齊藤茂雄「砕葉とアク・ベシム――7世紀から8世紀前半における天山南部の歴史展開（増訂版）」（『帝京大学文化財研究所研究報告』二〇、二〇二一年）六九―八三頁
齊藤茂雄「文献史料から見た砕葉城」（『帝京大学文化財研究所研究報告』二一、二〇二三年）二五―三七頁
ドゥ・ラ・ヴェシエール、エチエンヌ／影山悦子（訳）『ソグド商人の歴史』（岩波書店、二〇一九年）
山内和也／吉田豊「ジェラルド・クローソン著「アク・ベシム遺跡――スイヤブ」」（『帝京大学文化財研究所研究報告』二〇、二〇二一年）八五―九八頁
吉田豊「補説：クズラソフKyzlasovが発掘したコインの年代と歴史的背景に関するクローソンClausonの解釈の問題点とコインに関する研究のその後の展開」（『帝京大学文化財研究所研究報告』二〇、二〇二一年）九九―一〇二頁
Abe, M. , Results of the Archaeological Project at Ak Beshim (Suyab), Kyrgyz Republic from 2011 to 2013 and a Note on the Site's Abandonment. *Intercultural Understanding* , 2014-4, pp. 11-16.
Бартольд, В.В.,Отчет о поездкие в Среднюю Азию с научною целью 1893-1894 гг. *Академик В.В.Бартольд сочинения, Том IV: Работы по археологии, нумизматике, эпиграфике и этнографии*, Издательство《НАУКА》, Москва, 1966, pp. 20-91.（1st pub.: *Записки Императорской Академии наук*, Отделение истории и филологии, сер. VIII, 1-4, 1897）
Бернштам, А.Н., Б. Баласагун（развалины Ак-пешин）. *Труды семиреченской археологической экспедиции "Чуйская долина"*（Материалы и исследования по археологии СССР, no. 14）, Издательство Академии наук СССР, Москва / Ленинград, 1950, pp. 47-55.
Clauson, G. , : Ak Beshim――Suyab. *Journal of the Royal Asiatic Society* 1961-1/2, 1961, pp. 1-13.
Кызласов, Л.Р.: Археологические исследования на городище Ак-Бешим в 1953-1954 гг. Дебеца, Г. Ф.（ed.）*Труды Киргизской комплексной археолого-этнографической экспедиции II*, Москва, 1959, pp. 155-241.
Vaissière, É. de la, *Asie centrale 300-850: Des routes et des royaumes*, Paris, 2024.

チュー川流域東部の地形と遺跡の分布特性

――ジオアーケオロジーの視点で

佐藤　剛

リモートセンシングデータを活用することでチュー川流域東部の地形分類図を作成し、アク・ベシム遺跡を始めとする遺跡の立地特性を分析することを試みた。この結果、遺跡の分布は地形と強く対応することを明らかにするとともに、アク・ベシム遺跡の立地に関しては、水利システム上、効率的な場に位置していることを推察した。

一、ジオアーケオロジーとリモートセンシングデータの活用

ジオアーケオロジー（地考古学）という研究分野をご存じだろうか。ジオアーケオロジーは地理学、地質学、地球物理学など地球科学の分析手法を利用して、遺跡形成のプロセス全体を理解しようとする手法である。欧米考古学の遺跡研究では必須の調査デザインに組み込まれており（佐藤二〇〇九）、ワイリー（Wiley）からは国際誌「Geoarchaeology」が発刊されている。

こうしたジオアーケオロジーの考えをアク・ベシム（Ak-Beshim）遺跡とその周辺の遺跡群に適応させたのは相馬ほか（二〇一二）だった。その内容は日本地理学会における口頭発表に留まるものであったが、米国の人工衛星であるLandsatの光学衛星画像を用いて地形判読を行い、チュー川流域に分布する遺跡の立地する地形が、湧水の得られやすい扇状地の扇端や防御性の高い段丘崖近傍の段丘面上などにあることを指摘している。

さとう・ごう――東京都市大学環境学部教授。専門は自然地理学。主な論文に、Sato, G., Ozaki, Y., Yokoyama, O., Wakai, A., Hayashi, K., Yamasaki, T., Tosa, S., Mayumi, T., Kimura, T.:"New Approach for the Extraction Method of Landslide-Prone Slopes Using Geomorphological Analysis: Feasibility Study in the Shikoku Mountains, Japan" *Journal of Disaster Research* 16, 2021, pp. 618-625.「室戸半島，野根山街道の岩佐関所遺跡の立地と重力性山体変形」（『日本地すべり学会誌』57（1）、八木浩司・木谷一志・千田良道・廣田清治と共著、二〇二〇年）、「中央アジア・チュー川盆地の地形分類図を基に検討した中世都市遺跡の立地特性」（『地図』56（2）、山内和也・望月秀和・八木浩司と共著、二〇一八年）などがある。

近年、私たちが使用可能なリモートセンシングデータは相馬ほか（二〇一二）の頃と比べると格段に増加・高精度化している。これに合わせ光学衛星画像から作成された数値標高モデル（Digital Elevation Model; DEM）も全世界を対象に入手が可能となった。例えば宇宙航空研究開発機構（Japan Aerospace Exploration Agency; JAXA）の陸域観測技術衛星「だいち」（ALOS）によって撮影された画像から生成された二・五メートル解像度のDEMは有償提供され、なおかつ三〇メートル解像度のものはJAXAが無償公開している。

こうしたDEMを用いて私たちは地形解析を行うことができる。地理情報システム（Geographic Information System; GIS）を用いて地形断面を計測したり、地形表現図（例えば陰影図や赤色立体地図など）を作成し、それを基に地形判読を行うことで地形分類図を作成したりすることも可能だ。

本稿では上記JAXAのDEM（三〇メートル解像度）を活用し、アク・ベシム遺跡とその周辺遺跡の空間的な分布とそれぞれの遺跡の立地特性を明らかにしようとしたジオアーケオロジー（とくに地理学の一分野である地形学からの視点）の試みを紹介する。

二、地形分類図の作成とアク・ベシム遺跡およびその周辺遺跡の地形

地形分類図は地形を形態、成り立ち、性質などによって区分したものである。従って、地形分類図上に遺跡の位置を示せば、遺跡の空間的な分布と遺跡が立地する土地の特性を理解することが可能となる。筆者らはアク・ベシム遺跡をはじめブラナ（Burana）遺跡やクラスナヤ・レーチカ（Krasnaya-Rechka）遺跡などが存在するチュー川流域東部を対象として地形判読を行った（**図1・口絵⑨**）。それに基づき地形分類図を作成し、遺跡の立地特性を議論した。なお、二節および三節に記した結果と議論は、佐藤ほか（二〇一八）で報告された成果の一部である。

地形判読にあたって筆者らは前述の「だいち」（ALOS）が撮影した可視画像から作成されたDEM（ALOS World 3D）を活用した。調査地に分布する遺跡群はチュー川の盆地底とその支流の谷底上に立地することから、それらを構成する地形である①扇状地、②河成段丘、③氾濫原および④断層崖を判読し、地形分類図に表現することを試みた。それぞれの地形の特徴は以下の通りである。

①扇状地は、河川が急勾配の山地区間から勾配の緩い平野

区間にでたとき、運搬してきた砂礫を山麓部に堆積させることで発達する。縦断面では緩傾斜ならびに平面では扇を広げた形態を呈することから、等高線は同心円状となる。また、扇状地は扇の要の部分、中央部そして末端部をそれぞれ扇頂、扇央、扇端と呼ぶ。一般に礫質なことから扇央部で河川は涸れ川となったりするが、扇端部では地下水位が高くなり湧水が認められることもある。

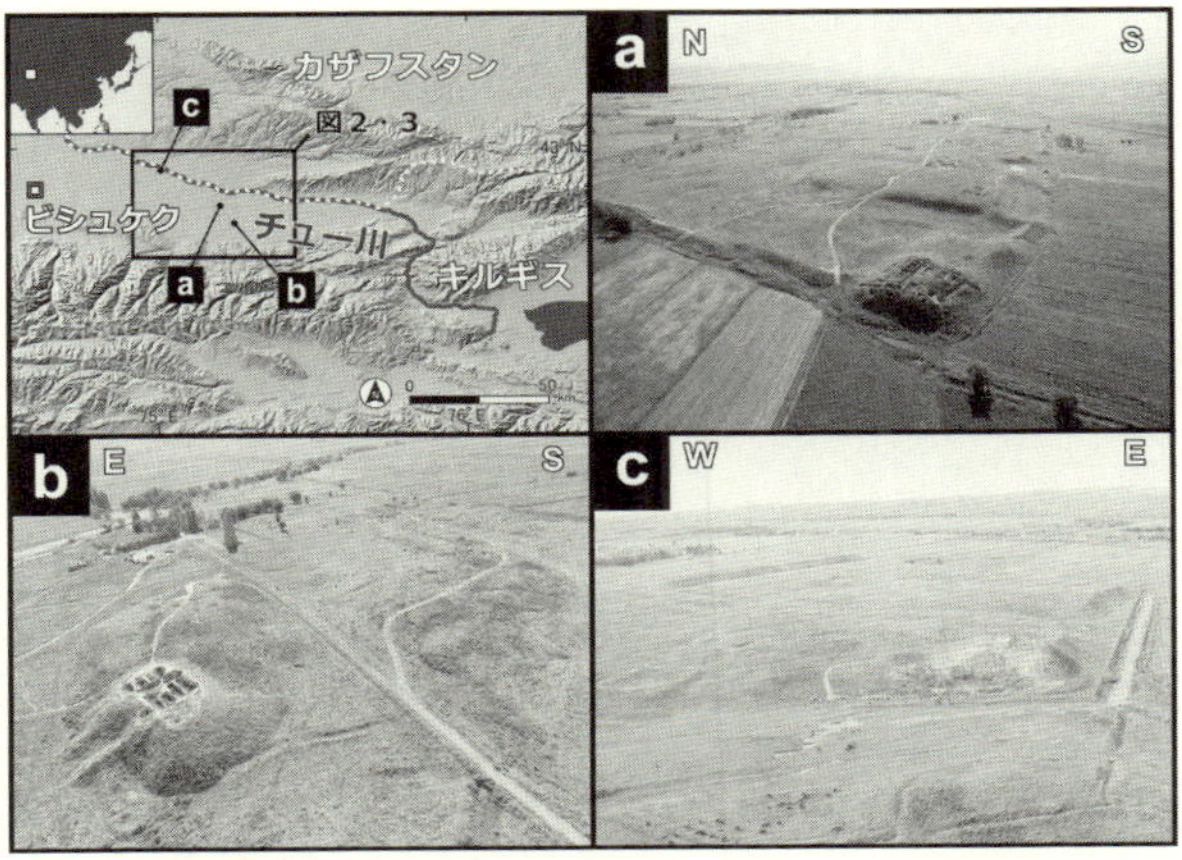

図1　調査地の位置と遺跡の空撮写真（a：アク・ベシム遺跡、b：ブラナ遺跡、c：クラスナヤ・レーチカ遺跡）

②河成段丘は、過去の河川の水面に対応して形成された平坦面が、下方侵食などの河道位置の変化に伴う離水により形成される地形である。その平坦面は段丘面、段丘面の背後や外縁を限る崖は段丘崖と呼ばれる。

③氾濫原は、洪水時に流水が河道から溢流し氾濫する範囲の平野である。

④断層崖は、山地と盆地の分化をもたらした断層運動に起因する三角末端面や山麓線に沿った新期地形面を切る崖からなる地形である。

次に傾斜量図（**図2・口絵⑩**）と地形分類図（**図3・口絵⑪**）を用いて地形判読プロセスを紹介するとともに、その判読結果を説明する。

調査地にはチュー川の左岸側（南側）に大規模な扇状地が複数分布する。後述するがアク・ベシム遺跡をはじめとする遺跡の多くがこの扇状地上に分布することから、扇状地に関しては詳しく記載しておく。**図2・口絵⑩**の地点A、BおよびC付近を扇頂とする扇状地群は東西方向に連続し、複合扇状地を形成している。それぞれの扇状地の形状は、扇状に拡がる同心円状に配列された等高線で表現されている。また、扇状地の北側扇端部には、チュー川と並行する白色の線が連続する（例えば**図2・口絵⑩**―Gの枠内を見ると二本の白線が存

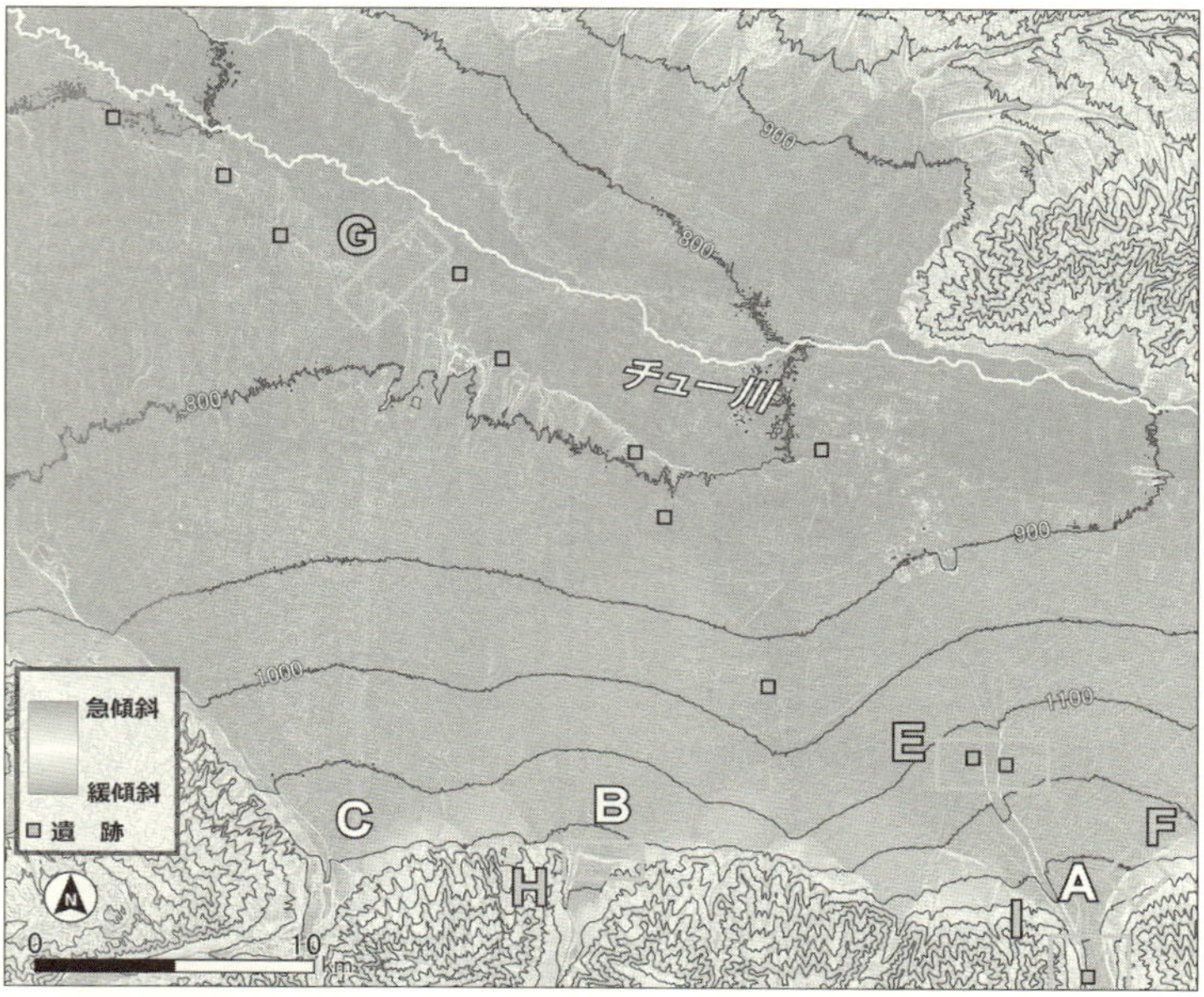

図2　調査地の傾斜量図と遺跡の分布。佐藤ほか（2018）の図を改変して用いた

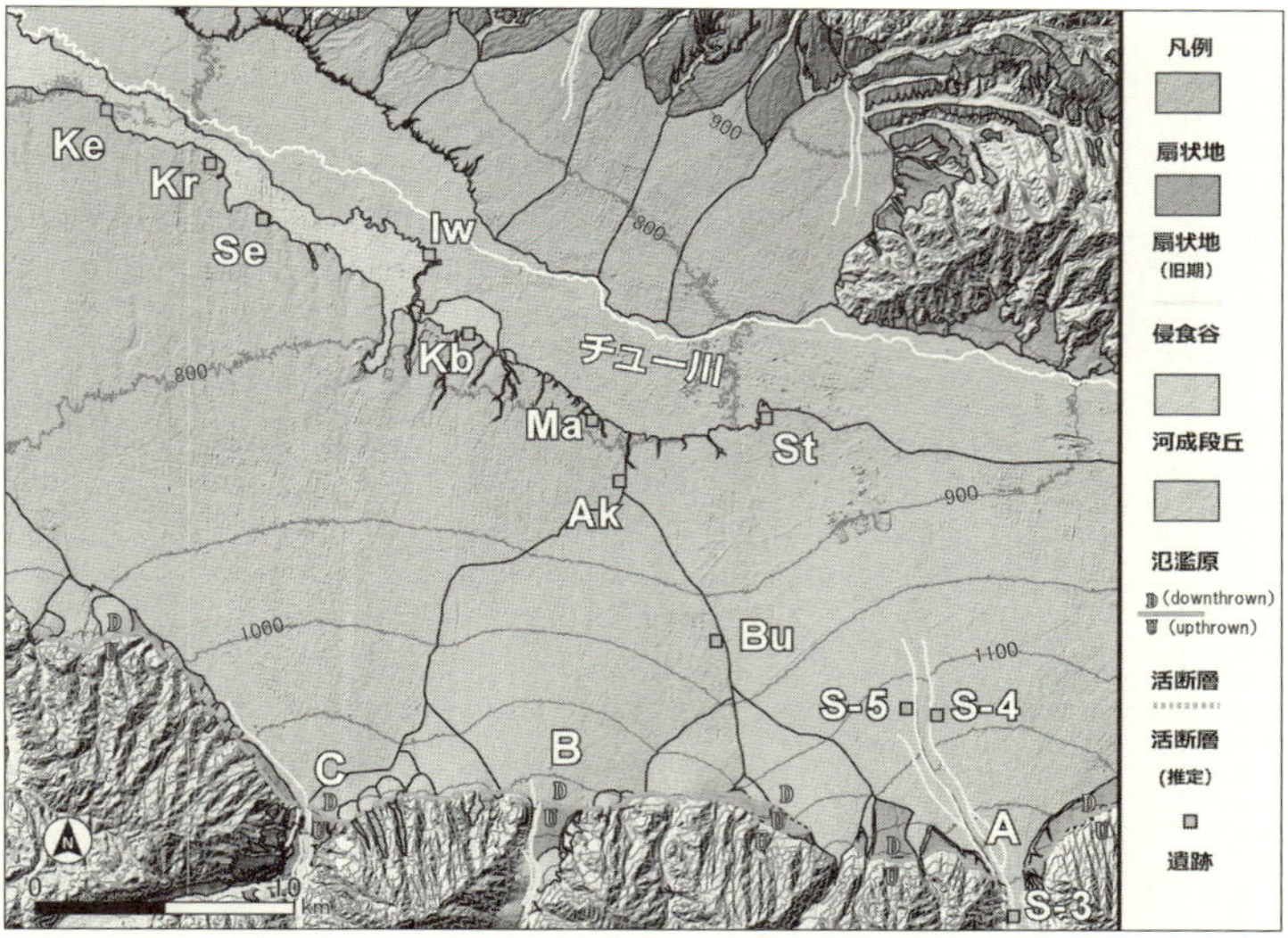

図3　調査地の地形分類図と遺跡の分布。佐藤ほか（2018）の図を改変して用いた
Ke: ケネシュ , Kr: クラスナヤ・レーチカ , Se: セレホズヒミヤ , Iw: イワノフカ , Kb: ケン・ブルン , Ma: 小アク・ベシム , Ak: アク・ベシム , St: スタラヤ・パクロフカ , Bu: ブラナ , S-3: シャムシー 3, S-4: シャムシー 4, S-5: シャムシー 5

在しているのが分かる）。この傾斜量図は、白色そして赤色に近づくほど急傾斜を示すように表現している。従って、この白線部は線状に連続する崖であり、チュー川の河流がそれぞれの扇端部を侵食することで形成されたと判断できる。また、東西方向に対する主要な崖から直交方向（南北方向）に伸びる崖も認められる。これらの崖は扇端部を開析しており、その最上流点では湧水があると想定される。線状の崖はチュー川沿いのみならず、扇頂から扇央部にかけても認められる。

例えば図2・口絵⑩―Eの範囲では、地点A付近からつづく二つの崖が並行して存在し、溝状の地形（扇頂溝）となっている。同じくFの範囲では、北向きの侵食崖が存在している。この崖を挟んで扇状地の上位（南側）には、谷の出口に繋がる緩傾斜面が残されていることから、これを旧期の扇状地面とした。このような地形配列の特徴を基に扇状地の範囲を特定し、図3・口絵⑪にはその範囲を橙色で、境界は黒色の線で示した。なお、旧期の扇状地面に関しては、より暗色の橙色で示している。扇頂部および扇央部において扇状地面を開析する侵食崖に関しては黄色の線で示した。

段丘面に関しては、緑色で地形分類図（図3・口絵⑪）に表現し、その境界を黒色の線で示した。

チュー川沿いに二本の崖がみられることは前記したが、この二本の崖が段丘崖であり、それらに挟まれた平坦面が段丘面となる。

氾濫原は上記の段丘崖・侵食崖基部からチュー川流路までの平坦な地形面を対象とした。図3・口絵⑪には判読した氾濫原の範囲を青色で表現し、その境界は黒色の線で示した。この地域の中心市街地であるトクマク（Tokmok）は、この氾濫原上に立地する。チュー川の流路を人工的に制限することができるようになった近代に建造された都市である。

チュー川盆地南麓に目を移すと、図2・口絵⑩の地点Aから C を結ぶ山麓線に沿って、山地から盆地側に緩く下ってくる尾根の末端が途切れるように発達した三角末端面が連続している。さらに、谷の出口付近の山麓線と河川が交差する位置で、扇状地面を切るように河川の流下方向に直交する比高一〇～二〇メートルの断層崖が発達している（図2・口絵⑩の地点―BおよびC付近）。部分的には、この断層崖が盆地側に張り出すように連続し、山麓線に沿って盆地底より一段高い位置に平坦面を発達させている。盆地内に扇状地を形成する河川の源流部では明瞭な氷河地形や現成氷河が残されている。断層崖は扇状地を切っているが、この扇状地とその上流に続く段丘を構成する堆積物は、後氷期の温暖化にともなうアウトウオッシュ起源と考えられる。仮に扇状地面の形成が一万年前と仮定すると、この活断層の一〇〇〇年あたりの平均変位速度は二メートルと活動度が高い可能性がある。なお、図3・口絵⑪には判読した断層崖の位置を赤色の線で示し、断層崖の明瞭さや形状から実線（確実）と破線（推定）とに区別した。後者は侵食崖の可能性もあるが、その延長線上に明瞭な低断層崖が認められるものである。

表1　調査地に分布する遺跡のインベントリ。佐藤ほか（2018）の図を改変して用いた

No.	遺跡名	時代	タイプ	地形
1	ケネシュ	中世	都市遺跡 キャラバンサライ遺跡	扇状地扇端部
2	クラスナヤ・レーチカ	8世紀中頃～8世紀末 13世紀～14世紀	都市遺跡	扇状地扇端部
3	セレホズヒミヤ	中世	都市遺跡	扇状地扇端部
4	イワノフカ	中世	都市遺跡	河成段丘面
5	ケン・ブルン	6世紀～12世紀	都市遺跡	扇状地扇端部
6	小アク・ベシム	中世	城砦遺跡 キャラバンサライ遺跡	扇状地扇端部
7	アク・ベシム	6世紀～12世紀	都市遺跡 城砦遺跡	扇状地扇端部
8	スタラヤ・パクロフカ	中世	都市遺跡 城砦遺跡	扇状地扇端部
9	ブラナ	8世紀末～9世紀 13世紀～14世紀	都市遺跡	扇状地扇端部
10	シャムシー3	中世	都市遺跡 キャラバンサライ遺跡	扇状地扇頂部
11	シャムシー4	中世	キャラバンサライ遺跡 都市遺跡	扇状地扇央部
12	シャムシー5	中世	キャラバンサライ遺跡	扇状地扇央部

三、アク・ベシム遺跡および その周辺遺跡の立地特性

図2・口絵⑩および**図3・口絵⑪**には調査地にある十二の遺跡の位置が示されており、それぞれの遺跡がどの地形に位置しているか読み取ることができる。また、**表1**には、これらの遺跡の時代、タイプ、立地する地形などを示した。ここでいう都市遺跡は居住地とそれを囲む壁（市壁）の遺構が認められるもの、城砦遺跡は要塞の遺構が認められるもの、キャラバンサライ遺跡は街道沿いに建てられた隊商のための取引および宿泊施設（隊商宿）の遺構が認められるものとした。都市遺跡と城砦遺跡とを併記したものは、両面の性質を有している遺跡であることを示している。

この地形分類結果と遺跡の位置情報から、段丘面上に位置するイワノフカ（Iwanovka）遺跡以外の遺跡はすべて扇状地上に位置していること、加えてイワノフカ遺跡を含めてすべての遺跡が地形の境界付近に位置することも分かる。例えばアク・ベシム遺跡をみると扇状地と扇状地の境界に位置している。

さて、佐藤ほか（二〇一八）は、遺跡の立地特性を分類するために、それぞれの遺跡の「土地の安定性」、「防御性」、

表2　遺跡が位置する地形場のタイプ。佐藤ほか（2018）の図を改変して用いた

タイプ	地形場	遺跡名	土地の安定性	防御性	水利の安定性
Ⅰ	扇状地の扇端部にあり，チュー川の侵食崖に隣接する．崖の下位にはチュー川の段丘面が存在する．	ケネシュ □○ クラスナヤ・レーチカ □ セレホズヒミヤ □ ケン・ブルン □	高い	高い	中程度
Ⅱ	扇状地の扇端部にあり，チュー川の侵食崖に隣接する．侵食崖の下位には氾濫原が存在する．	小アク・ベシム ▲○	中程度	高い	中程度
Ⅲ	扇状地の扇端部にあり，チュー川の氾濫原との境界に位置する．境界は扇状地性の緩傾斜面と氾濫原面との遷緩線で構成される．	スタラヤ・パクロフカ □▲	低い	低い	高い
Ⅳ	段丘面上にあり，チュー川の侵食崖に隣接する．侵食崖の下位には氾濫原が存在する．	イワノフカ □	中程度	高い	高い
Ⅴ	扇状地の扇端部にあり，かつ2つの扇状地の境界に位置する．	アク・ベシム□▲ ブラナ □	高い	低い	高い
Ⅵ	扇状地の扇頂もしくは扇央部にあり，扇状地を開析する侵食崖近傍に位置する．	シャムシー3 □○ シャムシー4 ○□ シャムシー5 ○	低い	中程度	低い

□：都市遺跡，▲：城砦遺跡，○：キャラバンサライ遺跡

「水利の安定性」を評価している。土地の安定性は遺跡が自然災害（水災害）を被る可能性、防御性に関しては軍事的な攻撃に対する地形の活用、水利の安定性は地形から見た地下水および灌漑用水の活用のしやすさに注目し、相対的に「高い」、「中程度」、「低い」で評価した。また、**表2**に示すように、それらの組み合わせの類似性から次に記す六つのタイプに分類した。

タイプⅠは扇状地の扇端上にありチュー川の侵食崖に隣接する地形場で、ケネシュ（Kenesh）、クラスナヤ・レーチカ、セレホズヒミヤ（Selekhozhimiya）およびケン・ブルン（Ken-Bulun）の四遺跡が対象である。侵食崖の下位にはチュー川の段丘面が存在することから、この崖は直接チュー川の河流による侵食を受けることがない。従って土地の安定性は「高い」とした。防御性に関しては、侵食崖そのものが天然の市壁となること、また扇状地面を刻む南北方向に伸びる開析谷も堀の効果をもつことから、評価は「高い」とした。実際、クラスナヤ・レーチカ遺跡における扇状地面と段丘面の比高は約二〇メートルある。水利の安定性に関しては、遺跡が扇端部に位置することから地下水を得やすい条件になっている。しかしながら、チュー川の流水を灌漑に用いることを想定した場合、東西方向の水路を築くのに南北方向に伸びる開析谷

を避けなければならないことから評価は「中程度」とした。

タイプⅡは扇状地の扇端上でチュー川の侵食崖に隣接する地形場で、小アク・ベシム（Malie-Ak-Beshim）遺跡がここに位置する。侵食崖の下位には氾濫原が存在することから、崖はチュー川の河流に侵食される可能性がある。土地の安定性は「中程度」とした。防御性はチュー川の侵食崖と扇状地上に開析谷が存在することから評価は「高い」とした。水利の安定性に関してはタイプⅠと同様の地形場であることから評価は「中程度」とした。

タイプⅢは扇状地の扇端上にあり氾濫原との境界に位置する地形場で、スタラヤ・パクロフカ（Staraya-Pakrovka）遺跡がここに位置する。扇状地と氾濫原の境界は、タイプⅡと異なり明瞭な侵食崖が存在せず、扇端を構成する緩傾斜面と氾濫原面との遷緩線からなる。従ってチュー川の河流に侵食される可能性はタイプⅡよりも高い。土地の安定性は「低い」とした。防御性に関しても、チュー川の侵食崖が存在しないこと、堀の役目を果たす開析谷の発達も悪いことから評価は「低い」とした。水利の安定性に関しては、扇端部と氾濫原面との比高が小さいことから地下水位が高く、チュー川の流水の活用も可能であることから評価は「高い」とした。

タイプⅣは段丘面上でチュー川の侵食崖に隣接する地形場である。イワノフカ遺跡がここに位置する。侵食崖の下位には氾濫原が存在することから、チュー川の河流に崖が侵食される可能性がある。土地の安定性は「中程度」とした。防御性に関しては、タイプⅠおよびⅡでみられるような開析谷の発達が悪いが、チュー川の侵食崖が市壁となっていること、またイワノフカ遺跡に関しては段丘面北東の角に位置し二面を崖に囲まれていることから、評価は「高い」とした。水利の安定性に関しては、扇端部を開析する崖の下位にあり地下水位は高いと考えられる点から評価は「高い」とした。

タイプⅤは扇状地の扇端上で二つの扇状地の境界に位置する地形場である。アク・ベシムおよびブラナの二遺跡がここに位置する。チュー川の河流に侵食されることはなく、土石流の危険性も扇頂・扇央部と比較し低い。土地の安定性は「高い」とした。一方、防御性に関しては、他のタイプとは異なり遺跡近傍に侵食崖が存在せず、起伏に乏しい地形場にあることから評価は「低い」とした。水利の安定性に関しては、「高い」とした。複合扇状地の境界は、相対的に周辺よりも低く、かつそれが線状に続くことから、水路を構築しやすい。実際、ブラナ遺跡は扇状地の境界を流れる水路に隣接する。

タイプⅥは扇状地の扇央および扇頂部にあり、扇状地を刻む開析谷に隣接する地形場である。シャムシー（Shamshi）3、シャムシー4およびシャムシー5の三遺跡がここに位置する。侵食を被り崩壊する危険度は高い。実際、シャムシー3遺跡の一部は崖の崩壊にともない失われている。また、長期的にみた場合、上流域で発生する大規模斜面崩壊とそれにともなう土石流、近傍活断層の存在から地震動による被災が想定されることから土地の安定性は「低い」とした。防御性に関しては、開析谷が堀の役目をするが、その直交方向に伸びる崖は存在しないことから、評価は「中程度」とした。水利の安定性に関しては開析谷の流水が活用可能だが、他のタイプと比較して地下水位は低い位置にあることから評価は「低い」とした。

以上のように、都市、城砦およびキャラバンサライは扇状地と段丘面上に構築され、そのほとんどは扇状地の扇端上に分布することが分かる。これは扇状地が都市や城砦あるいはキャラバンサライを許容できる比較的平坦な地形面を有していること、同じく平坦な地形面で構成される氾濫原は洪水の危険性があるため居住地としては避けられたと推察できる。

さて、地形場を六つのタイプに分類したが、各タイプのなかで最も多くの遺跡が立地するのは、四つの都市遺跡が分布するタイプⅠである。都市を築くうえでタイプⅠの地形場が選択されたのは、土地の安定性と防御性の「高い」点が重要な要素であり、かつ水利の安定性も考慮されていることが効いていると考えられる。一方で防御性は低くとも、土地の安定性と水利の安定性を主要な要素として選択されたのが、タイプⅤの地形場にあるアク・ベシム遺跡とブラナ遺跡になる。タイプⅤでは強固な人工の市壁を建造し、防御性の「低い」点を克服できれば、都市を立地するのには適合する場所だといえる。このほか、タイプⅥの地形場にはシャムシー3、シャムシー4およびシャムシー5の三遺跡が分布するが、土地の安定性、防御性、水利の安定性ともに「高い」評価は得ていない。これらの遺跡は地形条件よりも、そこに位置する他の意義があり立地していると考えられる。シャムシー3遺跡およびシャムシー4遺跡がキャラバンサライの性質をもつものであることから、リスクはあっても交易路沿いに位置するという強いアドバンテージがあったとも想定できる。タイプⅡおよびタイプⅣの地形場に位置する小アク・ベシム遺跡とイワノフカ遺跡の立地も地形以外の要素が効いていると思われる。

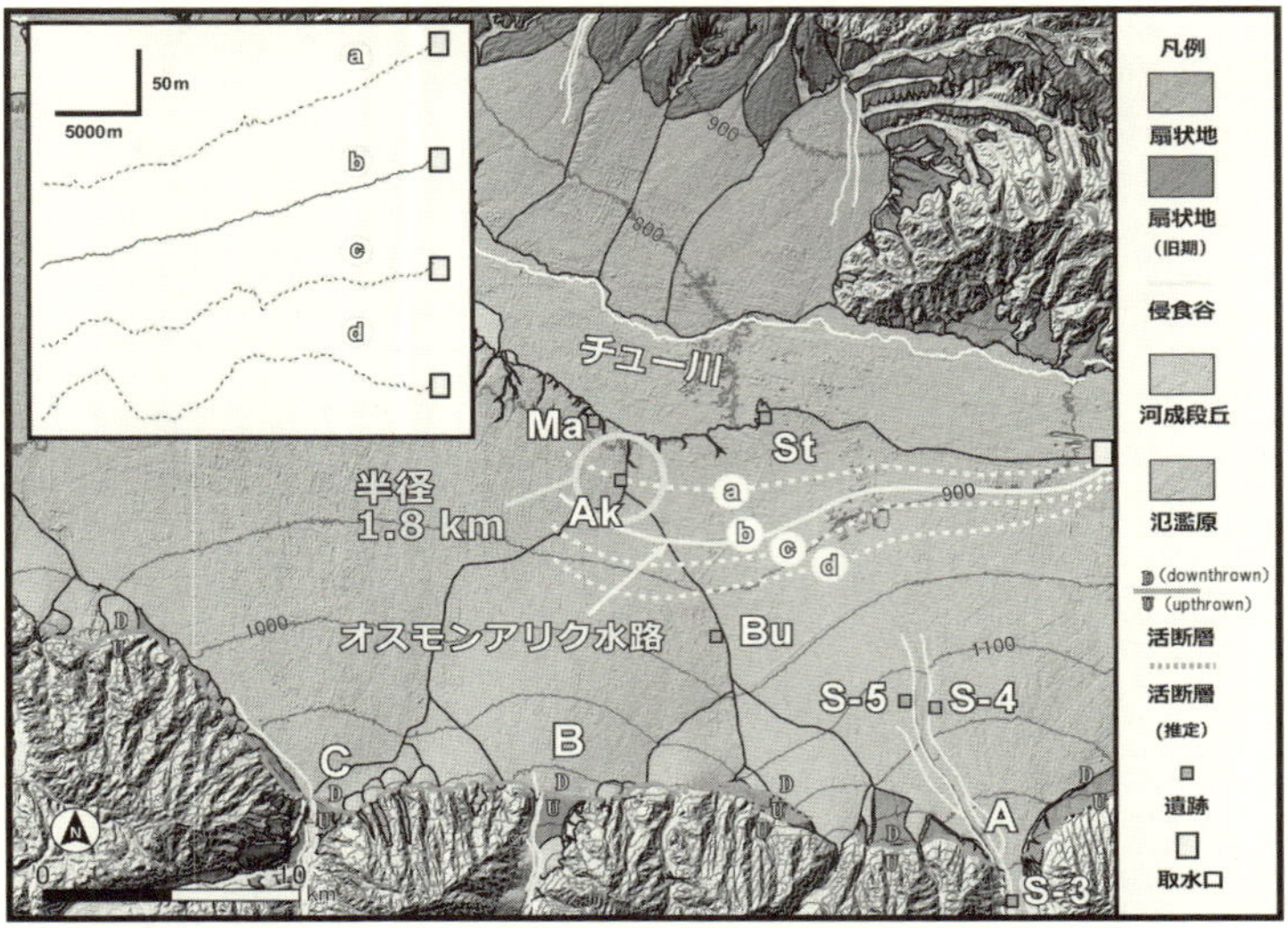

図4　調査地の地形分類図とオスモンアリク水路との位置関係。地形分類図は佐藤ほか（2018）の図を改変して用いた

四、アク・ベシム遺跡はなぜ崖線近傍に立地しないのか？

ここまで述べてきたように、調査地ではタイプIの地形場が都市を形成するうえで最適だったと考えられる。しかしながらアク・ベシム遺跡はタイプIに見られるような防御性の高い侵食崖線の近傍には立地しない。唐による支配期において、アク・ベシムが前線基地の意味合いも持つことを鑑みれば、タイプIの地形場に立地する方が理にかなっている。

比較的平坦な扇状地境界にアク・ベシム遺跡が立地するその理由は農耕が関係している可能性がある。アク・ベシム遺跡の南方にはオスモンアリク水路が東西方向に伸びる。この水路の取水口はチュー川にあり、アク・ベシムの東方約一〇キロメートルに位置する（**図4・口絵⑫**）。水路は当然ながら動水勾配を保つ形で建造されるものである。**図4・口絵⑫**に示した線bはオスモンアリク水路の位置をトレースしている。また、**図4・口絵⑫**の左上に示した線bはその縦断面になる。試しに水路の北方および南方にも線a、cおよびdの縦断面を引いてみたが、それらと比較すると線bのオスモンアリク水路が地形的に合理的な位置に存在しているのが良くわかる。このオスモンアリク水路とアク・ベシム遺跡との距離は約一・八キロメートルの位置にある。興味深いのはアク・ベシム遺跡とその北側に存在する氾濫原までの距離も約一・八キロメートルである。アク・ベシムにおいてオスモンアリク水路から供給される水を利用し農耕が営まれていたとすると、アク・ベシムの南方のみならず、北方においても効率的に耕作地を拡げることができる場に都市が設置されたとも想像できる。前述のようにアク・ベシム遺跡はタイプⅠの遺跡群と比較し防御性は低い。しかしながら、農地に安定的に供給される水路の水を利用可能な場に設置し、そこに生活する人々の食料需要に応え、なおかつ強固な人工の城壁・市壁を建造することで防御性の課題に挑んだ都市がアク・ベシムなのかもしれない。

引用文献

佐藤剛・山内和也・望月秀和・八木浩司「中央アジア・チュー川盆地の地形分類図を基に検討した中世都市遺跡の立地特性」(『地図』56(2)、二〇一八年)四―一二頁

佐藤宏之「地考古学が日本考古学に果たす役割」(『第四紀研究』48(2)、二〇〇九年)七七―八三頁

相馬秀廣・山内和也・山藤正敏・安倍雅史・バレンティナ サンコバ・ヴァレリー コルチェンコ・窪田順平・渡辺三津子「衛星考古地理学からみたキルギス共和国チュー川流域都城址アクベシム遺跡および周辺遺跡の特徴」(『日本地理学会発表要旨集』81、二〇一二年)八一二頁

【I　歴史的背景】

砕葉川のトルコ系遊牧民——西突厥・十姓を中心に

齊藤茂雄

著者略歴は総論「アク・ベシム遺跡（スイヤブ）とは」を参照。

中央アジア天山北麓の草原地帯には、トルコ系遊牧民の西突厥、西突厥の構成部族を基盤とする「十姓」部族連合、十姓を主導した突騎施といった一連の遊牧勢力が登場した。本稿では、そうした遊牧勢力の歴史を先行研究に基づきながら概観しつつ、天山山脈の東西地域が持つ歴史的重要性にも言及する。

はじめに

アク・ベシム遺跡があるチュー河流域は、古くからトルコ系遊牧民による活動の舞台であった。その中でも、アク・ベシム遺跡がスイヤブ（砕葉）として発展を遂げた六世紀から九世紀の時期は、唐が進出してくる一方でトルコ系遊牧民の活動も活発となる時期である。特に、六世紀半ばに建国された突厥可汗国の西半は、一般的に西突厥と称される遊牧集団である。彼らはスイヤブとその周辺、チュー河流域やその西方、タラスまで続く天山北麓の平原を中心に活動していた。本稿では、この平原を砕葉川と暫定的に呼称する。この呼称は、八世紀半ばに当地を訪れた杜環が、イシク・クル（熱海）からタラス（怛羅斯）までが「砕葉川」の範囲であるとしていることによる（地名等については**図1**参照のこと）。

西突厥の活動は漢語の文献史料を中心として記述があるものの、錯綜している上に記述が簡素で正確な理解は非常に困難である。それゆえ、その歴史解明はシャヴァンヌ（Chavannes 1903）以来、非常に多くの議論があり、研究も錯

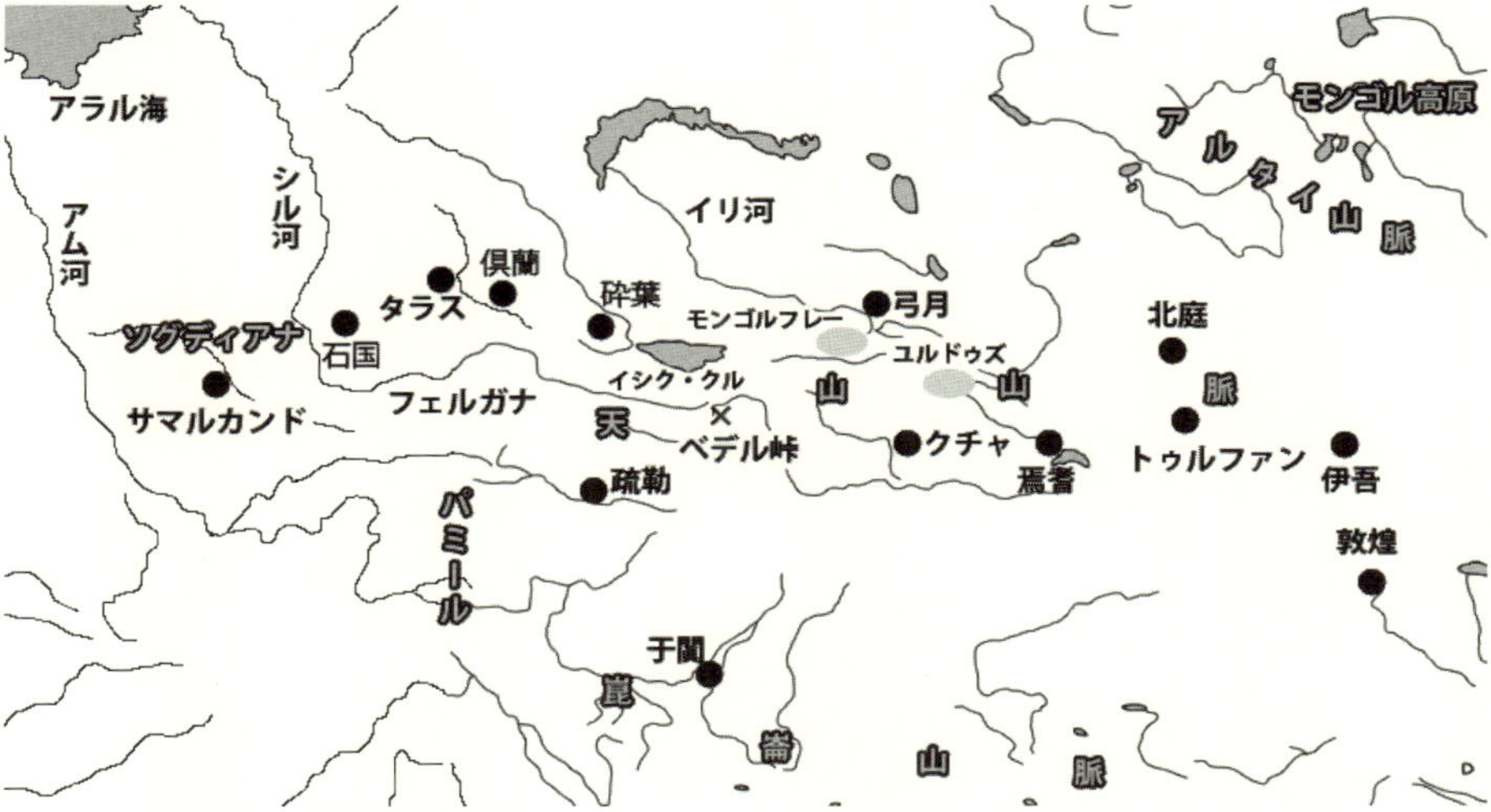

図1　砕葉川とトルコ系遊牧民

綜していると言わざるを得ない。その中で、最も詳細かつ包括的な西突厥研究と言えるのは内藤（一九八八）である。全ての研究を網羅して紹介するという方法を採ることが難しいため、本稿は内藤（一九八八）を基礎に据えたうえで行論している。

さらに、中国史の視点からスイヤブが重要なのは、唐による西域支配の拠点である、安西四鎮のひとつに加えられたことが挙げられる。すなわち、唐の動きも追う必要があるのだが、紙幅の関係上、こちらにはあまり踏み込んで紹介することができない。このテーマについては柿沼（二〇一九）や齊藤（二〇二一・二〇二三）が論じているので、詳しくはそちらに譲りたい。

以上の理由から、本稿はスイヤブが都市として機能していた時代に的を絞り、砕葉川におけるトルコ系遊牧民の活動について論じる。特に、西突厥とその後継部族連合である十姓を中心に論じていく。

一、チュー河流域へのソグド人の入植と「西突厥」

チュー河流域にスイヤブを含むソグド人の城郭都市が建設されるようになったのは、五世紀頃であり、ドゥ・ラ・ヴェシエール（二〇一九、九五―九八頁）によれば、ソグディアナで人口の増加が起こり、それによって移民活動が行われたとされる。彼の議論では、都市が農耕に適した土地に建設されていることから、これは単なる植民集落の増加ではなく、農耕を行い定着することを目指した移民であったといい、その中核都市がスイヤブであった(1)。

これらチュー河流域の都市群は、一種のオアシス都市として商業都市民を養うこととなった。そして、それらの都市と都市周辺の交通路における安全保障をめぐり、周辺の山間部に暮らす遊牧民との間に共生関係が発生した。

遊牧民とオアシス都市民との共生関係とは、家畜を基盤とした経済であるために極めて不安定な遊牧民（家畜はなかなか増えず、そのくせ必ず死んで減耗する）と、商業による経済力には優れているものの、オアシス単位の小国とならざるを得ないため軍事的に劣ったオアシス都市との間で、軍事力と経済力とをそれぞれ交換する関係である。具体的には、都市と都市周辺の交通路の安全を遊牧民が護り、その見返りとして都市から資金援助や酒食の提供を受けるという関係が想定できる。

六世紀半ば以降、チュー河流域を含む砕葉川を支配したのはトルコ系遊牧民である突厥の一派だった。初代君主である伊利可汗（ブミン可汗）の弟、ディザブロスが進出してきたのである。ディザブロスという名称は、東ローマの歴史家メナンドロスが残した歴史書の中に見えている(2)。彼は、五六八年に東ローマから送られた使節団が面会した「可汗《カガン》」と呼ばれる君主であった。彼の時代に、エフタルを滅ぼし西トルキスタンまで進出する（内田一九七五、四三四―四三七頁）など、中央アジアが突厥の支配下に入ることとなった。しかし、彼の存在は中国史書には伝わらず、メナンドロスをはじめとした西方史料に記載があるのである(3)。

彼が名乗った「可汗」とは、モンゴル系と見られる鮮卑の族長が、北魏を建国する以前から名乗っていた称号であり、それを北魏の皇帝が北方遊牧民に対する君主の称号に昇華させたとされている（町田一九八四、一〇三頁）。そして、同時期にもともと鮮卑に従っていた柔然も可汗を君主号として用いつつモンゴル高原に君臨した（町田、同上）。突厥が五五二年に柔然を倒した際、ディザブロスの兄が突厥初代の伊利可汗として即位するに至って、可汗号は「鮮卑の称号」から「草原全体の王号」へと変貌を遂げることとなった。

とはいえ、複数存在する族長が名乗る称号としての性格も消えたわけではなく、可汗号は君主号でありながら複数人が名乗ることができる称号として突厥で取り入れられる。すなわち、「国の最高権力者ではない可汗」も存在したのである。そうした可汗は漢文史料では最高権力者の「大可汗」に対して「小可汗」と呼ばれており、本稿でもこの名称を使用する。ただし、大小可汗になることができたのは、突厥の王族である阿史那氏出身に限定されていた。

ディザブロスは、そうした複数人いる小可汗のうちの一人であった。しかしながら注意が必要なのは、実際のパワーバランスでは、時に地方領主に過ぎない小可汗が国君たる大可汗を上回ってしまう場合もあった（護一九六七、二五六頁）ということである。それゆえ、小可汗だから小規模勢力であろうと決めつけることはできない。ディザブロスの場合で言えば、その中心地はクチャの北方、東部天山北麓のユルドゥズであったとされる（松田一九七〇、二六七－二七四頁）が、王族トゥルクサントスが任されたもう一つの中心地は、西部天山北麓、スイヤブに近接した千泉（メルケ）であったとされる（内藤一九八八、四〇一－四〇三頁）。東西天山山脈という広大な領域をディザブロスは手中に収めており、さらにはより西方のエフタルを攻撃して滅亡させ、ササン朝や東ローマとも通交を結んだ。他の遊牧民であれば大国に部類されてしまうような「小可汗」だったのである。

それゆえ、ディザブロスの死後、彼の王家は東方の伊利可汗を始祖とする王家から分立したと言われる。これこそがアルタイ山脈東方の東突厥に対する「西突厥」である。五八三年のことであったとされる（松田一九七〇、二五二頁）。しかし、史料の書かれ方からすると五八三年の「西突厥」分立（ないし、突厥の分裂）が実際にあったのか疑問である。

というのも、西突厥について最初に記述した『隋書』では、五八三（開皇三）年に中央アジアで分立したのは伊利可汗の孫に当たる阿波可汗とされているからである（**図2**参照）。彼は伊利可汗の子で第三代可汗となった木汗可汗の子であるが、同じく伊利可汗の子で第二代乙息記可汗の子である沙鉢略可汗と対立して中央アジアへ逃れた。そして、ディザブロス王家はそこには関わらない。

しかし、それをもって西突厥の分立とすると、それ以前から中央アジアに勢力を築いていたディザブロス王家も、直接関係しない阿波可汗の西走で分立した、という奇妙な話になる。または、「西突厥」は当初阿波可汗の王統であったが、やがてディザブロス王家に交代したとも解釈できる。しかし、それ以前から小可汗であり、一大勢力を築いていたディザブロス王家の存在をあえて無視してまで、五八三年の分立にこだわる必要があるのかも疑問である。

それだけでなく、『隋書』によって西突厥の始祖とされる

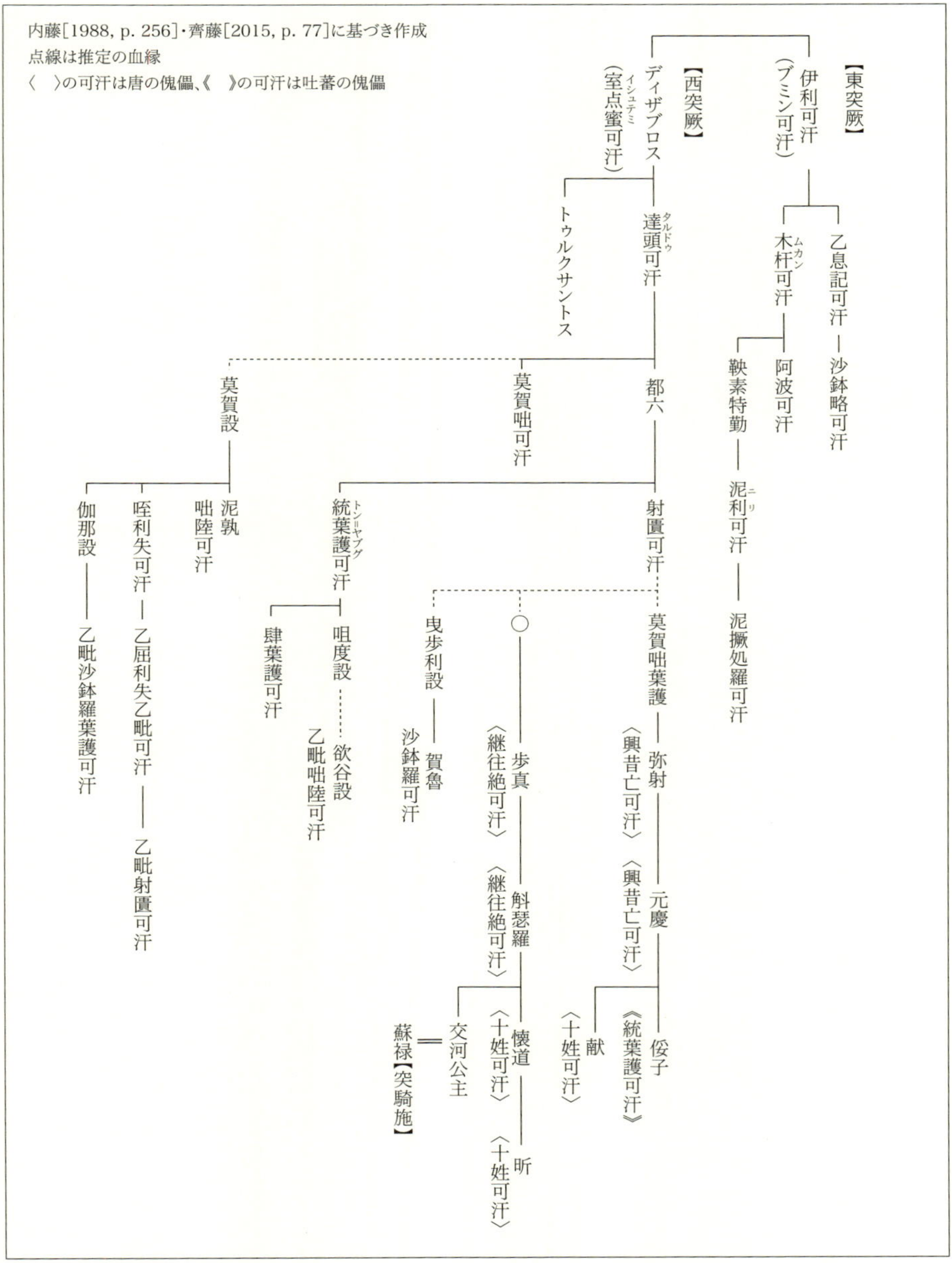

図2　西突厥可汗系図
突厥の王族、阿史那の系図。東突厥側は本稿に関係する人物以外省略。

阿波可汗の一族やディザブロス王家が、東突厥とは別の国であると自認したのか、というとそれもまた疑問である。

阿波可汗の孫に当たる泥利《ニリ》可汗は、五九八年に東ローマ（ビザンツ）皇帝マウリキウスに送った手紙の中で、東突厥の大可汗である都藍可汗を含む有力者同士の争いに言及し、それに勝利したことで領土の支配者となったことを報告している（Vaissière 二〇二一）。さらには、ディザブロスの息子である達頭《タルドゥ》は、五九九年にモンゴル高原に移動し、東突厥の大可汗として即位してもいるのである（『隋書』「北狄伝」）。

西突厥という、東突厥から独立したと自認する政治集団がその時点で存在したと考えると、これらの事象は説明が難しくなる。彼らは、あくまで同じ「突厥」の中で勢力争いを繰り広げていたのであり、五八三年に「分立」してその後関係を断ったわけではない。五八三年に沙鉢略可汗と阿波可汗に対立が発生したのは間違いがないが、それをもって西突厥の分立と見なしたのはあくまで隋の視点であり、現代の研究者が無理にそれに追随する必要もないのではなかろうか[4]。

とはいえ、阿波可汗の集団とならび、ディザブロス王家もまた伊利可汗王家に対して独立的傾向を強めていくのは事実である。後述するように、東突厥もディザブロス王家を「葉護突厥」と呼んで自分たちとは別の分派集団と見なしていたようである。それゆえ、本稿では、いつからとはあえて明言せずに、従来通りディザブロス王家を「西突厥」と呼び、伊利可汗王家を「東突厥」と呼んでおきたい。

さて、中央アジアに到来した阿波可汗の集団は徐々に勢力を拡大し、泥利可汗の息子である泥撅処羅可汗の時代には、西突厥ディザブロス王家の中心のひとつである千泉まで勢力下に収めている（内藤一九八八、三九九―四〇〇頁）。

この泥撅処羅可汗の時代に、彼らの中心地であったモンゴルフレー（新疆ウイグル自治区イリカザフ自治州昭蘇県）の平原において、泥利可汗の紀功を記したソグド語銘文が作られた（小洪那海石人銘文）[5]。その碑文内では、泥利可汗の前任者として、阿波可汗よりもむしろ、その父にあたる第三代木汗可汗の功績が強調されている。彼らが、木汗可汗の子孫を自認する木汗可汗王家と呼ぶべき集団だったことがここから分かる。

泥撅処羅可汗は、隋が扇動したトルコ系諸部（鉄勒）の反乱によって隋への亡命を余儀なくされ、唐が建国されると唐に従った。しかし、東突厥は彼の存在を認めることができなかったようで、唐に刺客を送って彼を殺害した（『旧唐書』「西突厥下」）。沙鉢略可汗と阿波可汗との争いは、ここにようやく決着することとなったのであった。この対立の経緯を見れば、阿波可汗の王家は東突厥側の勢力として動いていたと考えるべきだろう。

二、西突厥初期の展開

東西両天山北麓という、中央アジアにおける遊牧民の中心地をほぼ手中に収めた木汗可汗王家に対して、ディザブロス王家を再興させ「ディザブロス王家＝西突厥」という印象を定着させたのが統葉護可汗《トン＝ヤブグ》である。彼は、泥撅処羅可汗が隋に亡命した後に立った射匱可汗の弟で、『旧唐書』「突厥伝下」によれば、彼の治世は「西方の異民族がこれほど栄えたことはなかった（西戎之盛、未之有也）」とされるほどであった。西突厥の盛世を築いた可汗と言えよう。

彼の治世中には、はるか西方、現在のジョージアの首都であるトビリシを陥落させるなど、コーカサス方面にまで進出したとされており、その地域に残った勢力がやがてハザールとして独立していったと言われている（城田二〇二三、四三―四九頁）。

彼は、スイヤブ北方に初めて拠点を置いた可汗でもある。西域求法僧として有名な玄奘がスイヤブを訪れた際、玄奘を歓待した「葉護可汗」はこの統葉護可汗であるとされてきた。玄奘が「葉護可汗」に会った時のことは、以下のように記録されている。

> 可汗はひとつの大きなテント（帳）におり、そのテントは金の花模様をつけ、けんらんと輝いていた。もろもろの達官《タルカン》はテントの前に長い筵をしき、二列になって座り、みな錦の服を美しく着飾っている。その他の護衛はテントの後ろに立っている。これをみると、遊牧の君長といえどもまことに尊美であった。
>
> （『慈恩伝』巻二（長澤訳一九九八、七一―七二頁））

この絢爛豪華なテントで玄奘を迎えた人物が統葉護可汗と「されてきた」というのは、実際にはこの「葉護可汗」が「統葉護可汗」なのか、その息子の「肆葉護可汗《シル＝ヤブグ》」なのか分からないからである。というのも、玄奘の出発年は諸史料の記述に矛盾があり、六二七（貞観元）年とする史料と六二九（貞観三）年とする史料があり[6]、統葉護可汗は六二八（貞観二）年九月までに暗殺され死去している（桑山二〇二三、三九頁）から、もし六二九年出発であれば玄奘が会ったのは息子の「肆葉護可汗」であったことになるからである。

この問題については、近年、史料の古写本研究や当時の時代状況の再検討が進み、ほぼ六二九年説で固まりつつある[7]。肆葉護可汗は、統葉護可汗を暗殺した自らの伯父、莫賀咄可汗に対抗して、族人の泥孰の推戴を受けて即位し、ついに打倒することに成功した。しかし、推戴した泥孰を謀殺しようとした結果その座を追われ、六三二（貞観六）年に死去した。この不安定な時代の可汗でさえ、先に見たような絢爛豪華なテントを持ち、玄奘を迎えるくらいのことはできたのである。

　この肆葉護可汗の失脚の後、西突厥は混乱の時代を迎えることとなる。西突厥の西部領域の小可汗（西面可汗）だった莫賀設《バガ＝シャド》の系統と、統葉護の系統との対立が顕在化したのである。莫賀設は、唐の高祖の時代（六一八〜六二六年）に長安に滞在し、まだ即位前の李世民（後の太宗）と義兄弟の盟約を結んだという（『旧唐書』「突厥伝下」）。その後、即位した太宗の後ろ盾を受けて、六三三（貞観七）年に莫賀設の息子の泥孰が咄陸可汗に冊立される。あの肆葉護可汗を推戴して謀殺されかけた泥孰である。彼は肆葉護可汗の失脚とともに国人に推戴されて可汗となったのだが、唐から追認を受けた形となった。ここで、西突厥は統葉護の系統から莫賀設の系統へ、王統交代が起こったことになる。

　実は、李世民が突厥人と盟約を結ぶのは得意技で、東突厥でも三人の王族と盟約を結んでおり、唐が六三〇（貞観四）年に東突厥を滅ぼすと、彼らが突厥遺民の統治を委託されることとなった（齊藤二〇一五）。ここで、全員が即位以前から、李世民と人的紐帯を形成していたのがポイントである。

　李世民はもともと皇帝に即位する予定ではなく、皇太子だった李建成を殺害して帝位に就いた。いわゆる「玄武門の変」である。先の事例から分かるのは、このクーデターによる即位以前から李世民とつながりのあった突厥人は、即位後も信任を受けたということである。咄陸可汗泥孰が唐から冊立を受けるようになった背景にも、玄武門以前に盟約を結んだ、という李世民のルールが働いたと考えるべきだろう。

　とはいえ、咄陸可汗は即位一年で死去し、その弟が咥利失可汗として即位する。彼は、「十姓改革」と呼ばれる国内体制の整備を行ったことで名高い。「十姓改革」については、内藤（一九八八、一一五―一三〇頁）の詳細な研究があるため、それに従い述べていく。

　咥利失可汗は、自分に従う部族を十の集団に分割し、それぞれに王族阿史那氏一人をシャドという官称号を与えたうえで派遣した。そして、その十集団には、一集団につき一本の矢を与えた。ここに、可汗を頂点とし、十人の王族を首長とする支配体制が新たに作られたのである。さらに、新たに首長と部族の関係を構築するために、権威の象徴である矢を各自に与え統治の証とした。この矢は可汗による統治権を首長が保持する象徴であり、中央集権体制の設立を目的とするものだったとされている。

　しかし、この体制はもともといた部族長から統治の権限を取り上げ、王族によって独占するものだったため、当然のように反発が起こった。そこで、咥利失可汗に従っていた最大部族である咄陸部と弩失畢部を東西に配置し、先の十集団を五集団ずつに分けて東西両部の下位に配置した。

内藤（一九八八、一五三―一六八頁）の考察によれば、東方の「咄陸」とは、突厥と同じくTürkの音写であり、西突厥初期のTürk集団そのものであったという。そのため、その構成部族には、処木昆部や鼠尼施部といった西突厥王家との婚姻関係が確認できる部族を含んでいるという。一方、西方の弩失畢部は西突厥の西方拡大とともに加わった部族であるが、西突厥最強の部族である阿悉吉部を含んでおり、その居地こそがスイヤブ周辺であったと考えられている（内藤一九八八、三七頁）。弩失畢部は西突厥の国勢を左右する勢力を持ち、可汗の擁立にも厳然たる影響をおよぼす存在だった。

この東西十集団の首長には、東方はチョル、西方はイルキンという官称号を与え、矢を管理させつつ集団を直接統治させることとなった。こうして王族シャドを介した中央集権の試みは失敗に終わり、集団の首長が可汗の統治権を象徴する矢を直接管理しつつ自集団を統御するという、穏当な形に収まることとなったのである。

咥利失可汗がこのような改革を行わなければならなかった背景には、王統交代に賛同しない勢力の存在があった。統葉護系統を復活させようとする動きがあったのである。統葉護可汗の孫とされる欲谷設（内藤一九八八、二二五頁）は、咥利失可汗を小可汗に降格させて自らを大可汗にしようと画策したが、これは失敗し、結局、六三八（貞観十二）年に西方の弩失畢部のみを支配する乙毗咄陸可汗として即位することとなった。咥利失可汗は東方の咄陸部を支配し、両可汗はイリ河を境界としたとされる（『旧唐書』「突厥伝下」）。

乙毗咄陸可汗は、当初は弩失畢部から擁立されてスイヤブをおさえ、咥利失可汗も抜汗那《フェルガナ》に追放して西突厥を統一したかに見えたが、弩失畢部と対立してスイヤブから追放されてしまう（内藤一九八八、一六二―一六三頁）。弩失畢部が咥利失可汗の甥を乙毗沙鉢羅葉護可汗として擁立したことによる。弩失畢部の持つ影響力の大きさが知れよう。

この後、東西の一時的な統一や陣地交代はあるものの、阿史那賀魯による最後の盛世が訪れるまで、西突厥は莫賀設系統と統葉護系統とに二分されることとなり、砕葉川、特に中心地であるスイヤブ北方山地の争奪戦が繰り広げられたのである。

三、唐の中央アジア進出と阿史那賀魯

唐が中央アジアを含む周辺地域に進出していく契機として、東突厥を滅ぼしたことが重要である。唐は、一〇万人以上とも言われる突厥遺民を南モンゴルで支配下に置くことにより、強力な突厥騎馬軍団を我が物とすることができたからである。それによって唐の軍事力は格段に上昇した。唐は、六四六（貞観二十）年に北モンゴルの薛延陀も滅ぼし、草原支配をさらに強固なものとする。そのまま、六四九（貞観二十三）年にはタリム盆地に安西四鎮を置き、中央アジアも席巻していくこととなる。

タリム盆地に唐が進出することになると、オアシス交易の権益をめぐって西突厥と対立が生じた。唐は乙毗咄陸可汗に対抗するため、以前に冊立したのと同じ莫賀設系である、乙毗沙鉢羅葉護可汗を六四一（貞観十五）年に冊立した。しかし、直後に乙毗咄陸可汗に殺害され、西突厥は再び統一されることとなった。乙毗咄陸可汗はそのまま唐の支配するトゥルファン（西州）・ハミ（伊州）まで侵攻するものの、唐を中央アジアから追放することはできず、むしろ返り討ちにあった。弩失畢部が統一を容認せず足を引っ張ったことが要因であった（内藤一九八八、一六二―一六六頁）。

これを契機として、乙毗咄陸可汗に対する反乱が全国で発生し、西突厥諸部が唐に新可汗の即位を要請したため、六四三～六四五（貞観十九）年頃に、唐はまたも莫賀設の曾孫を乙毗射匱可汗として冊立し、乙毗咄陸可汗を攻撃して吐火羅に亡命させた（『旧唐書』「突厥伝下」）。上述したように、莫賀設系統が唐からの冊立を受けるのは初めてではないが、これまでは可汗即位の追認であった一方、今度は唐が直接即位させているので、より踏み込んだ対応と言えよう。

この唐による介入に対して、決然と立ち上がったのが阿史那賀魯である。彼の系譜は判然としないが、内藤（一九八八、二三五頁）は射匱可汗の孫と推測している。彼自身は当初、乙毗咄陸可汗によって葉護とされたが、乙毗咄陸可汗が敗れて吐火羅に逃れると乙毗射匱可汗の攻撃をしのぎきれなくなり、やむを得ず六四八（貞観二十二）年に唐に降った。

しかし、唐で太宗が崩御するとその混乱をついて自立し、六五〇（永徽元）年末に乙毗射匱可汗を攻撃して打倒した。そして、スイヤブないし、その近隣の千泉に牙帳を置き、沙鉢羅可汗として即位した。これが、独立した西突厥最後の可汗となる。

賀魯の時代に特筆すべきは、あの咥利失可汗が置いたのと同じ、「十姓」を支配したと明記されていることである。と

はいえ、その構成部族が咥利失可汗の時期と一致するのかどうか明らかではない。賀魯が「十姓制」を採ったのは、スイヤブに拠る強力な弩失畢部を、旧来西突厥である咄陸部と同等の権限にまで抑え込むのに都合が良かったからとされる（内藤一九八八、一六六頁）。賀魯自身もスイヤブの牙庭に拠る以上、その周辺に居住する弩失畢部の影響力を野放しにするわけにはいかず、後ろ盾となる咄陸部に同等の影響力を与えるためには、「十姓制」は都合が良かったのである。何はともあれ、咥利失可汗が生み出し、賀魯が内実は別として継承した「十姓」が、この後の時代には「西突厥」に代わる集団名になっていく（この点は後述する）。

阿史那賀魯の「自立」（唐側から見ると「反乱」）に対して、唐は六五一（永徽二）〜六五八（顕慶三）年の七年間の間に、三度の遠征を行いようやく賀魯を打倒した。注目すべきは六五八年に行われた三度目の遠征である。この時、唐は蘇定方を伊麗《イリ》道行軍総管とし、多数の遊牧騎馬軍団を率いさせて賀魯を攻撃したが、そのうちの一派は北モンゴルにいた廻紇《ウイグル》などのトルコ系騎馬軍団であり、アルタイ山脈を越えるルートで砕葉水（チュー河流域）にいた賀魯と戦い、追撃の末ついに捕らえることに成功したという（『旧唐書』「突厥伝下」）。

広域に及ぶ唐の軍事動員に驚嘆させられるが、モンゴル国から二〇〇九年に出土した「僕固乙突墓誌」八行目には、「まもなく賀魯が命に背いたため、まさに遠征に従軍した（俄以賀魯背誕、方事長羈）」という記述があり、実際に北モンゴルの部族が遠征に参加していたことが確認できる（石見二〇一四、五—六頁）。唐は圧倒的な騎馬軍事力によって賀魯を打倒したのである。

この対阿史那賀魯遠征には西突厥側からも阿史那歩真と阿史那弥射とが参加し功績を挙げた。二人は賀魯と従兄弟同士だったと推定されている（内藤一九八八、二二八—二三六頁）。彼らは戦後、西突厥遺民を分割統治する唐の傀儡可汗となった。すなわち、西部五弩失畢部を統御する濛池都護・継往絶可汗に阿史那歩真が、東部五咄陸部を統御する崑陵都護・興昔亡可汗に阿史那弥射が就任した。

こうして、唐が西突厥をも統治下におさめたかと思われたが、そううまくはいかなかった。翌六五九（顕慶四）年十一月から翌年にかけて、弩失畢部の阿悉吉闕俟斤都曼が反乱を起こしたのである（伊瀬一九五五、二三二—二三三頁）。この反乱はすぐに鎮圧されたが、上述したように、弩失畢部は西突厥全体に影響力の強い集団であり、その中でも阿悉吉闕俟斤部は最強とうたわれた部族であった。阿悉吉闕俟斤は、「先んじてソグド人たちを鎮定した（先鎮諸胡）」（『旧唐書』「蘇定方伝」）といい、内藤（一九八八、二六三頁）は、スイヤブなど砕葉川にあるソグド植民都市をおさえたということだろうと解釈している。

この反乱に対して、阿史那歩真ではなく再び蘇定方が安撫大使として駆り出されており（『旧唐書』「蘇定方伝」）、阿史那歩真の統御が早々に立ちゆかなくなったことを示している。こうしてお飾りの可汗になってしまった歩真は、弥射を妬むようになったようだ。六六二（龍朔二）年に弥射が反乱を企んでいると誣告して謀殺したが、歩真自身も乾封年間（六六六―六六七年）に死去した（『新唐書』「突厥伝下」）。こうして、正統阿史那氏の傀儡可汗による唐の支配は、わずか十年足らずで破綻したのであった。

四、「十姓」部族連合の誕生

唐が西突厥諸部に対して優位に立てないなか、西突厥内部では新たな動きが起こっていた。最初にその動きが表面化するのは、六七七（儀鳳二）年のことであった。この年、東部咄陸部の筆頭である処木昆部屈律啜・匐延都督だった阿史那都支が、「十姓可汗」を自称して唐に反旗を翻したのである。阿史那都支は、阿史那氏とはいえ正統な西突厥王家には属さず、あくまで処木昆部の部族長であった。

このとき阿史那都支が名乗った「十姓可汗」という名称を内藤（一九八八、六四―六八頁）は重要視する。それ以前、正統阿史那氏の西突厥では「十姓」を名乗った形跡はなく、あくまでその自称は「突厥 Türk」であった。咥利失可汗も阿史那賀魯も「十姓」を支配したのであり、自らを「十姓」と称したわけではない。だからこそ、隋唐の史書は「西突厥」と呼んでいるのである。また、隋末から唐初期にかけての史料には、西突厥を指して「葉護突厥 Yabγu Türk」と呼ぶ史料があり、内藤（一九八八、一七七頁、注一〇五）は、それこそ東突厥が西突厥に対して用いていた呼称であると指摘している。東突厥から見ても、西突厥は「突厥」だったのである。

それが、正統阿史那氏による支配が失われ、被支配集団であった「十姓」の各部族が主体性を持つにいたって、咥利失可汗によって創造された枠組みの「十姓」が、部族連合体としての意味合いを持ち始める。そして、正統王家に属さない新たな権力者たちは、「突厥」の可汗ではなく「十姓」の可汗として旧西突厥の人々に支配をおよぼすようになるのである。

そのことは東突厥側の史料である古代トルコ語碑文にも明確に現れていて、東突厥は西突厥滅亡後の「十姓」の人々を指して「オンオク On Oq（十本の矢）」と呼んでいる。この呼称は咥利失可汗が各部族の統治者それぞれに与えたという「矢」から来ていることは明らかで、「十姓」と対応している。西突厥時代の「葉護突厥」から改まって、部族連合としての新たな呼称を東突厥も受け入れているのである。それゆえ、「十姓」の自称が現れた時点で、彼らは「突厥」とは違ったものになったと考えるべきなのである。

以上の展開に鑑みて、本稿では阿史那都支登場以後の「旧西突厥」の諸集団については、「十姓」と呼称したい。彼らは西突厥と明らかな連続性・同一性を有した諸集団であるが、君主の性格が異なる別集団なのである。

さて、唐に対する阿史那都支の自立は、六七九（調露元）年に裴行倹・王方翼の奇襲によって水泡に帰す。王方翼は、阿史那都支撃破の隙を突きスイヤブに新たな城郭都市「砕葉鎮城」を建設する。現在、アク・ベシム遺跡の第二シャフリスタンとして知られている都市である。これ以降、八世紀初頭に突騎施に奪われるまで、砕葉鎮は安西四鎮のひとつとして確立した地位を築くこととなる。

十姓の自立に対して、唐は正統な西突厥王家を傀儡可汗とした間接統治の方針を崩さなかった。六八五（垂拱元）年に阿史那弥射の子の元慶を二代目興昔亡可汗に、翌年に阿史那歩真の子の斛瑟羅を二代目継往絶可汗にそれぞれ冊立したのである。このうち、元慶の事跡はほとんど分からないが、斛瑟羅はある程度、十姓諸部に実効支配を及ぼそうとしたようである。しかし、時代はもはや正統西突厥王家を求めてはいなかった。

五、突騎施の興起

唐による西突厥諸部統治の限界は、滅亡した西突厥の正統な王族を傀儡可汗とし、あくまで間接統治に徹さざるを得なかったことであっただろう。唐によって強引に玉座に据えられた可汗斛瑟羅には危機に対応する能力はなく、六九〇（天授元）年に起こった東突厥、第二可汗国による侵攻を前にして、あっさりと唐朝に内遷してしまった。この混乱のさなかに、吐蕃も西突厥に介入しようとして六九四（延載元）年に統葉護可汗・阿史那俀子（前述した統葉護可汗とは別人）を傀儡とし、二年前に安西四鎮を奪い返した唐に対抗しようとした。

この時点で、阿史那氏を頂点とする西突厥のまとまりが、外部勢力に利用されるだけの形骸になりはてていることは誰の目にも明らかだっただろう。そこで、新たに登場した勢力が、西突厥十姓の構成部族のうち、東方五咄陸部の一部を構成していた突騎施《テュルギシュ》であった。その首長だった烏質勒が、斛瑟羅に代わって十姓連合を主導することとなり、七〇三（長安三）年には砕葉の牙庭を奪取したと考えられている（内藤一九八八、三二四―三二八頁）。

斛瑟羅も、七〇〇（聖暦三）年に唐から平西軍大総管に任命されて砕葉を保持しようとしたが、烏質勒に屈し、二度目となる唐への内遷を強いられた後、まもなく死去したようだ（『資治通鑑』「長安三年七月庚戌条」）。烏質勒は、砕葉川を「大牙」と呼び、イリ河上流域（弓月城（現・伊寧付近）・伊麗水）を「小牙」と呼んで、西方ではソグディアナ、東方では東突厥と隣接する広大な領域を支配下に置いた（『新唐書』「突厥伝下」）。ここに、阿史那賀魯以来となる、西突厥の東西両翼を支配する勢力が登場したことになる。

烏質勒は七〇六（神龍二）年十二月中に死去し（内藤一九八八、三三七頁）、その後継者として長男の娑葛が立った。その二年後の七〇八（景龍二）年十一月に娑葛は可汗を自称するにいたる。これをもって、突騎施可汗国が成立したとされる（内藤一九八八、三五一頁）。娑葛が可汗自称の直後に安西都護府を攻撃して陥落させると（『資治通鑑』「景龍二年十一月癸未条」）、翌七〇九（景龍三）年、唐は娑葛が自称した「十四姓可汗」を追認して冊立したと見られる。唐側も公式に突騎施可汗国の成立を認めたのである。

ところが、同じ七〇九年七月に、唐は再び娑葛を中国風の「欽化可汗」に冊立している（『資治通鑑』巻二〇九（六六三六頁））。内藤（一九八八、三五四頁）は、「十四姓可汗」に冊立したのは同年六月頃であろうと推測するが、そう何度も可汗号の賜与を行うだろうか。あるいは、「十四姓可汗」というトルコ語の称号を、漢語、それも中華を慕う異民族という体裁にした別名が、「欽化可汗」だったのではないだろうか。つまり、同じ可汗号のトルコ語側の呼び方が「十四姓可汗」、中国側の呼び方が「欽化可汗」であり、冊立は七〇九年七月の一度だけ行われたと考えれば、そう何度も使者の行き来があったと解釈する必要がなくなるのである。あるいは、唐から両者の称号が賜与された可能性もあるだろう。

この冊立が行われた背景には、当時、力を強めてきていたモンゴル高原の東突厥をめぐる国際情勢が関係していた。唐に従っていた東突厥の遺民は三度の反乱を経た後、六八二年に新たな国家を打ち立てた。この国は、研究者の間では、六三〇年以前の国である突厥第一可汗国と区別して突厥第二可汗国と呼ばれている。第二可汗国は、第二代のカプガン可汗、默啜（六九一～七一六）が即位すると全盛期を迎え、周辺諸国を圧倒し始めていた。大澤（一九九六）によれば、東突厥によって傀儡可汗とされた南シベリアのキルギス君主バルス・

ベグは、その支配から脱すべく唐・突騎施に呼びかけて三国同盟を結んだ。その際の唐と突騎施との間における同盟の証が、唐による可汗冊立なのである。

しかし、この同盟は長くは続かなかった。娑葛の弟である遮弩が娑葛と反目し、東突厥を国内に呼び込んだのである（『旧唐書』「突厥伝下」）。この事件は東突厥側の史料である古代トルコ語のキョルテギン碑文東面三六～三八行目とビルゲ可汗碑文東面二六～二七行目によると七一〇ないし七一一年のことである（岩佐一九三六、一九七―二〇一頁）。東突厥遠征軍は現在のタルバガタイ平原に比定されるヤリシュ平原で十万ともされる突騎施軍を破り、娑葛を捕虜にして帰還したのであった（内藤一九八八、二五〇頁）。

ところがその後、東突厥の黙啜は、娑葛を裏切った弟の遮弩に対して、「兄とも協力できなかったのに、私に心を尽くすとは思えない」と言い放ち、娑葛ともども処刑してしまった（『旧唐書』「突厥伝下」）。遮弩は黙啜に体よく利用されたに過ぎなかったのである。こうして、娑葛の突騎施可汗国はあっけなく倒れることとなった。

娑葛を倒し、中央アジアへの進出を企図した東突厥であったが、それもまた成功はしなかった。東突厥は七一四（開元二）年に、その先にスイヤブの占領も見据えて唐の拠点である北庭都護府を攻撃したが、黙啜の息子である同俄特勤が思わぬ戦死を遂げ、退却を余儀なくされた（内藤一九九五、三四一―三五一頁）。東突厥が中央アジアに地盤を築くこともできなかったのである。

六、蘇禄と黒姓突騎施

娑葛敗死以後、突騎施に関わる史料は混乱してしばらくははっきりしたことが分からなくなる。正面切っての戦いで可汗を失ったことは、大きな衝撃を突騎施国内にもたらしたことだろう。このまま突騎施が再建できずに消えることもあり得たが、突騎施を最盛期に導いた可汗、蘇禄の登場により突騎施は復興を果たす。

とはいえ、蘇禄の登場は突然のことである。七一五（開元三）年に唐から左羽林大将軍・金方道経略大使に任命されたのが最初の記述（『資治通鑑』巻二一一）であるが、その頃にはもう可汗を名乗っていただろうと見られている（内藤一九八八、一八頁、注二八）。蘇禄は、「突騎施別種」（『旧唐書』「突厥伝下」）とされており、黄姓突騎施に属す烏質勒・娑葛に対して、黒姓突騎施という別部族に属すとされる（内藤一九八八、九三頁）。しかし、そのことは特に問題とならなかったようで、順調に十姓諸部を糾合していった。

この頃、唐は性懲りも無く西突厥正統阿史那氏の傀儡可汗を置き、十姓諸部を統治しようとしていた。それが阿史那弥射の孫、阿史那献である。彼は唐によって十姓可汗に冊立され、蘇禄と対決する姿勢を取ったが、蘇禄の力に圧倒された。唐は七一九（開元七）年に蘇禄を忠順可汗に冊立して阿史那献による西突厥統御を諦めた。さらに、それ以前から既に実効支配ができなくなっていたスイヤブについては、蘇禄の要請を聞き入れるという体を取って安西四鎮から除き、代わりにカラシャール（焉耆）を安西四鎮に加えている（斉藤一九九一、四〇―五一頁）。これ以降、唐はスイヤブの統治から完全に撤退する。

こうして唐と争う心配が無くなった蘇禄は、中央アジアに進出してきたイスラームのウマイヤ朝との争いに注力していく。イスラームは七世紀前半にアラビア半島でムハンマドによって創始され、やがて周辺地域に拡大していった。中央アジアへの進出が本格的に始まったのは、七〇四／七〇五年にクタイバ・ブン・ムスリムがホラーサーン総督に就任して以降である。クタイバは七〇九年にソグディアナの中心都市であるブハラを征服すると、七一一年にはもう一つの主要都市、サマルカンドも征服することに成功する。

これに対して、蘇禄と見られる可汗が七二〇／七二一年にソグディアナ遠征を行った記事があり、これが蘇禄の対アラブ戦最古の記録とされる（前嶋一九八二、七五頁）。そして、七二四／七二五年には、ウマイヤ朝のフェルガナ遠征軍に対して蘇禄がシル河畔で大勝した。一〇世紀のアラブの歴史家タバリーは、この事件を「渇きの日」と呼んで特筆している（前嶋一九八二、七六頁）。

この頃が蘇禄の全盛期であったことは間違いない。蘇禄は唐（西突厥）・東突厥・吐蕃の三大国と婚姻を結んでいる。まず、唐に亡命した阿史那斛瑟羅の息子、懐道の娘が、唐から七二二（開元十）年に交河公主として蘇禄へ出嫁された。ただし、この婚姻は蘇禄が箔を付けるために唐から亡国の王女を得たもの、と単純な評価をしない方がいいかもしれない。というのも、交河公主は、蘇禄の使者としてクチャの安西都護府との間で馬の交易を行っていた（『旧唐書』「突厥伝下」）からである。交易という重要な仕事を任されていた、あるいは自主的に行う自由を与えられている以上、彼女の地位を軽んじることはできないのである。

さらに、東突厥の第三代君主、毗伽《ビルゲ》可汗の娘も蘇禄に嫁いでいることが、毗伽可汗碑文北面第九行目（Tekin 1968, pp. 246-247, 280）から分かるが、これがいつのことなのかまでは分からない。吐蕃は、七三四年に王女が蘇禄に出嫁している

(Dotson 2009, p. 119)。これは、吐蕃と突騎施の間で結ばれていた同盟の証とされている(Beckwith 1987, p. 111)。

このように、蘇禄は周辺諸国と和親を結び大国としての地位を確立したが、そのことが突騎施国内における彼の地位を危うくしたと『旧唐書』「突厥伝下」は伝える。すなわち、三国と婚姻したことによって出費がかさみ、それまでのように臣下に分配ができなくなったことに加え、病気で片腕が動かなくなってしまい、臣下の離反を招いたとする。

たしかに、遊牧国家においては、戦利品などの経済物資を過不足無く臣下に分配できることが君主の重要な役割であるし、戦場で勇猛であることもまた君主に求められる役割であった。蘇禄はそれらの役割を果たせなくなっていたというのである。その情報と軌を一にするかのように、七三六年にホラーサーン総督のアサドによる遠征軍とジュズジャーンで戦った蘇禄は大敗し、かろうじて逃げ延びた(前嶋一九八二、七八―七九頁)。蘇禄は実際に戦場で勝てなくなっていたのである。蘇禄が敵対する黄姓の莫賀達干《バガ＝タルカン》によって殺害されたのは、その二年後、七三八年であった。

七、その後のトルコ系遊牧民

蘇禄の死後、突騎施国内は黒姓と黄姓が争い合う分裂状態に陥る。唐は、交河公主を出嫁したことからも分かるように、蘇禄の属す黒姓突騎施を支持していた。しかし、蘇禄が黄姓の莫賀達干に殺害されると手のひらを返し、黄姓を支持するようになる。七三九年八月に、磧西節度使の蓋嘉運が莫賀達干とともにスイヤブ遠征を行って蘇禄の子で可汗となった吐火仙を捕縛したほか、さらに西方のタラスで黒姓可汗(爾微特勤)とその弟撥斯を斬り、曳建城では交河公主・蘇禄の可敦・爾微特勤の可敦を捕縛した(『新唐書』「突厥伝下」)。

この大勝利は黒姓に致命的な打撃を与えたが、これが中央アジアにおける唐の存在感を再び増大させたということはなく、単に黄姓の勢力が拡大しただけの話だった。黄姓は黒姓を討った唐軍が七四〇(開元二八)年三月に撤退すると、すぐに唐から離反して十一月には反乱を起こした(齊藤二〇二三B、一三六―一三七頁)。さらに、討伐によって黒姓の力が弱まったスイヤブもそのまま占領したようである。唐はうまいこと乗せられたのだ。

それでも唐は阿史那懐道の息子・昕を七四二(天宝元)年に十姓可汗として送り込んだが、何もできないまま莫賀達干によってスイヤブ西方の倶蘭城で殺害されてしまう(『資治通鑑』「天宝元年四月条」)。阿史那昕は、西突厥正統王家に生まれたとはいえ長く長安で暮らしていた人物であり、戦乱の十姓諸部を治めることなど期待すべくもなかった。完全な犬死にである。唐の思考が「正統西突厥王家による間接統治」という発想で凝り固まり、時代の趨勢に対応した解決策を打ち出せなかったことを、この一件ははっきりと示している。

この後、突騎施の情勢は黒姓と黄姓がさらに入り乱れていく。黄姓の莫賀達干は七四四（天宝）年に河西節度使の夫蒙霊詧に殺害され、同年に黒姓の伊里底密施骨咄禄毗伽可汗が唐によって十姓可汗に冊立される。これは、莫賀達干殺害には唐が黒姓の兵力を利用したことが関係しているだろうと推測されている（前嶋一九八二、九二頁）。しかし、黄姓はそれ以降もスイヤブを拠点として唐と対立を続けたようで、七四八（天宝七）年には北庭節度使の王正見がスイヤブ攻撃を行っているが、これは黄姓攻撃であると推測されている（前嶋一九八二、九三頁）。

この後、七五五年に起こった安史の乱の影響で唐が中央アジアと連絡を失ったため、中央アジアの情報があまり残らなくなる。安史の乱直前の七五一年に有名なタラス河畔の戦いが起こるが、これは全くの偶然で起こった戦闘であり、中央アジア情勢にはほとんど何の影響もおよぼさなかった（齊藤二〇二三B）。

安史の乱後には、中国本土との連絡こそ断続的になるものの、安西都護府や北庭都護府といった統治機関や安西四鎮の駐留部隊は地方勢力として各オアシスに残り、大暦元宝や建中通宝といった銭貨まで鋳造していた（王永生一九九七）。北庭節度使は七六九（大暦四）・七七二（大暦七）・七八一（建中二）年に朝廷に遣使した記述があり（陳瑋二〇一四、五八頁）、断続的とはいえ朝廷と連絡を取っていたことがうかがえる。その一方で北庭都護府はウイグルの支配下にも入っており、いわゆる両属状態にあったようだ（Mackerras 1990, p. 328）。とはいえ、巨視的に見れば中央アジアの勢力図から唐は閉め出され、北半にウイグルが、南半に吐蕃が進出してにらみ合うという状態が九世紀半ばまで続くことになる（森安二〇〇七、三四八―三五四頁）。

一方、草原では突騎施の没落によって西突厥に源流を持つ遊牧勢力は力を失い、新たにカルルクというトルコ系遊牧民が勢力を拡大する。カルルクはもともとアルタイ山脈付近にいた遊牧民で、バスミルが主導し、ウイグルなどとともに七四〇年前後に北モンゴルで起こした反乱に参加し、突厥第二可汗国（東突厥）を滅亡させた。しかし、その後、勢力争いが発生し、ウイグルが力を持ちウイグル可汗国（七四四〜八四〇年）を建国すると一部の集団はこれに従ったが、一部の集団は七四六年と七五四年の二度にわたって中央アジアへと西遷した（川崎一九九三）。

中央アジアのカルルクは、葉護《ヤブグ》Yabyuを君主の称号としつつ、急速に勢力を拡大していった。史料の記述に揺れがあるものの、七五〇年代半ばから七六〇年代半ばの間に、黒姓・黄姓突騎施を圧倒してスイヤブまで支配下に入れた。唐による度重なる突騎施攻撃が勢力の空白を招き、カルルクの強勢化を助けたと考えられよう。

このカルルクは、七八一―七八三年のいずれかに集団でキリスト教に改宗したとされ、アク・ベシム遺跡のキリスト教寺院（AKB-8）を含め、チュー河流域で発見されているキリスト教関係の考古学的史料はカルルク支配下のものであるとされる（森安二〇二二、七―一一頁）。

一方の突騎施についてはほとんど情報が無く不明であるが、ウイグルが九世紀初頭に西部天山方面へと進出した際、突騎施を正統な支配者と見なして再び可汗に据えたようである（吉田二〇一一、一八―一九頁）。これは、モンゴル高原のウイグルにとっては、実力的にはカルルクが突騎施に取って代わったとしても、なおも当地の支配者は突騎施であったことを示している。十姓の権威はまだ残存していたのである。とはいえ、突騎施はこれ以降、ほぼ史上から姿を消すのであり、その権威は幻影のものだったと言えよう。

この後、大きな動きが見えるのは八四〇年である。モンゴル高原で東ウイグル可汗国が崩壊し、その遺民集団が中央アジアへ流れ込んでくると、砕葉川にいたカルルクなどと合流してカラハン朝が成立したとされる（Pritsak 1951, pp. 282-284）。カラハン朝は十世紀半ばにイスラム教を受け入れた最初のトルコ系王朝となるが、スイヤブは同時期の十世紀以降に中心地としての役割を終え、その中心はバラサグン（現ブラナ遺跡）に移っていく。西突厥とスイヤブがここで歴史の表舞台から完全に姿を消したのである。

おわりに

本稿では、突厥西部ディザブロス王家の流れをくむ西突厥と、その滅亡後に西突厥構成部族によって新たに作られた部族連合、十姓の展開について論じた。西突厥のわかりにくさは、史料の僅少さに加え、勢力図がめまぐるしく移り変わっていくことだろう。当初こそディザブロスが強勢であったが、その死後に阿波可汗の木汗可汗王家が到来して対立し、やがては莫賀設の系統と欲谷設の系統とが対立するようになる。

その展開ひとつひとつを追っていくと極めて分かりにくいが、大掴みに理解するための手がかりとなるのが、天山山脈東部の中心地と西部の中心地という考え方である。例えば、乙毗咄陸可汗と咥利失可汗とが対立した際には、両者は東西に分かれ、イリ河を境界としたとされる。それ以前の木汗可汗王家、泥撅処羅可汗は現在のモンゴルフレー、つまりテケス盆地を中心としたが、これは東部に当たる。そして、彼はスイヤブ西方の千泉まで支配したというが、千泉はスイヤブが中心となる以前の西部の中心地である。ディザブロスの時代には、彼自身は東部のユルドゥズ盆地にいたとされるが、西部の千泉にはトゥルクサントスが派遣されていたとされる。

　このように、西突厥の境域は東西に長すぎるので中心地も東西にそれぞれ存在しており、そのそれぞれの中心地に拠ることで分裂が起きやすいと考えるべきだろう。天山の東西が別の勢力圏になるというのは、九世紀にモンゴル高原のウイグル可汗国が崩壊した際、同じ遺民でも東部天山に拠ったグループが西ウイグルを建国し、西部天山に拠ったグループがカルルクなどともにカラハン朝を建国した、という事例からも看取できる。

　東部天山の中心地は、右で挙げたテケスやユルドゥズのほか、突騎施の烏質勒が拠点としたイリなど、いくつか挙げることができる。その反面、西部の中心地は統葉護可汗が中心をスイヤブに置いた後は、バラサグンに移るまで一貫してスイヤブが挙げられる。しかも、千泉にしろスイヤブにしろバラサグンにしろ、同じ砕葉川上に存在しており、この地域の重要性が見て取れる。

　遊牧民にとって砕葉川が重要であった理由としては、遊牧可能な草原と都市とが近接し、そのうえ都市が商業民であるソグド人を中心に運営されていたことが挙げられよう。既に述べてきたように遊牧民は商業民と結びつきやすいが、遊牧民が利用する山間部の草原と近接して都市が点在する砕葉川は、遊牧民にとって使い勝手の良い土地だったと推測される。それゆえ、スイヤブは繁栄することができたのである。

注

（1）このチュー河流域開拓のストーリーは、日本の学界で従来信用されてきた、オアシス交易の淵源を説いた松田壽男説（たとえば、松田（一九八六、六七―七三頁））と大きく抵触する。松田説に拠れば、オアシス都市民は、人口の増加によって養いきれなくなった人口を交易商人として徐々にオアシス外に出していたはずで、大規模な移民が必要となる人口の飽和状態など本来起こらないはずなのである。松田説に対しては、敦煌・トゥルファンなど小規模なものをのぞき、大規模なオアシス都市は近代にいたるまで人口の飽和が起こっていないため再考が必要との指摘（堀二〇二〇、六二―六三頁）もあり、見直しが必要になってきたようである。なお、ヴェシエール自身は、周辺地域における考古学的成果から、スイヤブの建設を七世紀まで下らせる新説を提示した［Vaissière 2024, pp.49, 513・514］。しかし、この説が妥当かどうかなお検討が必要である。

(2) 当該箇所は内藤（一九八八、三七四―三九五頁）による和訳がある。

(3) 伊利可汗の弟としては、突厥碑文や中国史料中にイシュテミ（室点密）可汗という人物が知られている。しかし、松田（一九七〇、二五六―二五七頁）が論じたように、この人物はディザブロスが後世に伝説化した存在とされており、歴史上の人物としては西方史料に記載のあるディザブロスということになる。それゆえ、本稿では彼のことは一貫してディザブロスと呼称する。

(4) 松田（一九七〇、二五四頁、注二二）は『隋書』「北狄伝」に、阿波可汗の孫に当たる泥撅処羅可汗に対して、東突厥の啓民可汗と連携する隋の崔君粛が伝えた言葉の中に、「突厥はもともと一国であったが、中間で分かれ二つとなり、仇敵同士となった（突厥本一國也、中分為二、自相仇敵）」とあるのを根拠に、東突厥側も阿波可汗との政治的分裂を西突厥の開始と認識していると見なした。しかし、これもやはり隋側の認識を示すに過ぎず、東突厥側の理解までここから読み取ることは難しい。

(5) 本碑文のSims-Williams氏による翻訳が、陳凌（二〇一三、二五―二八頁）に掲載されている。ただし、この翻訳を利用した陳凌氏による泥利可汗の即位年についての議論には問題がある。陳凌氏は、泥利可汗の即位について書かれた東面七行目の冒頭を「ヒツジの年」と読み、五八七年に比定する。一方、Vaissière（二〇二一、六三―六四頁）は同じ箇所を「ウサギの年」と読み、五九五年に比定している。帝京大学文化財研究所客員教授の吉田豊氏に伺ったところによれば、陳凌氏が論文内で引用しているソグド語の原文も「ウサギの年parxrywšk srŏw」と書かれているという。それゆえ、陳凌氏が「ヒツジの年」の即位であることを前提に進めた議論は、すべて成り立たない。

(6) 研究史上の議論は桑山（二〇二二）を参照のこと。

(7) 古写本研究については宮本（訳）（二〇二四）が言及していることに加え、斉藤（二〇一四）を参照のこと。時代状況の再検討については吉田（二〇二三）・荒川（二〇二三）を参照のこと。

参考文献

荒川正晴「玄奘とトゥルファン」（近本謙介・影山悦子編『玄奘三蔵がつなぐ中央アジアと日本』臨川書店、二〇二三年）七―三〇頁

伊瀬仙太郎『中国西域経営史研究』（巌南堂書店、一九五五年）

岩佐精一郎「突厥毗伽可汗碑文の紀年」（和田清編『岩佐精一郎遺稿』岩佐傳一発行、一九三六年）一六九―二〇九頁

石見清裕「羈縻支配期の唐と鉄勒僕固部――新出「僕固乙突墓誌」から見て」（『東方学』一二七、二〇一四年）一―一七頁

内田吟風「西突厥初世史の研究」（『北アジア史研究――鮮卑柔然突厥篇』同朋舎、一九七五四年）二九―四九三頁

慧立・彦悰（長澤和俊訳）『玄奘三蔵――西域・インド紀行』講談社学術文庫一三三四（講談社、一九九八年）

王永生「大暦元寶・建中通寶鋳造地考――あわせて上元元年以降の唐朝の西域守備について」（『方泉處』五―三、一九九七年）四四―五五頁

大澤孝「8世紀初頭のイェニセイ・キルギズ情勢――バルス・ベグの出自と対東突厥征伐計画をめぐって」（『史朋』二八、一九九六年）一―二四頁

柿沼陽平「唐代砕葉鎮史新探」（『帝京大学文化財研究所研究報告』一八、二〇一九年）四三―五九頁

川崎浩孝「カルルク西遷年代考――シネウス・タリアト両碑文の再検討による」（『内陸アジア言語の研究』八、一九九三年）九三―一一〇頁
桑山正進『玄奘三蔵の形而下』（臨川書店、二〇二三年）
齊藤茂雄「突厥有力者と李世民――唐太宗期の突厥羈縻支配について」（『関西大学東西学術研究所紀要』四八、二〇一五年）七七―九九頁
――「砕葉とアクベシム――七世紀から八世紀前半における天山南部の歴史展開（増訂版）」（『帝京大学文化財研究所研究報告』二〇、二〇二一年）六九―八三頁
――「文献史料から見た砕葉城」『帝京大学文化財研究所研究報告』二一、二〇二三年A）二五―三七頁
――「タラス河畔の戦いと砕葉――唐の出兵目的をめぐって」（『東洋学報』一〇五―二、二〇二三年B）三一―六四頁
斉藤達也「突騎施の台頭と唐の砕葉放棄について」（『史滴』一二、一九九一年）三四―五三頁
――「金剛寺本『続高僧伝』の考察――巻四玄奘伝を中心に」（『続高僧伝 巻四 巻六』（日本古写経善本叢刊八）国際仏教学大学院大学／日本古写経研究所／文科省戦略プロジェクト実行委委員会、二〇一四年）
城田俊『ハザール――幻のユダヤ教騎馬民族国家』（水声社、二〇二三年）
ドゥ・ラ・ヴェシエール，エチエンヌ（影山悦子訳）『ソグド商人の歴史』（岩波書店、二〇一九年）
内藤みどり『西突厥史の研究』（早稲田大学出版部、一九八八年）
――「突厥カプガン可汗の北庭攻撃」（『東洋学報』七六―三／四、一九九五年）二七―五七頁（逆頁）
堀直「中央ユーラシア史の私的構想――文献と現地で得たものから」（『中央アジアの歴史と現在――草原の叡智』アジア遊学二四三（勉誠出版、二〇二〇年）五〇―六九頁
前嶋信次「タラス戦考」（『民族・戦争――東西文化交流の諸相』誠文堂新光社、一九八二年）四一―一一二頁
町田隆吉「北魏太平真君四年拓跋燾石刻祝文をめぐって――「可寒」・「可敦」の称号を中心として」（『アジア諸民族における社会と文化――岡本敬二先生退官記念論集』国書刊行会、一九八四年）八九―一一四頁
松田壽男『古代天山の歴史地理学的研究（増補版）』（早稲田大学出版部、一九七〇年）
――『松田壽男著作集一――砂漠の文化』（六興出版、一九八六年）
宮本亮一訳「エチエンヌ・ドゥ・ラ・ヴェシエール著「玄奘の旅程に関する覚え書き」」（『帝京大学文化財研究所研究報告集』二二、二〇二四年）二四三―二四九頁
護雅夫「突厥第一帝国におけるqayan号の研究」（『古代トルコ民族史研究I』山川出版社、一九六七年）二二七―二九八頁
森安孝夫『シルクロードと唐帝国』興亡の世界史 第〇五巻（講談社、二〇〇七年）
――「前近代中央ユーラシアのトルコ・モンゴル族とキリスト教」（『帝京大学文化財研究所研究報告』二〇、二〇二一年）五―三九頁
吉田豊「ソグド人と古代のチュルク族との関係に関する三つの覚え書き」（『京都大学文学部研究紀要』五〇、二〇一一年）一―四一頁
――「玄奘とソグド人」（近本謙介／影山悦子編『玄奘三蔵がつなぐ中央アジアと日本』臨川書店、二〇二三年）三三―六六頁

陳凌『突厥汗国与欧亜文化交流的考古学研究』（上海古籍出版社、二〇一三年）

陳瑋「唐孫杲墓志所見安史之乱後西域・回鶻史事」（『西域研究』二〇一四年四月）五六―六二頁

Beckwith, C., *The Tibetan Empire in Central Asia: A History of the Struggle for Great Power among Tibetans, Turks, Arabs, and Chinese during the Early Middle Ages*. Princeton, 1987

Chavannes, E., *Documents sur les Tou-kiue (Turcs) occidentaux*.Paris, 1903

Dotson, B., *The Old Tibetan Annals: An Annotated Translation of Tibet's First History*. Wien, 2009

Mackerras, C.,The Uighurs. In: Sinor, D. (ed.) *The Cambridge History of Early Inner Asia*. Cambridge, 1990, pp. 317-342

Pritsak, O., Von den Karluk zu den Karachaniden. *Zeitschrift der Deutschen Morgenländischen Gesellschaft* 101, 1951, pp. 270-300

Tekin, T. , *A Grammar of Orkhon Turkic*. Bloomington, Indiana University Press, 1968

Vaissière, É. de la, *Asie centrale 300-850: Des routes et des royaumes*. paris, 2024

Vaissière, É. de la（影山悦子訳）「マウリキウスと可汗――テオフュラクトス・シモカッテスの突厥に関する挿話について」（『内陸アジア言語の研究』三六、二〇二一年）六一―六七頁

【I　歴史的背景】

玄奘が見たスイヤブ

山内和也

著者略歴は総論「アク・ベシム遺跡（スイヤブ）とは」を参照。

玄奘は、仏の教えを求めるために六二九年に唐の都長安を出発し、インドを目指した。その求法の旅の大きな難関の一つとなったのが天山山脈越えであった。玄奘は、ベデル峠を越え、七日かけて初春の天山山脈を抜け、現在のキルギス共和国にあるスイヤブ（現在のアク・ベシム遺跡）付近に宿営していた西突厥の可汗と出会った。

はじめに

三蔵法師としても良く知られている玄奘は、六二九年（六二七年説もある）、天竺（インド）に行って仏の教えや悟りの道、仏典を求めるために唐の都長安を出発した。幾多の困難を乗り越えて、六三〇年にはスイヤブ（現在のキルギス共和国トクモク周辺のアク・ベシム遺跡）に到着し、その地に宿営していた西突厥の葉護可汗《ヤブグカガン》に出会った。東トルキスタンと西トルキスタンを隔てる天山山脈越えは、玄奘の旅程のなかでも、砂漠越えと並ぶもっとも大きな難関の一つであった。『大慈恩寺三蔵法師傳』（以下、『慈恩伝』）には、その山越えについて「七日の山旅の後、ようやく山路を出ることができた。キャラバンのうち、凍病死した者が十人のうち三、四人もあり、牛馬はそれ以上だった」と記されている[1]。

玄奘が敢えて険阻な天山山脈を越えた理由については明確とはなっていないものの、玄奘は、西へ、そして天竺（インド）に進むためには、その当時、インド世界との境界線（現在のアフガニスタン北部）までを支配下に置いていた西突厥可汗の庇護が必要であると考え、初春にスイヤブ周辺に宿営していた可汗に会おうとしたのであろう。それゆえ、玄奘は、天山山脈の南側の屈支国（クチャ）に六十日ほど留まって雪融けを待ち、初春の天山山脈を越えた。

苦難の末に天山山脈を南から越えた玄奘は、大清池（『大唐西域記』）あるいは清池（『慈恩伝』）と呼ばれる湖に到達した。この湖は「周囲は千余里（『大唐西域記』）もしくは「周囲は千四、五百里（『慈恩伝』）」ほどの東西に長く、南北は狭い湖であった。この湖はキルギス共和国の北東部に位置するイッシク・クル湖であったことは間違いない(2)。その後、湖岸に沿って西へ向かい、素葉水城（『大唐西域記』）あるいは素葉城（『慈恩伝』）という名で記録されているスイヤブ、つまり現在のアク・ベシム遺跡に至ることになる。

本稿では、玄奘の旅程に関する二つの記録である『大唐西域記』および『慈恩伝』、そして杜環《とかん》『経行記』や賈耽《かたん》『道里記』等の記述やGoogle Earthによって得られる地理・地形情報を用いて、玄奘の天山越えのルートについて考えてみたい。また、玄奘が残した記録に基づいて、玄奘が見た当時のスイヤブの様子、そして西突厥の可汗との出会いについて紹介する。

一、玄奘の天山越え(3)

天山山脈の麓までたどり着いた玄奘は、雪と寒さのために屈支国（現在の新疆ウイグル自治区庫車市）で足止めされ、春の雪融けを待つこととなった。その事情は、『慈恩伝』の「屈支国」の部分に書き残されている。

> ［屈支国］さらに進んで一つの大河を渡り、西方へ平川《ステップ》を数百里ゆくと、屈支国（いまの庫車）の界内に入った。［中略］たまたま凌山《りょうざん》（ベダル峠［＝ベデル峠］）の雪路がまだ通れなかったので、玄奘は出発することができなかった。クチャに留まること六十余日、ときどき寺に行って対話の席についたが…［後略］。

天山山脈の南側で春の雪融けを待った玄奘は、いよいよ天山越えに挑むこととなった。この天山山脈（凌山）越えについて、『大唐西域記』には以下のように記されている。

> ［凌山］この国［跋禄迦《バールカー》国］の西北へ行くこと三百余里、石の多い砂漠をすぎ、凌山についた。これが葱嶺《そうれい》（パミール）の北のはじまりであり、水は多く東へ流れている。山や谷の積もった雪は春も夏も凍結していて、時に融けることがあってもまたすぐに結氷してしまう。道筋は険阻で寒風はすさまじく、乱暴な竜の難に出くわすこ

とも多く、旅人を困らしている。この道によるものは、決して赭《あか》い上衣をつけ瓢《ふくべ》をもち大声をあげてわめいてはいけない。少しでもこれに違うことがあれば、災禍はたちどころにあらわれ、暴風がふきまくり、砂は飛び石は雨のごとく、遭遇するものは命をなくすこともあり、生命を全うし難い。山を行くこと四〇〇余里で大清池についた。

また、『慈恩伝』には以下のように記されている。

［凌山］さらに［跋禄迦《バルカ》国の］西北にゆくこと三百里、砂磧地をすぎて凌山に至った。ここは葱嶺《パミール》の北隅である。その山は険阻で、天に至るほど高い。天地開闢以来、氷雪があつまって積氷となり、春夏になっても解けず、氷河となって天に連続しているかのようで、仰ぎみると皚《がい》然《ぜん》として果てしなく伸びている。

氷河が崩れて路のそばに横たわるものは、あるいは高さ百尺あまり、あるいは広さ数丈もある。そのため山道は凹凸甚だしく、この峠をこえるのは一苦労である。しかもときには風雪が吹きすさび、履《くつ》や裘《かわごろも》を重ねても寒さにおののいてしまう。ときがきて眠ったり食事をしようとしても乾いたところもない。しかたなく釜をかけて飯を炊き、氷を寝床に寝てしまうのみである。七日の山旅の後、ようやく山路を出ることができた。キャラバンのうち、凍病死した者が十人にうち三、四人もあり、牛馬はそれ以上だった。

この二つの記録は、ともに山越え（天山越え）の過酷さを伝えているものの、異なる点も少なくない。『大唐西域記』にある「この道によるものは、決して赭い上衣をつけ瓢をもち大声をあげてわめいてはいけない」といったこの道を辿る者の掟のようなものは、『慈恩伝』には登場しない。また、『慈恩伝』には山越えにかかった日数を「七日」としているが、『大唐西域記』では「四〇〇余里」という記述になっている。

とはいえ、この二つの記述からは、山越えを阻むものは、寒さや雪、氷河といったものであり、その当時の装備で天山を越えることは大きな危険をともなうものであったことが分かる。いずれにしても、玄奘は、七日をかけて「凌山」を越えたということになるが、次節以降では、玄奘が実際に辿ったルートについて検討してみたい。

二、玄奘が越えた峠はベデル峠か

玄奘の天山山脈越えのルート、つまり「凌山」越えのルートについては、これまで諸説があるが、基本的には「ベデル

（ベダル）峠」越え、もしくは「ムザルト峠」越えの二つのルートが候補とされている。

ベデル峠は、天山山脈中の中国とキルギス共和国の国境となる峠で、北緯四十一度二十四分三十秒、東経七十八度二十四三十秒に位置し、標高四二八四メートルである。もう一つの候補であるムザルト峠は、中国の新疆ウイグル自治区アクス（阿克苏）とイリ（伊犁）の間に位置する峠で、北緯四十二度二十一分三十二秒、東経八十度四十七分五十二秒、標高三五八二メートルであり、ベデル峠の東約二二〇キロにある。

『大唐西域記』と『慈恩伝』では、玄奘が越えた山は「凌山」と呼ばれており、「氷の山」という意味である。ムザルト（muz-art）峠は、「氷＝muz」の「峠＝art」を意味する名称であるとされており、また、「凌＝氷」であることから、凌山は「氷山＝muz-art」とする説もあるが、それを以て玄奘が越えた峠がムザルト峠であるとすることは難しい。

玄奘がベデル峠を越えたのか、それともムザルト峠かを推定する手掛かりは、『大唐西域記』と『慈恩伝』に記された地点間の里程、つまり、「阿耆尼（アグニ／アギニ）国―屈支（クチャ）国―跋禄迦（バルカ／バールカー）国―凌山―大清池（イッシク・クル湖）―素葉水／素葉水（スイャブ）城」の里程に残されている。ここでは、まず、二つの文献の記述を比較検討してみよう。【 】で示したものは『大唐西域記』および『慈恩伝』に登場する地名や特徴的な地形である。

『大唐西域記』の記述によれば、その里程は以下の通りである。

【阿耆尼国】―西南二〇〇余里＋西七〇〇余里＝九〇〇余里―【屈支国】―西六〇〇余里―【跋禄迦国】―北西三〇〇余里―【凌山】―四〇〇余里―【大清池】―北西五〇〇余里―【素葉水城】

『慈恩伝』の記述によれば、その里程は以下の通りである。

【阿耆尼国】―【大河と平川】―西数百里―【屈支国】―西六〇〇余里―【砂磧】【跋禄迦国】―西北三〇〇余里―【砂磧地】【凌山】―七日―【清池】―西北五〇〇余里―【素葉城】

屈支国から先、凌山に至るまでの里程はほぼ一致しており、かつ天山越えの前に滞在した跋禄迦国から凌山までの方向（北西）と里程（三〇〇余里）が同じであるとから、玄奘が越えた峠がベデル峠なのか、ムザルト峠なのかを検討するうえでは、この「跋禄迦国」の位置がその解明の鍵となる。

跋禄迦国の位置については諸説あり、阿克蘇（アクス）、拝城、哈拉玉爾滾（カラユルゲン）、雅卡阿里克（ヤカアリク）などがその候補として考えられている。(4) **図1**は、玄奘が仮にべ

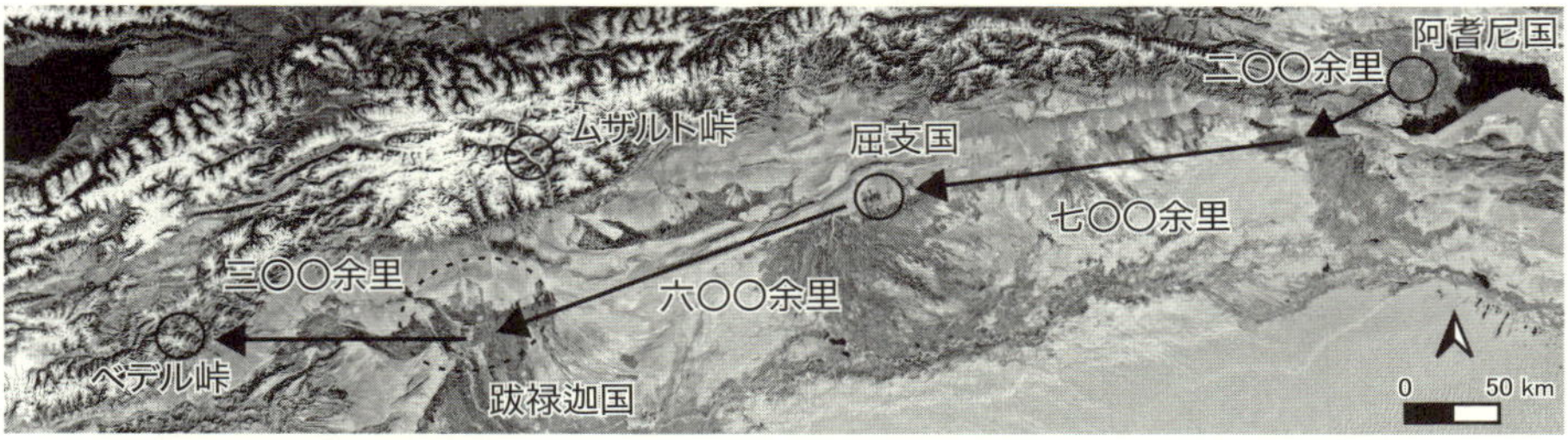

図1　『大唐西域記』から想定される玄奘のルート（「Google Earth」を基に作成）

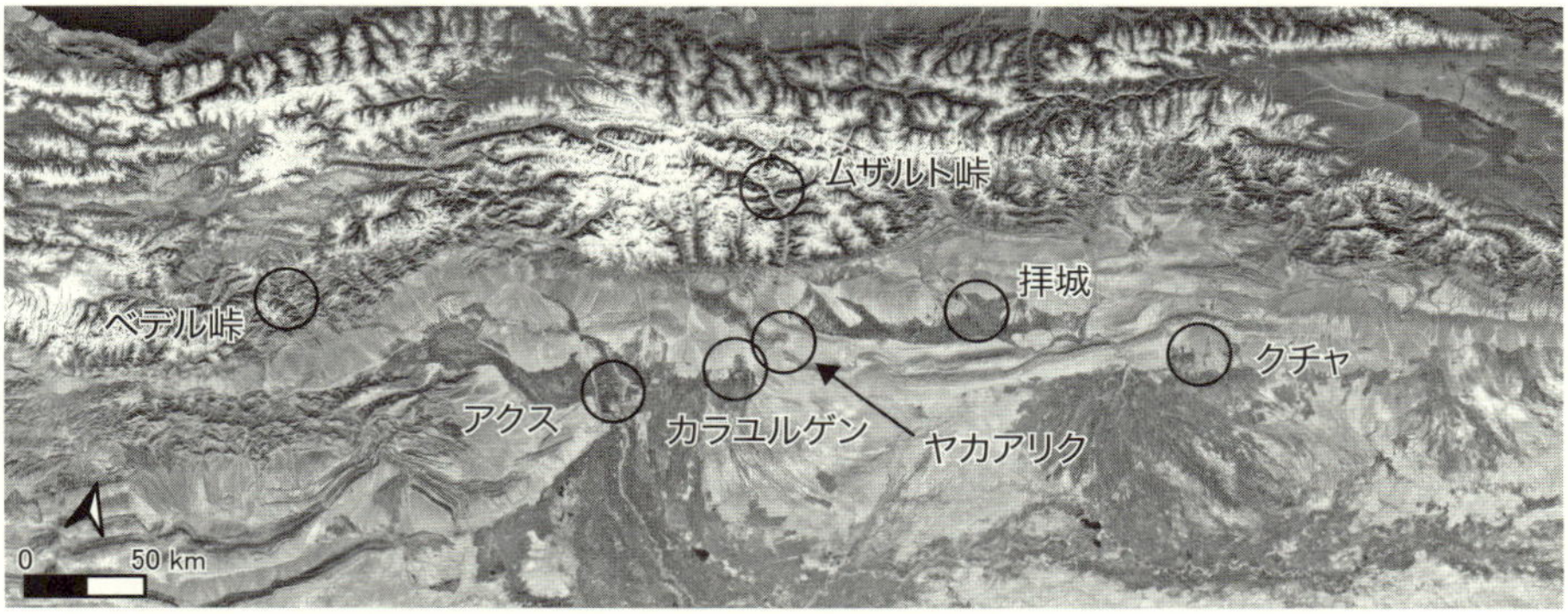

図2　跋禄迦国の候補とされている四つの地点（「Google Earth」を基に作成）

デル峠を越えたとして、『大唐西域記』に記された方向と里程から推定される「阿耆尼国、屈支国、跋禄迦国、凌山」の位置とされる位置を示したものである。**図2**は、跋禄迦国の候補とされている四つの地点「阿克蘇（アクス）、拝城、哈拉玉爾滾（カラユルゲン）、雅卡阿里克（ヤカアリク）」の場所を示したものである。

図1および**図2**に示した候補地の位置および『大唐西域記』および『慈恩伝』の記述（とくに跋禄迦国から凌山までの方向、つまり北西方向で里程は三〇〇余里）に基づけば、以下のように考えることが可能である。

跋禄迦国の位置を阿克蘇（アクス）、哈拉玉爾滾（カラユルゲン）、雅卡阿里克（ヤカアリク）と仮定した場合、ムザルト峠を越えるためには、いずれにしても、いったん東に戻って北へ向かうこととなるため、玄奘の記述に合わなくなる。その場合、跋禄迦国の位置として可能であるのはムザルト峠の南東に位置する拝城のみとなるが（拝城からみればムザルト峠は北西方向）、屈支国から跋禄迦国までの里程数（六〇〇余里）を考慮すれば、拝城の可能性はほぼない。

それゆえ、いずれにしても跋禄迦国の北西方向にあったとされる「凌山」を越えるためには、ベデル峠を越えたとするのが妥当であろう。また、屈支国からの里程（六〇〇余里）および凌山までの里程（三〇〇余里）を考慮すれば、跋禄迦国の位置を阿克蘇（アクス）とすることが適切となる。

『大唐西域記』であっても、「慈恩伝」であっても、玄奘が越えたのが峠を特定できる直接的な記述はなく、さらには凌山＝ベデル峠とする根拠もない。しかしながら、里程と方向の検討に基づけば、玄奘が越えたのはベデル峠であるということができよう。そして、ベデル峠を通っ天山山脈を越えた玄奘は、イッシククル湖の南岸に到達し、南岸に沿って西へと向かったことになる。

三、ベデル峠を通る天山山脈越えのルート
——賈耽と杜環

玄奘は、ベデル峠を抜けて天山山脈を越えたものと推定されるが、その実際のルートを特定することを可能とする記述は残されておらず、「山を行くこと四百余里」（『大唐西域記』）、「七日の山旅」（『慈恩伝』）と記されているのみである。

ここで、このルート、つまり「ベデル越え」のルートについて記しているとされている賈耽の『道里記』と杜環の『経行記』に残された二つの記録を検討してみることにする。[5] なお、賈耽の記録は、「辺境の州から（唐の使節として）外国に入った者、鴻臚寺（＝長安にある外交官庁）において通訳した（外国からきた使節の）者」から入手されたものである。推測には過ぎないが、そのなかには商人としてベデル峠を実際に越えた人たちの情報も含まれている可能性がある。

ここでは、『道里記』に登場する大石城から熱海（イッシク・クル湖）に至るルートに注目してみるが、以下の文章に登場する「抜達嶺」がベデル峠である。

> さらに六〇里で大石城（ウッチ＝トゥルファン、現・烏什県）にいたるが、（この城は）別名では于祝といい、温粛州という。さらに西北三〇里で粟楼烽（のろし台）にいたる。さらに四〇里で抜達嶺（ベデル峠）をこえる。さらに五〇里で頓多城にいたるが、（ここは）烏孫が治めていた赤山城である。さらに三〇里で真珠河を渡り、さらに西北方に乏駅嶺をこえ、五〇里で雪海をわたり、さらに三〇里で砕卜戍（とりで）にいたり、砕卜水（河）に沿って五〇里で熱海（イッシク・クル湖）にいたる。さらに四〇里で凍城にいたり、…（後略）

このルートに登場する地名を地形に着目し並べたものが**図3**である。**図3**にある線は、現在使われているルートをGoogle Earth上でなぞって示したものである。地形を見ると、

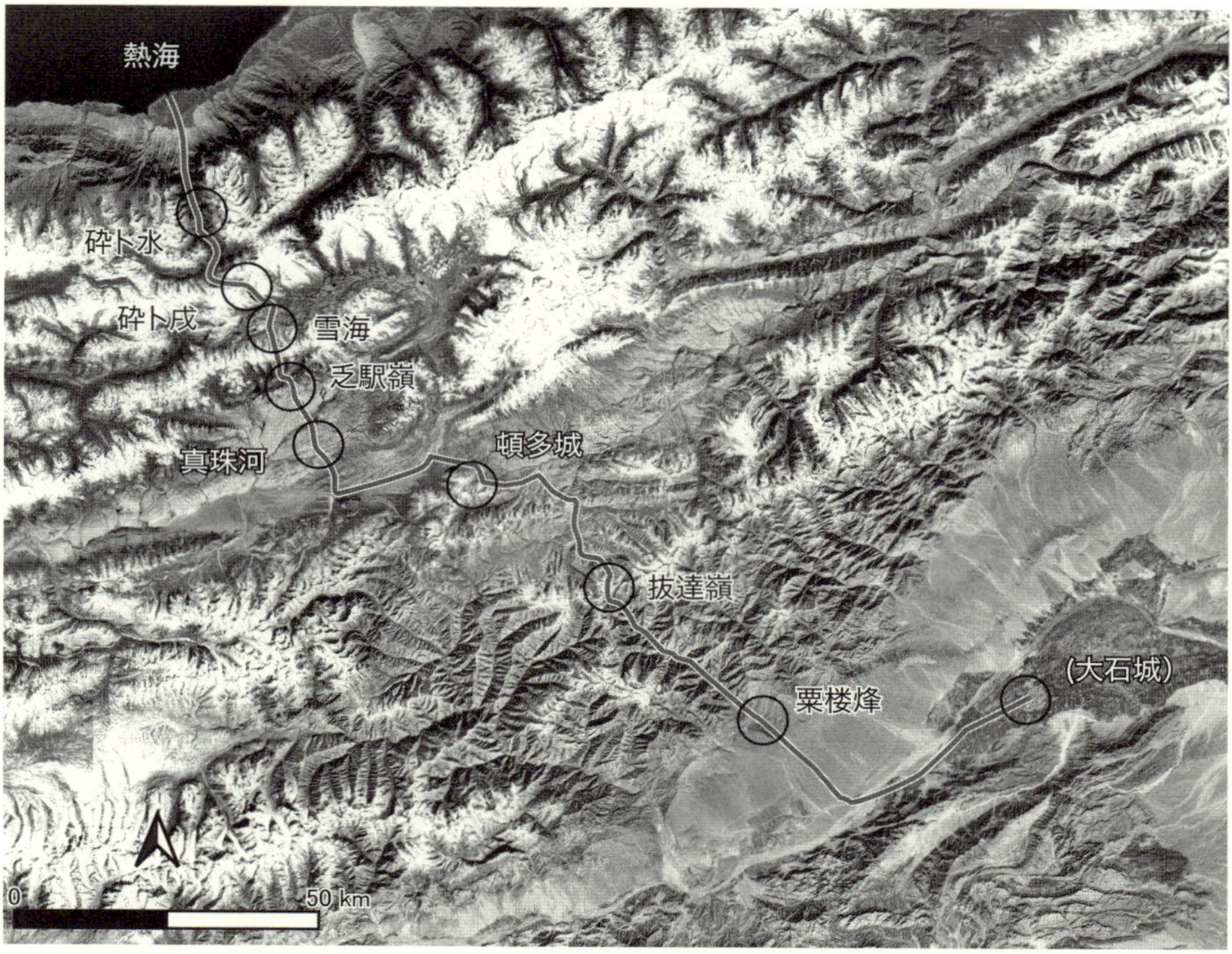

図3　『道里記』に登場する地名とルート（「Google Earth」を基に作成）

他に抜けられる道はあまりないように見受けられたことから、このルートをベースとし、ここでは地名考証という点にあまりこだわらず、賈耽の記録に登場する地名を、その地名が示していると考えられる地形的な特徴に基づいて検討した（図中の〇印）。その結果、線で示したルート上には、賈耽の記録にある地名にあう地形が登場することが明らかとなった。

杜環の『経行記』は、ベデル峠越えのルートに関連するもう一つの記録であるが、賈耽の記録のような詳細な地名や里数は示されていない。その一方で、興味深い記述が見られる。杜環の記録に出てくる「雪海」について、以下のように記されている。なお、この『経行記』は、七五一年にタラス河畔の戦いで捕らえられ、アッバース朝の支配下にあった地域をめぐり、七六二年に船で広州に戻った杜環という人物が残した記録である。

さらに（ベデル峠より）北に数日行くと、雪海（の湖沼地域）をわたる。その海（＝湖沼）は山中にあって、春も夏もいつも雪が降るので、雪海というのである。（湖沼地域の）なかには細道があり、道のそばには往々にして水の穴が空い

図4　『道里記』と『経行記』に登場する「雪海」（推定）（「Google Earth」を基に作成）

ており、穴の深さは一万仞《ひろ》で、転落した者はどこへ行くのか分からない。

「雪海」は賈耽の記録にも登場する地名である。ここでいう雪海は、雪山の中にある湖を指しているのではなく、**図4**にあるように、湖沼地域、あるいは沼沢地を示したものと考えられる。筆者が、実際に二〇一八年にこの地を訪れたときに目にしたのが、まさに沼沢地の風景であった。大小の川が流れ、無数の大小の池があり、その間を縫うように造られた道や橋を渡らなくてはならなかった。おそらく、杜環の記録はこの情景を描写したものであろう。こうした地形が秋から春にかけて雪で覆われた風景を「雪海」と称したものと考えられる。

四、玄奘の天山越えのルートと天山山脈

玄奘の二つの記録である『大唐西域記』および『大慈恩寺三蔵法師伝』、賈耽の『道里記』、そして杜環の『経行記』、さらには、今風にGoogle Earthを用いて検討した結果、玄奘の天山越えのルートは以下の通りと考えられる。

玄奘の二つの記録である『大唐西域記』および『大慈恩寺三蔵法師伝』にある、跋禄迦国までの里程、および跋禄迦国から凌山までの方向（北西）と里程（三〇〇余里）に基

づけば、玄奘が抜けたのはベデル峠であった可能性が高い。
賈耽の記録（『道里記』）に登場する地名が示していると考えられる地形的な特徴に着目して検討した結果、現在でも用いられているウチ＝トゥルファン―ベデル峠―イッシク・クル湖のルート（道）上には、記録にある地名にあう地形が登場することが明らかとなった。それゆえ、賈耽の記録はまさにこのベデル峠を越えてイッシク・クル湖にいたるルートを記録したものであると考えられる。また、現在でも用いられているベデル峠からイッシク・クル湖にいたるルートはこれしかないことから、このルートこそが玄奘が辿ったルートだと推定することが可能である。

実際のところ、玄奘が辿ったルートを正確に辿ることは不可能であり、上述したルートが玄奘の天山越えのルートであるという確証はない。しかしながら、その一方で、八世紀中頃の記録（『経行記』）、そして八〇〇年頃の記録（『道里記』）では、このベデル峠を抜ける天山越えのルートが使われていたことが確認できる。

本節を終える前に、筆者である山内の天山越えのルートの印象を述べておく。これは、二〇二二年八月中旬に、新型コロナウイルス感染症が蔓延した時期に、Google Earth上で玄奘の天山越えのルートを探っていたときに偶然見つけた、ベデル峠の北約一二キロに位置する隊商宿（図5）の痕跡を踏査したときの体験を基にしたものである。

天山山脈の北側、つまりキルギス側の登り道はとても急峻で、標高約一六〇〇メートルから一気に標高三五〇〇～四〇〇〇メートルまで登ることとなる。天山山脈の内側にはところどころに高い山や氷河があり、なかにはスュック峠のように富士山より標高が高い峠（四〇二八メートル）もあるものの、いったん登ってしまうと、比較的平坦で、平原が広がり、高原のような風景となっている。四〇〇〇メートル級の山々も裏山のように感じてしまうほどである。山並みの間に位置する平原には幅の広い川がゆったりと流れ、所々に沼沢地が存在している。自動車での移動は地形に大きく左右されるものの、人や家畜（馬）の移動はさほど難しくないようであり、実際に遊牧民が家畜（ヒツジやウシ）を追う姿も見受けられた。平均標高が三五〇〇メートルもあることから、天山山脈の山中は夏でも雪が降るほど寒冷で、ところどころに雪や氷河が残っているものの、南側、つまりベデル峠に向かうにつれ、山の頂の積雪は少なくなり、峠から約一二キロ南に位置する隊商宿の周辺はやや乾燥しているとともに、やや暖かく感じることができた。

玄奘は、六三〇年頃、現在の中国側からこの天山山脈に挑

図5　ベデル峠の北12kmに位置する隊商宿の痕跡（中庭を持つ建物）

んだ。南側からの登り道もまた急峻であったことは間違いないが、いったん登り切ってしまえば、道は比較的平坦となり、しばし寒さに耐えながら北へ、つまりイッシク・クル湖の方向へと向かったのであろう。南側からの天山山脈越えの最大の難所は、イッシク・クル湖の南側にあって東西に伸びる急峻な山並みであったようである。標高四〇二八メートルの峠に加えて、北に向かうにつれてさらに苛烈になる寒さ、そして二〇〇〇メートルを一気に下る崖道、こうした難関を抜けて、山の麓からしばらく進むにつれて見えてきたイッシク・クル湖（大清池）を目にした玄奘はさぞかし安堵したことであろう。

五、玄奘が見たイッシク・クル湖

天山山脈を七日で越えた玄奘は、ようやくのこと大清池（『大唐西域記』）、清池（『大慈恩寺三蔵法師伝』）に到達した。この湖は、現在イッシク・クル湖と呼ばれている湖であることはほぼ間違いない。

『大唐西域記』には次のように記されている。

山を行くこと四百余里で大清池《だいせいち》（原注　或いは熱海と名づけ、また鹹《かん》海ともいう）についた。周囲は千余里あり、東西は長く、南北は狭い。四面は山に囲まれ、多くの

図6　リゾート化が進むイッシク・クル湖の北岸、対岸に見えるのが天山山脈（帝京大学提供）

河川の水流がここに集まっている。色は青黒みを帯び、味は塩からくもあり苦くもある。大きな波がはてしなく、荒い波は沫《あわ》だっている。竜も魚とともに雑居し、不思議なことがおりおりおこることがある。それで往来する旅びとは供えものをして福を祈るのである。魚類は多いが、敢えて漁をし捕獲するものもない。

『慈恩伝』には次のように記されている。

山路をこえてから、一つの清池（原注、清池または熱海《ねつかい》という。それは凌山に対して凍っていないから、熱海という名を得たという。しかしその水はけっして温かくはない。訳注：いまのイシック・クル）に着いた。この湖の周囲は千四、五百里で、東西に長く南北は狭い。遠望するにひろびろとして、烈風が吹かぬときでも高さ数丈の荒波が立っている。

イッシク・クル湖は、天山山脈の北、中央アジアのキルギス共和国の北西部、標高約一六〇〇メートルに位置する塩湖である（**図6**）。「味は塩からくもあり苦くもある」というのは、イッシク・クル湖の塩分濃度が〇・六パーセント程度だからであろう。標高が高く、冬季は厳寒の気候であるにもかかわらず、冬でも湖面が凍らないことから「熱い（イッシク）」湖（クル）と名付けられたとされる。東西一八二キロ、南北六〇キロ、面積は六二三六平方キロで、琵琶湖の約九倍の大きさで、周回長は六八八キロ、最大深度は六六八メートルである。湖に流れ込む河川は存在するが、流出する河川はない。水は澄んでおり、透明度は二〇メートルを超える。ソビエト連邦支配下では海軍の基地がおかれていたために外国人の立ち入りは禁じられていたが、キルギスの独立後は観光地として、リゾート開発が進められている。

六、玄奘が見たスイヤブ（アク・ベシム遺跡）

玄奘がベデル峠を越えたとすれば、玄奘はイッシク・クル湖の南岸に沿って西へ進んだことになる。玄奘が向かった先はスイヤブ（現在のアク・ベシム遺跡）であった。

『大唐西域記』にはごく簡単にスイヤブ、つまり素葉水城について記されている

> 清池の西北に行くこと五百里で素葉《スーヤーブ》水城に至る。城の周囲は六、七里で、諸国の商胡（商業に従事する胡人）が雑居している。土地は穈《きび》・麦・葡萄によく、木立はまばらで気候は風寒く、人々は氈《せん》や褐《かつ》（粗い毛織物）をきている。

玄奘が訪れたスイヤブは、現在では第一シャフリスタンと呼ばれている区画で、ソグド人によって建設された街である。ここで言う「商胡」というのは、交易の民ソグド人のことである。ソグド人は交易の民であると同時に、農耕民でもあった。西から進出してきたソグド人は、北側を流れるチュー川から水を引くための水路を構築し、それとあわせて都市を建設し、農耕を営んでいた。玄奘によれば、おもな農産物は「穈、麦、葡萄」であったようだ。実際、発掘調査ではブドウの種が大量に見つかっていることは、この記録を裏付ける証拠となっている。

『大唐西域記』のスイヤブに関する記述は杓子定規的なものであるが、それに反して『慈恩伝』は「饒舌」に多くのことを語っている。この二つのスイヤブに関する記述は同じ場所について記述しているとは思えないほど、詳細が異なっており、まるで別ものである。とくに、『慈恩伝』には、玄奘がスイヤブで西突厥《にしとっけつ》の「葉護可汗《ヤブクカガン》」に出会ったことが克明に記されている。しかしながら、『大唐西域記』には、その出会いに関する記録がまったくない。その理由は定かではないが、太宗に提出された報告書である『大唐西域記』からは、当時の仮想敵国である西突厥の情報が、敢えて削除されたのかもしれない。なお、玄奘が出会ったのは、「統葉護《とうようご》可汗」（〜六二八年?）なのか、その子である「肆葉護《しようご》可汗」なのかについても問題がある。以下、『慈恩伝』に沿って、玄奘が

見たスイヤブについてみていくこととする。

「イッシク・クル」湖岸伝いに西北に五百余里進んで、素葉城《スイアブ》（いまのトクマク南郊）に至り、突厥《とっけつ》の葉護可汗《ヤブクカガン》に会った。可汗はちょうど狩猟にゆくところで、多数の兵馬を従えていた。可汗は緑色の綾《あやぎぬ》の上衣を着、頭髪は長さ一丈ばかりもあり、絹で額をつつんで後ろに垂らしていた。達官《タルカン》（突厥の官号、達干も同じ）二百余人が、みな錦の着物をつけ編髪《へんぱつ》のスタイルで、可汗の周囲をとりまいていた。その他の軍兵は、みな毛織物や皮衣で、矛や旗・弓などを持ち、ラクダや馬に乗った人びとは見わたせぬほどたくさんいた。

さて、玄奘が可汗を訪れると、可汗は大いに喜んで、「私はこれからある所に狩に行きますが、二、三日で帰ります。師はどうかしばらく私の衙帳《がちょう》［可汗のテント］でお待ちください」といい、達官の答摩支《タマチ》をつけて一行を突厥衙帳に送り休ませた。

玄奘はスイヤブで可汗に会うことができたが、可汗はちょうど狩猟に出掛けるところであった。「突厥衙帳に送り休ませた」とあることから、可汗の宿営地はスイヤブとは別な場所にあったと推定できる。『大唐西域記』には、「素葉より西に数十の孤城があり、城ごとに長《おさ》を立てている。命令を稟《う》けているのではないが、みな突厥に隷属している」とあることから、可汗はテント（天幕）で生活し、季節的に移動しながら、これらの「城」（＝国）を領域的に支配していたのであろう。この時期（春）の可汗の拠点がどこにあったのかを解く鍵は、先に引用した賈耽の『道里記』に残されている。『道里記』には、「さらに西方に二〇里で砕葉城（アク・ベシム遺跡）にいたるが城の北に砕葉水（チュー川）があり、川の北方に四〇里に羯丹山があり、十姓可汗は常にここで君長を立てる」とあることから、可汗の衙帳はチュー川の北側、現在のカザフスタン領内の山の谷あい（マサンチ周辺）にあったものと考えられる。

緑色の綾をまとった可汗は兵馬を従えており、配下の達官も錦でしつらえられた衣服を身にまとい、髪型は編髪であった。その有様は、現在のウズベキスタン共和国にあるサマルカンドで見つかっている「アフラスィヤーブの壁画」に描かれているようなものであったと想定される（**図7、8**）。

玄奘が可汗のテントで待つこと三日、可汗は狩りから戻り、自分のテントで玄奘を歓待することとなる。可汗のテントは特製であったに違いなく、テントは「金の花の模様をつけ、けんらんと輝いていた」と記されている。

三日後まさしく可汗は帰ってきて、法師を自分のテントに導いた。可汗は、一つの大きなテント（帳）におり、そのテントは金の花の模様をつけ、けんらんと輝いていた。

もろもろの達官はテントの前に長い莚《むしろ》をしき、二列になって座り、みな錦の服を美しく着飾っている。その他の護衛はテントの後ろに立っている。これをみると、遊牧の君長といえどもまことに尊美であった。

法師がテントに三十余歩の所に近づくと、可汗はテントを出て迎え拝し、慰問の語を述べてからテント内の座についた。突厥はゾロアスター教徒なので火につかえ、胡《こ》床《しょう》を用いない。木は燃えるので火を含むと考えてあえて使用せず、ただ地面に重茵《じゅういん》［ダブルマット］を敷くだけである。そこで法師のためには、鉄の胡床を設け、敷物をしいて座るようにと請うた。

図7　絹織物の衣服（サマルカンド・アフラスィヤーブの壁画）(6)

テントの中に招き入れた可汗は、玄奘のために「鉄製の胡床（一種の腰掛けで、脚を交差させて折り畳めるようにしたもの）」に座るようにと勧めた。その理由としては、「突厥はゾロアスター教徒なので火につかえ、胡床を用いない。［胡床に用いる］木は燃えるので火を含むと考えてあえて使用せず」とされているが、突厥がゾロアスター教徒であったとは考えられず、また、ゾロアスター教徒が「火を含む木を用いない」という習慣は確認できていないことから、不可思議な理由が上げられている。

しばらくして、さらに唐使と高昌の使人に引見した。彼らは入ってきて、国書と贈物を奉った。可汗は親しくこれをみて非常に喜び、使者たちを座らせ、酒をとりよせ、奏楽することを命じ、可汗みずから諸臣や使人とともに飲んだ。別に蒲桃漿《ほとうしょう》［グレープ・ジュース］をもとめて法師に捧げ、こうして大宴会となった。酒盃は入り乱れて互いに献酬を繰り返し、僸佅兜離《きんばいとうり》という奏楽がかしましく演奏された。蕃俗《ばんぞく》の音楽ではあるが、なかなか耳目を

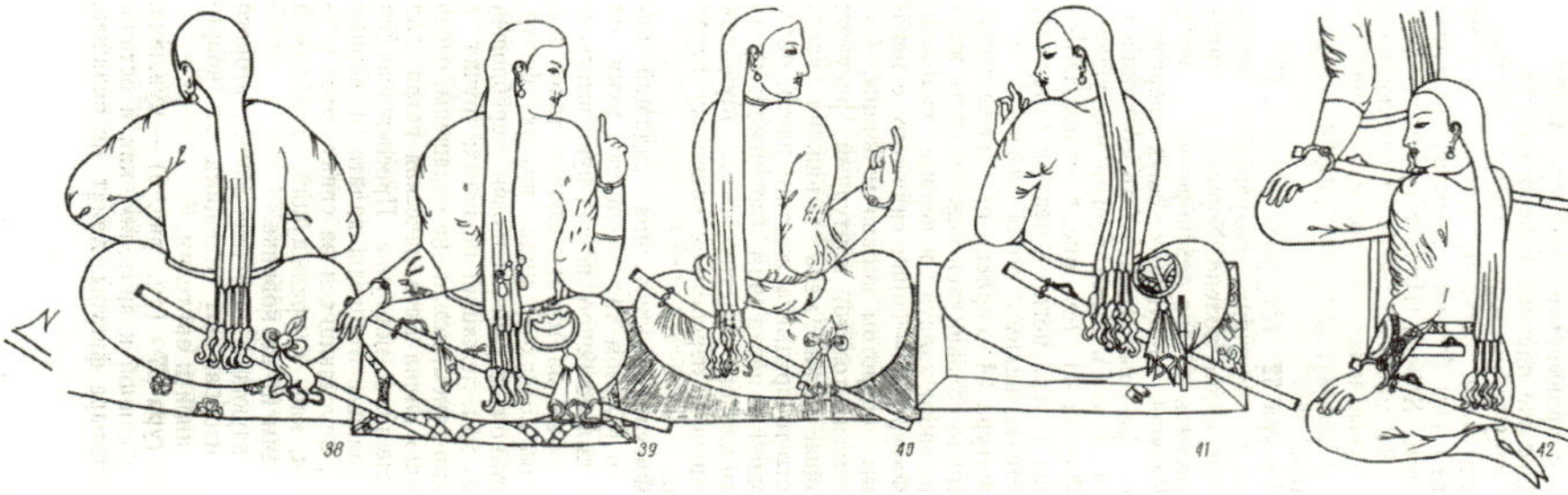

図8　編髪（サマルカンド・アフラスィヤーブの壁画）(7)

楽しませ、心をなごやかにさせる。

しばらくすると、さらに食事がでた。羊肉や牛肉の料理が、目の前に山のように積まれた。別に浄食を作って、法師にすすめた。内容は餅・飯・酥乳《ヨーグルト》［そにゅう］・石蜜《さとう》［せきみつ］・刺蜜《はちみつ》・蒲桃《ぶどう》などである。食べ終わってから、さらにグレープ・ジュースがでた。

この文章のなかにも謎めいた一文が記されている。可汗は「唐使と高昌の使人に引見した」とある。高昌の使人は、高昌国から玄奘の葉護可汗の衙帳までの道案内を務めた殿中《でんちゅう》侍御史《じぎょし》歓信《かんしん》であろうと推測されるが、ここに同行した唐使が誰で、なぜ西突厥可汗の宮廷にいたのかは明らかにされていない。いずれにしても、可汗は使者を交えて宴を開き、食事を楽しみながら、酒を酌み交わすともに、音楽を奏でさせ、玄奘を歓待したことがこの文章から理解される（図9）。なお、玄奘は僧侶であったので、浄食《じょうじき》が提供されたことも記されている。

この後の記述では、食事と宴会のあと、可汗が玄奘に説法を請うたことが記されている。玄奘の説法を聞いて、「可汗は手をあげ額を叩き、歓喜してこの教えを受けた」とあるが、実際のところ、どうであったのかは不明である。

それから法師はここに数日滞在したが、可汗は、「法師は印特伽国《インドウカー》（原注：インドをいう）に往かぬほうがいいでしょう。かの地は非常に暑く、十月になってもここの五月と同じです。師の容貌をみると、どうもインドに行くと病気になりそうです。かの地の人は黒色で、礼儀もなくみるにたえません」と勧めた。しかし法師は、「いや、私がいまインドにゆくのは、ただ聖跡を尋ね、仏法を慕い求めたいためなのです」と答えた。

そこで可汗は軍中に命令して、中国語と西域諸国の言葉を話せる者をさがし、ついに一人の青年をみつけ出した。

図9　ソグド人による宴会の場面（タジキスタン・ペンジジケントの壁画）(8)

彼はかつて長安に数年いたことがあり、中国語もよく理解した。そこで彼を摩咄達官《マトツタルカン》（通訳官）に任命し、諸国への通知書を作り、彼に法師を迦畢試《カピシー》国まで送らせた。また緋綾《ひあや》の法服一襲《ひとかさね》、絹五十疋《ぴき》を贈り、可汗みずから群臣とともに十余里見送ってきた。

玄奘は数日間、可汗の宿営地に留まったのち、可汗からの慰留の言葉を固辞し、西方、インドへと旅立つことになる。玄奘が、雪融け間もない天山山脈を越えて、わざわざスイヤブ周辺に宿営していた西突厥の可汗に会う必要があった理由は、この最後の部分からうかがい知ることができる。

玄奘は、先に立ち寄った高昌国王の麴文泰から、旅費と道案内人、そして「二四の国に宛てた封書」と贈り物、さらには葉護可汗用の贈り物を受け取っている。旅費もさることながら、玄奘にとってもっとも大事であったのは、道案内と「封書」、つまり各国への紹介状であったものと考えられる。これと同じように、西突厥の可汗に会った玄奘は、首尾よく通訳官（摩咄達官）兼道案内人、そして「諸国への通知書」を受け取ることができた。これによって玄奘はインド世界との境界線、つまりアフガニスタン北部まで安全に旅を続けることができたといえよう。

おわりに

玄奘の記録は極めて短いものであるが、玄奘訪れた六三〇年前後のスイヤブの様相を知る上で、唯一かつ貴重な記録となっている。苦難をものともせずに初春の天山を越えてスイヤブに到達した玄奘が残した記録は、断片的ではあるものの、一四〇〇年の時空を超えて、私たちにその当時の状況を知る手掛かりを与えてくれるだけでなくその当時の様相に関する私たちの想像力を掻き立たせてくれる、いわゆる「道標」となっているといえよう。

注

（1）本稿では『大慈恩寺三蔵法師傳』（慈恩伝）からの引用については、慧立／彦悰、長澤和俊訳『玄奘三蔵』（講談社学術文庫版、講談社、二〇一六年）六二―七三頁、『大唐西域記』からの引用については、玄奘著、水谷真成訳『大唐西域記』（平凡社、一九七一年）、一二―二〇頁からの引用である。なお、引用文中の［ ］は山内が追加したもので、原著にあるルビについては必要と思われるものを残した。

（2）イッシク・クル湖は、イシク・クリ、イスィク・クリ、ウスク・キョルなどとも表記されるが、本稿ではイッシク・クル湖の表記を用いることとする。

（3）本稿は、二〇二二年一月に開催された「シルクロード研究会　二〇二二　冬」における口頭発表および資料集に収録された、山内和也・齊藤茂雄・佐藤剛「玄奘の道——天山山脈越えのルート」の抄録であり、必要に応じて加筆修正したものである。

（4）これらの候補地については、水谷真成訳『大唐西域記』一八―一九頁の注一に詳しい。

（5）賈耽の『道里記』および杜環の『経行記』の翻訳は齊藤茂雄氏によるものである。ここに記して感謝申し上げる。

（6）Л. Н. Альбаум, *Живопись Афрасиаба*, Академия Наук Узбекской ССР, Институт Археологии, Ташкент, 1975, Рис. 13.

（7）Л. Н. Альбаум, *Живопись Афрасиаба*, Академия Наук Узбекской ССР, Институт Археологии, Ташкент, 1975, Рис. 7.

（8）*Животчи Древнего Пянджикента*, Издательстова Академии Наук СССР, Москва, 1954, Таблица XXXVI.

参考文献

慧立／彦悰、長澤和俊訳『玄奘三蔵』（講談社学術文庫版、講談社、二〇一六年）
玄奘著、水谷真成訳『大唐西域記』（平凡社、一九七一年）
山内和也・齊藤茂雄・佐藤剛「玄奘の道——天山山脈越えのルート」（『シルクロード学研究会　二〇二二　冬』帝京大学文化財研究所、二〇二二年）六二―八二頁

ソグド人の街の発掘

櫛原功一

アク・ベシム遺跡では街路地区、キリスト教会址周辺で継続的な調査が進められ、現在までに七世紀以降の都市の変化が明らかとなった。すなわち、今日みる都市遺跡の姿はソグド人の街が遊牧民の世界の中で長く定住的な都市として維持される中で、さまざまな改変を受けつつ形成されたものである。

一、アク・ベシム遺跡の都市構造

中央アジアのキルギス共和国を代表するアク・ベシム遺跡は、チュー盆地のカザフスタン国境に近い平原地帯にある交易都市遺跡である。盆地の中央を東西に流れる左岸にはこの遺跡のほか、ケン・ブルン遺跡、クラスナヤレチカ遺跡、ブラナ遺跡など、注目すべき都市遺跡が並ぶように連なり、中央アジアの中でも注目すべき地域といえる。この一帯はかつて東西、南北の地域や国々をつなぐ交流の要衝であるとともに、東西勢力が衝突した戦乱の絶えない舞台でもあった。

アク・ベシム遺跡の始まりは定かではないが、おおむね五・六世紀代に都市化し、十二世紀代頃まで継続し、二つの都市が壁を共有するようにして隣接している。西側の第一シャフリスタンは、ソグディアナ地方（ウズベキスタン）起源のイラン系民族であるソグド人の街で、ソグド人は交易商人として各地に中継のための都市を形成したといわれている。その後、七世紀後半には、第一シャフリスタンの東側に唐が進出し、軍事都市、砕葉鎮城（第二シャフリスタン）を構築し

くしはら・こういち――帝京大学文化財研究所准教授。専門は日本考古学（縄文時代の集落、瓦、山岳信仰等）、中央アジアの土器研究。主な著書に『食の復元――遺跡・遺物から何を読みとるか』（編著、岩田書院、一九九九年）、「竪穴住居における縄文尺の検討」（『縄文時代』26、縄文時代文化研究会、二〇一五年）、「住居型式と集落研究」（『考古学の地平I――縄文社会を集落から読み解く』六一書房、二〇一六年）などがある。

図1　1966年の航空写真（1：第1シャフリスタン　2：第2シャフリスタン）

たことから、アク・ベシム遺跡には二つの都市が隣接した珍しい複合都市構造が形成されたのである。前者は城壁で囲まれた高台が良好に保存されているのに対し、後者は今日、東壁と南壁の半分を残して耕地化し、かつての姿は大きく失われた。幸い一九六六年に撮影されたアク・ベシム遺跡の航空写真がある。それによれば、かつて遺跡周辺にはさまざまな遺構が存在したことを知ることができ、発掘調査を進める上で参考になっている（**図1**）。

さて第一シャフリスタンの平面形（**図2**）は、東西約八〇〇メートル、南北約五六〇メートルの長方形で、南側の中央に城壁が大きく窪んだ出入口構造をもち、反対側の北側にも規模は小さいが似た構造がある。よって南側がこの都市の正門（南門）、北側が裏門（北門）と理解され、都市内への主要な出入り口であったと考えられる。さらに想像を逞しくすれば、南門の外側には市場（バザール）があったのであろう。また正門から入ると、第一シャフリスタン内に約三〇〇メートル四方の方形区画の範囲が一段高い地形として存在し（第一シャフリスタンa）、城壁東側には第二シャフリスタンにつながる東門がある。正門と裏門、また東門と西側を結ぶように十文字の窪地が残っているが、これは往時の大通りの痕跡である。東西の通りは現在でも車道として利用されていて、東西、南北の大通りが交わる地点には広場が想定でき、付近には宗教施設の存在が推測されている。また第一シャフリスタンの南西角には望楼状のひときわ高い築山があり、統治者の居館（ツィタデル、城塞）といわれているが、この地域の都市遺跡には同様の高台を伴う事例が一般的である。
　ツィタデルの反対側、第一シャフリスタンの南東角に存在するのが東方キリスト教会址で、城壁の内側に大規模な遺構が残っている（第二キリスト教会址）。さらに東側の城壁外、

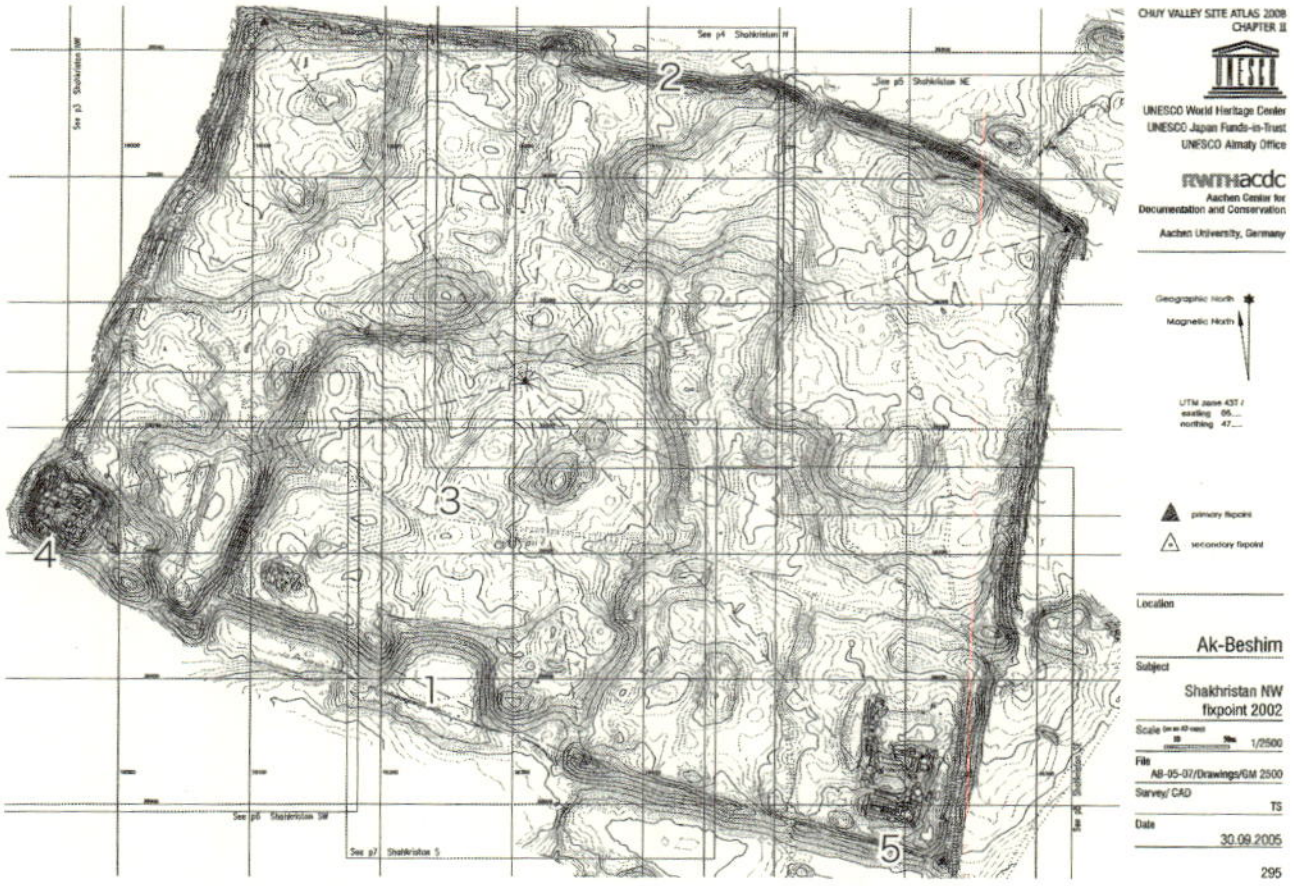

図2　アーヘン大による第1シャフリスタン測量図（1：正門　2：裏門　3：第1シャフリスタンa　4：ツィタデル　5：東方キリスト教会址）

第二シャフリスタンには別のキリスト教会址がある（第一キリスト教会址）。また第一シャフリスタン周辺には、南西に第一仏教寺院、中央付近に第二仏教寺院を配すほか、第二シャフリスタンの中には推定大雲寺跡が存在するなど、都市内および周辺には東西の宗教寺院が共存していた。

　さらにふたつのシャフリスタンを取り囲むように東西約五・五キロメートル、南北約四・五キロメートルの水路で囲まれた区画が存在し、この範囲は主に都市定住民を支える耕作地として利用されていたエリアと考えられる。水路は農業用水、飲用水の利用のため、南側に形成された扇状地の上流より開鑿《かいさく》されたもので、定住民としてのソグド人の交易都市を支える重要な生活インフラであり、都市出現段階に遡って構築されたものと推測される。

　ただし今日見るようなアク・ベシム遺跡の都市構造がどのようにして形成され、変遷したのか、十分に明らかになっていない。この点に関しては考古学的な調査に期待され、一九四〇年代以降、様々な研究者の手により、各地点で調査が進められてきた。しかしあまりに遺跡が大きいので、長期的、計画的な調査が必要となり、一朝一夕で解明できるものではない。とくに各地点の調査では七世紀前半以前の遺構は未確認で、都市出現段階の初源形態を見い出すことができていな

いのが現状である。

二、調査の成果

ここでは、二〇一六年から二〇一九年まで帝京大調査隊が調査を実施した第一シャフリスタン中央の街路地区（AKB—13区）、二〇二一年から調査に着手した東方キリスト教会址（AKB—8区）、城壁（AKB—16・19区）を中心に、遺構の特徴、出土した遺物について整理したい。

AKB—一三区（**図3**）は、南門から北にのびる大通りと、通りに面した建物群の一部を対象とした調査区である。調査区壁面で大通りを断ち割ったところ、三面以上の路面が重なっていることが判明したため、路面と建物の対応関係に注意を払いつつ、重層的に更新された建物構造を一面ずつ、新しい面から一枚一枚剥ぐようにして調査を進めた。大通りについても重層的に重なることから面的に調査し、下層の路面へと掘り下げていった。

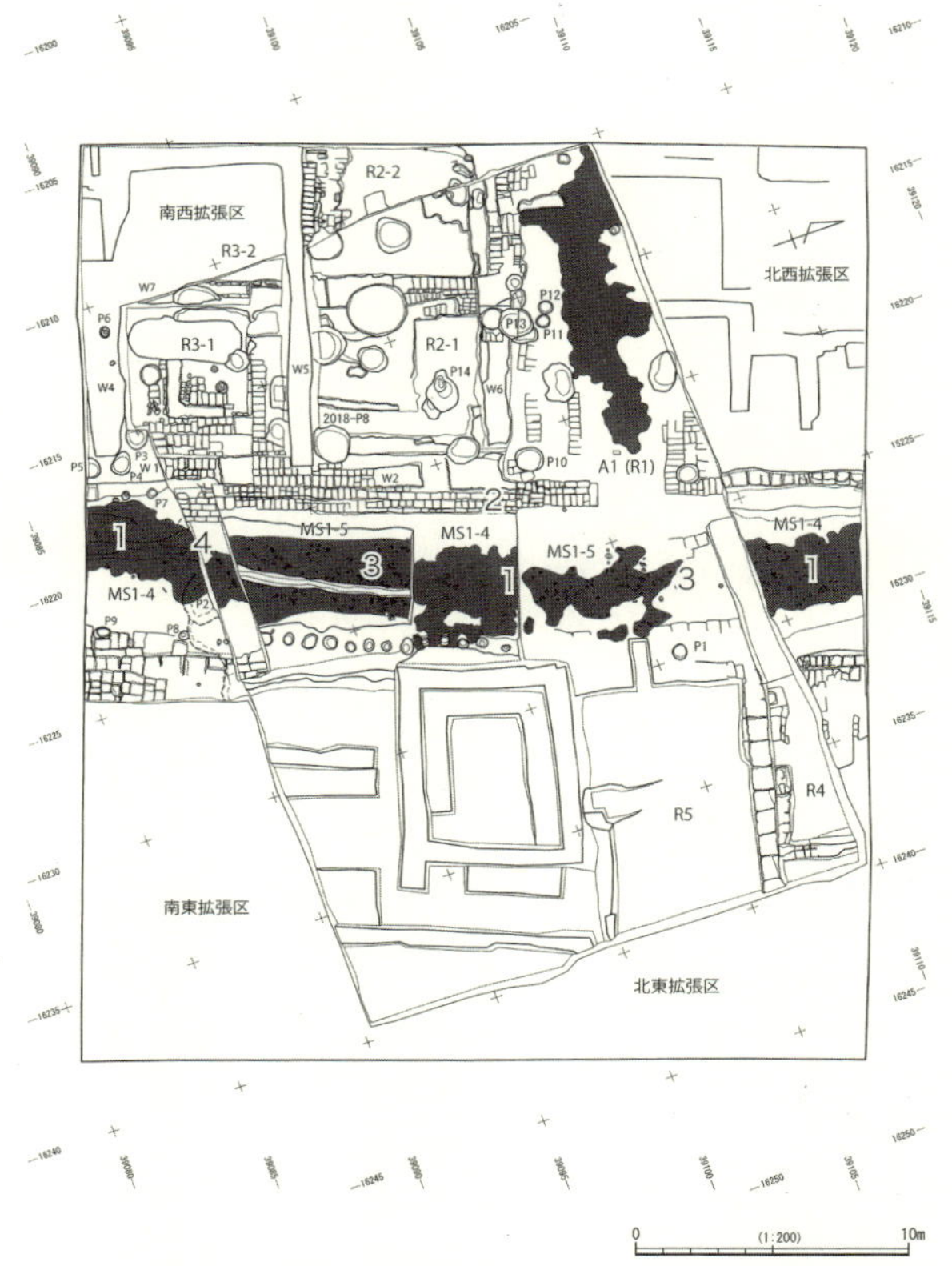

図3　AKB-13区平面図（1大通り上層　2路側帯　3大通り中層　4大通り下層　網掛け部分は大通りの舗装面）

大通りは幅約六・五メートル、長さ二八・五メートル以上で、両脇がやや高くなっていて、両脇には日干煉瓦を用いた路側帯がある（**図4**）。八〜十世紀と推定される路面には、大がかりな舗装を施した面が三枚重なっていて、上層の十世紀代とみられる路面には舗装材に大量のスラグが敷かれていた。スラグの中にはごく小さな銅の粒が付着したものがあることから、銅精錬や加工時の鉱滓《こうさい》と考えられるが、そ

図4　AKB-13区の大通りと排水溝

の量は尋常ではない。鉱滓は黒曜石塊のように割れ口が鋭く、当時、通行には難儀したのではないかと思われる。また中層、下層は礫敷き面で、中層の道路中央には浅く窪んだ排水溝が設けられていた。日本では、排水溝は道の両脇にあるイメージだが、現在でも西アジアでは道路の中央に設けた例がある。溝は都市中央に向かうように傾斜していて、その先に大きな窪地があることから、雨水を集め、利用していたらしく、水は貴重な存在であったことがわかる。

さらに大通り上層の十世紀の路面よりも上層には、さらに三面程度の路面の形跡が認められたことから、八世紀から十一世紀にかけ、全く同じ位置に大通りの路面が、少なくとも六回以上更新されるようにして繰り返し構築されていたことがわかる。すなわち、路面が更新されるたびに盛り土によって徐々にかさ上げされ、それとともに建物も建て替えられたようである。この路面の上昇については、通りに面した建物から廃棄された獣骨などを含むゴミ類が積み重なったため路面上昇を生じたことが大きな要因と考えられているが、路面の方が高いと雨水や汚水が建物内に逆流してしまう。そこで居住面側を盛土し、建物を建替えるなど、居住面と路面の間に著しい段差が生じないよう、たびたび大掛かりな造成が行われたのであろう。このように路面と建物更新の間には連動性があり、やがて都市面の基盤上昇が徐々に進行し、第一シャフリスタンのテル（遺跡の丘陵）が形成されていったのである。

建物群は日干煉瓦を積み上げた壁を隣同士で共有する部屋の集まりである。大通りに面して一定の間隔で奥に細長く続く長方形の部屋構造があり、部屋を壁で二〜三室に間仕切っている。通り側の部屋は奥側に比べやや広く、大甕を利用

図5　竈をもつ部屋（AKB-13区R3）

したパン焼き竈を床に設置した調理空間をもつ例がある（図5）。このように通りに面した長方形の区画が一単位の居住空間と推定されるが、そうした単位が一家族の居住施設を意味する可能性、あるいは数単位が一家族によって管理された可能性もある。部屋内にはトイレと思われる深い穴のほか、貯蔵用とみられる袋状を呈した穴やゴミ穴をもつ例などがある。それらが床を避けるように壁際に穿たれた例や、ゴミ穴が集中する部屋、ゴミ混じりの廃土で埋めた部屋があるなど、部屋によってさまざまな空間利用がなされていて、生活時および廃絶後の限られた都市空間における有効的な空間利用のための土地利用の実態をみせている。このように大通りの構造、大通りと周辺建物との関係が明らかにされた調査事例は少なく、都市形成に関する大きな成果を得ることとなった。

ＡＫＢ－八区は東方キリスト教会址で、一九九〇年代にセミョーノフによる調査が行なわれ、東側に聖室をもち長方形を呈した礼拝堂が複合した構造体の全容がほぼ明らかにされた（図6）。この教会の規模は、これまで知られている中央アジアのキリスト教会建築の中では最大級といわれ、教会が都市の城内に存在する点が特徴的であるが、建築年代の解明が課題のひとつとなっている。この点に関しロシアやキルギスの研究者は、出土したコインや壁画の文様、ワイン醸造に使われた壺の特徴などから、教会の創建年代を十世紀代と考えてきた。しかし十世紀代はカラハン朝であり、この地域一帯がイスラム化した段階であることから、教会の創建年代は十世紀以前ではなかったか、と推測されている。とくに七八一年に首都大司教を置いたというティモテの書簡の存在から（山内・岡田　二〇二〇）、教会創建が八世紀代に遡る可能性がないかどうか、という点を確かめる必要があった。

二〇二一年から教会址の東側と城壁の間および中庭で調査が開始された。その結果、教会の東側の出入口周辺から、教会衰退後の十一世紀段階の鎧の鉄製小札が集中的に出土し、教会周辺で行われた戦闘行為が推測された。また十二〜十三世紀代には、教会の壁を利用して居住した床面や炉などの生活痕が見つかっている。さらに驚くことに、教会東側に長い

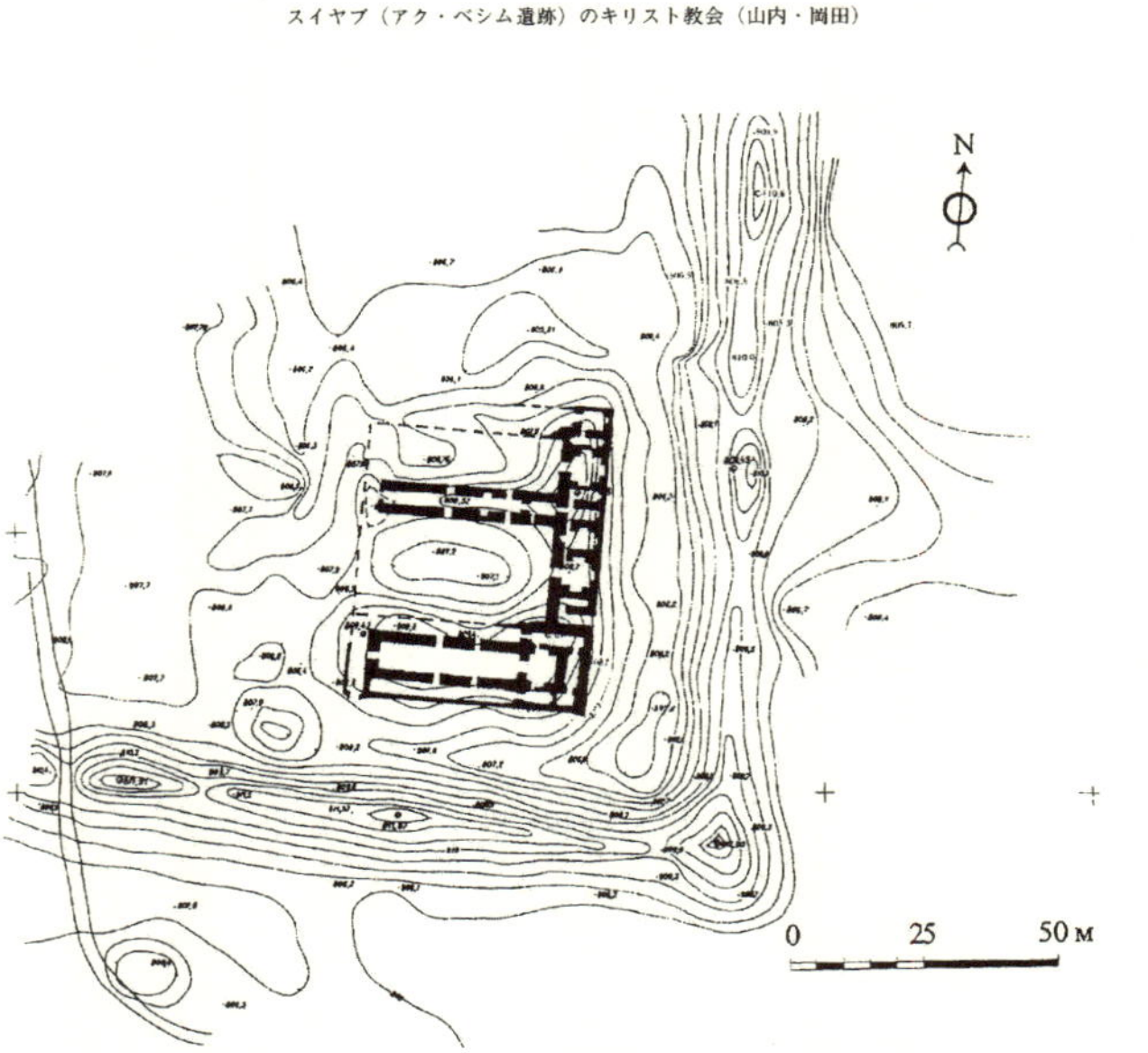

シャフリスタン［1］の東南隅の地形図：第８号遺構［AKB-8 区］

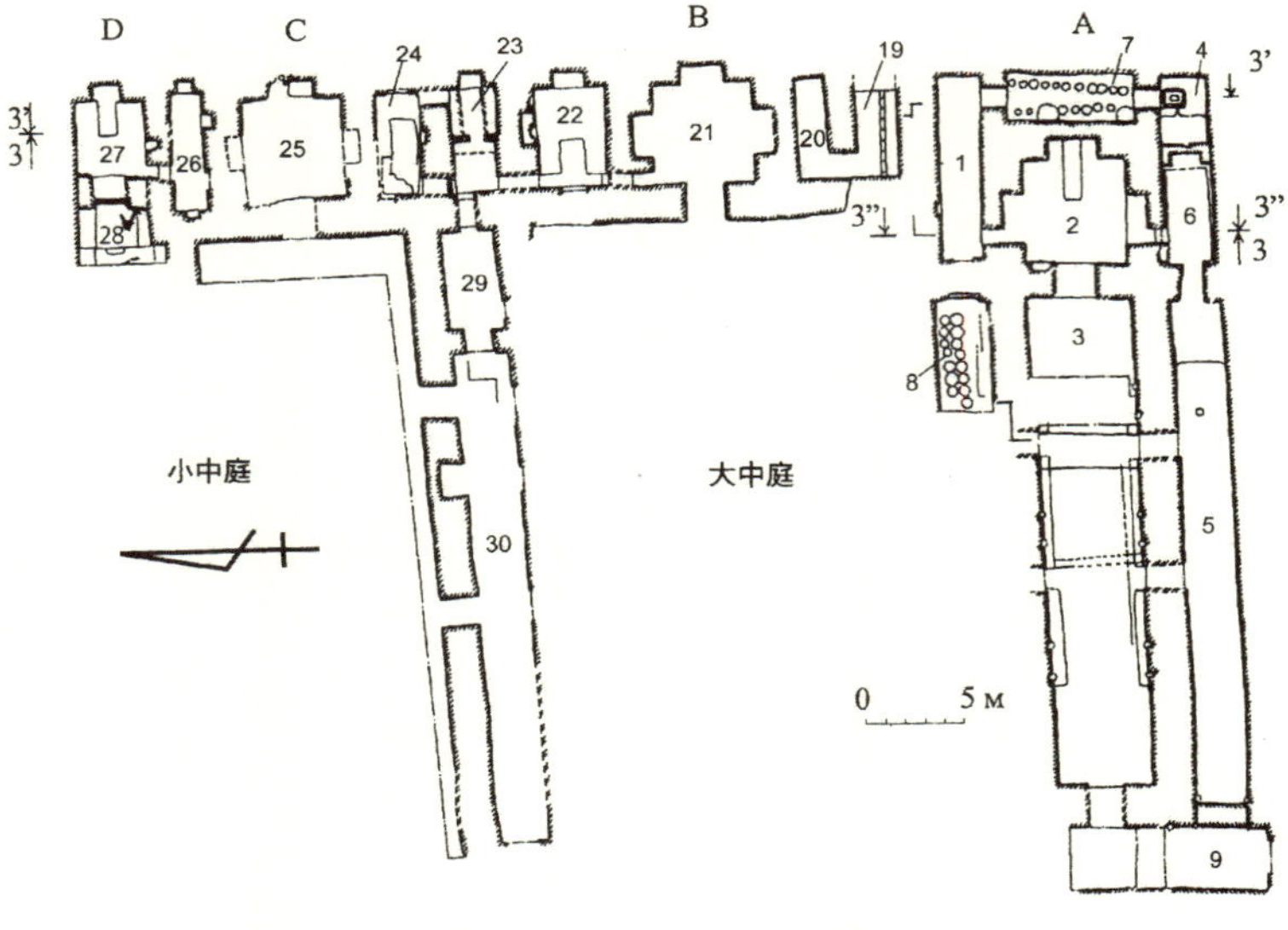

第８号遺構：平面プラン：大中庭、小中庭［部屋番号は山内が加筆］

図6　東方キリスト教会址（AKB-8区、山内・岡田　2020）

図7　教会址東側の壕

トレンチを設定して土層の堆積状況を探ったところ、都市を囲む城壁と平行するように深さ二メートル以上の壕跡が確認され、それが埋め戻されていることが判明したのである（図7）。

壕は本来、城壁の外側に構築されたと考えられる。また壕と城壁は一体のもので、その形成は同時と考えられ、掘削した部分を壕とし、掘削土を積み上げたのが城壁である。一九九〇年代の調査でのトレンチ跡を掘り直して城壁断面を観察したところ（AKB―16区）、城壁構造は日干煉瓦を積み上げたものではなく、中国式の版築構造で構築されていることが判った。この版築構造とは、厚さ約一〇センチの土を突き固めながら質が異なる土を交互、水平に積み重ねたもので、中国の伝統的な城壁構造といえる。版築構造は第二シャフリスタンの南側城壁（AKB―17区）でも確認されていることから、唐が六七九年に砕葉鎮城構築のさいに構築したことが考えられ、壁内から出土した炭化物および壕内出土の獣骨の年代測定では、ともに七世紀後半の結果が得られた。したがって第一シャフリスタンの東壁は、六七九年前後に砕葉鎮城の西壁として整備されたものと考えられ、その造成に必要な大量の土は、壕を掘削することによって入手したのである。さらに八世紀前半の砕葉鎮城衰退ののち、壕の埋め戻しが行なわれ、教会が建設されたのではないだろうか。したがって当初の第一シャフリスタン東壁（旧城壁）を仮に教会址周辺に想定すると、一時的に二重の城壁が存在したこととなる。その後、旧城壁を除去し、都市を東に拡げるように現在の東側の城壁と連結したと思われるが、その修築状況を示すのが南側の城壁である。この南側の城壁地点（AKB―19区）の断面観察によれば、南側（外側）にパフサブロック（大型の粘土ブロック）と日干煉瓦構造をもち、内側に版築構造が認められた（図8右側）。これは版築構造の城壁を日干煉瓦積みで修復したもので、唐の城壁築造ののち、在地の技法で修復が行われたことを示している（図8）。

さらに教会址の創建年代を明確にするため、教会内部の中庭の調査を行なったところ、十一世紀の砂利敷きの面の下層に数面の路面状の遺構が認められた。教会に先駆けて居住区

図8　南壁の断面（AKB-19区）

が存在した可能性があり、その最下層出土の獣骨を年代測定したところ、七世紀後半であることがわかった。これは教会の創建年代を直接示すものではないが、今後の継続的な調査によって、教会の創建年代は明らかにされることであろう。

第一シャフリスタンは、正門と裏門をつなぐ大通りを中心軸として設計されているが、現状では左右対称ではない。これまでの調査で明らかにされたように、砕葉鎮城の建設時に第二シャフリスタンの西壁が新たに設けられ、その後、その壁が第一シャフリスタンの東壁となったとすれば、第一シャフリスタンの東側の範囲が広い理由が説明できるであろう。また壕が後に整地、拡張された部分に設置されたのが東方キリスト教会址であることから、唐の勢力が撤退し、カラハン朝段階にこの一帯がイスラム化される以前に教会が建設されたことが推測されるのである。

三、出土遺物からみた街の暮らし

第一シャフリスタンの中心部分にあたる街路地区（ＡＫＢ—13区）、東方キリスト教会址（ＡＫＢ—８区）では、これまでにさまざまな遺物が出土していて、各地区の特徴を示している。

街路地区では土器、施釉土器、コイン（銭貨）、石臼など、

都市民の日常生活を物語る品々が出土した。土器には水差しの壺、把手の付いた壺、大きな甕、鉢、蓋、煮炊きに使う土鍋を主な器種とし、そのほか三脚のついた灯明皿、竈で使う脚などがある。遺跡調査にあたっては出土する土器の器形や文様をもとに、調査面がいつの時代なのかを認識しながら調査を進ていくのであるが、年代の「ものさし」とされる土器編年が確立していないキルギス国内では、参考になるデータがほとんどなく、手探り状態で調査を行うこととなった。

第一シャフリスタンでは前述したようにテルと呼ばれる遺構堆積の丘を形成しているため、遺構面の堆積順は地層累重の法則同様に、下層は上層よりも古い。したがって、基本的には新しい面から順に、上層から下層に向かって調査を進めて行くことで、遺構面の新旧、前後関係がわかる。また各面から出土した炭化材や獣骨の放射性炭素年代測定によって遺構の年代が判明することから、出土した土器の年代観を推定することができる。しかし、第一シャフリスタンでは、都市遺跡特有の現象として、重層的な床面は重複が著しく、また集中的に重複現象がみられた。そのため、貯蔵穴やゴミ穴などのピットなどの掘り方が下層床面を切るように複雑に重なり、遺物の編年的な把握は意外と困難であった。それに対して第二シャフリスタンでは、唐代の都城が衰退したのち、十二世紀ころまで断続的、分散的に居住利用されたことから、限定的な時期のゴミ穴が検出され、しかも多量の土器類が出土している。こうして第一・第二シャフリスタンの双方の成果から基準資料を選定し、三十点以上の放射性年代測定結果をもとに年代観を付与し、時間軸となる「土器編年」を組み立て、やがて出土土器から時代を知ることができるようになったのである。その結果、七世紀後半から十二世紀頃までの段階を五段階変遷として想定した（上層から下層に向かってⅠからⅤ段階とする　図9）。

Ⅰ段階（十一世紀後半〜十二世紀前半）カラハン朝期
Ⅱ段階（十世紀後半〜十一世紀前半）カラハン朝期（イスラム化）
Ⅲ段階（九世紀後半〜十世紀前半）カラハン朝期
Ⅳ段階（八世紀後半〜九世紀前半）ポスト砕葉鎮期
Ⅴ段階（七世紀後半〜八世紀前半）砕葉鎮期（唐勢力進出）

土器はカップ、水差し形の把手壺、煮沸具としての鍋、貯蔵用の甕を基本的な器種構成とする。Ⅰ・Ⅱ段階では鉢、細頸壺、斜頸壺、無頸壺等の存在が特徴的で、Ⅳ・Ⅴ段階には炉で用いる支脚があり、支脚の正面には獣面状のモチーフが施文されている。こうした土器組成の変化は、イスラム化の影響による食習慣、食生活や調理方法の変化を反映している。

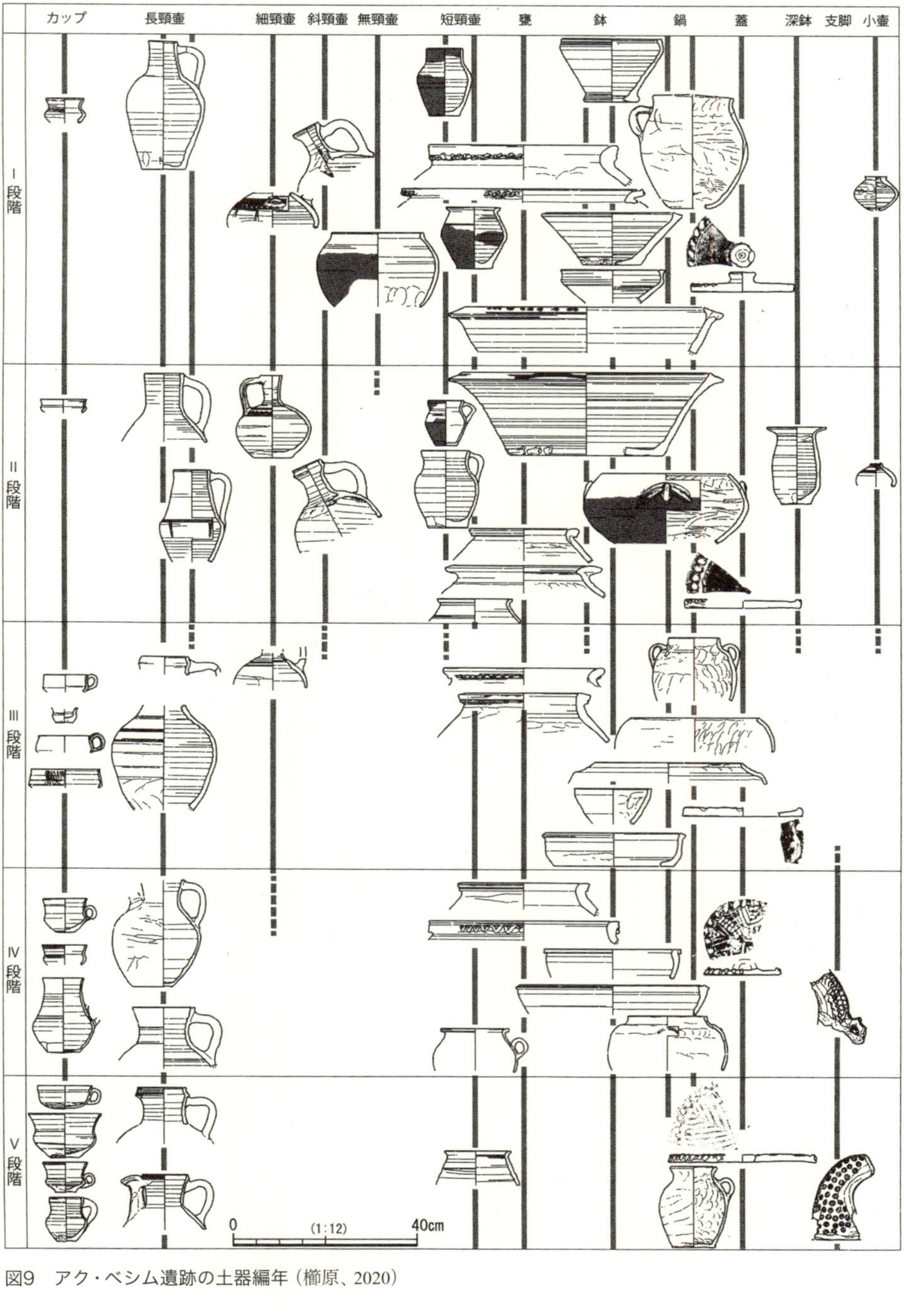

図9　アク・ベシム遺跡の土器編年（櫛原、2020）

またV段階の土器には丁寧な整形が多いほか、内面に楕円粒文の当て具痕をもつ甕や壺があり、Ⅳ段階以降には存在しない叩き調整が取り入れられている。叩き調整痕をもつ土器は灰色の還元焔焼成のものが多く、瓦の焼成や色調と類似することから、製作技法、焼成法に唐代の技術導入が考えられる。

その他、交易都市ならではの遺物に「開元通宝」など方孔をもつ中国銭やそれらの模倣銭、方孔銭にソグド文字を鋳出した在地の銭貨、平たく押しつぶした西洋世界の銅貨（コイン）がある。それらは中央アジアが東西交流の地であったことを如実に物語っている。さらに周辺地域からもたらされた遺物としては、タカラガイの装飾品、山サンゴ、ラピスラズリや白玉、瑪瑙の垂飾りなどが注目される。

交易都市スイヤブ、として知られるアク・ベシム遺跡では、これまでの調査で街路や建物の一部を調査したに過ぎないが、都市遺跡に特徴的な建物および路面の更新のあり方を知ることができた。また、今日みる城壁に囲まれた第一シャフリスタン全体の形成過程が、けっして単純ではなく、唐の進出によって築造された第二シャフリスタンの城壁の一部を取り込んで東側に拡幅するなど、複雑な変遷を経ていることが明らかになりつつある。

しかし、都市民の生活や分業化された生産活動と商業や流通経済、生業とされる交易の実態、遊牧民社会との関わり、都市の支配構造や信仰、宗教との関係など、わからないことが山積している。

第一シャフリスタンの建物のトイレ遺構の調査では、V段階に穿たれた穴の深いところで、壁面になお多数の遺構面（文化層）が確認されている。今後、ソグド人の都市形成の起源を求めてさらに下層の調査を行う必要があろう。そうした考古学的な調査とともに、並行して行われている動物、植物考古学的な調査研究、コインの分析などを通し、今後、アク・ベシム遺跡を拠点として活躍したであろうソグド人の姿を明らかにしていければと考える。

引用参考文献

山内和也・岡田保良「スイヤブ（アク・ベシム遺跡）のキリスト教会——第8号遺構：キリスト教会複合体」（『帝京大学文化財研究所研究報告』第一九集、二〇二〇年）二四七—三一九頁

櫛原功一「アク・ベシム遺跡の土器編年試案」（『帝京大学文化財研究所研究報告』第一九集、二〇二〇年）一—一六頁

【II　発掘調査】

唐代砕葉鎮城（AKB—15）を掘る

平野　修

ひらの・おさむ——公益財団法人山梨文化財研究所研究員〈本務〉、帝京大学文化財研究所客員研究員〈兼務〉。専門は考古学。主な論文に「武蔵と甲斐における俘囚・夷俘痕跡」（『日本学術振興会科学研究費補助金研究成果公開シンポジウム「俘囚・夷俘」とよばれたエミシの移配と東国社会　資料集』二〇一七年）、「出土文字資料からみた移配エミシ集団の一様相——帝京大学八王子キャンパス構内遺跡群を事例に」（『帝京大学文化財研究所研究報告』一九号、二〇二〇年）などがある。

帝京大学シルクロード学術調査団は、キルギス共和国北部、チュイ州アク・ベシム村に位置するアク・ベシム遺跡（スイヤブ）の第二シャフリスタンにおいて発掘調査を実施し、唐の西方進出の軍事・行政拠点であった安西四鎮の一つである砕葉鎮《さいようちん》城の七世紀後半のものと推定される建物の一部を発見した。

はじめに

「砕葉鎮城《さいようちんじょう》（AKB—15）」とは、アク・ベシム遺跡の第二シャフリスタン内にあり、唐の時代に西域統治と西方進出のために「安西都護府《あんざいとごふ》」のもとに置かれていた四つの「都督府《ととくふ》」の一つであり、「安西四鎮《あんざいよんちん》」と呼ばれる。「安西四鎮」は一般的に亀茲《きじ》（クチャ）・于闐《うてん》（ホータン）・疏勒《そろく》（カシュガル）・焉耆《えんき》（カラシャール）とされるが、「砕葉鎮城」は、唐の勢力がもっとも西域に拡大した時期に置かれたもので、軍事的・行政的性格を有してソクド人都市（第一シャフリスタン）と連接するという特異な歴史的背景を持つ唐代の都城の一つと考えることができる。

『旧唐書《くとうじょ》』巻一八五上では、六七九年に王方翼《おうほうよく》が砕葉鎮城を新たに造営したとされる。その後、王方翼は砕葉鎮城を離れ、後任として杜懐宝《とかいほう》が着任したとされている。造営後は吐《と》蕃《ばん》や突騎施《テュルギッシュ》などの他民族と唐軍は攻防を繰り広げる。垂拱《すいきょう》年間の六八六年か六八七年には、吐蕃により砕葉鎮城は攻略されるが、六九二年には唐の王孝傑《おうこうけつ》らが突騎施と結び吐蕃に大勝し、砕葉鎮城を奪取する。しかし、長安年間の七〇三年には突騎施が砕葉鎮を攻略し、唐の実質的な支配は終わり、開元年間の七九一年にはこの地を放棄したとされる。(1)

一、砕葉鎮城の発掘調査

砕葉鎮城がある第二シャフリスタンは、旧ソ連の考古学者であったアレクサンドル・ベルンシュタムにより一九三八年から一九四〇年にかけて発掘調査が行われている。しかしベルンシュタムによって実施された調査は現在推定大雲寺跡とされている仏教寺院で、大量の中国系遺物の存在から「ラバト」あるいは「契丹区」と呼称し、しかも施釉陶器といったカラハン朝時代を特徴付ける遺物が建物跡と一緒に出土していたことから、十一～十二世紀の街の跡であると考えられていた。それ以後もグズラソフといった旧ソ連の考古学者がアク・ベシム遺跡の発掘調査を行っているが、それは第一シャフリスタン中心の調査であったため、第二シャフリスタンの詳細な時期の解明は先送りとなった。

さらに不幸なことに、一九七〇年代に入ると、一九六六年撮影の航空写真で明瞭に見えていた第二シャフリスタンの内外周壁は、当時行われた大規模耕地整理の際にブルドーザーによって削りとられてしまい跡形も無くなってしまった。現在では外周壁の東壁・南壁の一部が残るのみである。そのためそれ以後は、地表面での研究が非常に困難になってしまったことは言うまでもない。

ところが一九八二年に、第二シャフリスタン内で、「砕葉鎮」と刻まれた「杜《と》懐《かい》寶《ほう》碑《ひ》」（図1・口絵④参照、砕葉鎮城に赴任していた杜懐寶が、亡き母のために建てた石造の供養塔の一部）が地元農民によって偶然発見されたことによって、アク・ベシム遺跡の第二シャフリスタンが、砕葉鎮城と考える説が有力となった。

二〇一一～二〇一五年、日本の東京文化財研究所とキルギス共和国国立科学アカデミーと共同してアク・ベシム遺跡第一シャフリスタンの共同発掘調査が行われ、二〇一五年には早稲田大学も加わり、すでに地表面上から欠失していた第二シャフリスタン中枢部内城東壁の確認を目的とした発掘調査が行われている。この調査では唐代のものとみられる内城壁の基礎部分において瓦や塼といった遺物が出土している。二〇一六年からは帝京大学文化財研究所が国立科学アカデミーと共同で、アク・ベシム遺跡の発掘調査が行われることとなった。

帝京大学文化財研究所による第二シャフリスタンの本格的な発掘調査は二〇一七年から開始した。それ以後二〇一九年

（キルギス、スラブ大学附属博物館蔵、福井淳哉2017文献より転載）

【録文】　【和訳】

【録文】　【和訳】

1.	□□(安)西副都	安西副都
2.	□(護)砕葉鎮壓	護・砕葉鎮圧
3.	十姓使上柱國	十姓使・上柱国・
4.	杜懐□(宝)□上為	杜懐宝は、上は
5.	天皇□(天)□(后)[27]□下	天皇・天后のために、下は
6.	□□□□□妣	・・・亡母（のために）
7.	見□□□使之[28]	・・・・・・・・・
8.	法界□□[29]生普[30]	世界の民衆（？）（のために？）
9.	願平安獲其	平安に冥福を得ることを
10.	瞑福敬造一佛	あまねく願い、謹んで仏像一体と
11.	二[31]菩薩	菩薩像二体（＝三尊像）を造像いたします。

（齊藤茂雄2021文献より転載）

図1　杜懐寶碑

まで発掘調査が行われたが、二〇二〇年と二〇二一年は、新型コロナウイルス感染症拡大のため渡航できず、発掘調査の中止を余儀なくされてしまった。しかし同感染症の拡大が小規模となった二〇二二年から現地での発掘調査を再開し、続く二〇二三年も発掘調査を行うことができた。以下に、これまでの発掘調査成果を調査年次ごとに紹介していきたい。

二、二〇一七年の調査

瓦帯の検出

二〇一七年は中枢域地点と南壁地点の二箇所で実施した。第二シャフリスタンは東西七二〇メートル、南北一二〇〇メートル、面積は約六〇ヘクタールを測る歪んだ五角形をしており、その中枢域地点の調査は、二〇一五年の内城壁東壁の発掘調査と表面採集調査の成果を踏まえ、内城の中心域と想定される二〇〇メートル×一〇〇メートルの範囲で地中レーダ探査を行い、その結果も踏まえて南北一〇五メートル、東西四メートルのトレンチを設定し掘り下げた。

その結果、幅二メートル、長さ三三メートル以上の南北方向に直線的にのびる瓦を主体とする集積帯（本調査では「瓦《かわら》帯《たい》」と呼称）が検出された。その主軸は真北に対して約六度西側に振れている。この大量の瓦の出土は、唐の時代にこの場所に建物があったことを示すもので、瓦帯には平瓦・丸瓦、熨斗瓦、軒丸瓦のほか、塼や土器片などの出土を確認している。さらに丸瓦に「□懐」と刻書された文字瓦片もこの場所から出土しており、この発見は、アク・ベシム遺跡において発掘過程を経た遺物としては、最初の中国語の文字資料である。

瓦帯の堆積状況の観察から、瓦帯の西側に向かって瓦片が傾斜する状況が確認でき、瓦片の間には炭化物や焼土が多量に混入すること、瓦帯の東側では堅く、締まった土の堆積が確認されたことから、建物の基壇の存在が推測されることから、建物はトレンチの東側にあったと推測された。

これら発掘成果から、第二シャフリスタンでは建物の大規模な修築もしくは建て替えが行われた可能性が伺えるとともに、瓦帯の堆積土には化粧土（漆喰か）と思われる破片や炭化物・焼土が混在していることから、砕葉鎮は焼失したと推測した。

一方、第二シャフリスタン南壁地点は、畑へ水路を引くために既に壊されていたが、その場所で壁の構築状況を確認するために断面観察を行った。

調査前からこの壁は、中央アジアでよくみられる日干し煉瓦を積み上げられた構造ではないと予測していたが、その予測どおり、水平に積み上げられた版築状の構造を確認することができた。このことから南壁も唐代に構築されたものと判断された。

三、二〇一八年の調査

二〇一八年の調査では、二〇一七年に検出された瓦帯の全体像と瓦帯に伴う建物基壇の確認を主な目的として調査を行った。二〇一七年検出の瓦片の帯状堆積とは別の瓦片の堆積部分で発掘を継続したところ、瓦片の堆積層の下部から井戸状の土坑と、その北側と西側では、建物施設に伴う花柄石敷遺構と、塼を用いた雨落《あまお》ち(散水《さんすい》)が発見された。

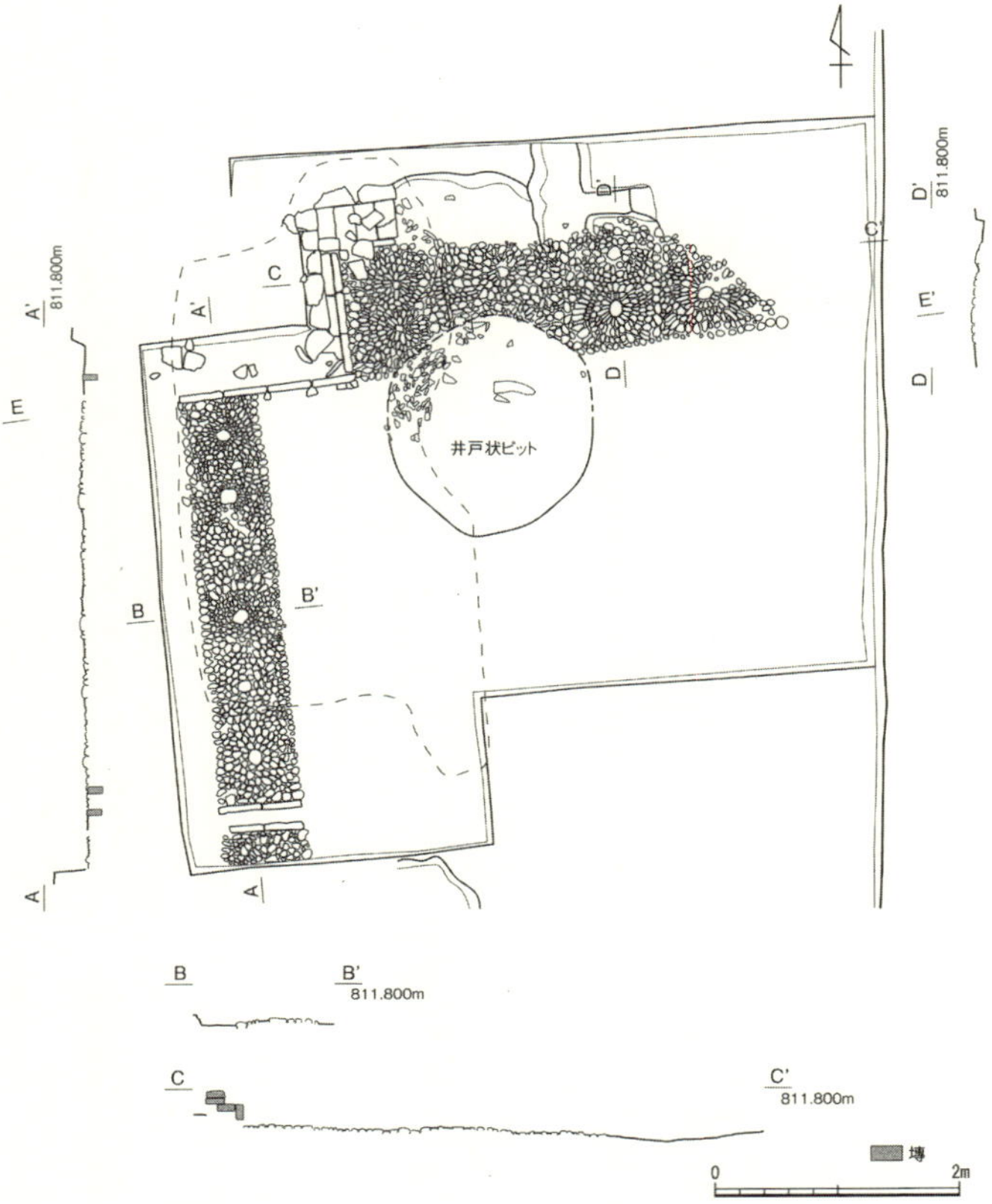

図2　2018年調査　花柄遺構と散水

(1) 石敷遺構(図2・口絵⑤⑥)

石敷遺構は、赤や白、緑などの石を組み合わせて花柄文様を描き出したものである。造形的にも美術的にも優れたものである。中央アジアでは初めての発見であり、地元でも、この発見は大きな驚きとなった。北側の石敷の寸法は長さ三・五メートル、幅一・一メートルで、東側は後世のピットによって壊されている。現存で六個の花柄文様があり、上下(南北)二列になっていたものと考えられる。西側の石敷きの寸法は長さ三・五メートル、幅〇・六メートルで、六個の花の模様が一列に並んでいる。南端は縦積みの塼による溝で区画されているが、さらに南側に伸びて西側へ屈曲して続いているようである。

向井佑介によれば、こうした花柄文様の石敷遺構は、中国本国では唐の東都洛陽城の宮城・皇城区の南西にある上陽宮や、成都江南館街址、成都東華門街址などで隋唐時代の類例がみられるという。(2) 宮殿の庭園や地方の高級官衙に造られることが多いことから、アク・ベシム遺跡の花柄石敷遺構は、建物基壇の周囲および通路に設置され、その位置からみて砕葉鎮城の中枢をなす建築に伴う施設と考えられる。そうであれば、その場所は内外の使節を迎え、饗応の場であったと可能性が強い。

（2）井戸状遺構

二〇一八年に確認した井戸状遺構の本格的な調査は、二〇一九年に調査を実施したので詳細については次節にて記す。

（3）建物跡

石敷遺構および井戸状遺構の北西側では、クランク状をなす平積みの塼を検出している。この塼の列は建物の縁石にあたるものと推測される。外側には小端平張り積みで塼を一段積み、その内側に塼を長手積みに積み、少し内側にずらすようにしてその上にもう一段、塼を長手積みにしている。塼積みのずれを防ぐために、外側の塼を埋め込み、塼の列がずれないようにしている。建物跡の南東角にあたるとすると建物は北西側に配置すると考えられるが、東西方向の建物の一部の可能性もあり、現時点ではその全容は不明である。

（4）雨落《あまお》ち（散水《さんすい》）

石敷きの北側、約七メートルの地点では、塼で構築された長さ〇・九メートルを測る、建物北辺の雨落ちと推定できる遺構が見つかっている。四列の塼で構成され、内側から一列目は角が欠けた塼を長手積みし、二列目は一列目に直交する方向で一段低い位置に小口積みする。三列目は一列目と同じ長手方向に上面の高さを合わせて小端平張り積みとする。四列目には三列目の塼の目地を留める「頂縫塼」を埋め込んでいる。

この雨落ちがどこまで伸びるかを確認しようとしたが、残念ながら塼が抜き取られていたため、その続きを確認することはできなかった。なお、この雨落ちの主軸方向と南北の石敷の方向が一致することから、石敷およびこの雨落ちは一体的なものであり、その場合、石敷と雨落ち間には幅六・五メートルの東西に長い建物が存在していた可能性が考えられる。

四、二〇一九年の調査

二〇一九年の調査では、先述した井戸状遺構（ピット三）の調査とともに、二〇一七年にトレンチで瓦帯が検出されていない部分の建物やピットなどの遺構調査を行った。さらに瓦帯や石敷遺構に付随すると思われる中枢部建物の基壇の確認調査を行った。

(1) 井戸状遺構(ピット三)

二〇一八年に確認した当初は、本遺構は石敷遺構に伴う唐代の排水坑と推測していた。しかし調査の結果、遺構の直径は約一・八メートル、深さ二・九メートルで、石敷遺構を掘り込む縦坑であることが判明した。遺構埋土の堆積状況から、当初は井戸もしくはトイレとして掘られたものの、途中で放棄され一時的にゴミ穴としても使用され、後に埋め戻されたと推測される。

出土遺物は、土器片、瓦片、塼片の他、ウシ、ウマ、ヒツジ、鳥類、イヌなどの動物骨、ブドウ、スイカ、メロンなどの果実の種子などが出土している。土器片の中には子供用の尿瓶や、二股に枝分かれした土管の分岐部分と思われる筒状土製品なども出土している。それら出土遺物から本遺構の時期は、十一世紀初めの頃と考えられる。

(2) 中枢部基壇の確認調査

二〇一七年と二〇一八年に設定したトレンチの周辺に新たなトレンチを設定し、基壇構造や建物跡を探った。

調査の結果、南側から一～三号基壇とした三箇所の建物基壇が中軸線上南北に並ぶ配置が想定された。一号基壇は、東西方向に長い長方形をなし、推定した大きさは東西約三〇メートル、南北約二〇メートルである。この基壇の西辺において二〇一七年に検出した瓦帯が展開し、この瓦帯の北西隅の部分がわずかに花柄石敷遺構の上層に堆積していることから、瓦帯の形成時期は花柄石敷遺構よりも新しいことが確認された。

二号基壇は、二〇一八年調査段階でも指摘されていた花柄石敷遺構の北側に位置する二箇所の塼積み雨落ち遺構の存在から、その幅六・五メートル幅の東西方向の建物が存在していた可能性があることから、それに伴う基壇も存在するとして二号基壇としたが、東西方向の広がりや長さについては不明である。

三号基壇は、二〇一六年に撮影された空撮写真で、南北トレンチ北側で、地表面の色が黄褐色をなし、周囲の土の色とは異なる範囲が広がっていたことから、南北トレンチに直交する新たなトレンチを設定して掘り下げたところ、黄褐色をなし固い土の範囲が確認されたため、それを基壇とした。三号基壇は、東西方向長方形をなし、想定した大きさは東西約一九メートル、南北約一三メートルである。

(3) その他遺構

その他の遺構としてはピットと溝がある。ピットは井戸状遺構の三号ピットを含めて計七基検出されている。その内の一号ピットと七号ピットは、十世紀末から十一世紀中頃の多量の土器や動物骨が出土し、本地域の土器研究にとって良好な一括資料となっている。また一号溝でも、井戸状遺構（三号ピット）で出土している子供用の尿瓶とされる壺形土器が出土している。

五、二〇二二年の調査

コロナ禍のため三年ぶりの現地調査となった二〇二二年の調査では、二〇一九年調査で想定された一号基壇の南縁部分の築成状況の把握と基壇に伴う諸施設の確認および、基壇南側の前庭および基壇南西エリアの調査を行った。

（1）一号基壇の築成状況の把握

一号基壇南面の築成状況を確認するため、二〇一九年調査で想定した一号基壇範囲内のトレンチの再調査と、基壇南側および南西エリアの調査を行った。さらに二〇一七年調査時に設定したトレンチ内のセクションを再検討し、一号基壇南縁ラインを把握した。

また、瓦帯が付随する基壇西縁部分についても、瓦帯の堆積状況の再確認と基壇の築成状況を再確認するために、新たにサブトレンチを設定し、調査の結果、三層にわたる黄褐色土の版築層を確認し、基壇築成面からの深さ約五七センチを測る。基壇下では掘込地業の痕跡は認められなかった。

（2）基壇に伴う諸施設の確認

基壇南縁面部の検出は、長柄のスコップによる横掘り法で西側から検出を行った。基壇築成面直上まで掘り進めたが、基壇面や基壇下には外装や塼積みなどによる雨落ち（散水）や、石敷遺構などは二〇一八年調査のようには検出できなかった。また、基壇南西コーナーから東へ約一〇メートルの箇所で、硬化面が東西幅約二メートル、基壇南縁から南方へ長さ約四～五メートルでも続くことが確認され、階段施設もしくはスロープの存在が推測された。

（3）基壇南側の前庭および基壇南西エリア内の遺構

〈仕切り壁の基礎と思われる硬化面〉

一号基壇南縁から設定したトレンチ〇二の南縁で、仕切り壁の基礎と思われる硬化面が確認され、東西方向に展開する仕切り壁の基礎と推測された。

（4）ピット（ピット八・九・十）

基壇南側の前庭では、三基のピットが検出されている。ピット八は、楕円形をなし、長軸二・四八メートル、確認面からの深さは一五～二九センチを測る。ピット九も楕円形をなし、長軸一・四八メートル、確認面からの深さ最大一八センチを測る。

両ピットは基壇築成面に比較近いレベルで確認されて、ともに覆土には焼土ブロックや炭化物を含んでいる。出土量は多くはないが瓦片をはじめ、土器片や動物骨の他、ピット八からは、用途不明の鉄製品や、青銅が付着した坩堝片も出土している。それら出土遺物の時期は、遺構の検出面から唐軍が撤退した八世紀前半以降のものと思われる。

ピット十は、一号基壇の南縁付近、階段施設もしくはスロープと推測される硬化面のすぐ西側で、井戸状ともゴミ穴状とも考えられる穴が調査の最終段階で確認されている。調査日程の都合で、詳細な調査の実施は次年度調査に持ち越すこととなったが、仮に、同ピットが基壇に伴う排水坑施設であれば、同様のピットが階段もしくはスロープを挟んでもう一基存在する可能性がある。簡易的なセクションの観察では、埋土は人為的であり、基壇側から斜めに堆積しており、下層にいくに従って、瓦、土器、動物骨、炭化材などといった遺物の出土量が増加していくと推測された。

(5) 新たな瓦帯と溝状遺構（溝二〈D二〉）

二〇一七年調査で検出され、一号基壇の西側に沿って延びていていた瓦帯は、さらに南側の拡張頂部まで続いていることが判明した。一号基壇南西端付近で徐々に瓦の出土レベルが下がり、D二（溝）とした後世の溝状遺構に切られ一旦途切れるものの、その後再び約四〜五メートル南方へ伸びていた。瓦の内容も比較的大きめの破片で丸瓦の出土が目立っている。また、一号基壇南側前には南西部からも大型瓦片や塼、動物遺体が多量に出土していることから、このエリアにも瓦帯が東西方向に続いていた可能性もある。

なお、溝二（D二）とした瓦帯を切り込む溝状遺構は、基壇西側に設定したサブトレンチ内でも確認されており、瓦帯形成以後に基壇の外周を巡っていたと思われる。

六、二〇二三年の調査

二〇二三年の調査では、次のような方針で調査を行った（図3）。

①二〇二二年の発掘調査で一号基壇南縁から約一九メートル先で確認された仕切り壁の基礎と思われる硬化面の広がりと、一号基壇中庭以南における遺構群の状況を把握する。

②中枢部構造を把握するため、一号基壇をはじめとする建物群を囲む仕切り壁の存在を確認する。

③二〇二二年の調査で一号基壇南縁に沿って確認された十号ピットの性格と設置時期を把握する。

(1) 基壇の南側の仕切り壁とその南側の中庭の調査（図4）

二〇二二年の発掘調査で確認された黄褐色をした固い土の

範囲は、東西方向に伸びる構築物の基礎であることがわかった。一号基壇が位置する中庭と、さらに南側に位置する中庭とを仕切る壁の基礎であると推定される。幅は約三メートルで、唐尺の十尺に相当するものと考えられる。また、あわせて、その東側では、遺構の確認面（地表下約三〇センチ）で、一号基壇のある中庭へ通じる南門（南側出入口）の存在も確認された。

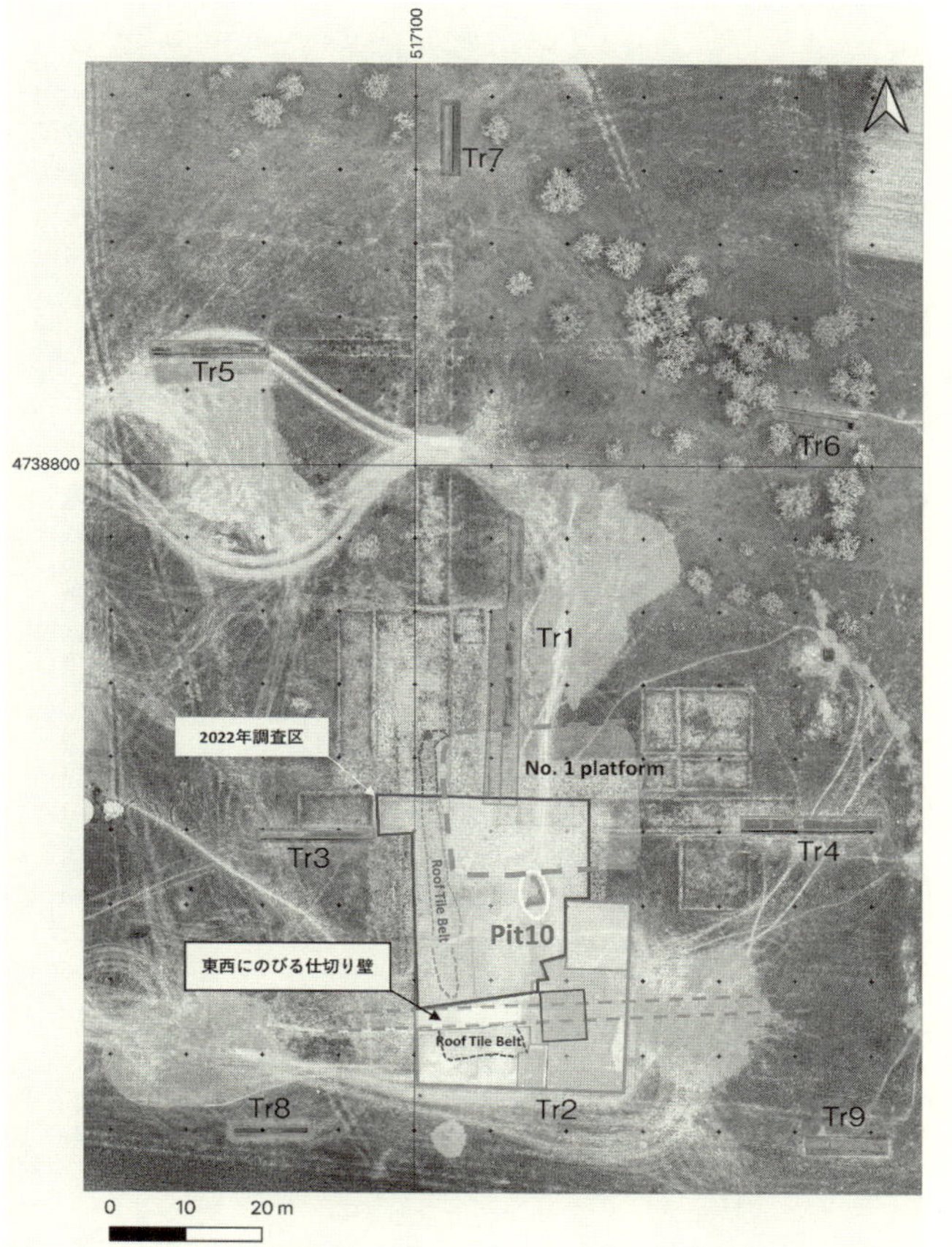

図3　2023年AKB-15発掘調査区

　この壁の南側および想定される南門の西側では数多くの瓦片や大小さまざまな石（いわゆる川原石や建築資材としての石材の破片）が出土した。この石材破片の中には庭石などに使用されたとする「太湖石《たいこいし》」と思われる石材が含まれている。太湖石とは、中国蘇州府の太湖に産する石灰岩の奇石で、その発見者は唐代の詩人、白居易（七七二～八四六年）であると言われている。

　さらにこの仕切り壁の南側直下には、大型の瓦片や動物骨を含む瓦帯が東西幅約一〇メートル、壁から南北幅約四メートルにわたって展開している。この瓦帯の南縁には大きめの石が東西方向に並べられていることから、瓦の破片や石材の破片を計画的に廃棄したものと考えられる。

　瓦帯の上部には、整地土と思われる盛土をして平坦面を造りだしている。このことから、唐軍撤退以後も仕切り壁の南側の中庭を何らかの目

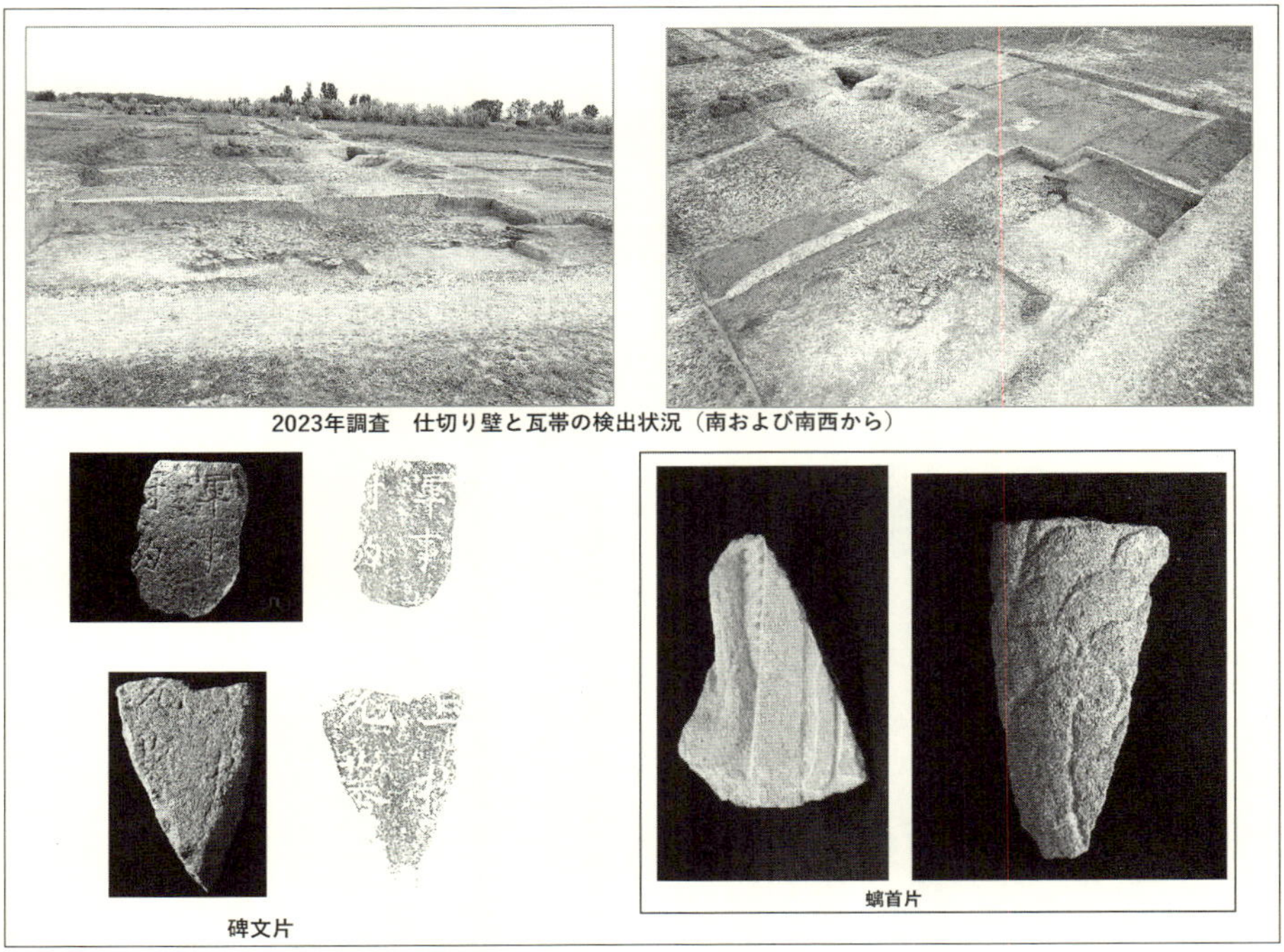

図4　仕切り壁と瓦帯検出状況と出土遺物

的で利用していた状況がうかがわれる。なお、瓦帯内部の礫は無作為に捨てられているように見えるが、ところどころには、炉のように円形に並べられているものもある。この廃棄作業を行った人たちが一時的に構築して利用したものであろう。

（2）南中庭エリアの注目される出土品（図4）

現在、正式報告書の刊行に向けた整理作業中のため、詳細は不明であるが、いくつかの注目される出土品を紹介しておきたい。

多数の瓦の破片や川原石、切り石の破片に加え、かなり大きな碑文が存在していたことを示唆する螭《ち》首《しゅ》（碑《ひ》首《しゅ》）の断片や、漢語碑文の断片（「軍事」や「将」、「蕃」などの字が読める）などが出土している。これらはすべて小さな断片となっていることから、意図的に破壊されたものと推定される。また、これらの断片は仕切り壁の南側で集中的に出土していることから、南側の壁にあった南門の周辺に設置されたものである可能性が高い。

螭《ち》首《しゅ》（碑《ひ》首《しゅ》）は、螭（チ）という竜の一種をかたどったもので、中国唐代の石碑の上部にも付けられる。本遺跡から出土したレリーフや碑文断片も赤色の石材を用いていることから、本来は一体であった可能性がある。

(3) 中枢部の構造（平面プラン）（図5）

基壇および仕切り壁、周辺地点におけるトレンチ発掘調査の結果に基づいて推定される中枢部の構造（平面プラン）および建築設計は以下の通りである。

・一号基壇を中心とする砕葉鎮城の中枢部（おそらく第二期と思われる）は、建築基準点を設置し、計画的に建設されたものと推定することが可能である。現状からみれば、この建築基準点は、基壇の東西方向および南北方向のそれぞれ二等分した地点に設定されている。

・建築基準点を設置し、南北方向の中心軸を設定し、東と西にそれぞれ一〇〇尺（唐尺で約三一メートル）を測り、南北方向に伸びる壁の位置を決定し、その外側に二〇尺の壁を設置した（南北方向の壁の内側までが一〇〇尺）。北側は建築基準点から（壁の内側までが）一〇〇尺の地点に東西方向に伸びる幅二〇尺の壁を構築した。調査によって確認された南側の壁は幅が一〇尺であることから、これはさらに南側に伸びる中庭との仕切り壁であり、さらに南に幅二〇尺の東西方向に伸びる壁が存在していたものと推定される（おそらく建築基準点から一〇〇尺か二〇〇尺の位置）。つまり、幅二〇尺の壁で囲まれた長方形の区画があり、仕切り壁で区切られた北側に中心となる建物（一号

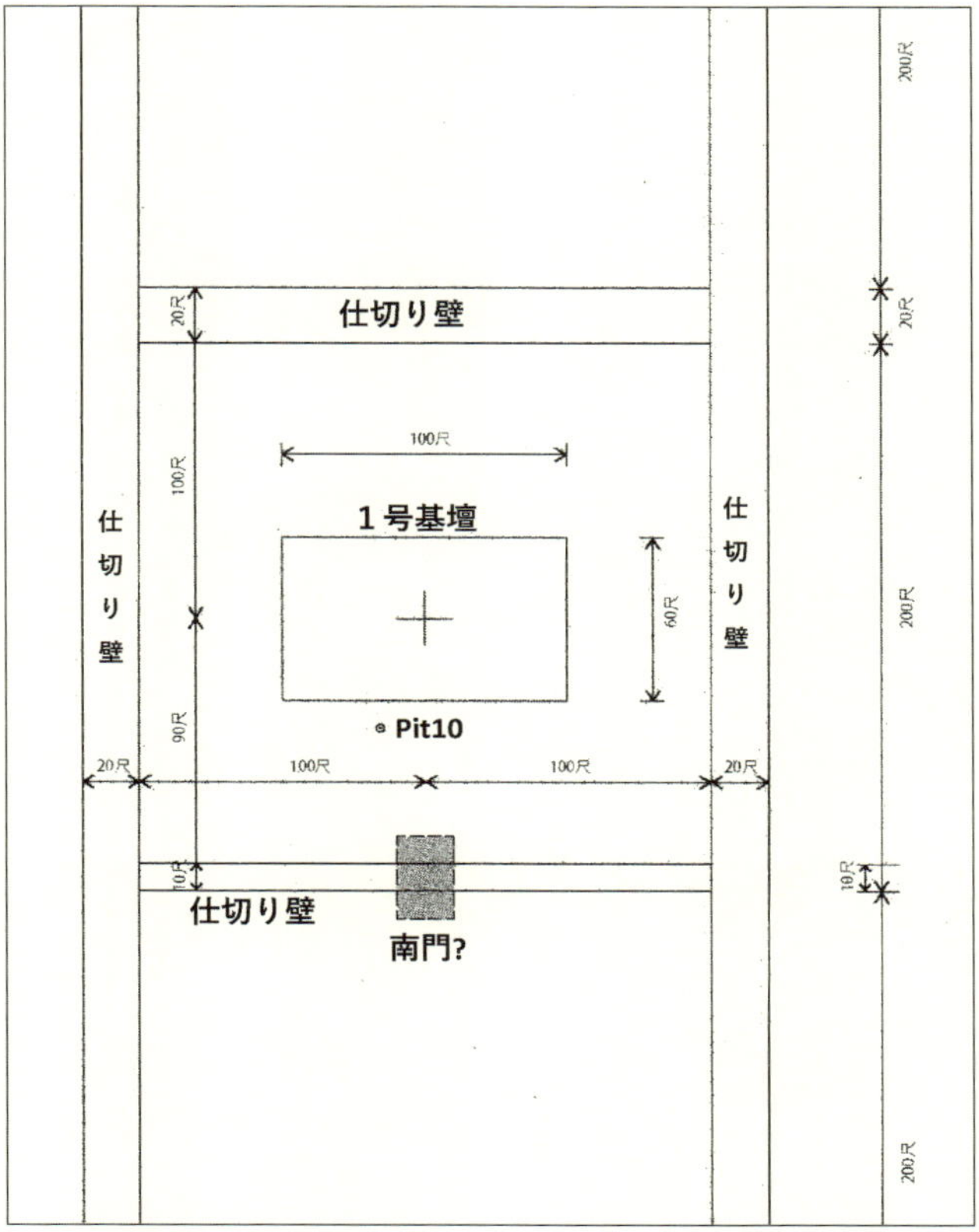

図5　中枢部構造想定図

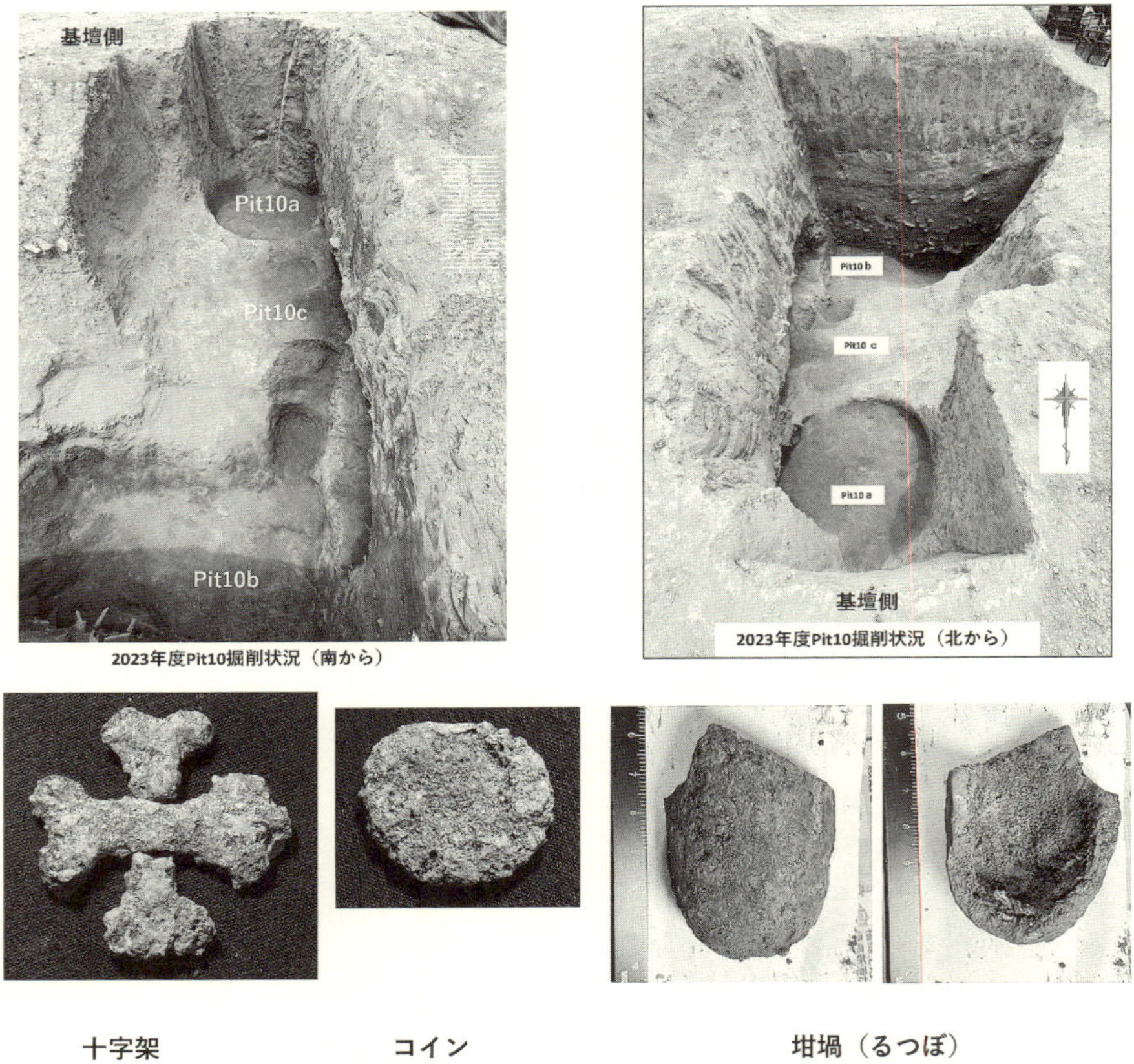

図6　ピット10の2023年の掘削状況と出土遺物

基壇）があり、南側には、一〇尺の壁で仕切られた中庭が存在していたものと考えられる。

・一号基壇が位置する中庭の北側にもさらに区画が存在していた可能性もあり、これについては、次年度以降の調査で明らかにしていきたい。

（4）基壇の南縁付近に位置する穴（ピット十）（図6）

ピット十は、一号基壇の南縁付近、おそらく基壇と階段がなす入隅（階段の西側）に位置する穴である。現段階では、その機能は明らかとなっていないが、この穴は、基壇の上に建設された木造建造物の屋根から流れ落ちる水を受ける貯水穴もしくは井戸であったと推定され、唐軍が基壇および建物を構築した際に掘られたものと考えられるが、今後の調査の進展によっては訂正される可能性がある。

本ピットは、二〇二二年調査の最終段階で確認され、現地表下約一・五メートルの深さまで掘り下げたが、大きな穴であり、全体の平面プランや構造を把握するまでには至らなかった。ピットの下層を中心に大量の大型瓦片や、炭化材、動物骨などを含んでいたため二〇二三年度の調査でも完掘することができなかった。全体の状況はいまだに不明であるが、二〇二三年調査時点で確認できた点は次の通りである。

今回の調査では、最大深度現地表下約二メートルまで掘り進め、底面の一部を確認したことから、基壇スロープ側の東面のセクション図と、南面のセクション図を作成した。セクションの観察によってピット十は、a・b・cの三段階で構築されていることがわかった。最も新しいピット十aは、一号基壇側にある。その掘込み面は第四層下面からである。ピット十cの掘込み面は第十一層下面となっている。ピット十bの掘込み面は、ピット十a・bによって切られているので不明であるが、第一三層下面からだと思われる。

穴の中の土の堆積状況を観察すると、まずは瓦片を投げ入れ、そのあとに炭を捨てたようで、それぞれの遺物は層状に堆積している。その後、穴の縁までゴミが捨てられ、一時的には、基壇南側の床面とほぼ同レベルとなり、その上が床面の延長として使用されていたものと推定される。その後、その上に土が溜まり（もしくは土を盛り）、もともと存在していたと想定される階段の形状は失われ、全体が踏み固められスロープ状となっている。

瓦や動物骨が最も多く出土する層位は、ピット十b・cにみられる大形炭化材を含む灰黄褐色土や褐色土などから成る第二十層以下の層位である。炭化材や瓦などは基壇側の北から南へ斜めに廃棄されている状況がうかがうことができる。一方、基壇脇に掘られたピット十aでは、瓦細片や動物骨片は出土するものの全体的に遺物の出土量は多くない。

これら穴は、水が流れることによって土砂が流出したことによって生じたのか、もしくは掘り直したのかは不明である。しかしながら、もともとの穴（基壇を構築した際に掘られた穴）は、穴の南側の底に見えている穴であったものと考えられる。

以上の状況から、少なくとも唐軍が駐屯していた期間については、この穴は本来の貯水穴（井戸）として機能していた可能性が高い。その後、どの時期かは不明であるが、基壇上に残っていた木造建造物が焼失した際に、ゴミ穴として利用されたと考えられる。なお、建物の焼失時期については、動物骨による年代測定の結果からは八世紀後半頃と推測している。

（5）注目される出土品

主な出土品としては、多数の瓦片および動物骨、東方キリスト教会式（ネストリウス派式）青銅製十字架、青銅コイン、青銅製品用坩堝など、青銅製品関係の遺物の出土が目立っている。青銅製品関係の出土品によれば、唐軍撤退後に基壇上にあった木造建造物内に工房等が存在していたと推測される。また、銅合金が付着した坩堝片については、二〇二二年調査でも一号基壇下南側で検出された焼土や灰を伴うピット八からも出土していることから、建物内部だけではなく、基壇南側の中庭でも青銅製品の加工を行っていた可能性が高い。しかし、なぜ動物骨が多数混入しているかという点については、今後の検討が必要である。

まとめ

以上のことから、一号基壇上の建物は、唐軍が撤退した八世紀以後も、後の集団によって使用され続けられていた可能性が極めて高く、その途中で発生した火災によって建物が焼失し、その後、瓦とともに炭化した建物建材をゴミとしてこの穴に捨てられた可能性が推測される。発掘調査では、一号基壇南側中庭では、十〜十一世紀の人たちの生活痕跡が乏しく、反対に一号基壇北側ではその生活痕跡が色濃くみられることが判明している。

このことから後の集団とは、突騎施やカルルクといった遊牧民と推測され、一号基壇上の建物やその南側中庭エリアは、それら遊牧民支配者たちによって利用されていた可能性が高い。

おわりに

以上の調査で、ようやく砕葉鎮城中枢部構造のアウトラインがみえてきた。ソクド人都市と連接するという特異な構造をもつ砕葉鎮城は、いかなる思想と原理のもとに造営されたのか。文献史料だけにしかみえていなかった砕葉鎮城を、考古学的にどこまで追究することができるのか。今後の発掘調査成果に期待したい。

注

（1）柿沼陽平「唐代砕葉鎮史新探」（『帝京大学文化財研究所研究報告』第十八集、二〇一九年）四三―五九頁

（2）向井佑介「中国都城の鋪地・散水」（『シルクロード学研究会二〇二二冬資料集』二〇二二年）九五―一〇五頁

参考文献（発掘調査報告書については割愛させていただいた）

齊藤茂雄「砕葉とアクベシム――七世紀から八世紀前半における天山南部の歴史展開（増訂版）」（『帝京大学文化財研究所研

究報告』第二十集、二〇二一年）六九―八三頁
齊藤茂雄「文献史料から見た砕葉城」（『帝京大学文化財研究所研究報告』第二十一集、二〇二二年）二五―三七頁
城倉正祥『唐代都城の空間構造とその展開』（『早稲田大学東アジア都城・シルクロード考古学研究所』二〇二一年）
飛田範夫「中国と日本の古代絵画の太湖石」（『長岡造形大学研究紀要』九、二〇一一年）六九―七六頁
福井淳哉「書道史からみた『杜懐寶碑』」（『二〇一六年度中央アジア遺跡調査報告会資料集』帝京大学文化財研究所・帝京大学シルクロード総合学術センター、二〇一七年）九一―九六頁
森美智代「キルギス共和国チュー川流域出土の唐風石造仏教彫刻」『帝京大学文化財研究所研究報告』第十九集、二〇一九年）一五九―一七五頁
山内和也・バキット アマンバエヴァ他「二〇一八年度アク・ベシム（スイヤブ）遺跡の調査成果」（『帝京大学文化財研究所研究報告』第十八集、二〇一九年）一三一―二〇三頁

附記　本報告は、JSPS科研費JP21H04984（基盤研究S研究課題名：シルクロードの国際交易都市スイヤブの成立と変遷――農耕都市空間と遊牧民世界の共存、研究代表者：山内和也）の助成を受けたものである。

［コラム］

アク・ベシム遺跡出土の瓦

櫛原功一

著者略歴は櫛原功一「ソグド人の街の発掘」を参照。

アク・ベシム遺跡の第二シャフリスタン中枢部（AKB―15区）の調査では、一号基壇や周囲の回廊などを中心に大量の屋根瓦が出土した。それらは平瓦、丸瓦、熨斗《のし》瓦と呼ばれる棟の細い板瓦を主とし、軒丸瓦のほか、軒平瓦や装飾瓦もわずかに見つかっている。軒先を飾る軒丸瓦には、瓦当面（丸瓦の先端を飾る丸い面）に蓮花文を型押しし、軒平瓦には重弧文と波状文を施し、棟の端には鬼面文瓦が用いられていた。軒丸瓦、軒平瓦の文様や平瓦、丸瓦の製作技法の特徴は唐代と同一であるとともに、日本では奈良平安時代の国分寺、国分尼寺などの古代寺院跡や官衙遺跡（国衙、郡衙などの役所跡）から出土する瓦とほとんど同じであって、日本の古代瓦との違和感が全くないことに驚きを覚える。瓦の構成や特徴なども同じで、とりわけ瓦の凹面には布目痕があることから、日本では「布目瓦」と呼ばれることがある。また平瓦、丸瓦を組み合わせた葺き方は「本瓦葺き」と呼ばれている。

遺跡からは、瓦のほか畑の隅から赤色花崗岩の礎石がいくつか発見されていて、屋根瓦を葺いた建物群は礎石建ちであったことがわかる。この第二シャフリスタンは六七九年に王方翼が築城した安西四鎮のひとつ、砕葉鎮城で、出土した瓦は砕葉鎮城が唐によって築城、維持された六七九年〜七一九年頃の短期間に創建瓦および補修瓦として製造、使用されたものと一般的には考えられている。しかし、それ以前に創設され、六七九年は外壁などを行った修築段階であったと考える向きもある。

アク・ベシム遺跡で瓦が初めて確認されたのは、一九三九〜四〇年にベルンシュタムがラバト内寺院（AKB―0区、推定大雲寺跡）を調査したときのことで、軒丸瓦二種、丸瓦、平瓦および滴水瓦と呼ばれる軒平瓦が報告されている。当時、サンクトペテルブルク大学のバルトリドがアク・ベシム遺跡をカラハン朝（九四〇年頃〜）と西遼（一一二四〜一二一八年）の都、バラサグンと推定したことから、ベルンシュタムはその説を支持し、よって出土した瓦の製作年代は十世紀以降と推定されることとなった（城倉二〇二一）。その後、バラサグン説は一九五〇年代の旧ソ連の考古学者クズラゾフの調査で否定されたものの、瓦の年代観はそのままで、今日まで出土する瓦は十世紀以降の所産とみられてきた。

一、アク・ベシム遺跡の唐代瓦

二〇一七年、帝京大調査隊は第二シャフリスタンの中枢部中央に南北トレンチを設定したところ、幅約二メートル、長さ三三メートル以上の瓦の集積（瓦帯）を掘り当てることとなった。このトレンチは、事前の地中レーダー探査の結果に基づき、一九六六年の航空写真に存在する盛り上がりの痕跡にかかるように設定したものであったが、トレンチの中に見事に収って姿をあらわした瓦帯の出現には、正直驚いたものである。その瓦帯は、屋根瓦が崩落して建物の一辺に沿って堆積したように思われた。

そこで瓦帯の一部を断ち割って断面を観察したところ、瓦帯の脇に基壇状の硬化面が存在し、瓦帯内からは火災を物語る炭化材や焼土ブロックとともに大量の瓦片が出土した。また細かく破損した瓦片が多いことから、瓦帯は二次的な堆積の結果形成されたものと推測された。その後、炭化材の樹種を分析したところ、それは針葉樹のトウヒで、放射性炭素年代測定により七世紀中頃の伐採年代であることが判明した。現在、トウヒはキルギス国内の山岳地帯の針葉樹林帯中に見ることができ、当時は遺跡周辺にも普通に存在していたと考えられる。砕葉鎮城の築城にあたって、柱などの建築材や瓦を焼成するための燃料材として多用されたため、急激に減少したのであうか、今日では遺跡周辺でトウヒはまったく見ることができない。

その後、二〇二三年に一号基壇周辺を拡張して調査を行なったところ、基壇の南側と西側に回廊状の基壇があり、瓦帯は回廊に沿って曲がることもわかってきた。したがって、基壇の上には高い棟をもち、丸瓦と平瓦を組み合わせた重厚な瓦葺き屋根をもった礎石建物がそびえ、それらが回廊で囲まれていたのであろう。整然と並ぶ官衙群の景観は、中央アジア特有の日干煉瓦の建物群の中で異彩を放って威圧的であったことが想像されるのである。

短期間に大量の瓦を焼成した窯は、おそらく複数基からなる大規模で集中的な瓦窯を形成し、近くには工房群を併設したことと思われる。その所在地は明らかではないものの、遺跡周辺に存在したことが考えられる。現在、第一・第二シャフリスタンの間に大きな窪地があり、一年中水を湛えた池となっている。瓦作りに用いた大量の粘土が、そこで採掘されたことを想定すると、窯や工房もまたその近くにあったと思われる。また瓦は灰～灰褐色を呈した還元炎焼成によるもので、硬く焼き締められている。その一方、アク・ベシム遺跡で出土する一般的な土器群は、酸化炎焼成で焼き上げられていて、瓦と土器の焼成方法は異なっている。ただし、土器の中にはわずかではあるが、土器の内面に楕円形の粒を刻んだ当て具痕をもつ、灰色で硬質の甕や壺があり（楕円粒文圧痕土器）、それらは日本の須恵器に色調がよく似た焼き物で、日本ではしばしば瓦と須恵器が同じ窯で焼成された例がある。したがって、灰色の土器がどのような系譜の土器なのか定かではないものの、瓦窯で焼成された土器の可能性が高く、叩き技法での製作に関しても中国で古くから認められる土器製作技法といえる。したがって、それらは唐代の製作、焼成技法で作られた土器と考えられ、瓦工人とともに土器工人が砕葉鎮の築城に関わっていたことがわかる。

軒丸瓦は直径一三センチメートル弱の小形円形の瓦当面をもち、珠文帯を巡らせた蓮花文である（**図1**）。単弁、複弁があり、さらに連珠文帯のみの文様など九種類、文様的に大別すると四群の瓦当笵（文様を転写するための型）が確認されていて、笵の材質は土製と推定される。瓦当裏面には、丸瓦端部の接触面に連続刻みを弧状に付け（**図1**右）、丸瓦端部にも同様の刻みを付けて瓦当と丸瓦との接合を強化している。これは「刻み技法」とよばれる接合方法で、唐代の中原《ちゅうげん》地域（長安などが所在する黄河流域の平原地帯）では一般的である。ただし日本ではあまり見ることのない技法である。

軒平瓦は通常の平瓦の端部に矢羽根状沈線文、連続押圧文を施文したタイプ、重弧状沈線をもつタイプがある（**図2**）。これまでに確認されたのはわずか四点で、軒丸瓦との組み合わせで用いたと考えるにはあまりに数が少ない。したがって、軒平瓦の使用は創建当初の建物に限られていたか、もっとも中心的で限定的な建物、あるいは屋根瓦のごく一部に限定的に使用されたことが考えられる。この軒平瓦の文様もまた中原地域に認められるもので、日本にも少数ながら類似した文様が分布することが知られている。したがって、軒丸瓦の珠文帯蓮花文とともに中原地域の装飾様式が伝えられたのであろう。

平瓦（**図3**）は粘土紐巻き上げによる桶巻き作り技法で製作されている。この製作工程は、まず高さ約四〇センチメートルの円筒型の桶型に布袋を被せ、帯状の粘土紐を巻き付けて縄叩きとナデ調整、および上端のナデ調整を行い、均一の厚みで粘土円筒を成形したのち、乾燥を待って桶型と布袋を外し、内側から四本の「分割裁線」を入れ、四分割するものである。このようにひとつの粘土円筒から、四枚の平瓦を同時に作る手順となる。分割裁線の位置で直線的に割れていて瓦

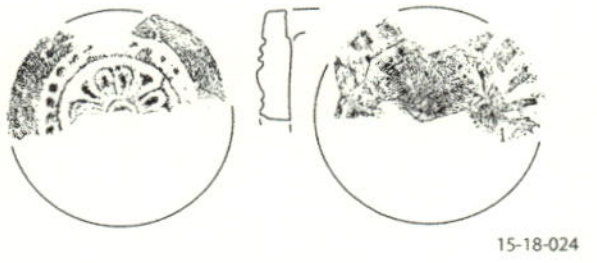

図1　蓮花文軒丸瓦

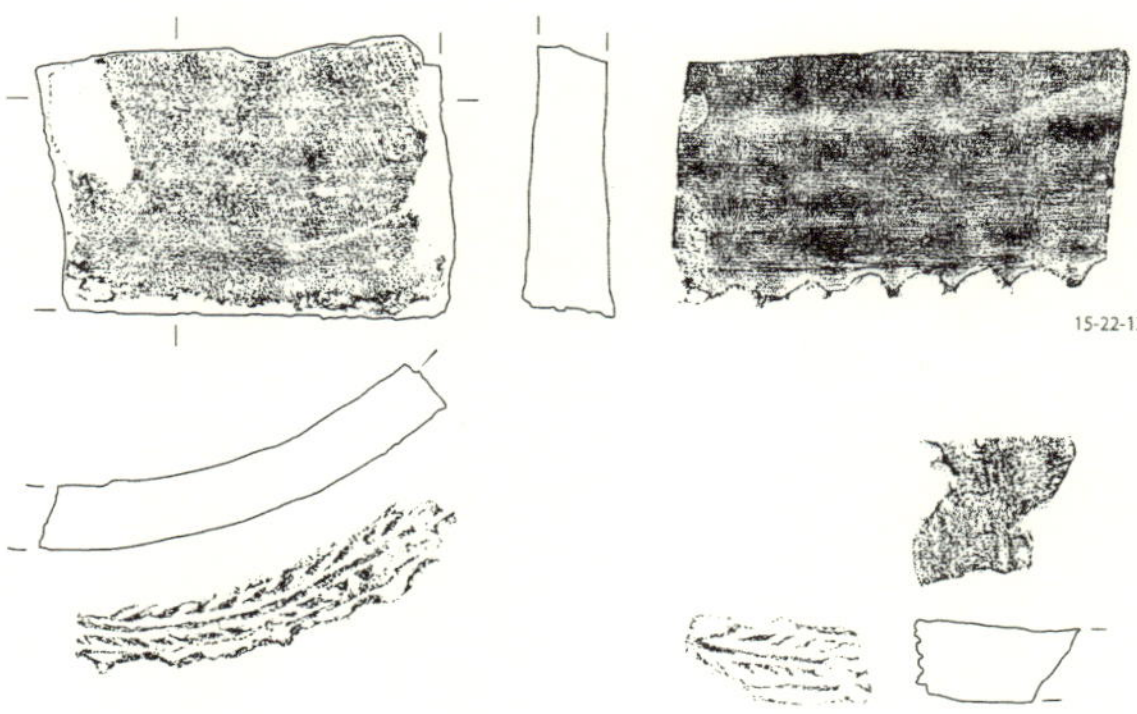

図2　軒平瓦

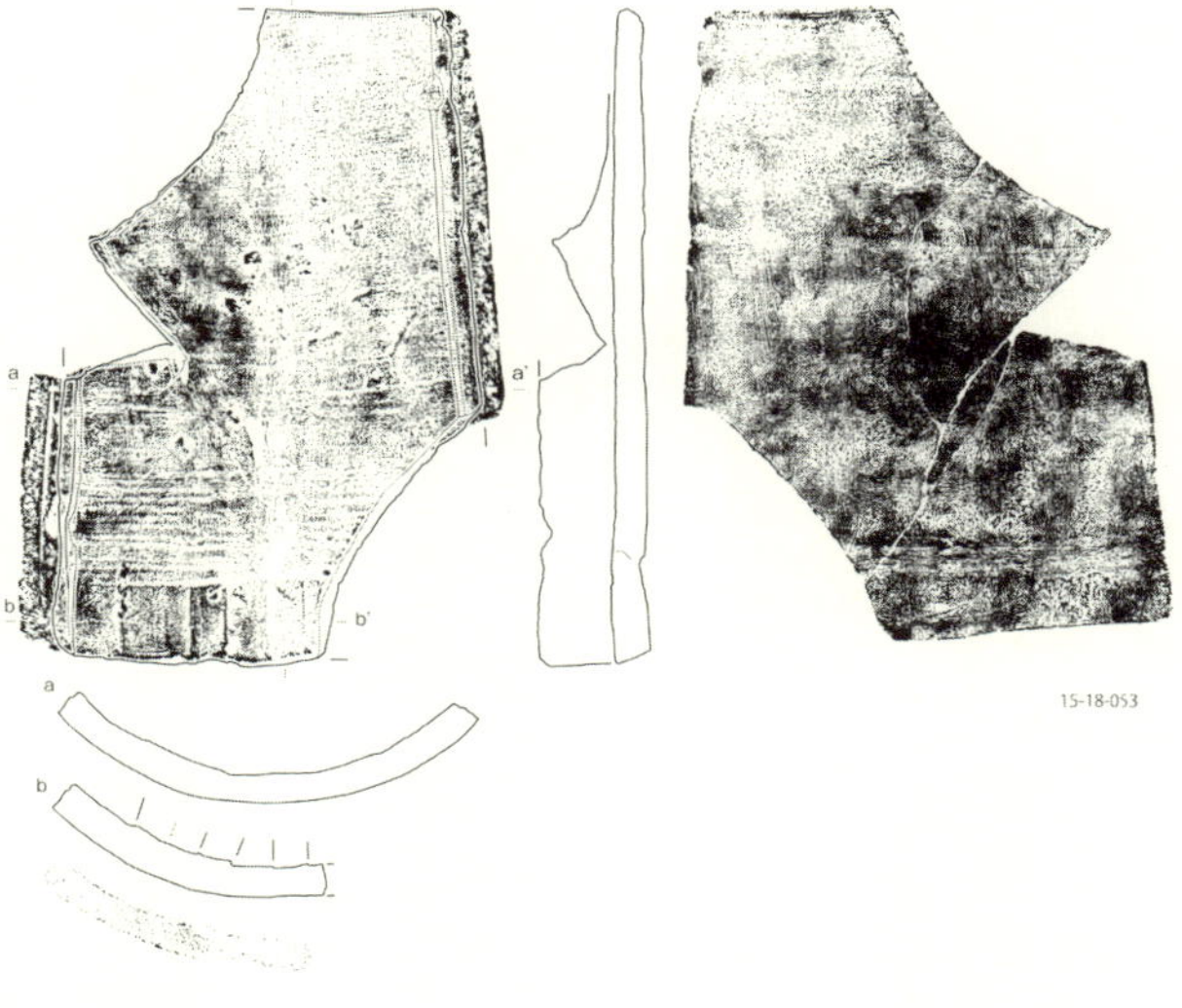

図3　平瓦

の側辺となるのであるが、その側辺の割れ口を「分割破面」という。平瓦の上端のみ、丁寧にナデ調整するのは、平瓦を屋根に重ねて葺いたときに見える部分のみをナデ調整して見栄えを良くしたのであろう。平瓦一枚の大きさは縦三九センチメートル、幅二三〜二五センチメートルで、湾曲した内面には布目痕が残る。中には布袋が短かったため、はみ出た部分に細長い板をつなぎ合わせた桶型の様子が判るものがある。さらに平瓦の四隅には縁辺に指頭大の凹みがあり、「分割界点」と呼ばれている。これは分割裁線を入れるさいの目印と思われるが、同様な痕跡は藤原京の平瓦にも認められる（滝本一九八三）。

丸瓦（**図4**）は細長い円筒木型に布袋を被せ、平瓦同様に粘土紐を巻き上げ、木型と布袋を抜いた後、内面に分割線を二本入れ、二分割して一度に丸瓦二枚を製作する。端部には連結のための玉縁を有している。長さ三七センチメートル、幅一五センチメートルで、形は日本の丸瓦と変わらない。

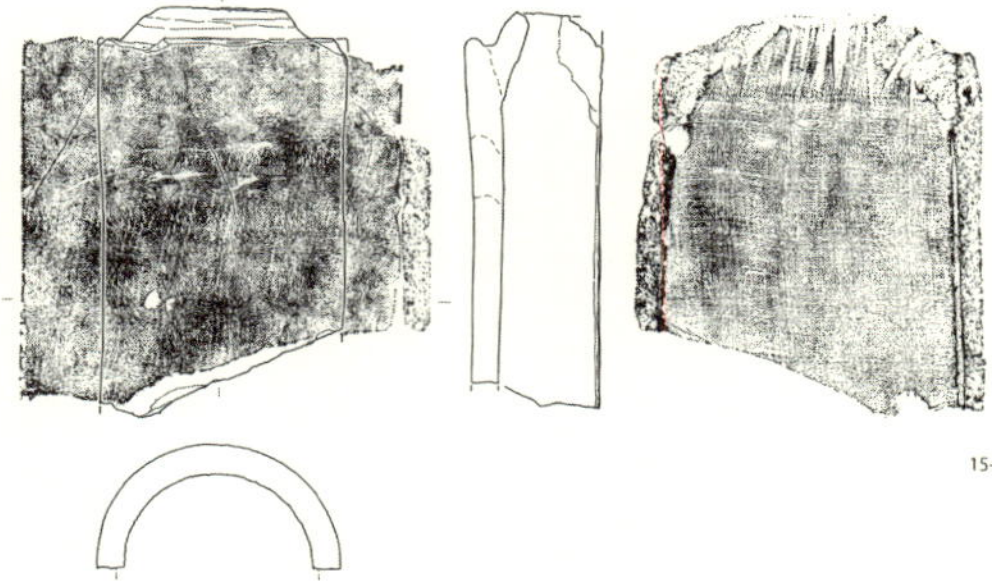

図4　丸瓦

熨斗瓦（**図5**）は細長い平瓦状を呈したもので、桶巻き作りで製作した平瓦一枚につき分割裁線二本を入れて三分割して製作したもので、主に棟の積み上げに用いる。瓦を横に積み重ねるため、二つの側縁のうち、葺いた時に見える側の片方だけを丁寧にヘラ調整している。

このように六七九年の砕葉鎮城築城にあたり、西へ侵攻する軍事拠点として唐から派遣された瓦工人を含めた各種職人集団により中原様式で官衙形態の建物群が建設された。彼らは兵士であるとともに、工人でもあったのであろう。二〇一八年発見の卵石散水や、周辺に点在する赤い礎石、赤い石で作られた中国式の石碑、中国式庭園を彩る太湖石も配置され、中国的な都城や建築群、庭園など中国的空間を実現するために多分野の職能集団が動員されたことを示している。

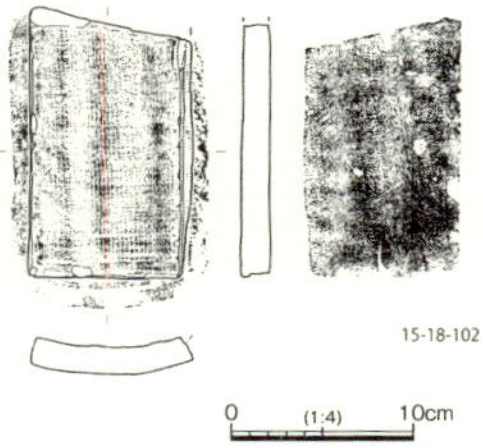

図5　熨斗瓦

二、藤原京の瓦作りとの関係

版図拡大を目指し、西側勢力と対峙した唐の西の端での出来事ではあるが、同じころ、東の端の日本でも中国式の都市建設が行われたことに注目しておきたい。六九四年に遷都がおこなわれた藤原京では、瓦当文様に唐代の影響が色濃く、官衙群への本格的な瓦葺きの導入をはじめ、平瓦の桶巻作りにおける粘土紐巻上げ技法や分割界点のあり方は中原地域と同じであり、それが砕葉鎮城と同じ点は興味深い現象と言わざるを得ない。つまり、七世紀末のほぼ同じ頃、唐は遠く離れた東西両地域に都市設計や建築の面で強い影響力を発揮したといえ、とくに都城内に中枢部を入れ子状にもつ設計プランに藤原宮と砕葉鎮城との共通点を指摘できるのである。ただし中央アジアでは、唐が直接的に進出したのに対し、朝鮮半島経由で間接的に中国の技術導入を図った日本では、軒丸瓦の大きさが中原地域よりもひとまわり大きく、軒平瓦の文様に独自性を発揮するなど、創意工夫がうかがえる。長安の大明宮含元殿では基壇近くに連結した平窯群が発見された例がある。砕葉鎮城の場合も平窯の存在が推測できるが、この点に関し、藤原京段階で瓦を焼成するための窯は窖窯《あながま》（斜面に造られた登り窯）から平窯に変更されていて、窯構造に関しても唐の多大な影響があったといっていいのではないだろうか。

三、中央アジアでの瓦作りの系譜

七世紀末にアク・ベシム遺跡に導入された中国式の瓦の製作技術は、その後どうなったであろうか。この点に関し、二〇二四年に着手されたAKB―二一区の調査では、六九二年頃に創建された推定大雲寺跡から、唐代の瓦とともに赤焼きの瓦（通称「赤瓦」）が多量に出土した。大雲寺は六九〇年に武則天の勅を受け、両京諸州に設置された仏教寺院で、日本ではこれをまねて国分二寺が各国に設置されたといわれる。AKB―二一区の赤瓦には土器と同様に輪積み、ロクロ成形で作られた円筒を縦に二分割した丸瓦や、成形台で一枚ずつ作られた丸瓦、平瓦が存在する。それらは八世紀後半〜十世紀代の瓦と考えられ、このことから唐の撤退後も寺院は存続したことがわかる。

さらにアク・ベシム遺跡にほど近いケン・ブルン遺跡で、近年新たな知見があった（櫛原二〇二三）。遺跡内の一部が土取りのために掘削されたさい、出土した遺物のなかに複数の丸瓦（図6）、平瓦（図7）が見つかったのである。とくに丸瓦は片方の端部に連結のための玉縁状の有段構造をもち、唐代の瓦の系譜を引く形態を留めたものであった。ただし、丸瓦、平瓦とも成形台の上で作られた「一枚作り」によるもので、布目痕はなく離れ砂を多用するなど、製作技法の違いが認められた。日本でも平城京段階（七一〇年）で成形台の上で一枚ずつ瓦を製作する「平瓦一枚作り」に変わり、また国分寺造営段階から軒丸瓦を一枚ずつ製作する「成形台一本作り」に移行する。キルギスと日本の間に技術交流は考えられないものの、偶然とはいえ同じような

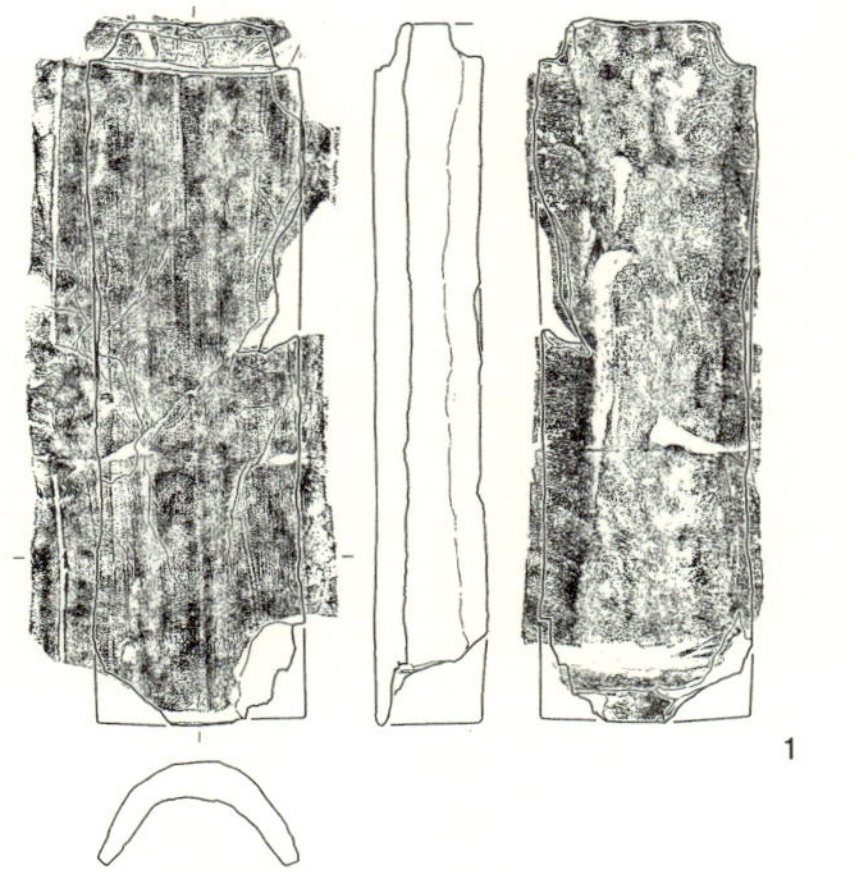

図6　ケン・ブルン遺跡の丸瓦

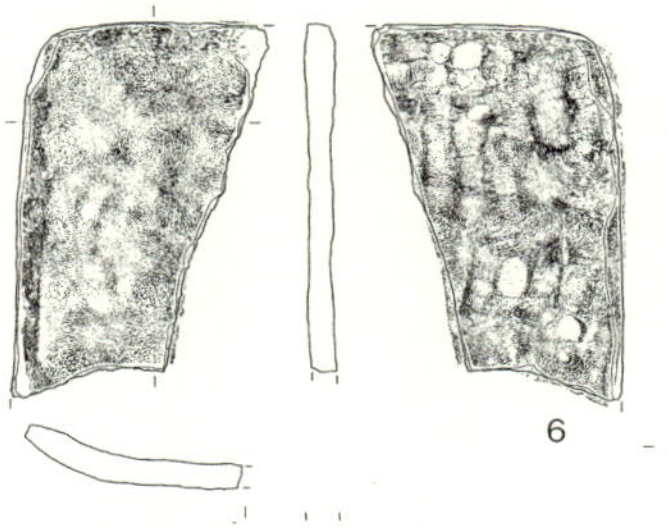

図7　ケン・ブルン遺跡の平瓦

技術的変化を辿っている点は興味深い現象といえよう。

アク・ベシム遺跡AKB—二一区では赤瓦のほか、ベルンシュタムの発掘資料中に滴水瓦が認められる。これは十一世紀頃、中国で登場し、日本にも戦国時代には城郭建築に導入された軒瓦である。軒平瓦の正面に三日月形の装飾板を付けたもので、雨水が軒平瓦の中央で滴るようにしたものである。それらは七世紀代の瓦作りの系譜をもつ瓦と考えるより、十一～十二世紀代における東からの第二波の新たな瓦作りの技術伝播の波及を想定するのが適当ではないかと思われる。新たな瓦作りがどのような契機で中央アジアにもたらされたのか興味は尽きないが、このような断続的な瓦作りの技術や、屋根瓦を用いた中国式建築様式は中央アジアに定着することはなかった。アク・ベシム遺跡の大雲寺は長期にわたり維持管理され、ケン・ブルン遺跡では仏教寺院が一時的に存在したようであるが、中央アジアでは唐の撤退後、中国の影響が低下するにしたがって瓦作りは急速に衰退していった。雨が少なく、冬季の寒さが厳しい中央アジアでは、瓦屋根が適合しなかった、ということも一因であったろうし、イスラム化のなかで仏教が衰退したことも大きな要因であろう。

引用参考文献

櫛原功一「キルギス共和国ケン・ブルン（Ken・Burun）遺跡の瓦に関する一考察」（『帝京大学文化財研究所研究報告』第二一集、二〇二三年）一〇三—一一四頁

城倉正祥「唐砕葉城出土瓦の製作技法とその系譜」（『唐代都城の空間構造とその展開』二〇二一年）三三—六〇頁

滝本正志「平瓦桶巻作りにおける一考察——粘土円筒分割のための指標の種類について」（『考古学雑誌』第六九巻第二号、日本考古学会、一九八三年）五四—七二頁

アク・ベシム遺跡とその周辺の仏教寺院

岩井俊平

いわい・しゅんぺい——龍谷大学龍谷ミュージアム学芸員（教授）。専門は中央アジア考古学。主な論文に「バクトリアにおける仏教寺院の一時的衰退」（『東方学報』第八八冊、二〇一三年）、"Buddhist temples in Tukhāristān and their relationships with Gandhāran traditions,", W. Rienjang and P. Stewart (eds.), *The Global Connections of Gandhāran Art*, Oxford: Archaeopress,2020,「都市の廃絶と交易ルート——クシャーン朝勃興期のバクトリアの場合」（『史林』一〇五巻一号、二〇二二年）などがある。

アク・ベシム遺跡では、少なくとも三か所で仏教寺院が確認され、そのうち第〇仏教寺院と呼ばれる遺構は、唐時代に造営された「大雲寺」である可能性が指摘できる。これらのチュー川流域の仏教寺院址のあり方は非常に多様で、中国西域との共通性が高いものの、中央アジアの伝統的な要素や他宗教の影響なども考慮する必要がある。

はじめに

タラス河畔の戦い（七五一）に従軍し、アッバース朝の捕虜となった杜環は、帰国後にその見聞を『経行記』にまとめた。彼は砕葉城（アク・ベシム）について、「天宝七年（七四八）に北庭節度使の王正見が征伐し、城壁は叩き壊され、邑居は荒廃した。むかし交河公主が「居止」されたところで、大雲寺が建てられており、まだ残存している」と記している。[1] 大雲寺とは、武則天が六九〇年以降に唐の各地に建立させた仏教寺院であり、当時、安西四鎮の一つとして軍事拠点が置かれたアク・ベシムにも、かつてこの大雲寺が存在し、七五〇年頃にも建物は残っていたらしいことが分かる。

実際に、これまでのアク・ベシム遺跡の調査においては、仏教寺院が三か所で確認されている。キリスト教やマニ教に関連するとされる遺構の存在と合わせて考えれば、さまざまな宗教が共存する国際交易都市らしい様相を示していると言えよう。一方で、第〇、第一、第二仏教寺院と呼称されるこれら三つの遺構は、それぞれ異なる平面プランを持ち、出土

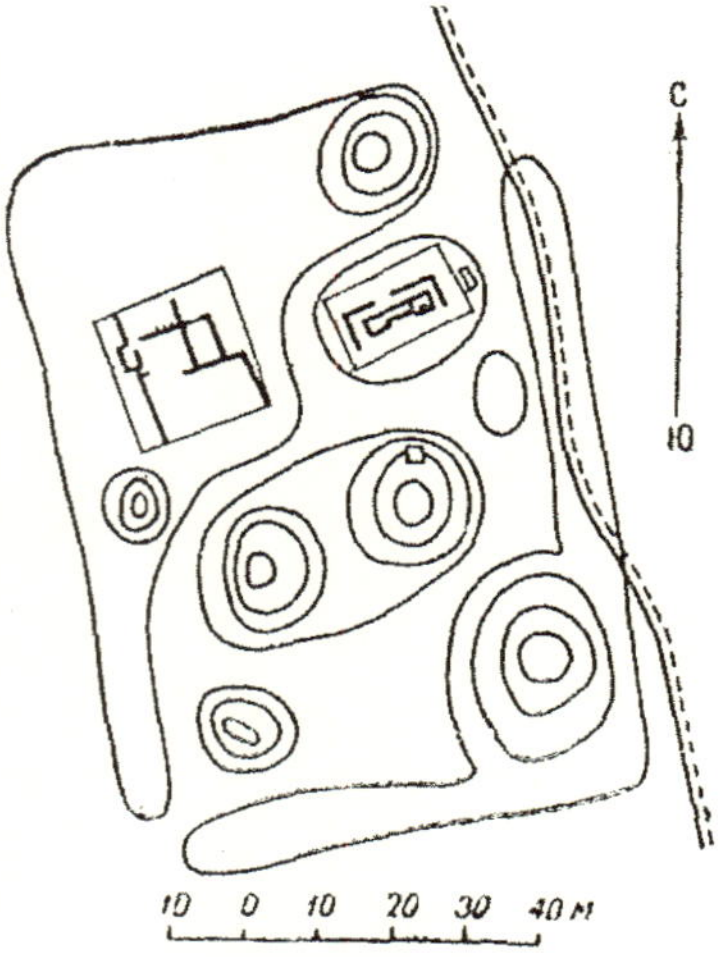

図1 AKB第0仏教寺院（А. Н. Бернштам (ред.) *Труды Семиреченской Археологической Экспедиции Чуйская Долина*. Материалы и Исследования по Археологии СССР, No.14. Москва и Ленинград, 1950, Таблица VII-6.）

遺物にも違いが認められる（ただし、遺構はすべて一九七〇年代に削平され、地上には一切その痕跡が認められない）。そこで本稿では、これらの遺構の平面プランと建築技法、出土遺物を紹介するとともに、周辺地域の仏教寺院との比較を行い、アク・ベシムの仏教寺院の源流について考えてみたい[2]。

一、アク・ベシムの仏教寺院

（1）第〇仏教寺院址

第二シャフリスタンの内城の南西部で発見された遺構で（本書所収、望月コラム、**図2**参照）、旧ソ連の考古学者ベルンシュタムが一九三九～四〇年にかけて発掘調査を行っている[3]。発掘者は「僧院」と「小礼拝堂」が隣接する伽藍配置を想定しているものの、かなり部分的な調査であったため、全体像は不明のままである。こうした遺構の周辺には、ほかにも小丘が散在し、それらを囲うように周壁が残存していた点はベルンシュタム自身も認識していた。最近行われた一九六〇年代の航空写真の分析においても、一一〇×七〇メートルの区画の痕跡が明瞭に認められる[4]。もし、この区画全体が仏教寺院であったのなら、周辺地域の中ではかなり大規模であったと言える（**図1**）。

遺構の壁体は、報告によれば日干レンガで構築したもので、部分的には練り土（パフサ）や焼成レンガを用いていた。一方、二〇二四年の帝京大学・龍谷大学による発掘調査では、レンガやパフサを用いない土製の壁体や構造物も検出されている。後述するように、この建造物の屋根には長期間にわたって唐代の瓦が葺かれていた可能性が高いため、建築当初から「日干レンガ壁または土壁＋瓦葺」という構造であったと考えられる。

ベルンシュタムが「小礼拝堂」と名付けた遺構からは、多くの塑造・石製の建築部材および彫刻断片が出土している。なかでも、赤褐色の石材に仏教的なモチーフが彫刻されている断片が出土しており、各モチーフには唐時代の強い影響が認められる[5]。二〇二三年に龍谷大学が実施した寺域北側の発掘調査でも、耕作土直下ではあるものの、仏像の台座と思しき蓮華座の断片が出土した（図2）。この周辺に、こうした唐風の石造彫刻がまだ埋もれていることの証左であろう。

ベルンシュタムは、地表下三〇センチほどで中国式の瓦の堆積層を発見し、その下層から施釉陶器が出土したことをもって、これらの遺構を中世（当初は十一～十二世紀、のちに九～十世紀）の仏教寺院と位置付けた。しかしながら、川崎・山内が指摘するとおり、これは唐代の瓦を葺いた建物が後代まで残っており、それが中世になってから崩壊したと考える方が自然である[6]。さらに、後述する第一、第二仏教寺院址からは唐風の石彫などが出土していないことから考えれば、この第〇仏教寺院址こそが、唐代に建造された大雲寺である可能性が極めて高いのである。

図2　蓮華座（筆者撮影）

（2）第一仏教寺院址

第一仏教寺院址は第一シャフリスタンの壁外にあり、チタデルの南西約一〇〇メートルの地点に位置する。一九五三年から五四年にかけて旧ソ連の考古学者クズラソフによって発掘された。約七六×二二メートルの長方形の平面プランで、いくつかの部屋がある入口部分、広い中庭、奥の祠堂部分とからなっている（図3）。大型のストゥーパや僧房の存在については報告されておらず、この祠堂を含む建物が寺院の主要部と考えて問題ない[7]。

祠堂部の床面は入口部分よりも約三メートル高く、木柱が八本並ぶ前室を持ち、奥の内陣は二重の壁で囲まれた回字形である。内陣への入口の左右には大型の塑像が安置されており、向かって左側が坐像、右側が倚坐像であったことがその痕跡から判明する。それぞれ、高さが四メートルを超える大きさであったとクズラソフは想定している。内陣の床面中央には深さ一メートルの長方形の穴が作られていることから、

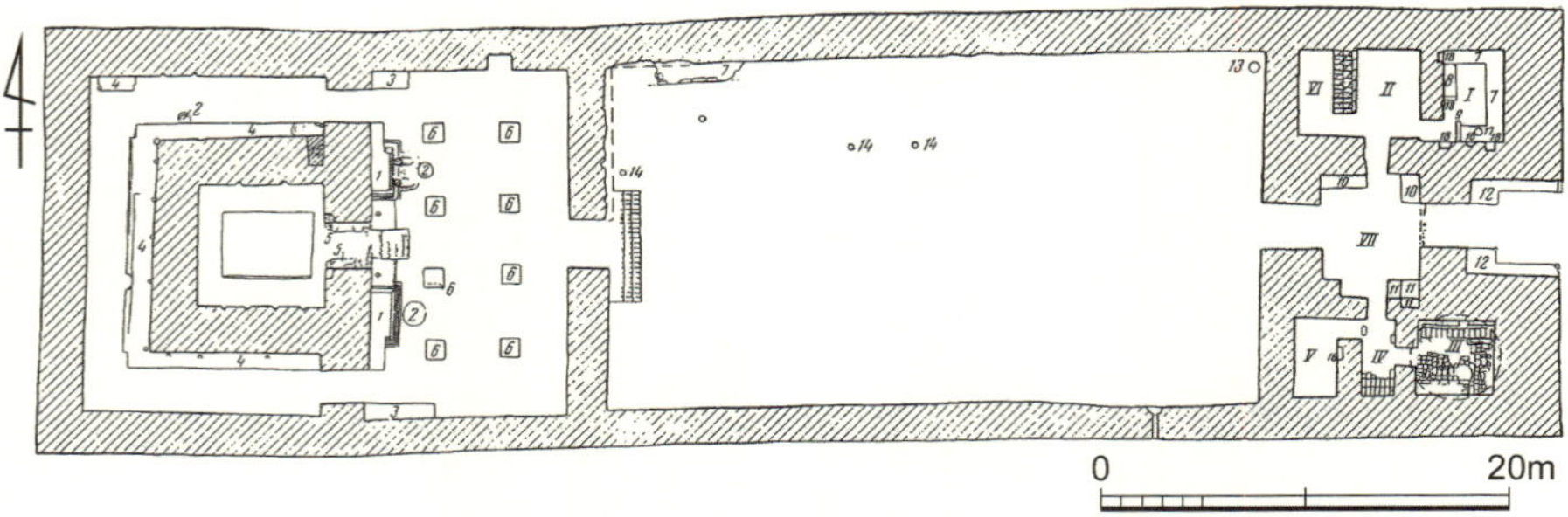

図3　AKB第1仏教寺院（Л. Р. Кызласов, *Городская Цивилизация Срединной и Северной Азии.* Москва, 2006, Рис. 56.）

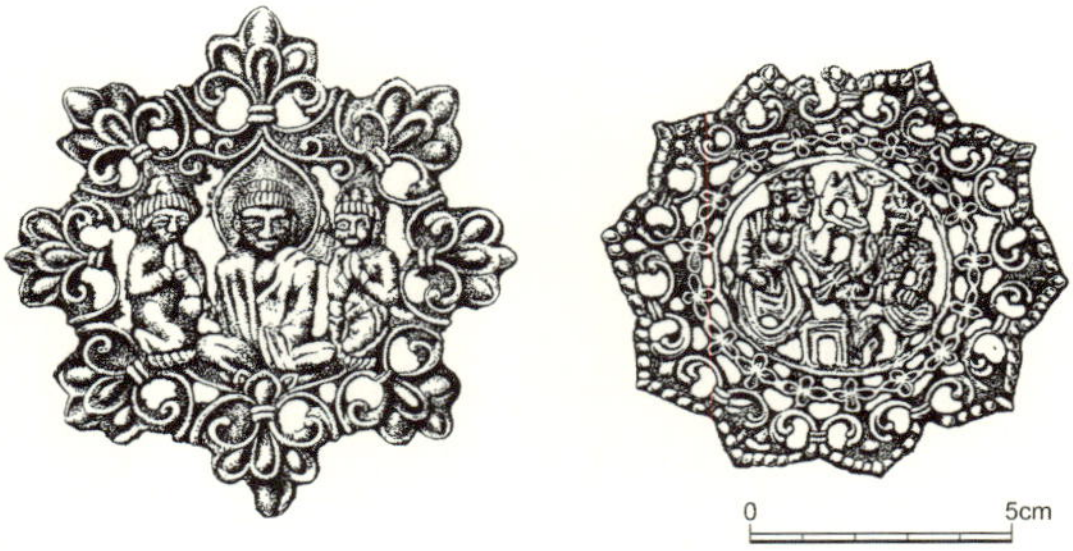

図4　青銅飾り板（同前、Рис. 82, 83.）

ここにストゥーパが安置されていたとは考えられず、何らかの尊像が主要な礼拝対象だったのだろう。

この遺構の壁体は、基本的にパフサと日干レンガによって構築されていた。屋根は場所によって形が異なり、祠堂部の回廊はヴォールト天井、内陣はドーム天井がどちらもレンガで造られていたと想定されている。

祠堂部前室や回廊内にはベンチ状遺構が設置されており、その周辺を中心として多くの塑像片・壁画片が出土した。このことから、本遺構がかなり大規模に荘厳された寺院であったことが判明するものの、出土品のほとんどは断片であったため、美術様式的な特徴を明らかにすることはできない。

一方で、祠堂部を中心として十七枚以上（うち十二枚は内陣から）出土した青銅製の飾板は、本遺構を代表する特徴的な出土品である。直径八センチ前後のものが多く、金箔が残る資料も存在する。明確に仏坐像と礼拝者を配した仏教的なモチーフのほか、男女ペアの何らかの神の姿を表したものもあって、ソグド地域における多様な文化の融合が見て取れる（**図４**）。こうした飾板はこれまでのところほとんど類例がなく、アク・ベシム内でも、第一仏教寺院址以外では表採されたものが若干知られるのみである。

こうした平面プランや出土遺物から、発掘者は七〜八世紀の年代を想定しているものの、決定的な証拠はなく、今後の研究によって変更される可能性も十分にある。

（3）第二仏教寺院址

第二仏教寺院址も城壁外にあり、第一シャフリスタンの南門の南約一〇〇メートルの地点に位置する。[8] 現状で報告されているのは狭い前室を持つ約三八メートル四方の祠堂で、その内陣は三重の壁で囲まれており、結果的に回廊が二重になっている（**図5**）。内陣の平面プランは十字形になっているが、この形は部屋の各入隅部にパフサや日干レンガを積み上げることで形成されている。

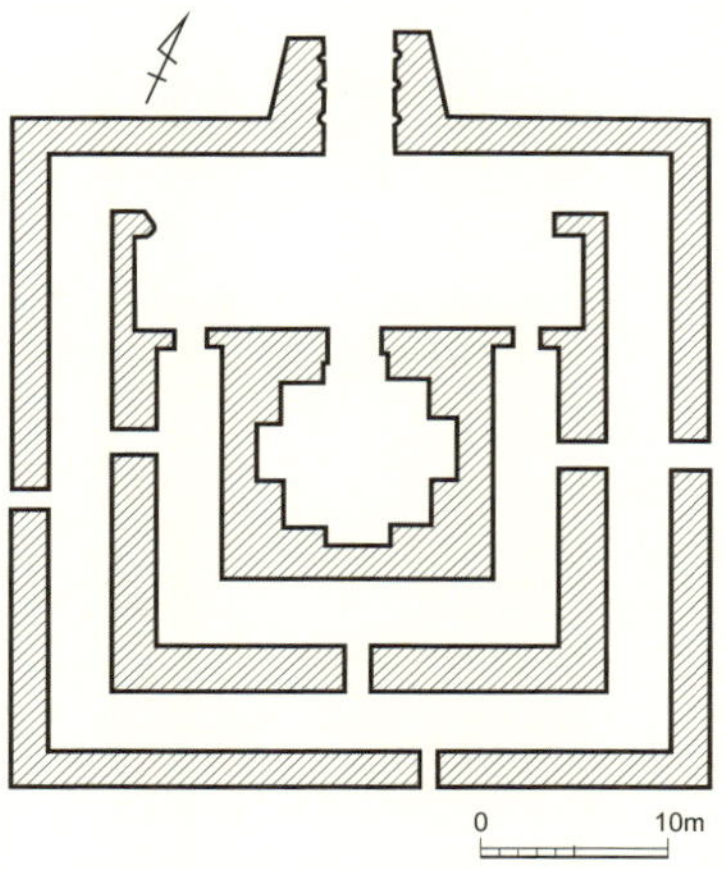

図5　AKB第2仏教寺院（Л. П. Зяблин, *Второй Буддийский Храм Ак-Бешимского Городища*. Фрунзе, 1961, Рис. 1.を再トレース）

本遺構の壁体もパフサと日干レンガによって構築されているが、第〇および第一仏教寺院とは異なり、基本的にパフサが主体となっている。内陣部の天井は、木材を用いたいわゆるラテルネンデッケ天井であったと発掘者は想定している。これは、径二〇センチほどの丸太材などを含む多くの木炭が床上の堆積層から出土したことからの推定であり、その可能性は高いように思われる。回廊部分の天井の形態は不明とされているものの、内側回廊と外側回廊を繋ぐ通路にはヴォールト天井が用いられていることから、両回廊も同じであったかもしれない。

内陣の壁際や回廊の各所からはベンチ状遺構が検出され、その周辺からは多くの塑像片が出土している。壁画片も出土しているが、そのほとんどは彩色が失われており、何が描かれていたのかは分からない。いずれにしろ、第一仏教寺院と同様に、本寺院においても主要な礼拝対象は仏像であり、かなりの数の彫像が祀られていたものと考えられる。寺院の活動年代については、出土貨幣の状況などから判断することができず、発掘者は六～八世紀と想定している。しかし、これも決定的な証拠はなく、今後の研究によって変動する可能性がある。

なお、この第二仏教寺院址は、上述した祠堂が単独で存在しているかのように認識されてきたが、一九六〇年代の航空写真の分析により、その東側に隣接してもうひとつの方形建物が存在していたことが明らかになった。[9] 二〇二二年には龍谷大学がこの隣接建造物の地点を発掘調査し、建物を建造する前の整地層とおぼしき土層を確認したものの、建物自身の痕跡はまだ確認できていない。一方で、これら二つの建造物の北側には、直角に曲がる角を持つ高まりが存在しており、寺域を囲う周壁が存在した可能性も示唆される。つまり、第二仏教寺院址も第〇仏教寺院址と同様、広い寺域の中に複数の建物が散在するような形態だったとも考えられ、今後のさらなる研究が必要である。

以上のように、アク・ベシム遺跡の三つの仏教寺院址を比較してみると、それぞれ異なる特徴を持つことが分かる。第〇仏教寺院址は、瓦葺きの建築だったことが明らかであり、唐風の石造彫刻も多く出土していることから、唐の技術が全体的に使用された建築であっただろう。ここから、この遺構が大雲寺であった可能性が高いと想定したのである。一方で、第一・第二仏教寺院址は寺院の中心と考えられる祠堂が「回字形」という共通点を持つが、第一仏教寺院址が広い中庭と前室部分を持つ点、第二仏教寺院址の祠堂は回字形の外側にさらに回廊がめぐっている点はそれぞれ異なっている。さらに第二仏教寺院址については、隣接してもう一つの建物があったことは明らかであり、複数の建物で伽藍を構成していたことが分かる。

こうした違いは、創建時期や建立の主体となった集団の違いなど、複数の要因から発生したものであろう。さらにこれら三つの仏教寺院が、現状の年代観では活動時期が重なっていることも興味深い点である。第一・第二仏教寺院址に関しては、第一シャフリスタンの南側からこの町にやってきた人々の目には東西に並立した形で写っていたはずで、かなりのインパクトがあったことは想像に難くない。このことは、中央アジアの交易都市における仏教という宗教の地位について考察する際にも重要な意味を持つだろう。

もう一点、注意しておきたいのは、アク・ベシム内では大型のストゥーパが発見されていないことである。後述するように、ガンダーラ・中央アジアの仏教寺院において、釈迦の遺骨を収めたストゥーパは極めて重要な施設であり、狭い街区に造られた小型の祠堂でない限り、基本的には寺院の中心となっている。無論、第〇仏教寺院址の中に中国式の楼閣建築の「塔」が存在した可能性は否定できないものの、第一・第二仏教寺院址周辺でそのような大型の遺構の痕跡がこれまで報告されていないことは留意すべきである。

二、クラスナヤ・レーチカの仏教寺院

(1) 第一仏教寺院址

クラスナヤ・レーチカは、アク・ベシムと同様にチュー川南岸にあり、六～七世紀頃にソグド人によって建設された都市と考えられる。この都市遺跡でも、三つの仏教寺院址が確認されている。第一仏教寺院址(または単に僧院と呼ばれる)は、シャフリスタンの壁外南方にあり、ブッダを描いた壁画の断片が出土したことから寺院址と推定されている(10)。日干レンガで構築された二重の壁で囲まれた内陣を持つ回字形の祠堂部分、それとつながっている小部屋、そして壁で隔てられた広間からなっているが、全体のプランは不明である。一九六〇年代にこの遺構を発掘したコジェミャコは、その年代を八～十世紀と位置づけているが、塑像断片等の出土がなく、仏教的な遺物も少ないことから、マニ教寺院であった可能性について言及しているという。

なお、コジェミャコによって寺院の下層の城塞址まで発掘が進められたため、仏教寺院の層は残されていない。

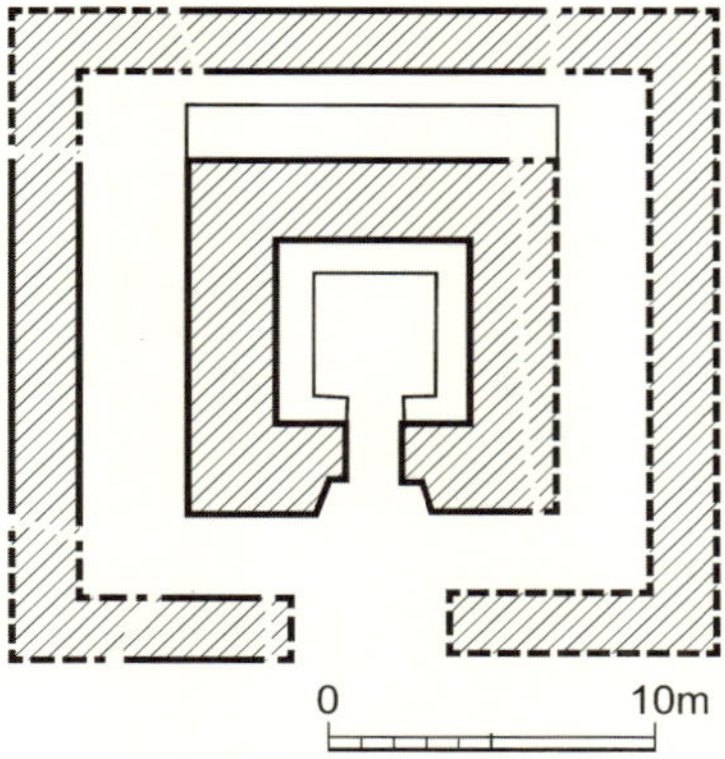

図6　KR第2仏教寺院(加藤九祚『中央アジア北部の仏教遺跡の研究』シルクロード学研究センター、一九九七年、図6-43を再トレース)

(2) 第二仏教寺院址

第二仏教寺院址は城壁外の南東約五〇〇メートルの地点に所在し、復元長一二メートルの涅槃仏が出土したことで知られている(図6)。二層にわたる建築期があるが、プランは共通しており、日干レンガ(部分的にはパフサ)で築いた二重の壁に囲まれた内陣を持つ回字形祠堂である。涅槃仏は、内陣をめぐる回廊の奥にあり、内陣と接する壁に背を向ける形で安置されていた。内陣では、大型の塑像断片、銅造の観音菩薩立像(高六・七センチ)、壁画断片、ブラーフミー文字の経典断片などが出土しており、寺院の主要な礼拝対象が仏像であったことは明らかである。

現状では七～八世紀の年代が与えられているが、巨大な涅槃仏が出土したアジナ・テパやバーミヤーンの東方寺院と比較しても、蓋然性の高い年代観だと言える。

図7　KR第3仏教寺院（筆者撮影）

（3）第三仏教寺院址

第三仏教寺院址は城壁の西約三〇〇メートルの地点に所在し、二〇一〇年から十五年にかけて新たに発掘調査された遺構である。[11] 方形室の奥壁の龕から塑造の坐仏像下部が出土し、他にも立像の足部などが出土していることから、仏教祠堂であったと考えられる。ほかにも複数の小部屋が並んで検出されており、基本的には日干レンガによって構築されていたようだが、平面プランの全貌は不明である。

この調査地点のすぐ西側には、もともと巨大な高まりが残存しており、これまでは「ゾロアスター教関連施設」として紹介されてきた。しかしながら、隣接する遺構から仏像が出土したことにより、この高まりがストゥーパであることはほぼ確実となった（**図7**）。その周囲は壁で囲まれていたようで、現在もその高まりが残っている。また、現地での観察によれば、このストゥーパは四方に張り出し部が認められるので、方形の各辺に階段のついた十字形のストゥーパだった可能性もある。いずれにしろこの第三仏教寺院址は、壁で囲まれた大型のストゥーパと、隣接する祠堂列からなる伽藍を構成していたことがわかり、大型のストゥーパを持つ寺院としては、チュー川流域では唯一ということになる。

（4）チュー川流域の仏教寺院の特徴

以上、アク・ベシムおよびクラスナヤ・レーチカで確認されている六つの仏教寺院址を紹介してきた。伽藍の全貌が不明な場合が多いため、詳細な比較は難しいが、いくつかの特徴を列記すれば以下のようになるだろう。

・基本的には日干レンガおよびパフサで構築される。
・そのうえで、瓦葺きであったと想定されるアク・ベシムの第〇仏教寺院址は、極めて特異である。
・主要な祠堂は、内陣を二重の壁が囲む（つまり内陣をめぐる回廊が存在する）「回字形祠堂」である場合が多い。
・元来は仏教寺院の中心となるはずのストゥーパは、クラスナヤ・レーチカの第三仏教寺院址でしか認められない。

これらの特徴のうち、後二者に注目して周辺の仏教寺院址の様相を確認していくと、いわゆる中国の西域、すなわちタリム盆地に所在する仏教寺院址と共通する要素が認められることが分かる。以下では、それらのうち、チュー川流域の仏教寺院址と同時代のものを簡単に紹介しておきたい。

三、中国西域の仏教寺院址

(1) 西域南道の仏教寺院址

五～八世紀頃の地上寺院址は比較的多く報告されており[12]、なかでもホータンのラワクがよく知られている。平面十字形の基壇を持つ大型ストゥーパとそれを囲む周壁が検出され、その周壁の表面に多数の塑像を取り付けるという他に例を見ない荘厳が行われていた。この平面形態は、前述したクラスナヤ・レーチカの第三仏教寺院址と共通している可能性がある。残念ながら、ストゥーパ以外の施設は調査されておらず、寺院全体の構成は不明であるため、両者の詳細な比較は不可能だが、チュー川流域の仏教に東トルキスタン地域の密教が影響を与えたことも指摘されており[13]、遺構の平面プランからもそれが裏付けられる可能性がある。

同じホータンに所在するダンダン・ウィリクでは、多くの祠堂とその他の建物群が発見されており、その多くが二重の壁で囲まれた内陣を持つ回字形で、その内陣には仏像が祀られていた。一方で、付近にはストゥーパが存在せず、遺跡の北方一一キロほどのところに二基のストゥーパの残骸があるという。こうした点にも、チュー川流域と一定の共通性が認められる。

(2) 西域北道の仏教寺院址

西域北道の各地でも、複数の地上寺院址が知られている。トゥムシュクのトックズ・サライや、その南東に位置するトゥムシュク・ターグでは、方形基壇の大型ストゥーパが存在し、その周囲には多くの祠堂が造られているものの、そのなかで回字形祠堂となるものは極めて少ない。クチャのドゥルドゥル・アクルやスバシにおいても、方形基壇のストゥーパのほか僧房や祠堂を含む建造物群が広く展開するものの、その中に回字形祠堂は見当たらない。

一方で、カラシャールのミンオイにおいては、多数の方形室がいくつかのグループを形成しつつ広範囲に分布している。各グループの中で最大の祠堂は、基本的に回字形で、周囲を回廊がめぐる構造になっている。年代については諸説あるものの、出土塑像の様式などから判断して、多くが六〜八世紀頃と判断しておきたい。

トルファン周辺でも多くの仏教寺院址が調査されており、特にカラ・ホージャ（ホッチョ、高昌故城）およびヤールホト（交河故城）の内部には、多様な平面プランの寺院が存在していた。なかでも、長方形のプランで手前に広い中庭があり、壁で区切られた奥側にストゥーパ（方柱状で、最上部に円胴部と伏鉢がある）を設置した構成が多く認められる。このストゥーパの部分を回字形に置き換えれば、アク・ベシムの第一仏教寺院址のプランときわめてよく似ていると言える。またトルファンでは、単独の回字形祠堂も知られている。

四、アク・ベシムの仏教寺院址の源流

以上のとおり、アク・ベシムやクラスナヤ・レーチカといったチュー川流域に所在する仏教寺院址には、多くに内陣の周囲を二重の壁で囲み、結果として回廊がめぐる「回字形祠堂」が存在し、それが中国西域の同時代の仏教寺院址のいくつかでも認められることが判明した。また、両地域の仏教寺院址には、本来は仏教寺院の中心となるはずのストゥーパが存在しない場合が多々あることも明らかとなっている。したがって、両地域の仏教には、建築的な側面からかなりの共通性があると言えるだろう。

ただし、回字形祠堂について、単純に両地域の比較だけに留めることはできない。実のところ、ガンダーラやトハーリスターンといった、より古い時代から多くの仏教寺院が建造されてきた地域において、すでにこの平面プランが採用されているのである。そもそも、この建築様式はアケメネス朝期の拝火神殿にすでに認められ、中央アジアの祠堂およびその他の建築とのとの類似性は古くから指摘されてきた。[14] 大ガンダーラ地域では、タキシラのダルマラージカーH祠堂、ジャンディアールC寺院などが知られ、スワート渓谷においても、ブトカラI寺院で重要な位置を占めるいわゆる"Great Building"やバリコト地域に所在するグンバット寺院の祠堂がこの平面プランとなる。これらは、遅くともクシャーン朝期には建設されていた可能性が高い。

トハーリスターンでは、さらに古いタフティ・サンギーンのオクサス神殿（前四〜前三世紀頃）や、アイルタムの下層神殿址が存在し、クシャーン朝期のスルフ・コータルの神殿

A・B・Dもこのタイプである。このように、回字形祠堂はトハーリスターンの中で仏教に留まらず、長い伝統として引き継がれる重要な平面プランであると思われる。現状では、チュー川流域の仏教が強く中国西域の影響を受けていることは明らかであるものの、トハーリスターンなどの近接する地域における文化伝統が与えた影響についても、さまざまな側面から検討する必要があるだろう。

　また、いわゆる大雲寺の存在は、中国の西域というよりは、唐文化の中心地の仏教文化から直接的な影響があったことを示している。さらに、アク・ベシム遺跡やクラスナヤ・レーチカ遺跡では、キリスト教会など他の宗教に関連する遺構も多く確認されており、宗教間の接点も追及していかねばならない。いずれにせよ、チュー川流域の都市遺跡においては、これほどに多様な宗教文化が共存していたのであり、今後もさらなる調査を継続していく必要がある。

注

(1)　柿沼陽平「唐代砕葉鎮史新探」（『帝京大学文化財研究所研究報告』第十八集、二〇一九年）四三―五九頁。

(2)　本稿の内容は、以下の筆者の論文に基づきつつ、若干の新しい知見を加えたものである。岩井俊平「中央アジアにおける仏教寺院の伽藍配置の変遷」（『帝京大学文化財研究所研究報告』第十八集、二〇一九年）七九―九七頁。

(3)　以下の第〇仏教寺院に関する記述については、次の文献を参照。川崎健三・山内和也「ベルンシュタムによるアク・ベシム遺跡シャフリスタン2の発掘調査」（『帝京大学文化財研究所研究報告』第十九集、二〇二〇年）二一五―二四五頁。

(4)　望月秀和・山内和也・バキット・アマンバエヴァ「空中写真によるアク・ベシム遺跡（スイヤブ）の解析」（『帝京大学文化財研究所研究報告』第十九集、二〇二〇年）六一―一二六頁。

(5)　森美智代「キルギス共和国チュー川流域出土の唐風石造仏教彫刻」（『帝京大学文化財研究所研究報告』第十九集、二〇二〇年）一五九―一七五頁。

(6)　前掲注3文献、二一七頁。

(7)　以下の第一仏教寺院に関する記述については、次の文献を参照。加藤九祚「アクベシム第一仏教寺院址」（『中央アジア北部の仏教遺跡の研究』、一九九七年）一三二―一四六頁。Л. Р. Кызласов, *Городская Цивилизация Срединной и Северной Азии*. Москва, 2006, pp.235-314. 山内和也「クズラソフによるアク・ベシム遺跡の発掘――層序発掘区と第一仏教寺院」（『帝京大学文化財研究所研究報告』第二十一集、二〇二二年）一五七―二五二頁。

(8)　以下の第二仏教寺院に関する記述については、次の文献を参照。Л.Зяблин, *Второй Буддийский Храм Ак-Бешимского Городища*. Фрунзе, 1961. なお、本書の内容については枡本哲氏、およびベグマトフ・アリシェル氏による日本語翻訳に多くを負っている。

(9)　前掲注4文献、一〇五―一一一頁。

(10)　以下のクラスナヤ・レーチカの仏教寺院に関する記述については、次の文献を参照。林俊雄「天山北麓の仏教遺跡」（『ダルヴェルジンテパDT25』、一九九六年）一五四―一七八頁。加藤九祚「クラスナヤ・レーチカ第一仏教寺院址」（『中央アジア北部の仏教遺跡の研究』、一九九七年）一七八―一八二頁。ヴァレリー・コルチェンコ（川崎建三訳）「キルギスタン・チュー川流域における中世仏教の考古遺産」（『シルクロード研究論集第一巻　仏教東漸の道　インド・中央アジア篇』東洋哲学研究所、二〇二三年）三九一―四三三頁。

（11）このように新たに発見された遺構であるため、「第三」仏教寺院址という呼称は定着しておらず、今後は別の名称が与えられる可能性もある。

（12）以下の中国西域の仏教寺院址に関する記述については、主として以下の文献を参照。M. A. Stein, *Ancient Khotan: detailed report of archaeological explorations in Chinese Turkestan*. 2vols, Oxford, 1907. M. A. Stein, *Serindia: detailed report of explorations in Central Asia and westermmost China*. 5 vols, Oxford, 1921. M, Paul-David, M. Hallade et L. Hambis, *Toumchouq*. Mission Paul Pelliot II, 2 vols, Paris, 1961-64. L. Hambis (ed.), *Douldour-Âqour et Soubachi*. Mission Paul Pelliot III, Paris, 1967. M・ヤルディッツ「序論　西域の歴史と美術」（『ドイツ・トゥルファン探検隊　西域美術展』、1991年）九―二〇頁。M. M. Rhie, *Early Buddhist Art of China and Central Asia*, vol. 2. 2vols, Leiden-Boston-Köln, 2002.

（13）吉田豊「ソグド語の密教経典とセミレチエ仏教」（『帝京大学文化財研究所研究報告』第十九集、二〇二〇年）一九三―二〇三頁。

（14）この点については、以下の文献を参照。Y. Yamamoto, "The Zoroastrian Temple Cult of Fire in Archaeology and Literature (I)," *ORIENT*, XV, 1979, pp. 19-53. G. A. Pugachenkova, "The Buddhist Monuments of Airtam," *Silk Road Art and Archaeology*, 2, 1991/92, pp. 23-41. 前掲注7の加藤文献、一八七―一八九頁。前掲注12のRhie文献、pp. 571-573. 前掲注7のКызласов文献、pp. 270-275.

【II 発掘調査】

アク・ベシム遺跡発見の唐代花柄石敷とその性格

向井佑介

むかい・ゆうすけ――京都大学人文科学研究所准教授。専門は中国考古学、歴史考古学。主な著書に『中国初期仏塔の研究』（臨川書店、二〇二〇年）、『唐長安 大明宮』（監訳・共訳、科学出版社東京・ゆまに書房、二〇二二年）、『馬・車馬・騎馬の考古学――東方ユーラシアの馬文化』（共編著、臨川書店、二〇二三年）などがある。

アク・ベシム遺跡では第二シャフリスタンの発掘調査において花柄石敷遺構が検出された。同様の花柄石敷は、北朝帝室の建築が初現であり、唐代には引きつづき帝室の庭園に用いられる一方で、地方大都市の中枢建築にも採用されていく。アク・ベシムの花柄石敷は、唐代砕葉鎮の中枢建築の周辺空間に設置されたもので、内外の使節を迎え、饗応するための空間であった可能性があるだろう。

はじめに

帝京大学シルクロード学術調査団によるアク・ベシム遺跡の調査では、二〇一七年の第二シャフリスタン中枢部の発掘により唐代砕葉鎮城と関係する帯状の瓦の堆積が確認され、二〇一八年にはその瓦堆積の北端付近において建物基壇周囲の塼敷舗装と花柄紋様の石敷遺構が発見された[1]（**口絵⑤・⑥**）。

この石敷は、さまざまな色調の丸い河原石を効果的に組み合わせて円形の花柄紋様をあらわし、建築周囲の地面を装飾的に舗装したものである。それは、一見すると西方のモザイク画のようでありながら、系譜をたどると、むしろ中国の伝統的な建築装飾にルーツがもとめられ、近世の江南地方の私邸庭園においても同様の装飾が多用された。

以下では、唐代以前の中国の都市遺跡を中心に類例を検討し、アク・ベシム遺跡発見の花柄石敷の位置づけを明確にすることを試みる。

一、砕葉鎮発見の唐式建築と石敷遺構

アク・ベシム遺跡の第二aシャフリスタン、AKB―15区からは瓦・塼・石敷遺構など唐式建築の存在をうかがわせる遺構と遺物が大量に出土した。すでに本書の前段において詳述されているように、遺跡西半部の第一シャフリスタンがソグド人により建設された都市であるのに対し、東半部の第二シャフリスタンは唐の西域統治および西方進出のために築かれた砕葉鎮城と考えられている。第二シャフリスタンの中央に長方形の内城があり、これを第二aシャフリスタンと呼んでいる。『旧唐書』『新唐書』などの記録によれば、王方翼が砕葉鎮を設置したのは調露元年（六七九）、唐が最終的にそれを放棄したのは開元七年（七一九）である(2)。

二〇一七年、この内城の中央やや北側に南北トレンチを設定して発掘したところ、南北三三メートル以上、幅二メートルの瓦堆積が検出された。瓦堆積の東側では第一号基壇と呼ばれる建築址が確認されており、瓦堆積と建築基壇の方向が一致することから、建物の廃絶後にその西側の縁辺に廃棄された瓦だまりと推定される。その後の継続的な調査により、第一号基壇は東西に長い長方形の建物で、回廊状区画の中央に位置するらしいことがわかってきた(3)。

二〇一八年には、第一号基壇の北西、瓦堆積の直下から、南北方向に伸びる長さ三・五、幅〇・六メートルの石敷遺構が発見された（西側石敷）。そこには長径三～一〇、短径二～六センチの円礫を組み合わせて、直径約五〇センチの放射状の花柄紋様が六単位あらわされていた。花柄石敷の北側は、建物の基壇縁辺と推定される舗装の塼敷につきあたり、その塼敷の東側では東西方向に伸びる長さ三・五、幅一・一メートルの石敷が確認された（北側石敷）。こちらは長径五～一二、短径三～五センチの円礫を使用し、直径五〇～八〇センチの花柄紋様を二列にわたって六単位あらわしている（**図1**）。

これらの花柄紋様は、大きめの石を中心として、その周囲に円礫を三～四重にならべて多重の同心円紋をつくったものである。円礫の色調には、白系・赤茶系・緑系・青系の四系統があり、紋様の部位ごとに色をそろえて円礫をならべることで、装飾効果を高めている。

北側石敷の北方約七メートルの地点では塼敷の雨落ちが検出され、その間に幅六・五メートルほどの東西方向の建物が存在した可能性が指摘されている。この東西方向の建物と、第一号基壇との関係は今後の調査により検証する必要があるものの、発掘された花柄の石敷は、第一号基壇の後方に配置された建物の縁辺を装飾する施設であった可能性が高い。

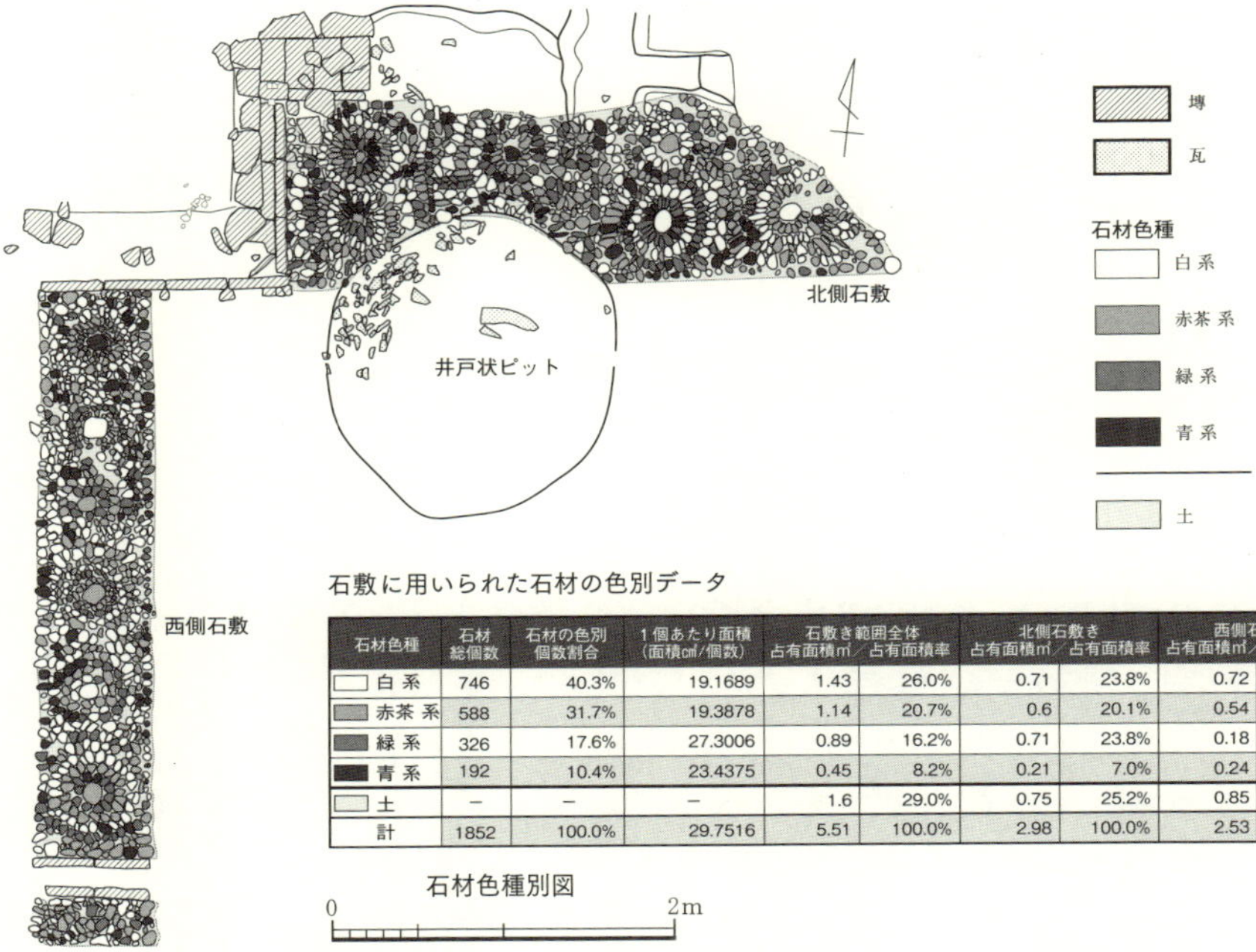

石敷に用いられた石材の色別データ

石材色種	石材総個数	石材の色別個数割合	1個あたり面積（面積㎠/個数）	石敷き範囲全体 占有面積㎡	／占有面積率	北側石敷き 占有面積㎡	／占有面積率	西側石敷き 占有面積㎡	／占有面積率
白系	746	40.3%	19.1689	1.43	26.0%	0.71	23.8%	0.72	28.5%
赤茶系	588	31.7%	19.3878	1.14	20.7%	0.6	20.1%	0.54	21.3%
緑系	326	17.6%	27.3006	0.89	16.2%	0.71	23.8%	0.18	7.1%
青系	192	10.4%	23.4375	0.45	8.2%	0.21	7.0%	0.24	9.5%
土	−	−	−	1.6	29.0%	0.75	25.2%	0.85	33.6%
計	1852	100.0%	29.7516	5.51	100.0%	2.98	100.0%	2.53	100.0%

図1　アク・ベシム遺跡の花柄石敷（帝京大学文化財研究所編『アク・ベシム（スイヤブ）2018』2021年）

二、中国古代建築の石敷遺構

(1) 中国建築の用語

アク・ベシム遺跡で発掘された花柄紋様の石敷は、中国建築の用語では「鵞卵石鋪地（卵石鋪地・鵞子石鋪地）」に相当する。「鵞卵石」は河原などで採集される卵形の自然石をいう。「鋪地」は塼や石を用いた地面舗装の全般を指す語で、建築・庭園・道路など舗装の対象はさまざまである。とりわけ古代において顕著なのは、建築の周囲を塼や石で舗装する「散水」（雨落ち）への使用で、建築基壇の周囲を石敷で舗装した例が少なくない。また、道路を石敷で舗装した例もふるくから存在する。

卵石を用いた地面舗装は、単に大きさのそろった卵形の石を敷きつめて通行しやすくするだけでなく、石自体の色彩や風合いを生かして装飾効果をもたせることが多い。なかには塼や瓦などをならべて紋様の輪郭をつくり、その内側に卵石を充填したものも少なくない。[4] ただ、著名なものは蘇州など江南地方の私邸庭園をはじめとする明清時代のものがほとんどで、宋代以前の現存例は皆無である。そのため、古代・中世の実態を知るためには、考古学的に発掘された遺構を検討せねばならない。

邯鄲・梳粧楼遺跡の石敷と塼敷の舗装（漢代）

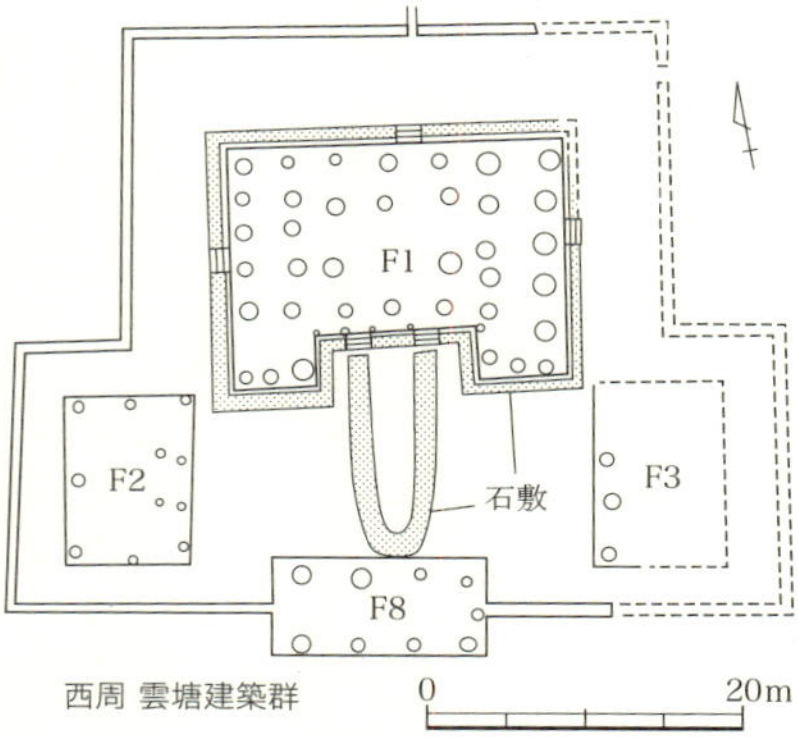

西周 雲塘建築群

曲阜魯国故城の石敷を模した塼敷舗装（漢代）

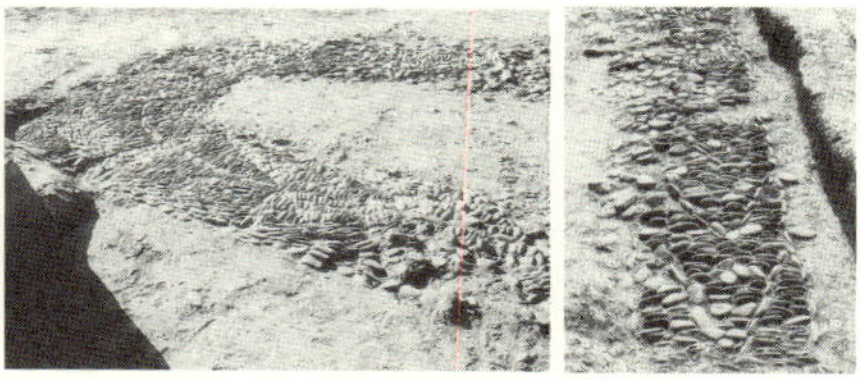

雲塘建築群の石敷路面（左）と散水（右）

図2　中国古代建築の石敷遺構（周原考古隊「陝西扶風県雲塘、斉鎮西周建築基址1999～2000年度発掘簡報」（『考古』2002年第9期）、駒井和愛・関野雄『邯鄲』（東亜考古学会、1954年）、駒井和愛『曲阜魯城の遺蹟』（東京大学文学部考古学研究室、1951年））

（2）中国古代建築の石敷

中国において塼や石を用いた地面舗装の伝統は、西周以前にさかのぼる。[5] 陝西省扶風県の召陳建築群や雲塘・斉鎮建築群など西周の大型建築址では、大小の卵石を用いた散水や通路が発見されている（**図2**右）。また、地面を舗装する塼は、西周後期の陝西省扶風県斉家村出土例がふるい。基壇縁辺や路面の舗装が本格的におこなわれるのは西周時代からであり、そうした状況は、屋根を覆う瓦の出現過程とも共通する。

秦漢代になると、宮殿建築内部の床面に方塼や条塼を敷きつめ、基壇の縁辺を塼積で覆い、その外側を卵石によって舗装する手法が定着する（**図2**左）。漢代の宮殿建築では、基壇周囲の石敷は実際の自然石ではなく、それをかたどった塼によって代用される場合も少なくない。

基壇床面と基壇縁辺を塼で舗装し、その周囲を卵石で舗装する手法は、魏晋以降の都城にも散見する。しかし、南北朝の宮殿建築は塼と切石で舗装したものが主流となり、隋唐都城の主要宮殿の基壇とその周囲はおおむね塼と切石に統一されて、卵石の地面舗装は少ない。

それではアク・ベシム遺跡のような花柄石敷は、どこで、どのように用いられたのか、発掘例をみていこう。

三、北朝・唐・宋建築の花柄石敷

（1）北朝鄴城の花柄石敷

①北斉大荘厳寺

六世紀に東魏・北斉の都城とされた鄴城遺跡の南郊では、二〇一二年に開始した核桃園建築群の発掘調査において、花柄石敷遺構が検出されている。遺跡は河北省臨漳県に所在し、北斉帝室が関与して天保九年（五五八）に造営した大荘厳寺に比定されている。[6] この寺院建築群は、中軸線上に塔と複数の堂舎がならぶ配置をとり、塔の北面階段から北側へとのびる通路に花柄の石敷があることが判明している。

花柄石敷の通路は、全体の幅が三・二メートルで、長方形塼と円礫によって舗装されている。その構成は、半円花柄石敷（〇・三メートル）―塼敷（〇・八メートル）―花柄石敷（〇・六メートル）―塼敷（〇・八メートル）―半円花柄石敷（〇・三メートル）となっており、それぞれの紋様帯の間は、小端立ての塼列で区切られる（図3右）。

この通路は、基本的に左右の塼敷舗装が歩行者用の路面である。中央と両側の花柄石敷は装飾・観賞用と考えられるものの、これが帝室の寺院であることを考慮するならば、中央の装飾帯は輿に乗った皇帝の御道とみるべきかもしれない。

②東魏・北斉宮城区二〇六号宮殿

二〇一五年には鄴南城の宮城北部に所在する二〇六号宮殿から花柄石敷の通路が発見された。[7] 二〇六号宮殿址は、太極殿と昭陽殿の北側、中軸線上に連なる大型宮殿であり、後宮の重要建築と考えられている。中心基壇は東西四〇・六、南北三三・三メートルで、基壇南面の東西に階段があり、塼で舗装された階段の南端が卵石舗装の通路に接続する（図3左）。

卵石舗装の通路は、階段接続部分が五・四三～五・四八メートルと幅広く、南側二・五メートルのところで幅を減じてT字形をなし、幅二・六メートルとなる。路面の花柄紋様は、やや大きな卵石を中心に、色とりどりの小さな卵石を同心円状に組み合わせている。路面中央に直径一メートル前後の大ぶりな図案を配し、両側は小さな区画に分割している。

基壇と石敷路面の周囲にも卵石を円形に組み合わせた装飾が等間隔に配置され、この宮殿の周囲が卵石により華やかに装飾されていたことがうかがえる。この場所は後宮の中枢をなす建築と推定されており、后妃を中心とした女性たちの世界を鮮やかに彩るものであっただろう。太極殿を中心とした宮城南部が塼や切石により整備された厳粛な空間であったのに対し、宮城北部は皇帝の私的空間であり、自然石を用いたやわらかな装飾が好んで用いられたと推測する。

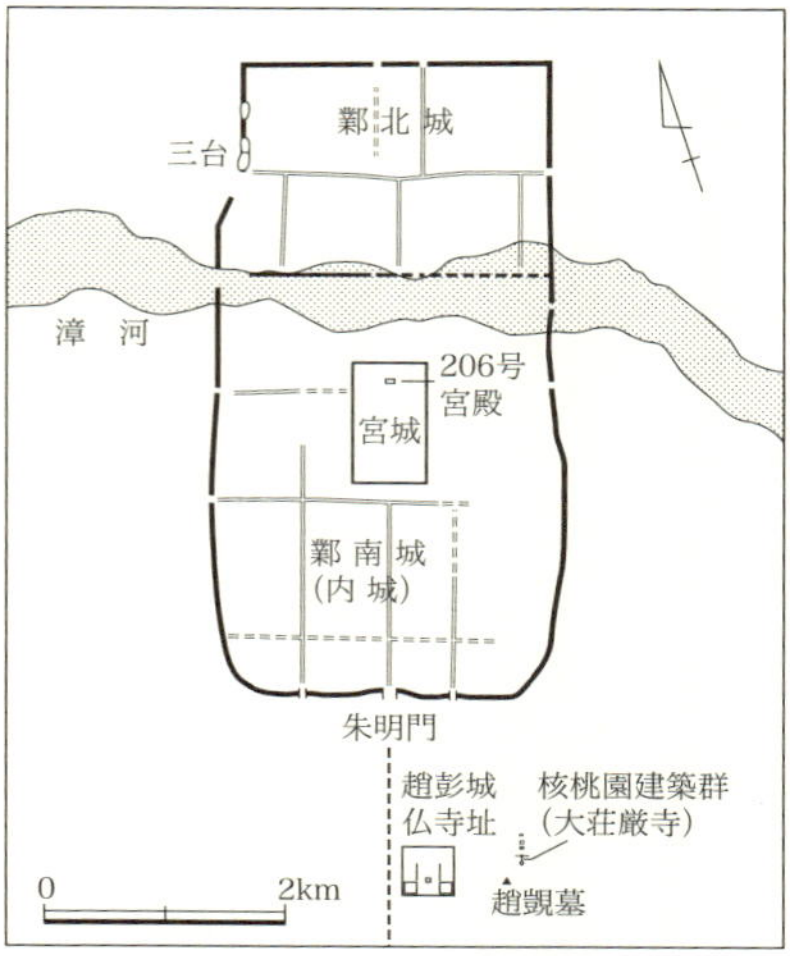

北朝鄴城平面図

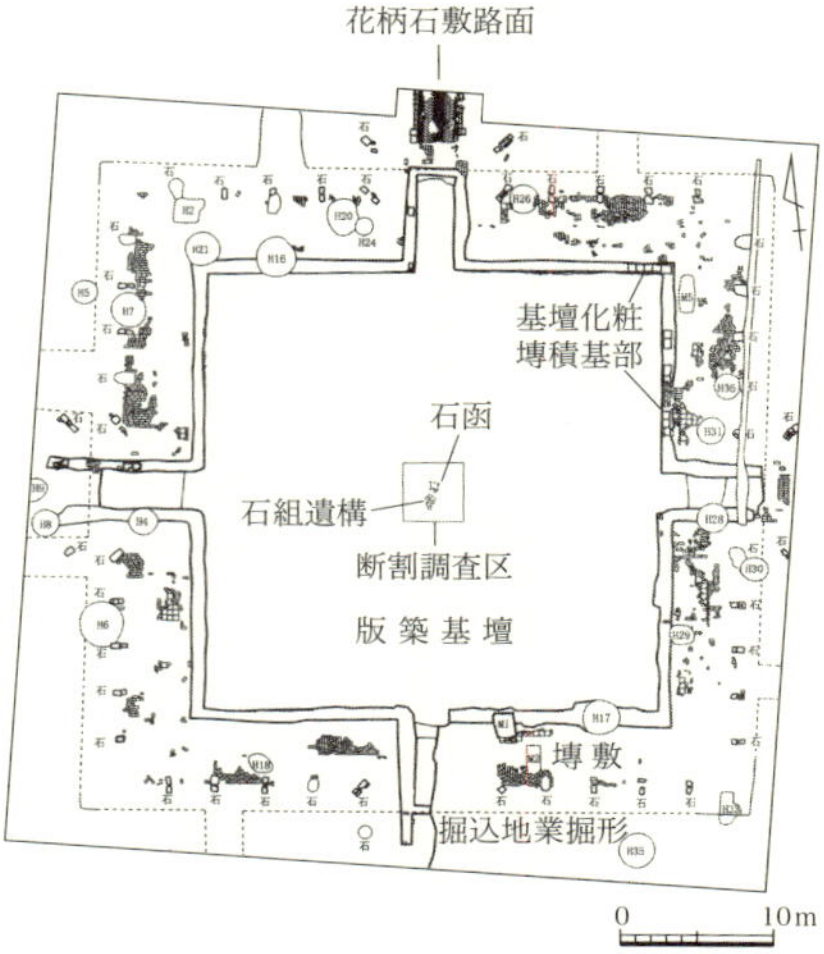

核桃園一号建築址（北斉大荘厳寺塔址）平面図

北朝鄴城 206号宮殿南東の花柄石敷路面

核桃園一号建築址（北斉大荘厳寺塔址）北側の花柄石敷路面

図3　北朝鄴城の花柄石敷（中国社会科学院考古研究所・河北省文物研究所鄴城考古隊「河北臨漳鄴城遺址核桃園1号建築基址発掘報告」（『考古学報』2016年第4期）、中国社会科学院考古研究所・河北省文物考古研究院鄴城考古隊「河北臨漳県鄴城遺址東魏北斉宮城区206号大殿基址及附属遺迹」（『考古』第2期、2023年））

(2)唐洛陽城上陽宮の花柄石敷

唐の都城から発見された花柄石敷は、洛陽の上陽宮で発見されたものが唯一の例である。東都洛陽城には、宮城・皇城区の南西に、上陽宮(上陽別館・上陽別宮・上陽西宮)があったと伝えられる。諸文献の記載を総合すると、上陽宮は高宗の上元年間(六七四〜六七六)に司農卿韋機を責任者として造営されたもので、高宗と則天武后はしばしばここで政務を処理し、群臣と饗宴したという。

一九八九年から一九九三年にかけて、中国社会科学院考古研究所唐城隊が洛陽市支建街付近において上陽宮の一部とみられる庭園遺構を発掘し、池と六つの築山(島)、水上・池岸の建物址や石敷通路などを検出した(8)。この庭園内の大型建物(一号建築基壇)の東側、池の南岸には、池と築山を観賞しながら散策できるよう、ゆったりとした曲線をなす石敷の遊歩道(一号路)がつくられている。

検出された石敷の遊歩道(一号路)は、東西の長さ約二〇メートル、南北の幅〇・四〜一・二メートルである。そのなかほどで南北に分岐し、北側の道は池岸へと通じ、南側の道は一号建築基壇へと通じている。その路面には、直径二〜四センチの扁平な卵石を縦にならべている。一号路の東部は、褐色の石で舗装した路面を白石で縁どり、内側には赤・褐・白・青の四色の石を組み合わせて円形放射状の花柄をあらわしていた(図4)。花柄の各単位は直径〇・三メートル、心々間の距離は〇・五メートルで、花柄の中心石はやや大きく直径五〜八センチほどであった。また、一号路の西部では褐色の石で舗装した路面を赤い石で縁どりしている。

一号建築基壇の北側は、池の岸辺に沿って遊歩道(二号路)が設けられている。この二号路の路面にもやや大きめの卵石が敷きつめられているが、さまざまな色が雑然と混じり、特定のモチーフを表現したものではない。

(3)遼寧朝陽市内発見の唐代花柄石敷

遼寧省朝陽市内の調査では、唐代の建築址にともなって花柄石敷の路面が発見されている(9)。詳細は報告されていないものの、田立坤が紹介した写真(図5上)によれば、石敷の路面は複数の方形区画を連ねたもので、各区画内に数個の花柄紋様をあらわしている。それぞれの花柄紋様は、中心石の周囲に細長い石を放射状にならべたものである。

朝陽は五胡十六国の時代に前燕・後燕・北燕が都とした龍城の所在地で、和龍宮と呼ばれるその宮城は、旧市街の北部、現存する朝陽北塔の一帯にあった。唐代の花柄石敷が出土した場所は、かつての三燕龍城の宮城内にあたるという。三燕の宮城があった場所は、北朝から唐代、さらに遼代に

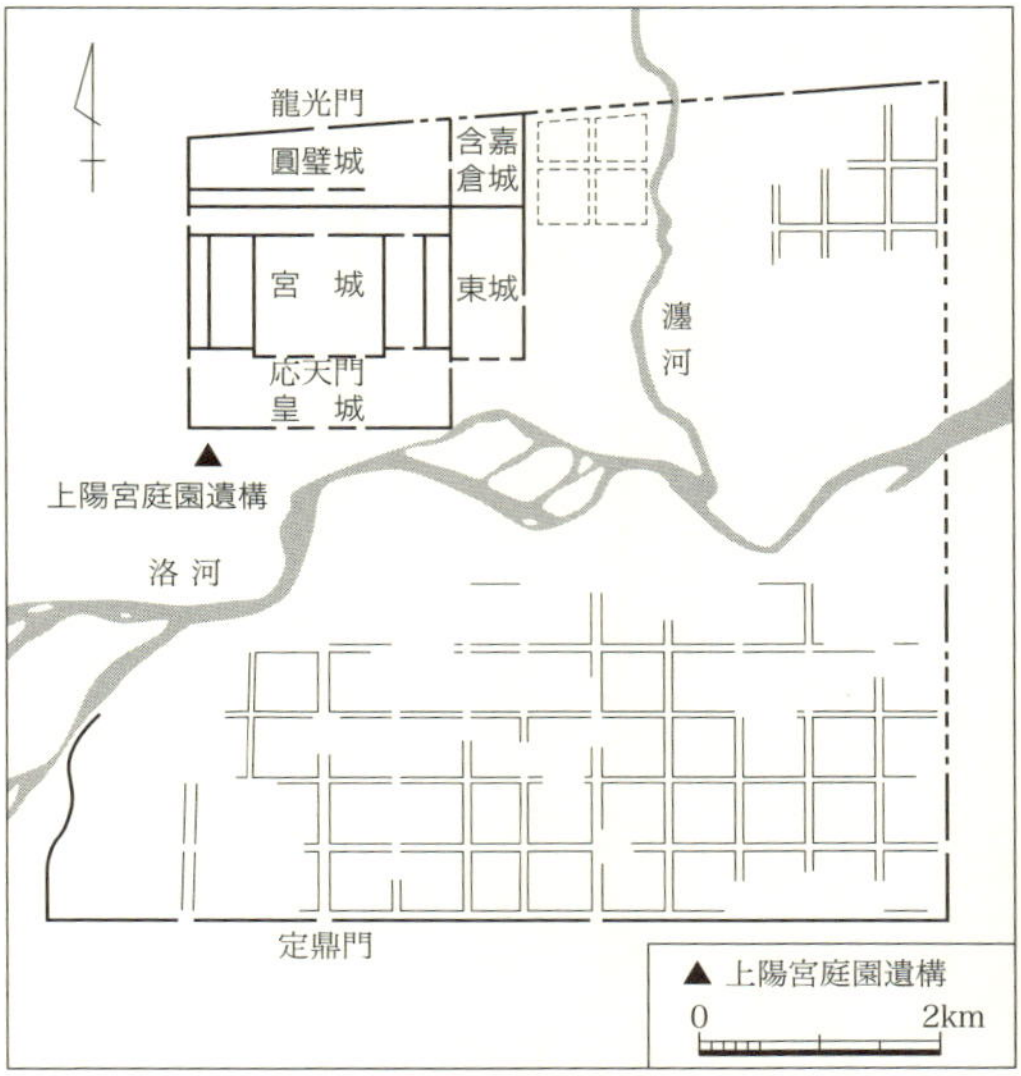

唐洛陽城上陽宮庭園の位置

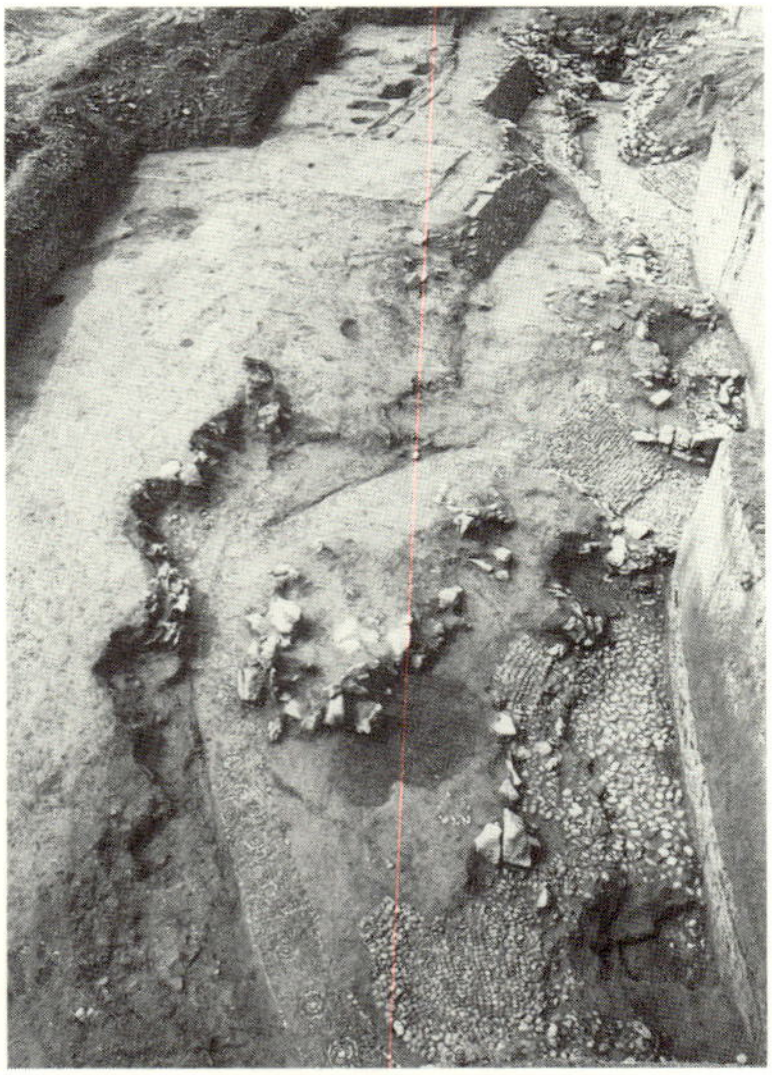

唐洛陽城上陽宮庭園（東から）

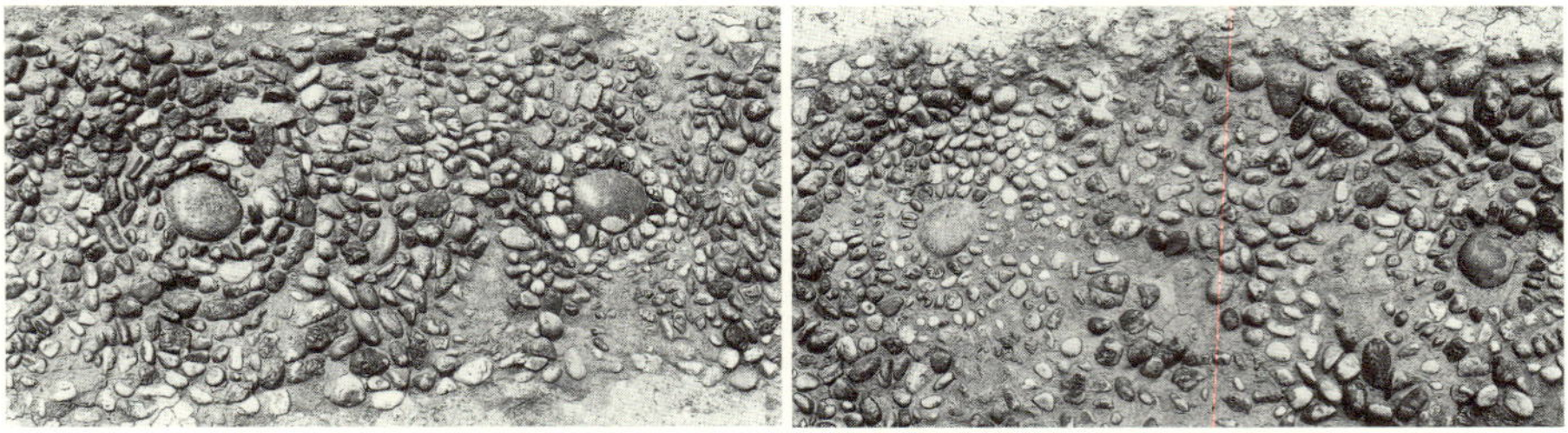

唐洛陽城上陽宮庭園の花柄石敷路面

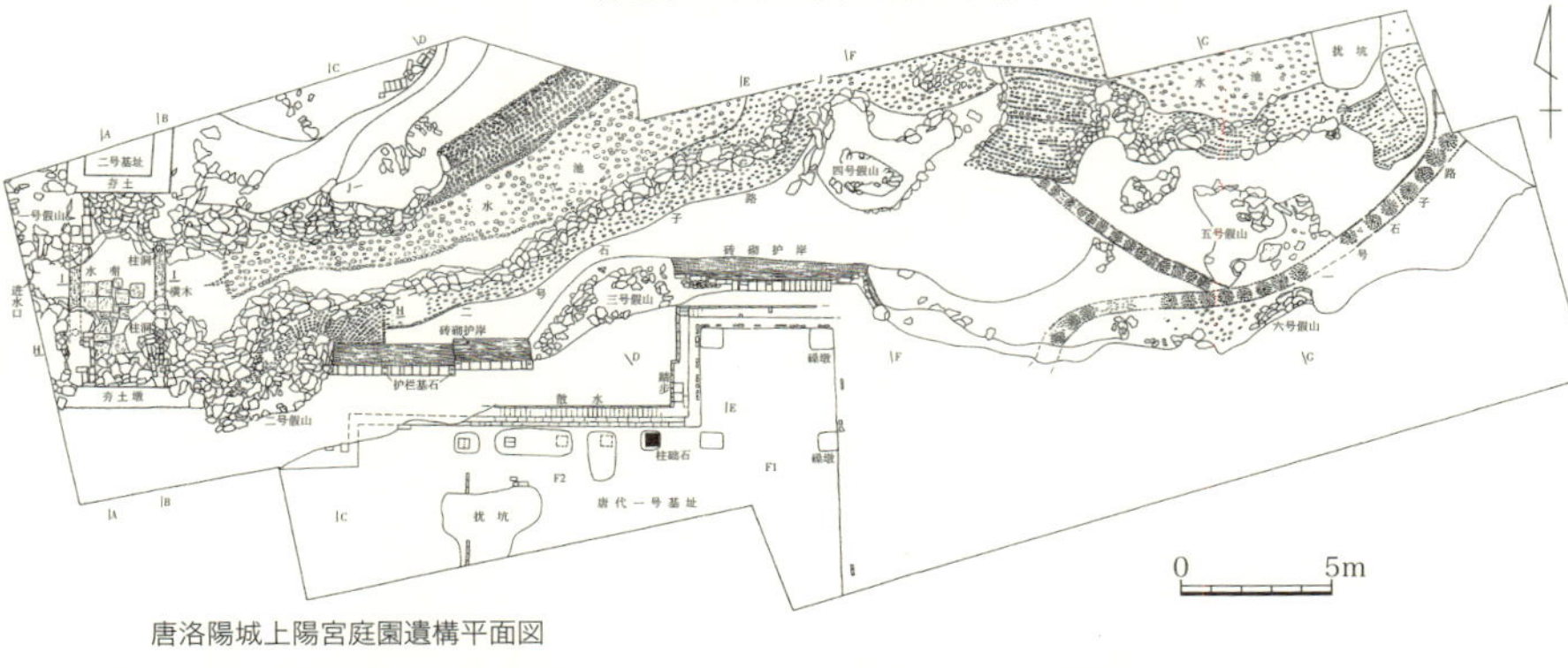

唐洛陽城上陽宮庭園遺構平面図

図4　唐洛陽城上陽宮庭園の花柄石敷（中国社会科学院考古研究所『隋唐洛陽城』（第3・第4冊、文物出版社、2014年））

遼寧省朝陽発見の唐代花柄石敷路面

成都江南館街の唐宋道路遺構

成都東華門遺跡の唐代道路遺構(L4)

成都東華門遺跡の宋代道路遺構(L2)

図5　唐宋代の地方都市の花柄石敷（田立坤・万雄飛・白宝玉「朝陽古城考古紀略」（『辺疆考古研究』第6輯、2007年）、謝濤・何錕雨「成都江南館街唐宋時期街坊遺址」（『2008中国重要考古発現』文物出版社、2009年）、易立・張雪芬・江滔「四川成都東華門遺址」（『2014中国重要考古発現』文物出版社、2015年））

も整備がなされ、唐代には玄宗の開元五年（七一七）に宋慶礼・姜師度・邵宏らが営州城を築いている。このとき営州には東北地方の諸民族の鎮撫を目的として平盧軍節度使が置かれた。ただ、実際にそれが機能したのはごく短期間で、安史の乱（七五五～七六三）以後そこは奚の跋扈する地となり、平盧軍節度使は山東の青州に移された。したがって、発掘された花柄石敷の道路が唐代の遺構であることが確かならば、それは八世紀前半の建築である可能性が高いだろう。

（4）成都江南館街と東華門遺跡発見の唐宋花柄石敷

①成都江南館街の唐宋道路遺構

二〇〇七～二〇〇八年、成都文物考古研究所が成都市江南館街遺址においてボーリング調査と発掘調査を実施し、唐宋代の舗装道路や水渠、建物址などを検出した。[10] 発掘された四本の街道のうち、L2は塼などで舗装された南北方向の主要道路であり、幅二・一～二・三メートルの路面が約二二〇メートルにわたって確認された。

路面は晩唐期から宋代初期まで三段階が確認されている。道路の両側には建物がならび、道路とそれらの建物の間には、敷塼と卵石を組み合わせて花柄紋様を飾っており（**図5**中）、その紋様は建物ごとに異なるという。詳細は未報告ながら、やはり晩唐から宋代の遺構と推定される。

②成都東華門遺跡の唐代道路遺構

二〇一三～二〇一四年には、成都市青羊区東華門街において、成都文物考古研究所が漢・六朝から隋・唐・宋・元・明・清代にいたる遺跡を発見し、[11] そのうち唐宋代の遺構には卵石舗装の道路や建物址・排水施設・井戸・池などが含まれていた。なかでも卵石舗装の道路は、これまでに成都で発見された道路のなかで最も保存状態がよい。

道路L5は残存長四三メートル、幅一・五メートルで、隋から唐代前期にさかのぼり、路面の周囲を小端立てにした塼で縁どりし、その内側にはさまざまな色の卵石を組み合わせて精緻な団花紋様があらわされていた。一方、南宋代の道路L2は、残存長四六メートル、幅一・三メートルで、やはり塼で縁どりした路面に大ぶりな花柄紋様をあらわしている。唐代の道路L4もこれと類似した工法だという（**図5**下）。

その附近から発見された池の遺構は、隋の蜀王楊秀が子城を増築した際にできた「摩訶池」の一部と推定されている。その場所は唐から五代にかけて池を中心とした景勝地であったらしく、唐の杜甫の詩にも詠まれ、五代の前蜀王建の時代には宮苑の一部とされたという。発見された建築や道路遺構が苑池の一部であったかどうかは明確でないものの、池の周囲の建造物であったことは確かだろう。

四、中国における花柄石敷の展開

現在までの考古学的調査成果をみる限り、花柄石敷の最古例は北朝鄴城の核桃園建築群と二〇六号宮殿址で、前者は北斉天保九年（五五八）造営の大荘厳寺、後者は後宮内の大型宮殿と推定される。いずれも帝室が造営に関与した建築にともなう直線的な石敷路で、前者は塼石混合の舗装、後者は全面を石敷とした大規模な路面である。

唐の宮廷では、七世紀後半の造営と考えられる洛陽上陽宮の例がある。これは初唐期に皇帝・皇后がつくらせた庭園内の石敷路で、池岸に沿ってゆるやかに湾曲し、園内を散策しながら遊覧観賞するのに適した通路である。

それに対し、遼寧省朝陽の例は直線的な石敷路で、八世紀前半に造営された営州城の内部に敷設されたものと考えられる。この時期の営州には平盧軍節度使が置かれ、東北地方の軍事拠点とされた。唐代営州城内の建物配置はほとんどわかっていないものの、西端の軍事拠点であった砕葉鎮でも同様の花柄石敷が発見されていることは興味深い。

これらと前後する時期の成都東華門遺跡では摩訶池に隣接する場所から唐代の建物群と直線的な石敷路が発見された。また、成都市内の江南館街では唐宋代の塼敷道路にともなって花柄紋様の石敷が発見された。こうした装飾性の高い道路の存在は、唐代から宋代における経済的発展のなかで、地方の大都市にも花柄の石敷が普及し、公的な施設や庭園のみならず、商家がならぶ市街地も華やかに彩られていった状況を想像させる。

こうしてみると、北朝後期において帝室造営の建築や庭園に使用されていた花柄石敷は、唐代前期にも継続して帝室の庭園に用いられる一方で、軍鎮が設置された地方都市の中枢にも採用されていったことがわかる。そうした流れのなかで唐の西端の軍事拠点――砕葉鎮に出現したのが、アク・ベシム遺跡発見の花柄石敷である。

おわりに

中国において塼・石による地面舗装の伝統は西周以前にさかのぼり、秦漢代には建築基壇上面や基壇縁辺を塼で舗装し、周囲を卵石で舗装する手法が定着する。隋唐時代になると主要宮殿の基壇とその周囲は塼と切石に統一され、また地方都市の主要道路も路面を塼で舗装したものが多くなる。

それに対して、卵石の花柄石敷は、皇室御用の庭園内の通路など、限られた人が散策・観賞するような場所に用いられ、次第に装飾性を増していった。唐代前期には地方の支配拠点にもそうした装飾性の高い空間が設けられるようになり、さらに唐代後期から宋代になると、大都市の市街地にも花柄石敷の使用が普及していった。それが、明清代の江南庭園の多彩な石敷装飾に結実する。

アク・ベシム遺跡の花柄石敷遺構は、内城の中央よりやや北側に所在する大型基壇の後方空間に設置され、その位置からみて、唐の砕葉鎮城の中枢をなす建築にともなう石敷と考えられる。その具体的な性格の解明は今後の調査を待たねばならないが、ここではシルクロードを往来した内外の使節を迎え、饗応するための空間であったと推定しておきたい。

注

（1）山内和也・櫛原功一・望月秀和「二〇一七年度アク・ベシム遺跡発掘調査報告」（『帝京大学文化財研究所研究報告』第一七集、二〇一八年）、山内和也・バキット アマンバエヴァ・櫛原功一・望月秀和・中山千恵・大谷育恵・平野修「二〇一八年度アク・ベシム（スイヤブ）遺跡の調査成果」（『帝京大学文化財研究所研究報告』第一八集、二〇一九年）、帝京大学文化財研究所編『アク・ベシム（スイヤブ）二〇一八』（帝京大学シルクロード学術調査団調査研究報告2、二〇二一年）。

（2）柿沼陽平「唐代砕葉鎮史新探」（『帝京大学文化財研究所研究報告』第一八集、二〇一九年）。

（3）山内和也「帝京大学シルクロード学術調査団二〇二三年度春季調査の成果」、平野修「春期調査 アク・ベシム遺跡 第二シャフリスタン発掘報告」（いずれも『シルクロード学研究会二〇二三夏資料集』帝京大学文化財研究所、二〇二三年）。

（4）王其鈞『中国建築図解詞典』および『中国園林図解詞典』（いずれも機械工業出版社、二〇〇七年）。

（5）中国科学院自然科学史研究所『中国古代建築技術史』（科学出版社、一九八五年）、田中淡「鋪地――中国庭園へのアプローチ」（『鋪地・中国庭園のデザイン』ＩＮＡＸ出版、一九九五年）。

（6）中国社会科学院考古研究所・河北省文物研究所鄴城考古隊「河北臨漳鄴城遺址核桃園一号建築基址発掘報告」（『考古学報』第四期、二〇一六年）。

（7）中国社会科学院考古研究所・河北省文物考古研究院鄴城考古隊「河北臨漳県鄴城遺址東魏北斉宮城区二〇六号大殿基址及附属遺迹」（『考古』第二期、二〇二三年）。

（8）中国社会科学院考古研究所『隋唐洛陽城――一九五九～二〇〇一年考古発掘報告』（第三・第四冊、文物出版社、二〇一四年）。

（9）田立坤・万雄飛・白宝玉「朝陽古城考古紀略」（『辺疆考古研究』第六輯、二〇〇七年）。

（10）謝濤・何錕雨「成都江南館街唐宋時期街坊遺址」（『二〇〇八中国重要考古発現』文物出版社、二〇〇九年）。

（11）易立・張雪芬・江滔「四川成都東華門遺址」（『二〇一四中国重要考古発現』文物出版社、二〇一五年）。

家畜利用からみたアク・ベシム遺跡

植月　学

うえつき・まなぶ――帝京大学文化財研究所教授。専門は動物考古学。主な論文に「動物考古学の現在――日本列島における牛馬利用の歴史」（『日本史の現在1　考古』山川出版社、二〇二四年）、"The use of horses in classical period Japan inferred from pathology and limb bone proportion", Asian Journal of Paleopathology, 4, 2022（共著）、「動物考古学からみた馬匹生産と馬の利用」（『馬と古代社会』八木書店、二〇二一年）などがある。

アク・ベシム遺跡ではヒツジ、ウマ、ウシを主体とする遺存良好な動物骨が大量に出土している。これら家畜の利用は、都市繁栄期には消費者的様相が強く、十～十一世紀頃の衰退期を境に生産者的様相に変化する。本稿ではあらたな分析資料を追加することで、以上の時期的変化に加えて、同時期においても東西両街区で家畜利用に差異が存在したことを示し、その背景について議論する。

はじめに

二〇二四年の冬。私はまたキルギスの首都、ビシュケクの常宿の地下室で同僚と机一杯に広げた動物骨を分類していた。間にコロナ禍を挟みつつ、かれこれ八年も通い詰めているが、冬のキルギスは初めてであった。外には雪が積もっていた。我々は日々、動物骨の部位を特定し、種を同定し、計測しては入力するという作業を繰り返していた。傍から見れば地道極まりない作業であろうが、我々は日々飽きもせずその作業を繰り返していた。考古学者は誰も似たようなものだろうが、資料に向き合いながらそれらの遺物に触れた人たちのくらしや行動に思いを馳せていると時が経つのも忘れてしまう。

きっかけはほんの好奇心だった。二〇一七年、日本の遺跡から出土するウマについて熱心に調べていた私は、旧知の研究者たちが中央アジアのキルギスなる国で都市遺跡を掘っていて、大量に動物骨が出土していると聞いた。調べてみると、キルギスというのは有名な汗血馬を生み出したフェルガナ地域を含むらしい。それと比較すれば日本のウマの研究もう少しスケールが広がるかもしれない。その程度の軽い気持であった。まさかその後八年も通い続けることになるとは思ってても見なかった。八年が経過し、これまでに六〇〇〇点以上の骨を同定してきた。その結果として明らかになってきたことも、資料が増えるほどに複雑になってきた問題もあるが、本稿では動物考古学の視点から見えてきたアク・ベシム遺跡における動物利用、特に本遺跡で主体をなす家畜の利用について現時点で考えていることを紹介したい。

一、本稿の目的

アク・ベシム遺跡の概要、特徴については本書の他稿において詳述されているので、ここでは繰り返さない。他の分野でも同様だろうが、動物考古学の分野からも、もっとも興味をそそられる本遺跡の唯一無二といってよい特徴は隣接する東西二街区の存在である。より詳しくは、ソグド人が建てた西の街区（第一シャフリスタン）、短期間ながら唐が軍事拠点、砕葉鎮城を置いた東の街区（第二シャフリスタン）における動物資源利用の比較である。しかし、残念ながら現在に至るまで確実に砕葉鎮城に結び付けられる動物遺体は出土していない。それでも、両街区における動物資源利用の差が徐々に明らかになってきた。

本遺跡の動物遺体については、まず第一シャフリスタンの街路地区出土資料についての新井（二〇一六a）による研究があり、都市民的・消費者的な動物資源利用のあり方が明らかにされた。植月・新井（二〇二〇）ではその成果に立脚した上で、第一シャフリスタンと第二シャフリスタンの比較をおこなった結果、第一シャフリスタンの性格が追認されるとともに、衰退後の第二シャフリスタンではより牧畜民的、生産者的様相を示すことが明らかになった。

図1にはこれまでに動物遺体の分析を実施した調査地点の遺構、層位と年代を示した。この図にみるように、旧稿（植月・新井二〇二〇）ではAKB13の古段階とAKB15の新段階を比較していたことになる。旧稿では両街区の動物資源利用に差が認められたことからその差を消費者から生産者への変化、すなわち時期差と解釈したが、その差が地区差である可能性も残った。本稿ではAKB13の新段階とAKB15の古段階という空白部分を埋めることで、上記の差が真に時期的変化を反映しているのか、あるいは地区差も関係しているのかを検討する。

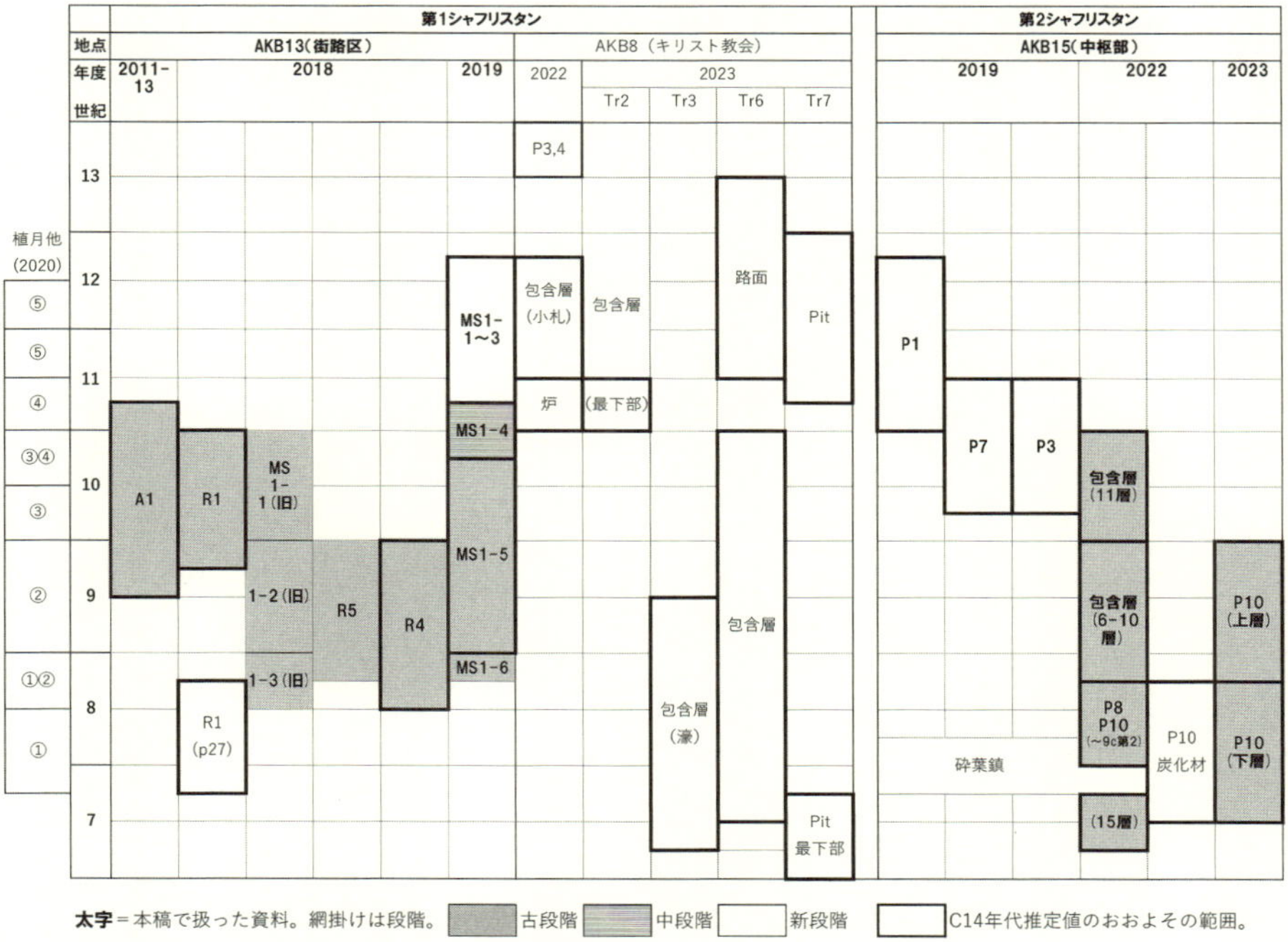

図1　アクベシム遺跡動物遺体が出土遺構・層位の年代

二、資料と方法

（1）調査地点の概要

本遺跡で動物遺体を多く出土した地点は大きく以下の三つに分かれる。

・AKB13（第一シャフリスタン　街路区）

二〇一一年から二〇一三年出土資料については新井（二〇一六a、b）、二〇一八年出土資料の大部分と、二〇一六年、二〇一七年出土資料のうちウマについては植月・新井（二〇二〇）で報告した。

本稿では二〇一九年出土資料を新たに報告する。この調査では大通り（MS1）において複数の路面が分層発掘され、骨が層位的に取り上げられたので、より詳細な時期的変化を追跡できる。

・AKB15（第二シャフリスタン　中枢部）

植月・新井（二〇二〇）では二〇一九年に出土した新しい時期のゴミ穴三基（P1、P3、P7）の動物遺体分析結果を報告した。二〇二二年と二〇二三年の調査では第一号基壇南側の包含層やその下部のピット（P8、P10）より動物遺体が出土した。年代推定の結果は幅広く、一部逆転も見られたが、二〇一九年のピット群よりは明らかに先行する。ＡＫＢ13（二〇一八）や本稿の二〇一九年路面下層の資料群ともおおむね並行する時期ととらえられる。

図1の年代はサンプルを採取したセクション面の年代で、動物遺体の取り上げと厳密に対応するわけではない。本稿では一号基壇（ＰＬ01）の南側において、包含層下部より検出されたピット（Ｐ8、Ｐ10）を最古ととらえた。包含層出土で「下層」との注記がある資料を次の段階とみなし、合算した。最後に同じエリアで層位的な注記がないものを「その他」として一括した。これらは上層の後続時期を含むとみなした。なお、Ｐ10については二〇二四年の調査で完掘され、長径約九メートル、深さ約三メートルであることが判明した。この本体部分から出土した多量の動物遺体については別途報告予定である。

・ＡＫＢ8（第一シャフリスタン　東方教会地点）

二〇二二年より調査が着手されており、教会中庭や東壁の外側などにおいて主に教会廃絶後とみられる生活址や包含層から多量の動物遺体が出土している。現在整理中であるため、本稿では参考程度に所見を述べるにとどめる。量的には**図1**の十一世紀以降、本稿の新段階が主体となる。

（2）資料の年代

図1の年代は主に放射性炭素年代測定値にもとづいた。上下の層位や遺構で年代値が重複する場合や逆転する場合は新しい方の年代を優先した。なお、本表は筆者個人の判断で作成した暫定的なもので、調査団の公式見解ではないことをお断りしておく。

推定年代の幅広さや重複により、細かな時期区分での比較は難しい。また、動物遺体は分析項目によっては細かく年代を区切ると標本数が少なすぎて比較が困難となる場合がある。そこで、本稿ではおおむね十世紀末頃を境とした古・新の二段階を基本とする。さらに、ＡＫＢ13（二〇一九）の街路面の層位的発掘では古・新段階の境界において多量の標本が得られている（ＭＳ1―4）。そこで、ＡＫＢ13についてはこれを中段階として区別した。したがって、一部重複もあるが、おおむねＡＫＢ13古段階とＡＫＢ15古段階が、ＡＫＢ13中・新段階とＡＫＢ15新段階が対応することになる。

（3）分析方法

基本的な方法は旧稿（植月・新井二〇二〇）と同様である。なお、紙幅の都合上、地点、年代差のみられた組成、年齢、計測結果を中心に紹介する。元となったデータを提示することもかなわないが、別の機会に公表することでご容赦いただきたい。

・種組成

同定標本数（NISP）によった。既報告分については旧稿にもとづいたが、ロバのみ見直しをした。ウマとロバの区別は形態では困難なので、推定体高一一〇センチ未満を機械的にロバに割り振った。しかし、より大型のロバが存在する可能性はあるので、ウマとした中にもロバが含まれる可能性は残る。

・年齢構成

ウマは西中川・松元（一九九一）による上・下顎臼歯全歯高（歯根中心部、II式）にもとづく月齢推定式を用いて推定をおこなった。計測可能であった全標本の推定結果を用い、同一個体で複数歯が計測できた場合もすべてを採用した。データ解析ソフトウェアPAST（PAleontologicalSTatistics Ver.4.03, Hammer et al. 2001）の混合物解析（Mixture analysis）を用いて標本群がいくつの集団からなるかを判別した（Hammer 2020）。

ヒツジは旧稿で対象とした資料群で顎骨の観察が行えていないため、本稿でもZeder（2006）にもとづき四肢骨の癒合時期により六段階に区分し、各段階の生存率として示した。部位によってはヒツジとヤギを区別できないので、全部位とも両種の合算結果を用いた。今回も同定可能標本ではすべてのサンプルでヒツジが八五パーセント以上、多くは九〇パーセント以上を占めるので、大きな問題はないと判断した。

なお、ウシについては今回追加対象とした資料群では顎骨、四肢骨癒合観察可能標本ともに少なかったため、対象としなかった。

・四肢骨の計測

ウマでは四肢骨全長を計測可能な標本は少なかった。そこで、西中川・松元（一九九一）による部分計測値から骨長（全長）を求める推定式を用いて、まず骨長を推定した。次に、林田・山内（一九五七）の骨長から体高を求める推定式（III式）により体高を推定した。ただし、誤差を考慮し、前者では相関係数九〇パーセント以上の計測位置、後者では誤差三センチ以内に七〇パーセント以上が収まる四部位のみを用いた（上腕骨、橈骨《とうこつ》、寛骨、脛骨）。

ヒツジは主に性比の検討を目的とした。Arbuckle & Atici（2013）において性差が顕著とされた部位、計測位置のうち、各地点で比較的多くの計測値が得られ、かつヒツジと同定できた上腕骨BTを用いた。これまでに得られた全計測結果を対象にウマ年齢構成と同様にPASTによる混合物解析を用いて性別判定をおこなった。

ウシは計測できた標本がもっとも少なかったため、各部

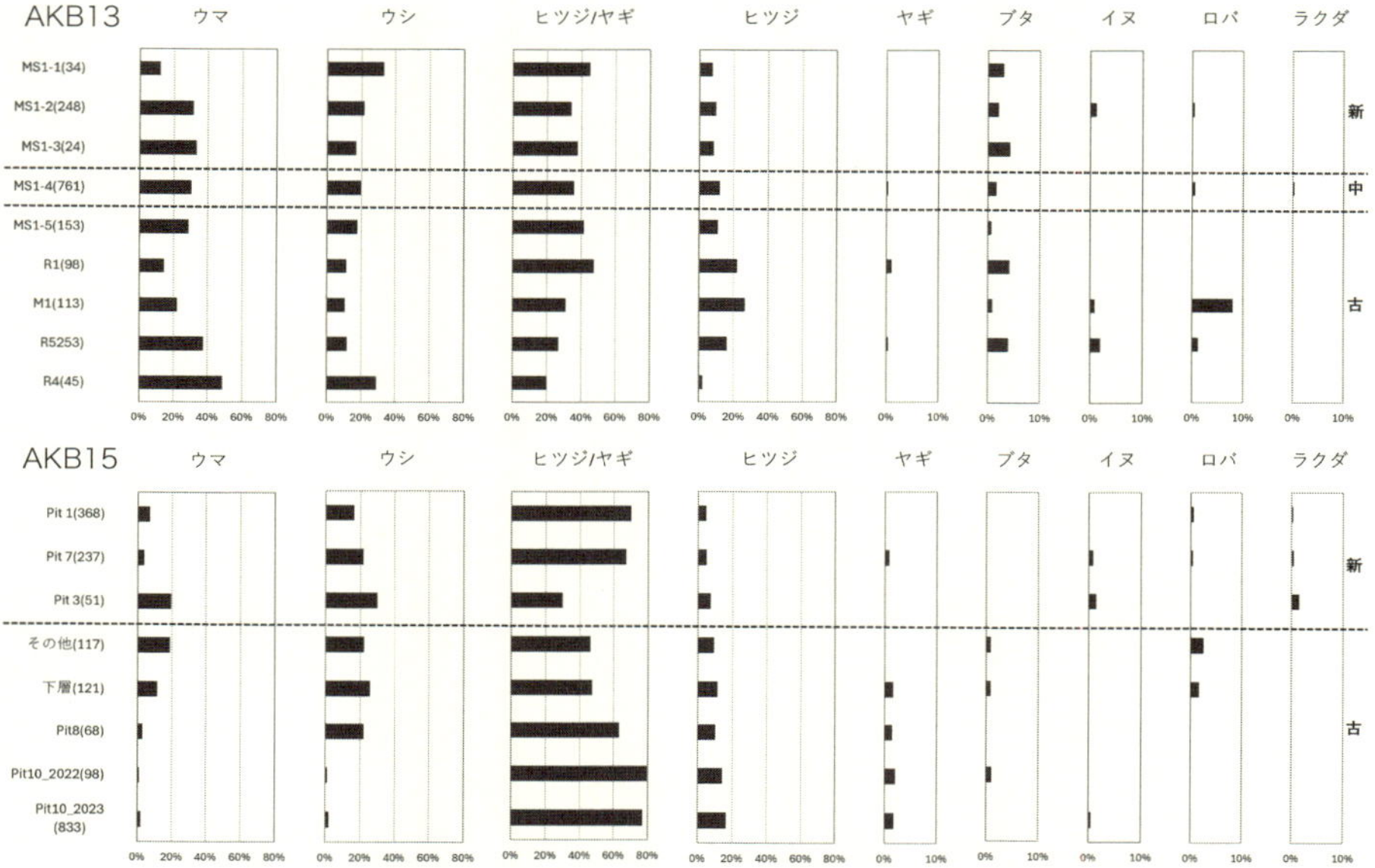

図2　組成変化（括弧内は標本数）

位の計測値について中石器時代のオーロックス標本（Steppan 2001）を基準とするLog Size Index（LSI. Meadow 1999）を求めた。長さを計測できた部位が少なかったことに加え、主に体高に関わる長さと、体重に関わる幅を同列に扱うべきでないとされることから（Meadow 1999）、ＬＳＩ算出には幅に関する計測値（Bp, Bd, SD）のみを用いている。ヒツジと同様にＰＡＳＴによる混合物解析で性別判定をおこなった。

三、分析結果

（１）種組成（図２）

各地区、各段階ともにヒツジ・ヤギ（同定可能標本からは八〜九割はヒツジ）が主体となり、ウマとウシがこれに次ぐという基本的構成は今回の結果でも変わりなかった。以下では地区差、時期差が認められた種についてみていく。

・地区差

まず旧稿で指摘したＡＫＢ13とＡＫＢ15の差が、年代幅が重なる今回の結果でも確認できるかを検討する。両地区のもっとも顕著な差はＡＫＢ13におけるウマの多さであった。この点は今回の結果でも確認できた。ＡＫＢ13では路面最上層（ＭＳ１―１）を除けばおおむね三〇パーセント前後で推移する。最終段階のＭＳ１―１にウマが減少するのかは、標本数が少ないこと、古段階においてもR1のように少ない遺構もあることから、判断が難しい。

これに対して、AKB15では古段階においてもウマが少ないことが新たに確認できた。P10はヒツジに偏ったかなり特異な組成を示すため注意が必要だが、包含層下層や包含層一括（その他）においても二〇パーセントを上回ることがない点は古段階においてもウマが少なかったことを示す。

旧稿で指摘した二点目はAKB13におけるイノシシ属の存在である。その後の分析で形態的にブタの可能性が高い個体が多く確認されていること、炭素・窒素同位体分析による食性分析で人為的影響が示唆されたこと（板橋悠氏ご教示）から、本稿ではブタと表記する。AKB13では五パーセント前後と多くはないが、下層から最上層まで一貫して出土することが確認できた。これに対して、AKB15では新段階のピット群ではまったく出土していなかったが、今回の古段階の包含層やP10からは少量出土した。量的にはいずれも一パーセント以下でAKB13に比べると少ない。

・**時期差**

その他の希少種で出現率に時期差が認められたのはヤギ、ロバ、ラクダ属である。ヤギは古段階の特にAKB15で目立つ。AKB13古〜中段階にも少数みられるので、地区差といえるかは不明である。ロバは両地区ともに古段階に目立つ遺構、層位がある。先述のようにウマとの区別に問題を残すが、少なくともウマとは考えにくい小型の個体が古段階により多く存在したことはいえる。逆に新段階でやや目立つのがラクダで、AKB15新段階のピット群三基ともに確認されている。

まとめると、両地区の差は古段階、新段階を通じて存在し、AKB13ではウマとブタが相対的に多かった。少数で課題を残すものの、ラクダ属は新段階のAKB15に特徴的であった可能性がある。両地区に共通する時期的変化としては、古段階にロバがやや多い点が挙げられる。

（2）年齢構成

・**ウマ（図3）**

AKB13（路面）のみ一定の標本数が得られた。遺構別ではMS1―4のみが一〇点以上だったので、別途図示した。AKB15は標本数六点、個体数で二個体分しかなかったので、図示しない。

MS1―4が全標本の八割近くを占めるため、傾向はAKB13（二〇一九）全体でも、MS1―4単体でもほとんど変わらない。平均値は八歳程度だが、混合物解析によれば五歳前後と一〇歳前後にピークを持つ双峰性を呈する。この傾向は旧稿で示したAKB13の二〇一八年度資料群（おおむね古

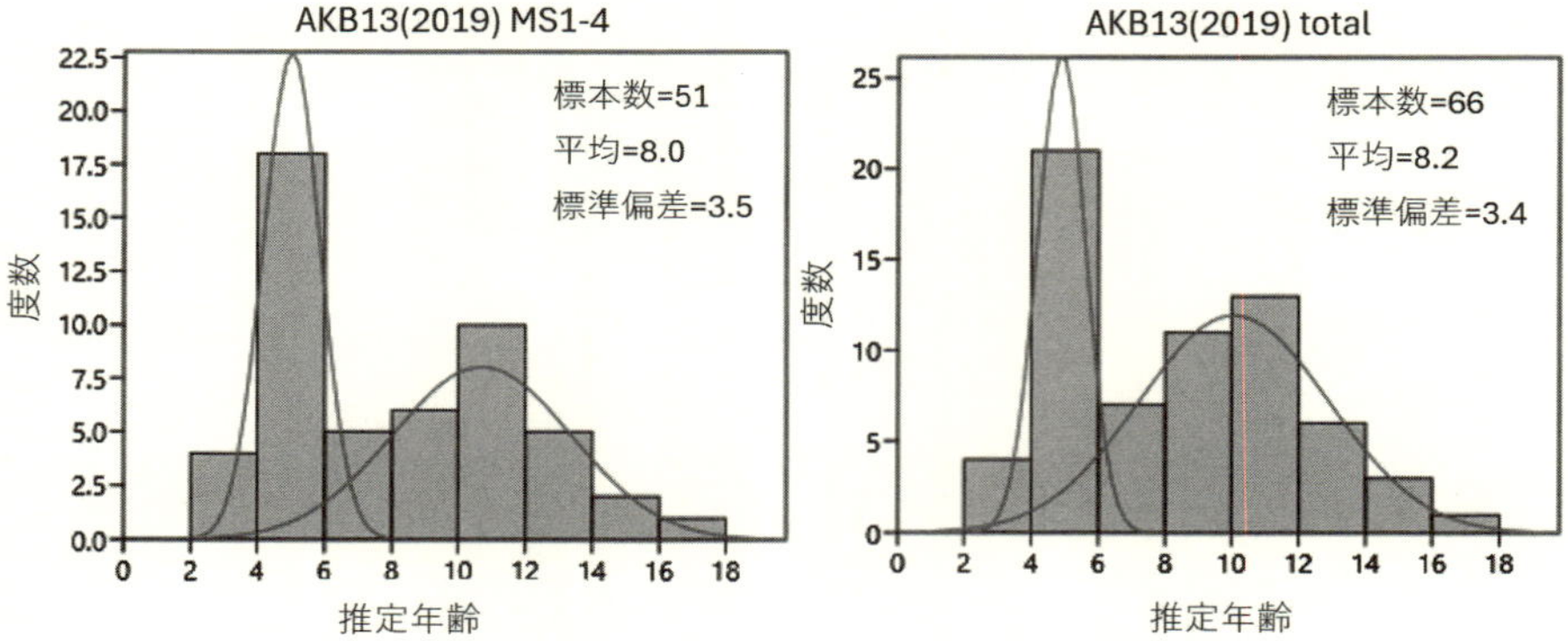

図3　ウマ死亡年齢構成

段階）や二〇一二～一七年資料群（Ａ１・古～中段階か）とも一致する。また、ＡＫＢ15二〇一九年度ピット群資料（新段階）でも標本数はやや少なく、高齢グループのピークが十三歳前後とやや高齢に振れるが、傾向は類似する。したがって、地区間でも通時的にもウマ年齢構成にはほとんど変化がないことが確認された。

・ヒツジ

図４左の折れ線グラフにヒツジ（ヤギを含む）の月齢群別の生存率を示した。このグラフでは各月齢群で間引かれた数が読みとりにくいため、右側には前後の群での差分を棒グラフで示した。ＡＫＢ13新段階は生存率カーブが最終のＥ群で上昇する明らかに不自然な結果を示すので、以下の検討から除外する。この方法は月齢群により対象部位が異なるので、標本数が少ないとこのような結果となることがある。同様の理由で対象部位が限られるＦ群は全サンプルで標本数がわずかだったので除外した。

その他のサンプルについてみると、ＡＫＢ13では古、中段階とも傾向が類似し、Ｄ群からＥ群の増加が６割近くでもっとも大きい。すなわち、この月齢群、一歳半から四歳にかけて過半数が間引かれたと推定される。ＡＫＢ15での傾向は異なり、かつ古段階と新段階でも異なる。古段階ではＥ群（四

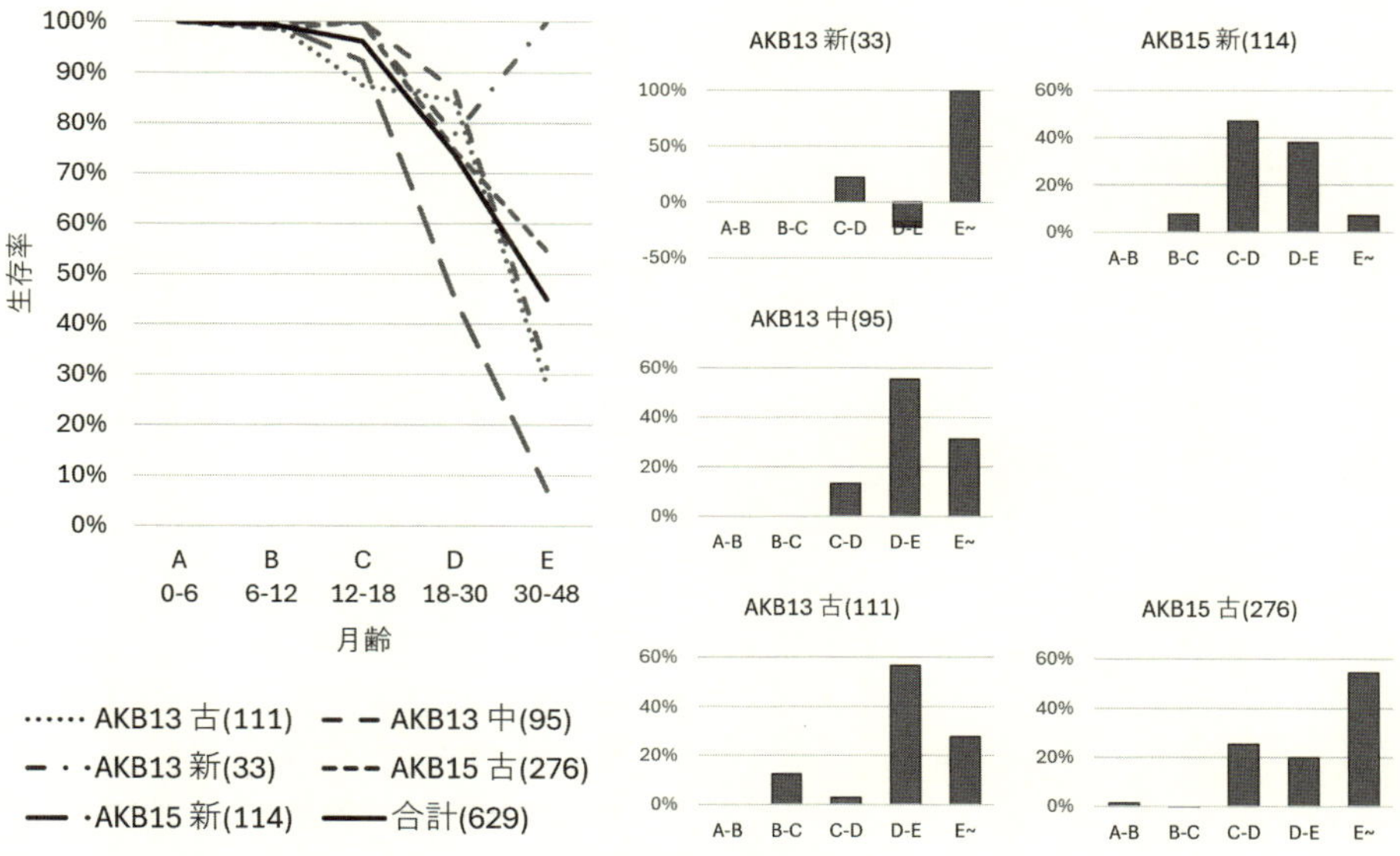

図4　ヒツジ・ヤギ生存率（A～EはZerder(2006)の月齢群）

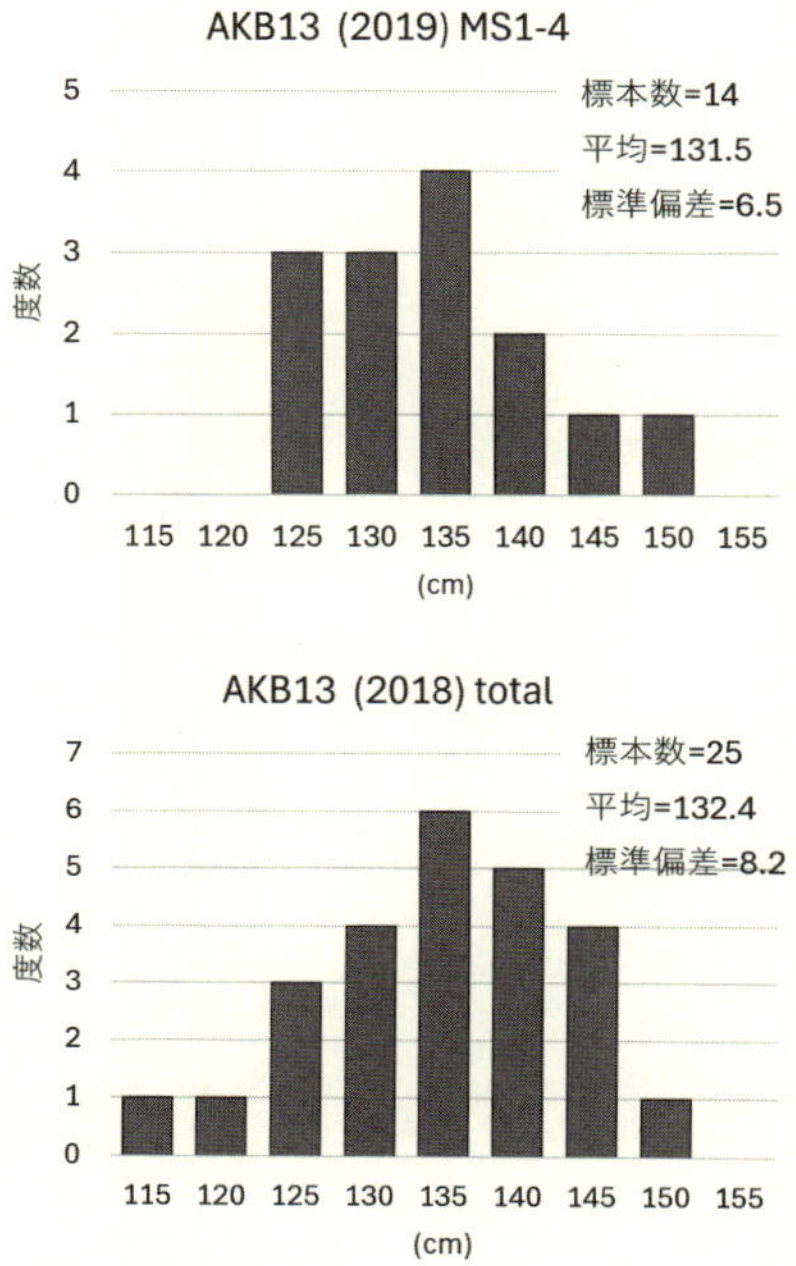

図5　ウマ推定体高

歳以降）まで生存している個体が過半数を占め、高齢主体である。逆に、新段階ではD群まで（一歳～二歳半）がもっとも多く、E群まで（一歳半～四歳）がこれに次ぐ。両者とも四割前後、合わせて八割程度がこの月齢段階で間引かれたと推定され、今回の中ではもっとも若齢に偏る。

（３）計測結果

・ウマ（図５）

推定体高の平均はＡＫＢ13では標本数がもっとも多いＭＳ１―４でも、全標本の合計でも約一三二センチであった。ＡＫＢ13の過去の資料では各年度とも平均約一三五センチだったが、おおむね同程度のサイズといえる。ＡＫＢ15は標本数が三点のみだったので図示しない。

・ヒツジ（図6上）

上腕骨BT計測値のMixture analysisにより、大小二群に分かれると判定されたため、大型を雄、小型を雌とみなし、両者の割合を示した。AKB13中段階は雄が約六割を占める。AKB15古段階では雄が四割強を占める。新段階ではAKB13、AKB15ともに雄がやや減少し、三割以下となる。旧稿では標本数の少なさにより両地区を合わせた検討しかできなかったが、性比に時期差があった可能性が新たに見えてきた。ただし、特に新段階で標本数が非常に少ない点は注意を要する。なお、AKB13古段階ではBT計測値が存在しないため、比較できていない。

・ウシ（図6下）

部位単位では計測可能標本数が少ないため、各部位のLSIを用いてヒツジと同様に混合物解析による性別判定をおこなった。結果は時期差が明確に表れた。両地点とも古段階では雄が優占し、約六〜八割を占めるのに対し、中〜新段階では約二割以下と雄の割合が低下する。

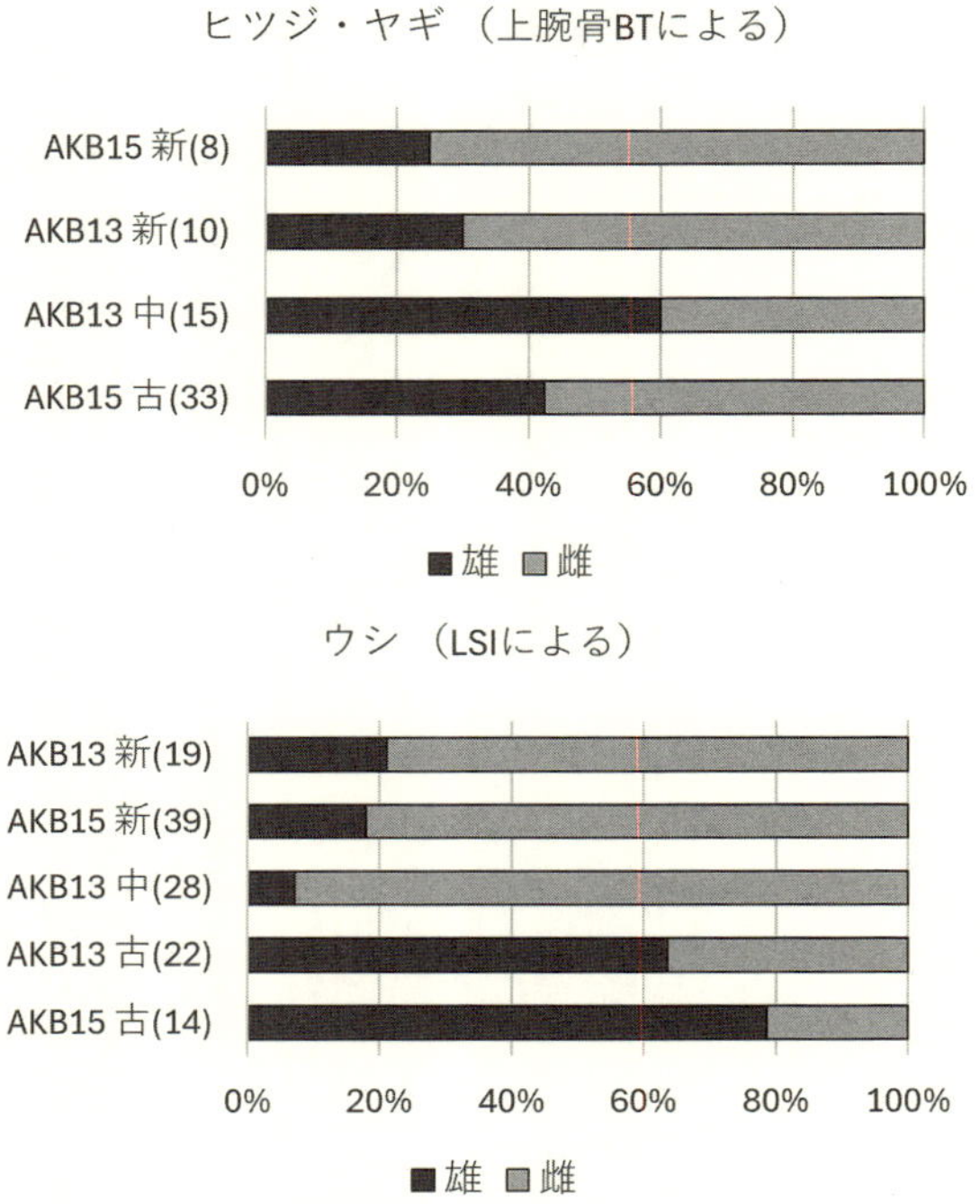

図6　ヒツジ・ヤギ、ウシ（下）性比

四、考察

（1）地区差と時期差

新たな分析結果を加え、本稿で問題とした本遺跡東西二街区における地区差についてはどのようにまとめられるのか。あるいは旧稿で指摘した時期差は支持されるのかを考察する。

図7には各分析項目結果を一覧化し、地区間、ないしは時期間で差異が確認できた境界線を示した。右端には境界が地区間に存在するのか、時期間に存在するのか、あるいはその双方なのかを記した。太字によって示したのは比較的明確な

分析項目	AKB13			AKB15		地区差／時期差
	古	中	新	古	新	
ウマ	◎	◎	◎	○	○	**地区差**
ブタ	△	△	○	＋		**地区差**
ラクダ		＋			＋	時期差？
ヤギ	＋	＋		△	＋	地区差（古）＋時期差（15）
ロバ	△	＋	＋	＋	＋	地区差（古）＋時期差(13)
ヒツジ年齢	若	若	？	老	若	地区差（古）＋時期差（15）
ヒツジ性比	？	♂	♀	♂	♀	**時期差**
ウシ性比	♂	♀	♀	♂	♀	**時期差**

太い縦線は差が存在する境界。◎ ＞20%,○ 2~10%, △≦2%, ＋≦1%（各段階の遺構平均）

図7　地区差・地域差のまとめ

差異が存在すると判断した部分である。

時期にかかわらず、地区間で差異が存在したと判断したのはＡＫＢ13におけるウマの多さとブタの存在である。この点は旧稿でも指摘したが、今回の結果によって、古段階だけでなく、新段階にも継続する地区差であると判明した。この二点については次項以降で議論する。

両地区に共通する時期的変化と判断されたのがヒツジとウシの性比である。両種とも古段階で比較的雄が多く、新段階になると雌が増加する。旧稿でウシについて考察したように、雄を多く含む古段階は肉用を主とした消費者的様相で、雌が増加する新段階は乳用や繁殖に重きを置いた生産者的様相に変化したとの解釈を支持する結果にもみえる。

ただし、問題もある。先述のように、ＡＫＢ13ウマの多さとブタの存在という明確な特徴は、ウシ、ヒツジ雌雄の境界を越えて一貫している。これらは旧稿で本遺跡の都市的性格を示すとした特徴であり、生産者的様相に変化したという解釈とは矛盾する。どちらかというと、標本数が少なく、品種やサイズの時期差も無視した性比の方が証拠としては弱いと考えているが、こうした矛盾の背景については今後さらに検討を深めていきたい。

細字で記したその他項目の地区差・時期差の判定について

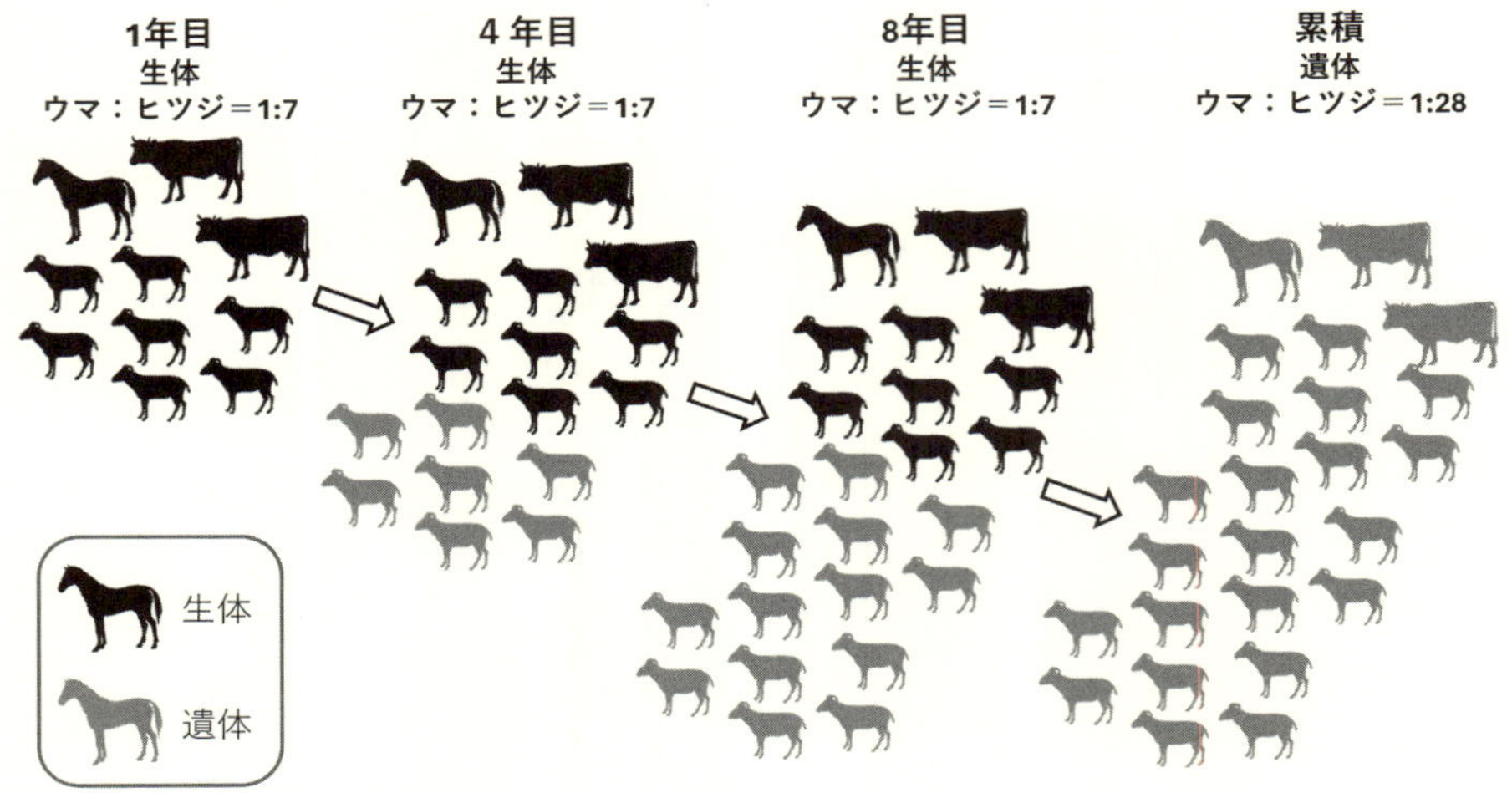

図8　生体組成と遺体組成の模式図

は二つの差が組み合わさっている上に、標本数や数値の差も小さいことから、解釈がより難しい。ヤギ、ロバの出現率、ヒツジ年齢構成については古段階での地区差という点が共通している。ウマとブタで示された、両街区の差を少なくとも古段階については支持する結果である。ラクダは少数ではあるが、両地区で共通して中・新段階にみられた。

（2）AKB13におけるウマの多さ

旧稿では同時期の比較資料に恵まれないが、ウマの多さは他の遺跡には見られない本遺跡の特徴と指摘した。この特徴はBendrey（2011）による近代史料や現代の統計資料からみても草原地帯東部では異質であった。しかもこれらは生きた家畜組成にもとづくデータである。Outram（2012）が指摘したように、考古学で扱っているのはlivestockではなく、あくまでも遺体（deadstock）組成で、ウマのライフサイクルがヒツジよりも長い点に注意が必要である。遺体組成では一時点を切り取った生きた組成に比べて、ウマは過少に、ヒツジは過大評価されることになる。**図8**はこの状況を簡易的に示したものである。Bendreyの近現代データを参考に、ウマ、ウシ、ヒツジの割合が一、二、七であったと仮定した。ライフサイクルはアク・ベシム遺跡のデータをもとに、ウマが平均八年、ヒツジはやや高めに平均四年で屠畜されるとした。それでも生体では常にウマの七倍だったヒツジが遺体組成ではわずか八年後に二十八倍となる。もちろん、実際には家畜群は総入れ替えになるわけではなく、出産や屠畜は継続的に生じているので、実態はもっと複雑である。しかし、ウマ遺体の量の持つ意味が生体では数字以上であることは理解できよう。つまり、ＡＫＢ13のウマの三～四割という遺体構成比の数字から受ける印象以上の、ウマの存在の大きさが浮かび上がる。

　この存在の大きさも生体と遺体の両面から解釈可能である。そもそもアク・ベシムに生体が多かったとするならば、その理由は何だろうか？　旧稿ではその理由を交易都市や天山越えの拠点という本遺跡の性格と関連付け、駄馬の多さに求めた。本遺跡のウマに銜跡が確認できず、乗用ではなく駄用が主体であった可能性が高いこともその根拠であった。銜痕《はみあと》とはウマを乗用とする際に口中に咬ませる銜が、奥歯の前に接して残す磨耗痕のことである。その際には銜跡分析の比較対象が日本列島のウマ遺体であった点が難点であった。

　しかし、最近調査の機会を得たキルギス国内のほぼ同時期（七～十世紀）の複数のクルガン（墳墓）の殉葬馬ではその多くに銜痕が確認できた（植月・新井ほか二〇二三）。同時期の遊牧民が乗用としていたウマには銜痕が確認できたことで、銜痕のないＡＫＢのウマの特異性が明確になった。

遺体の側面では消費者、都市民としての本遺跡の性格に着目する。すなわち、生体として利用されていたウマは必ずしも多くなくても、肉用として周辺の牧畜民から肉用に供給されたとの解釈である。

　ウマの年齢構成は両地区、さらには古・新段階ともにほぼ不変で、五歳前後と十～十三歳前後にピークがあった。旧稿では周辺地域の民族例（Levine 1999, Olsen 2006）も参照し、前者は雄を主体とする繁殖における余剰個体、後者は雌雄ともに生産年齢を過ぎた個体で、いずれも最終的に食肉用に処分されたと考えた。この点では都市に多数存在した損耗馬の処分であっても、周辺牧畜民からの供給であってもおかしくない。

　現時点ではどちらの解釈が妥当か、あるいは両方の要因が関係しているのか判断する材料が不足している。しかし、現在分析を進めているほぼ同時期の中世遺跡であるキルギス西部フェルガナ盆地のウズゲン（Uzgen）遺跡や、キルギス南東部イシククル湖南岸のハンドベ（Kan Döbö）遺跡では、ＡＫＢ13のようなウマの多さは確認できていない（植月・新井ほか二〇二四ｂ）。この点は都市遺跡に一般的な特徴と推測される周辺からの供給というよりも、アク・ベシムに固有の要因、つまり例外的にウマ（荷駄馬）の利用と損耗が多かったという事情をより強く支持するように思われる。今回確認された古段階におけるロバの多さの可能性も、あるいはこうした荷駄用の家畜の利用を物語るかもしれない。この点に関してはウズゲン遺跡等の分析結果も踏まえていずれ再論したい。

もう一つの問題は、AKB15においては新段階のみならず、古段階においてもウマが少なかったことが新たに確認された点である。この点はウマの多さが都市一般の特徴ではなかった可能性に加えて、アク・ベシム遺跡内でも都市の時代にウマの利用傾向に地区差があったことを示唆する。他の家畜も含めて、本遺跡出土家畜遺体の多くは破砕痕の存在により、食用としての最終利用形態を示すとみられる。つまり、都市が繁栄していた古段階においても、ウマの食肉利用は第一シャフリスタン（AKB13）でのみ盛んで、AKB15（第二シャフリスタン）では低調であった可能性がある。街区それぞれの場の利用や、そこに暮らした人々について検討するうえで興味深い問題ではあるが、特に第二シャフリスタンにおける砕葉鎮廃絶後の場の性格と動物遺体群の関係、あるいは年代の対応についていまだ不確実な点が多いので、今後の課題としたい。

(3) ブタの存在

ブタ（イノシシ属）の存在も旧稿でAKB13の特徴として挙げた点である。今回の大通り（MS）路面各段階のより詳細な検討により、ブタが一貫して一定数存在することが確認された。すでに述べたように、形態的特徴だけでなく、食性の面からも野生イノシシではなく、ブタが主体であると推定されるに至った（板橋悠氏のご教示による）。

旧稿では、周辺遺跡において一般的存在でないイノシシ属多産の背景について、キリスト教徒を含む住人の多様性を挙げた。すなわちこれも本遺跡古段階の都市的性格を示すと解釈した。

しかし、ウマと同様にブタ（ないしイノシシ属）の存在もウズゲン遺跡やハンドベ遺跡では顕著でなかった（植月・新井ほか二〇二四b）。したがって、ブタの存在は必ずしも本地域の中世都市一般の特徴とも言い切れず、本遺跡に特異的である可能性が出てきた。この点で本遺跡のイノシシ属の食性が人為的影響を示し、中国的であるという所見は重要である。他の二遺跡にはない本遺跡の大きな特徴は唐の砕葉鎮の存在である。いうまでもなく、中国はブタ利用が盛んな地域である。今回の分析でAKB13に比べれば少量ながら、AKB15古段階でもイノシシ属が存在していた点は砕葉鎮との関係を示唆する。ただし、AKB15古段階の資料は唐代ではなく、後続する時代のものである。また、AKB13においては唐撤退後も長くブタが存在し続けたことは、(唐の影響を否定するものではないが)、その解釈を難しくしている。

なお、十〜十二世紀に属するAKB15新段階のピット群や、現在分析を進めているAKB8の教会廃絶後の資料(植月・櫻庭二〇二四)ではイノシシ属はほとんど出土していない。この点については新井(二〇一六a)で指摘されているように、イスラム教の普及との関連も考えられよう。AKB13では依然としてブタが出土し続けている時期ではあるが、都市衰退期には地区によっては住人構成が異なっていた可能性を考えておきたい。

おわりに

新たな分析資料を加えることで、アク・ベシム遺跡の家畜利用は時期によって変化するだけでなく、同時期でも東西両街区で異なっていたことが明らかになった。一方で、西の都市が繁栄していた時代、砕葉鎮城が破却された東の街区ではどのような利用が展開していたのか。東街区でウマやブタが少ないのはなぜなのか。あるいは西の街区でもウマやブタの存在は不変ながら、ウシ、ヒツジの性比に変化が生じるのはなぜなのか。新たな問題も浮上してきた。当然ながら実態としては東西、新旧で区切って整理できるような単純なものではなく、住人構成の変化や場の利用法の変化も伴いながら、要素によって変化の度合いに差を生み出していく、複雑な展開をたどったのだろう。その複雑な様相の解明には動物遺体のみでの議論には限界がある。今後、他の人工遺物、植物遺体、遺構などの分析結果とも合わせて、より多面的、総合的に議論していく必要がある。

動物遺体の面からも取り組むべき課題はまだ多くある。両地区で共通する時期を分析できたといっても、まだ遺跡全体からみれば小さな点である。現在分析中のAKB8の結果は第一シャフリスタン内における地区差、年代差把握の進展につながるだろう。発掘は今も継続しており、AKB15においても、より所属時期の確実な資料群の採取を進めたい。

本稿で紹介した炭素・窒素同位体分析によるイノシシ属の食性分析はブタの存在理由を理解する上で重要な成果であった。現在、各家畜種を対象にストロンチウム同位体分析も進めている(植月ほか二〇二四a)。家畜が在地か非在地かを識別することで、消費者・生産者識別の議論に新たな材料を提供すると期待できる。本稿でも若干触れたように、アク・ベシム遺跡の特徴を解明するために同時期の他遺跡との比較も、このストロンチウム同位体分析を含めて進行中である。

引用文献

新井才二「キルギス共和国、中世アク・ベシム遺跡の動物経済について」（『東京大学考古学研究室研究紀要』三〇、二〇一六年a）六九―八〇頁

新井才二「動物遺存体」（山内和也・アマンバエヴァ バキット編『キルギス共和国チュー川流域の文化遺産の保護と研究 アク・ベシム遺跡、ケン・ブルン遺跡―二〇一一～二〇一四年度』キルギス共和国国立科学アカデミー歴史文化遺産研究所・独立行政法人国立文化財機構東京文化財研究所、二〇一六年b）五二―五五頁

植月学・新井才二「キルギス共和国アク・ベシム遺跡における動物資源利用」（『帝京大学文化財研究所研究報告』一九、二〇二〇年）三五―六〇頁

植月学、新井才二、アブディカノワ アイーダ、タバルディエフ クバトベック「突厥馬の動物考古学的研究」（『日本文化財科学会第四〇回大会研究発表要旨集』、二〇二三年）八二―八三頁

植月学・櫻庭陸央「動物遺体の分析結果」（『帝京大学シルクロード学術調査団調査研究報告四 アク・ベシム（スイヤブ）2022・2023』二〇二四年）二九六―二九七頁

植月学、新井才二、金井拓人、矢野萌生、町田嗣樹、アブディカノワ アイーダ、タバルディエフ クバトベック、アマンバエワ バキット、山内和也「ストロンチウム同位体比からみた中世キルギスにおける家畜の産地と移動」（『日本文化財科学会第四一回大会研究発表要旨集』二〇二四年a）九〇―九一頁

植月学、新井才二、櫻庭陸央、アブディカノワ アイーダ、タバルディエフ クバトベック、アマンバエワ バキット、山内和也「キルギスにおける中世動物資源利用の地域性」（『日本西アジア考古学会第二九回総会・大会要旨集』二〇二四年b）四七―四八頁

西中川駿、松元光春「遺跡出土骨同定のための基礎的研究」（『古代遺跡出土骨からみたわが国の牛、馬の渡来時期とその経路に関する研究』（平成二年度文部科学省科学研究費補助金（一般研究B）研究成果報告書、一九九一年）一六四―一八八頁

林田重幸・山内忠平「馬における骨長より体高の推定法」（『鹿児島大学農学部学術報告』六、一九五七年）一二一―一二六頁

Arbuckle, B. S., Atici, L, Initial diversity in sheep and goat management in Neolithic south-western Asia". *Levant*, 45(2), 2013, pp.219-235.

Bendrey, R., Some like it hot: environmental determinism and the pastoral economies of the later prehistoric Eurasian steppe. Pastoralism: Research, Policy and Practice, 1, 2011, pp.1-16

Hammer, Ø., Harper, D.A.T., Ryan, P.D., "PAST: paleontological statistics software package for education and data analysis." *Palaeontol. Electron.*, 4, 2001, pp.1-9.

Hammer, Ø., PAST PAleontological STatistics Version 4.03 Reference manual. https://www.nhm.uio.no/english/research/resources/past/downloads/past4manual.pdf, 2020.（二〇二四年十二月九日閲覧）

Levine, M.A, Botai and the origins of horse domestication. *Journal of Anthropological Archaeology*, 18(1), 1999, pp.29-78.

Meadow, R. H., "The use of size index scaling techniques for research on archaeozoological collections from the Middle East," In: Becker, C., Manhart, H., Peters, J., Schibler, J. (eds.), *Historia Animalium ex Ossibus*: Festschrift für Angela von den Driesch. Rahden: Verlag Marie Leidorf GmbH, 1999, pp.285–300.

Olsen, S.L., Early Horse Domestication on the Eurasian Steppe. In: Zeder, M.A., Bradley, D.G., EMShwiller, E., Smith, B.D. (eds.), *Documenting Domestication: New Genetic and Archaeological*

ParadigMS. University of California Press, 2006, pp. 245-69.

Steppan, K. “Ur oder Hausrind? Die Variabilität der Wildtieranteile in Linearbandkeramischen Tierknochenkomplexen”. In: Arbogast, R-M., Jeunesse, C. and Schibler, H.（eds.）*Rôlle et statut dela chasse dans le Néolithique ancien danubien*（*5500-4900 av. J.-C.*）. Verlag Marie Leidorf GmbH, Rahden/Westf, 2001, pp.171–186.

Zeder, M.A., “Reconciling rates of Long-bone fusion and tooth eruption and wear in sheep（Ovis）and goat（Capra）” In: Ruscillo, D.（ed）, *Ageing and Sexing Animals from Archaeological Site*. Oxford: Oxbow Press, 2006, pp.87-118.

附記　本稿をなすにあたり、新井才二氏（東京大学）、板橋悠氏（筑波大学）から有益なご助言をいただいた。板橋氏には未発表成果の紹介もご許可いただいた。櫻庭陸央氏（帝京大学文化財研究所）には分析作業にご協力いただいた。キルギス国立科学アカデミーのバキット・アマンバエワ（Bakyt Amanbaeva）博士、アスカット・ジュマバエフ（Askat Jumabaev）氏、アイベック・モルドクマトフ（Aibek Moldokmatov）氏には分析に際して常に多大なご支援をいただいている。山内和也教授をはじめとする帝京大学シルクロード学術調査団のメンバーには資料採取にご支援いただき、調査成果に関しても多くのご教示をいただいている。末筆ながら記して感謝申し上げる。

なお、本稿はJSPS科研費21H04984, 23H03924による成果である。

【Ⅱ　発掘調査】

植物遺存体からわかる当時の暮らし

赤司千恵・中山誠二

あかし・ちえ――帝京大学文化財研究所助教・やまなし伝統工芸館学芸員。専門は西アジア植物考古学。主な論文に"Neolithisation processes of the South Caucasus: As viewed frommacro-botanical analyses at Hacı Elamxanli Tepe, WestAzerbaijan",Paleorient, Vol.44 (2), Paleorient and CNRS Editions,2018,「アゼルバイジャンにおけるヨモギ属（Artemisiaspp.）利用史」（『植生史研究』二八巻二号、二〇二〇年三月）などがある。

なかやま・せいじ――帝京大学文化財研究所客員教授・南アルプス市ふるさと文化伝承館館長。専門は日本植物考古学。主な著書に『マメと縄文人』（同成社、二〇二〇年）、論文に「縄文時代のダイズ種子の形質変化とドメスティケーション・プロセス」（『植生史研究』三一巻一・二号、二〇二二年十月）などがある。

遺跡から見つかる植物遺存体は、文字資料だけでは知ることのできない当時の食文化の一面を知ることができる重要な手がかりである。アク・ベシムではムギ類やミレット、多種のマメ類と果樹類が食べられていた。また、アク・ベシムの長い歴史のなかで、食文化が変化していたことも分かってきている。

はじめに

遺跡からは、土器、石器などの人工遺物、動物の骨や貝殻のほか、植物のタネや実も出土する。これら「植物遺存体」は、当時の人が食べるはずだった食料、あるいは食べ残したもの、動物の飼料だったもの、畑の雑草、作物の脱穀ゴミ、燃料の燃え残りなどであり、当時の日常生活の一旦を垣間見ることができる重要な資料である。本稿では、中世シルクロード沿いで生きていた人々が何を食べ、どんな植物を利用していたのか、アク・ベシム遺跡から出土した植物遺存体から考察する。

一、文字資料にかかれた植物

(1) 玄奘が見た中央アジアの食文化

まず文字資料では、中央アジア中世の食文化はどう書かれているのだろうか。しかし当時の中央アジアには、自らの言語で歴史や習俗を書き残すという習慣がなかったため、外国人による文字記録に頼るしかない。そもそも食に関する情報が文献に書かれること自体が珍しい。これは中央アジアに限ったことではなく、宮廷の祝宴や祭事関連の食事など、特別な食事が記録されることはあっても、一般市民が何を食べていたのか書かれることは稀であった。しかし、旅行記や農書、百科事典的な史料から、その一端を垣間見ることは可能である。

七世紀に中国からインドへ旅した玄奘は『大唐西域記』の中で、道中訪れた西域や中央アジア各都市の産物について述べている（**表1**）。その多くが穀類と果樹類で、例えば屈支国（クチャ）では、黍、麦、粳稲、葡萄、石榴、梨、柰、桃、杏を産するという。玄奘は当時西突厥の中心地だった素葉城（アク・ベシム）も訪れており、黍・麦・葡萄に適する土地だと記している。ほかに花／華や木綿が挙げられている都市もあった。また、『大唐大慈恩寺三蔵法師伝』には、玄奘がアク・ベシムを訪れた際にぶどうジュースを振舞われたという記述がある。このぶどうジュースとはワインだったという説もあるが、実際にアク・ベシムからは果汁圧搾施設も見つかっており、生の果物をしぼった加工食品を作っていたことも分かる。

(2) 敦煌文書

次に敦煌文書に見られる、西域の食文化についても触れておきたい。敦煌文書とは敦煌莫高窟の隠し部屋から見つかった、四世紀から十一世紀の経典や文書である。敦煌はタクラマカン砂漠の東端に位置し、中国が西域文化に最初に接触する玄関口だった。

敦煌文書は九割が仏教関連の文書なので、当時の食や農産物が網羅的に書かれているわけではないが、寺院の僧たちも自分たちの食べる野菜などを栽培したり、酒や酢、油を作って売ったり、仏事の際には特別な料理をつくって供さねばならない。そういった寺院の経済活動についての記述が、当時の西域で一般的だったであろう食品のヒントになる。

高啓安著『敦煌の飲食文化』によると、小麦、大麦、裸麦、粳米、粟黍、豌豆、大豆、小豆など、十五種余りの穀類・マメ類・イモ類があった。敦煌の果物は中原でも有名だったといい、瓜、葡萄、杏子、柰子（リンゴの一種）、桃、梨、棗が栽培されていた。油用には主に胡麻と大麻が栽培され、葱などの野菜もあった。加工品も多く流通しており、穀酒や葡萄酒の種類も豊富で、小麦粉も数種類あったという。小麦粉を使った数十の食品も出てくる。多くは調理法も失われて詳細不明だが、最も頻出するのが「胡餅」と呼ばれる食品である。名前のとおり西から伝わった「餅」ということで、おそらくパン状食品である。

表1　大唐西域記ほかに見る植物（中山・赤司二〇一九より）

国名・地名	産物植物名	他の文献
阿耆尼国（アギニ）	穈黍、宿麦、香棗、葡萄、梨、柰、木綿	
屈支国（クチャ）	穈黍、麦、粳稲、葡萄、石榴、梨、柰、桃、杏	蒲桃漿（『大唐大慈恩寺三蔵法師伝』）
跋禄迦国（バールカー）	産物・気候・人情・風俗・文字の法則は屈支国と同じ	
素葉水城（スイヤーブ）	穈黍、麦、葡萄	餅飯酥乳石蜜刺蜜、蒲桃漿（『大唐大慈恩寺三蔵法師伝』）
笯赤建国（ヌジーカンド）	華、果、葡萄	
赭時国（タシケント）	産物・気候は笯赤建国と同じ	粟・麦（『隋書』石国伝）
怖捍国（フェルガナ）	華、果	稲麦、葡萄酒、葡萄（『史記』大宛伝） 䅖羅果、香棗、桃、李（『経行記』）
窣堵利瑟那国（ストリシナ）	産物・風俗は赭時国と同じ	
颯秣建国（サマルカンド）	花、果	
弭秣賀国（マーイムルグ）	物産・風俗は颯秣建国と同じ	
劫布呾那国（カブータナ）	物産・風俗は颯秣建国と同じ	
屈霜你迦国（クシャニーヤ）	物産・風俗は颯秣建国と同じ	
喝捍国（カリガーンカト）	物産・風俗は颯秣建国と同じ	
捕喝国（ブハラ）	物産・風俗は颯秣建国と同じ	
伐地国	物産・風俗は颯秣建国と同じ	
貨利習弥伽国（クワーリズム）	物産・風俗は颯秣建国と同じ	
羯霜那国	物産・風俗は颯秣建国と同じ	

水谷真成訳『大唐西域記』による

このように、当時のシルクロード諸都市では主穀、果樹、商品作物まで、幅広い作物が生産されていたことが見て取れる。しかしながら文字資料に食文化のすべてが書かれているわけではない。文献には特定の階層の食文化しか出てこないし、珍しい食品のほうが記録されやすく、日常的な食品ほど書かれないといった偏りがある。住民が実際のところは何を食べていたのか、それぞれの作物がどんな位置づけだったのかなど、食文化を多面的に捉えるためには、考古資料を組み合わせることが必要になる。

ほかにも文字資料を参照する際の注意点の一つとして、植物の正確な種同定がある。歴史的・民族的な植物の名称は、現代の植物学的な名前とは異なっている場合があり、また同じ単語でも意味するところが時期によって変わることもあるためである。

例えば、文献に「黍」と書かれていても、この単語はキビ亜科作物の総称でもあり、実際にはアワかキビのいずれか、もしくは両方を指している。「麦」もやはりオオムギ・コムギの総称である。アワかキビか、オオムギかコムギかに大きな違いはないと思われるかもしれないが、これらは同じイネ科穀類でも属レベルで異なる植物であり、生育条件や食品としての性質も異なる。さらに、オオムギにもコムギにも皮性（難脱穀性）と裸性（易脱穀性）のタイプがあり、それぞれ特性が異なる。料理法や値段なども、作物種やタイプによって異なっていた可能性がある。

そこで次節からは、アク・ベシム遺跡から出土した植物遺存体から分かる、当時のシルクロード沿いの食文化について述べる（注：本稿では、分類学上の植物名はカタカナ表記（イネ、ウリ科など）、それ以外（文献資料中の植物名など）については漢字表記（「米」「瓜」など）を用いる）。

二、遺跡から出土する種実

遺跡から出土するタネや実（種実）（注：植物形態学的には「果皮」や「穎果」が正確な場合もあるが、本稿では便宜上すべて「種実」と呼ぶことにする）は、多くは真っ黒に炭化した炭の状態で見つかる。植物は有機物なので、通常なら地中に埋没すれば微生物に分解されてしまうが、偶然火を受けて炭化したものであれば分解されることなく残ることができる。もっとも、火を受けすぎると灰になってしまうので、ほどよく炭化して形が残ってくれないと何の植物か分からない。また、葉や茎、莢などの脆い部分はすぐ燃え尽きてしまうので、炭化して残るのは頑丈な部位であるタネや実が中心となる。穀類であれば種子のほか、穂軸やもみ殻なども出土する。

(1) 土から炭化物を取り出す

アク・ベシムから出土した植物も、多くが炭化したタネや実の部分であった。コムギ、オオムギ、アワ、キビ、ブドウ、レンズマメなどの食用植物と、種々雑多な野生植物である。

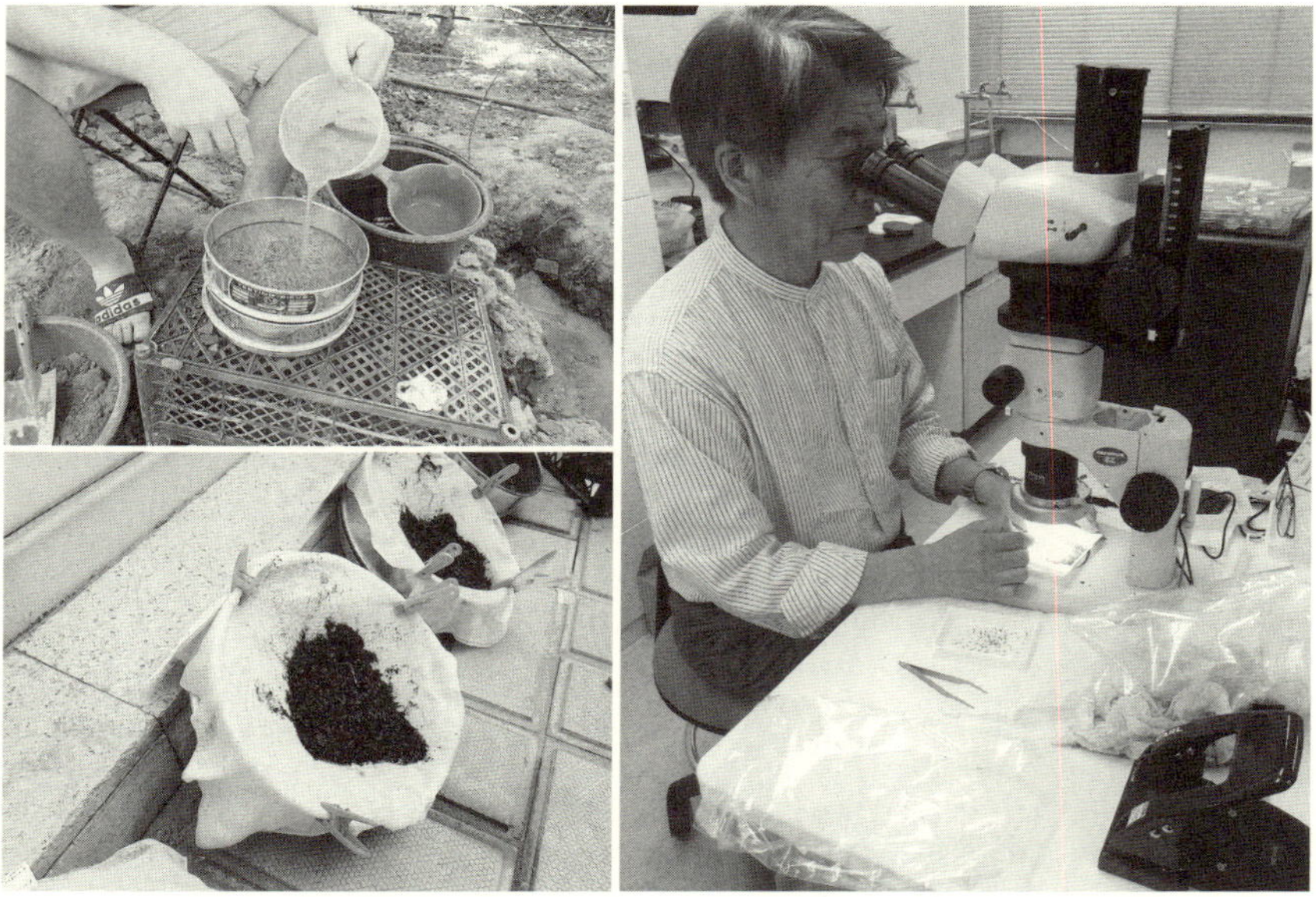

図1　作業風景
a：フローテーション作業、b：フローテーションで回収した炭化物、c：ソーティング作業

これらの炭化種実は小さすぎて、発掘中に一粒ずつ拾い上げるわけにはいかないので、出土植物分析のためには土ごと採取する。まず各発掘地点から土壌サンプルを数〜数十リットルずつ採取する。その土をフローテーション（水洗浮遊選別）という方法で処理すると、炭化物を土の中から取り出すことができる（**図1**）。

フローテーションの原理は非常に単純で、土を水中に入れて攪拌し、比重の軽い炭化物だけを浮かせて分離し、取り上げるというものである。まずバケツに水を張り、土壌サンプルをひと掬い投入して軽く混ぜ、重い砂利や土がバケツの底に沈んだところで、浮いた炭化物をフルイに流し込む。このとき使うのはメッシュが〇・五〜二・〇ミリの細かいフルイである。これを土壌サンプルすべてに行うと、種実をふくむ炭化物だけを取り出すことができる。

(2) 炭化物から種実を取り出す

フローテーションによってフルイに溜まった炭化物は、濡れた状態だと非常に壊れやすいので、まずはガーゼに移して乾燥させてから、サンプルごとに小袋に入れて保管する。このあとソーティングという作業に移る。

ソーティングというのは、フローテーションで回収された炭化物を仕分けする作業である。フローテーションで回収されるのは種実だけではなく、むしろ細かい炭化材片が多くを占めており、サンプルによっては現生植物の根、昆虫の遺体も含まれるため、実体顕微鏡で見ながら炭化物中に混ざっている種実を一点一点取り出す作業をする必要がある。ふつうの金属のピンセットで炭化種実をつまむと壊れてしまうので、〇・五ミリ厚ほどの極薄ピンセットを使う。この段階になってようやく、どんな植物の種実が入っているのかが分かる。

アク・ベシムの場合は現地での作業には限界があるので、キルギス国立科学アカデミーの許可を得てサンプルを日本に持ち帰り、日本でソーティング以降の作業をしている。

(3) 種実を種同定する

取り出した種実は、全体のサイズ、形、表面構造などを詳しく観察して種同定する。種同定というのは植物分類学上の学名を与えることで、現生の種実標本や図鑑の写真などと比較しながら行う。必要に応じて実体顕微鏡写真を撮ったり、各部位を計測したり、電子顕微鏡でより詳しく観察したりすることもある。出土する種実は、炭化したときの影響で壊れたり膨張・変形したりしているので、種レベルで同定できないこともあり、科や属レベルの同定に留まることも多い。より正確な種同定のためには、日ごろからさまざまな現生標本を集めて、形態のバリエーションを知っておくことが必要である。同定された種実は、種類ごとに数をかぞえてデータ化する。

以上が出土種実の分析手順で、かなりの手間と時間を要することがお分かりいただけたかと思うが、植物考古学者にとってはもっとも楽しい時間を忘れる作業である。次節ではいよいよ、アク・ベシム遺跡から出てきた植物について詳しく見ていきたい。

三、アク・ベシムで出土した植物

アク・ベシム遺跡では、第一シャフリスタン（西側の都市。五世紀にソグド人の入植で始まる）、第二シャフリスタン（七世紀に唐が第一シャフリスタンの東隣に新設）のおもに三つの発掘区から土壌サンプルを採取し、植物遺存体の分析を行ってきた。これまでに同定された植物は、以下のとおりである。

(1) 穀類

玄奘らが道中で記録した穀類は「麦」「穈黍」「粳稲」がある。実際にアク・ベシムで出土した穀類には、オオムギ・コムギ・アワ・キビの四種があった。これらの穀類はアジアの東西から伝わり、紀元前二〇〇〇年紀から中央アジアで食べられてきた主食である。玄奘らは作物の区別がついていなかったのか、あるいは区別する意味を感じなかったのか

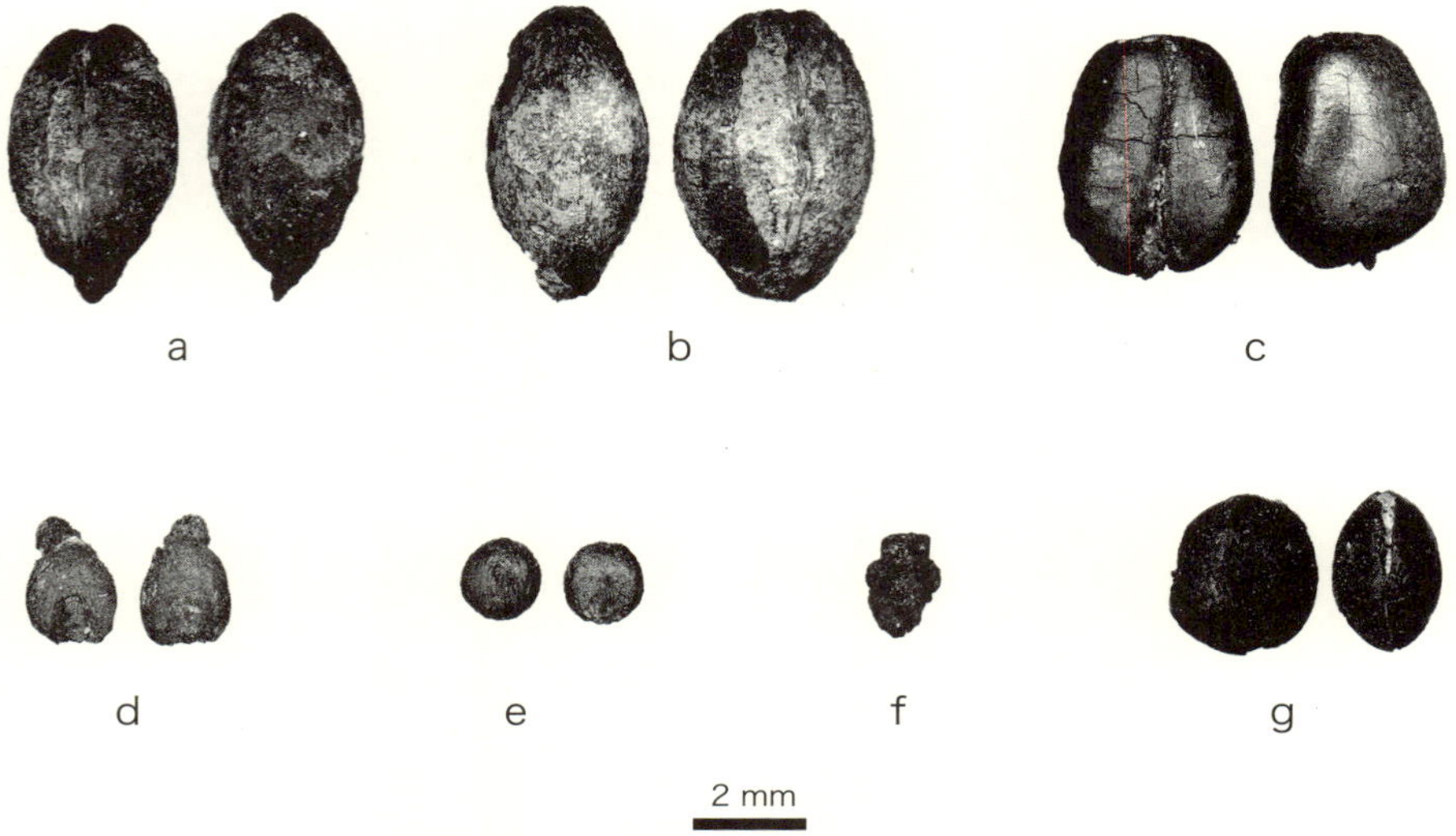

図2　アク・ベシム遺跡出土の穀類・マメ類
a, b：オオムギ種子, c：コムギ種子, d：キビ種子, e：アワ種子, f：コムギ穂軸, g：レンズマメ

「麦」としか言及していないが、コムギとオオムギは植物分類上まったく異なる植物であり、収穫時期や乾燥への耐性が異なる。「穈黍」も玄奘は〝雑穀〟の総称として用いたと思われるが、アワもキビも独立した別個の作物であり、文化的位置づけや食べ方も違っていた可能性がある。

ムギ類

オオムギとコムギは、西アジアの肥沃な三日月地帯で一万年前には栽培化され、ユーラシアの各地へと伝わって、キルギスでも紀元前三千年紀に到達して以来ずっと利用され続けている。どちらも元は冬作物であり、秋にタネを蒔いて翌年の初夏に収穫するが、各地に伝播する過程で春蒔きのタイプも誕生した。

オオムギはアク・ベシムで最も多く出土する穀類で、コムギよりも乾燥や塩害に強く、育てやすいとされる（**図2**）。現在オオムギは飼料として栽培されることが多いが、アク・ベシムの都市中心部からも出土することから、中世においては人の食料だったことが示されている。アク・ベシムのオオムギには、皮性と裸性の二種類が含まれていた。皮性オオムギというのはムギ殻が種子に固着していて剥がせないタイプ、裸性オオムギは固着しておらず可食部の種子だけを取り出すことができるタイプである。そのため裸性タイプは加工が簡単だが、虫害を受けやすい、長期保存に向かないなどの弱点もある。皮性オオムギと裸性オオムギで何らかの使い分けがあったのかどうかは、今のところ不明である。

コムギは穀類のなかで、オオムギに次ぐ数が出土している。種子はすべて丸身を帯びた外形をしていることから、パンコムギやデュラムコムギなどの易脱穀性タイプであったことが分かる。易脱穀性コムギとは、裸性オオムギのように種子を容易に取り出せるタイプだが、やはり虫や鳥に食べられやすく栽培に水を多く必要とする。世界中で現在栽培されているのは、この易脱穀性コムギである。さらにアク・ベシムの場合、種子とともに出土している小穂軸という部位の形態から、六倍体のパンコムギである可能性が高い。

一方で、古いタイプのコムギである難脱穀性コムギ（エンマーコムギなど）は、中央アジア以東ではほとんど出土せず、アク・ベシムでも見られない。西アジアで栽培化されたときのコムギはすべて難脱穀性だったのだが、しばらくして易脱穀性コムギが突然変異で出現する。その後コムギ栽培が東方へと伝わる過程では、主として易脱穀性コムギだけが伝えられたために、中央アジアや東アジアで出土するコムギは大部分がパンコムギなどの易脱穀性である。ただ、難脱穀性コムギがまったく東方へ伝わらなかったわけではなく、イシククル湖西岸のチャプ遺跡（前三〇〇〇年紀）や、モンゴル帝国時代のカラコルム遺跡では難脱穀性コムギが少量であるが出土している（Motuzaite Matuzeviciute et al. 2020, Rösch, Fischer, and Märkle 2005）。

ミレット

アク・ベシムからはキビ亜科作物であるアワとキビも出土した。前述のように、大唐西域記には「穈黍」として出てくるが、実際にはキビとアワの両方が利用されていたことが分かった。

キビ亜科作物は日本語ではしばしば「雑穀」と総称され、米がとれない地域の代替食料というイメージが持たれることもあるが、イネやムギ類にない栄養価や特性を持っているので、本稿では「ミレット」と総称することにする。ミレットは冬作物であるムギ類と違って夏作物であり、ムギ類より厳しい環境でも育つ。播種から数か月の短期間で収穫できるので、冬作物との輪作や、移動生活をしながら夏営地滞在中に栽培することも可能である。現在でもミレットは、インドやアフリカなどでは重要な主食である。

ミレットは中国北部で八〇〇〇年前ごろには栽培が始まり、四五〇〇年前ごろにカザフスタン、四〇〇〇年前にはトルクメニスタンにも到達する。以降、中央アジアの食文化に重要な位置をしめ、中世の都市においても日常的に食べられていたことが、文献と考古資料の双方から確認できた。

これらの四種の穀類は、シルクロード沿いのほとんどの都市遺跡で出土する。では、どの穀類が主食だったのかというと、それは簡単には分からない。出土する種実はさまざまな活動の痕跡が混ざった状態であるうえ、炭化しないと遺存しないことから、単純に多く出土したものが主食だったとは断定できないのである。しかも、発掘したのが住居か寺院か、貯蔵施設かゴミ穴かなど、遺構の性格によっても出土する植物の種類や量は異なる。

出土しない穀物

アク・ベシムには唐王朝が七世紀に短期間だが拠点を置いており、そのときに唐が築いたのが素葉城（第二シャフリスタン）である。それを契機に東アジアの食文化の影響が強くなったという可能性が思い浮かぶ。しかし出土植物を見る限り、この時期に東アジアから来た植物というのは見受けられない。

例えばイネだが、確実にイネといえる種子は今のところアク・ベシムからは見つかっていない。唐の拠点だったといっても、素葉城を築いたのは現地で採用された人びとであって、中国の米食文化圏からやってきた人々の数は限られていたのかもしれない。現在では米は中央アジア料理に欠かせない食材になっているが、中世においてはまだ珍しく、おそらく贅沢品の一つだった。

イネの起源はやや複雑で、ジャポニカタイプは長江下流域で、インディカタイプは（ジャポニカタイプとの交雑を経て）インド北部で栽培化されたとされる。しかし、その後イネが西へと伝わるには、アワ・キビに比べてかなりの時間がかかったようだ。そのプロセスはまだ断片的にしか分かっていないが、パルティア時代のスーサ遺跡（イラン）でイネの種子が出土しているし、古代ローマの著述家もしばしば言及していることから、イネという植物は中東やヨーロッパでも紀元前後には知られてはいた。

中央アジアでイネが広く栽培・流通するようになったのはおそらく、ここ数百年のことである。中央アジアでの古い出土例としては三世紀のスルハンダリヤ流域（ウズベキスタン）で、二粒のイネが見つかっている。トルファンのアスタナ墓地（三〜九世紀）でも、副葬品の中にイネ籾が数点含まれていた。十一世紀（カラハン朝時代）になってもイネはパイケンド遺跡やブハラ遺跡（ウズベキスタン）などで出土はするが、ムギ類やミレットに比べるとごくわずかな数に過ぎない。イネは水が十分にないと育たないため、栽培には発達した灌漑

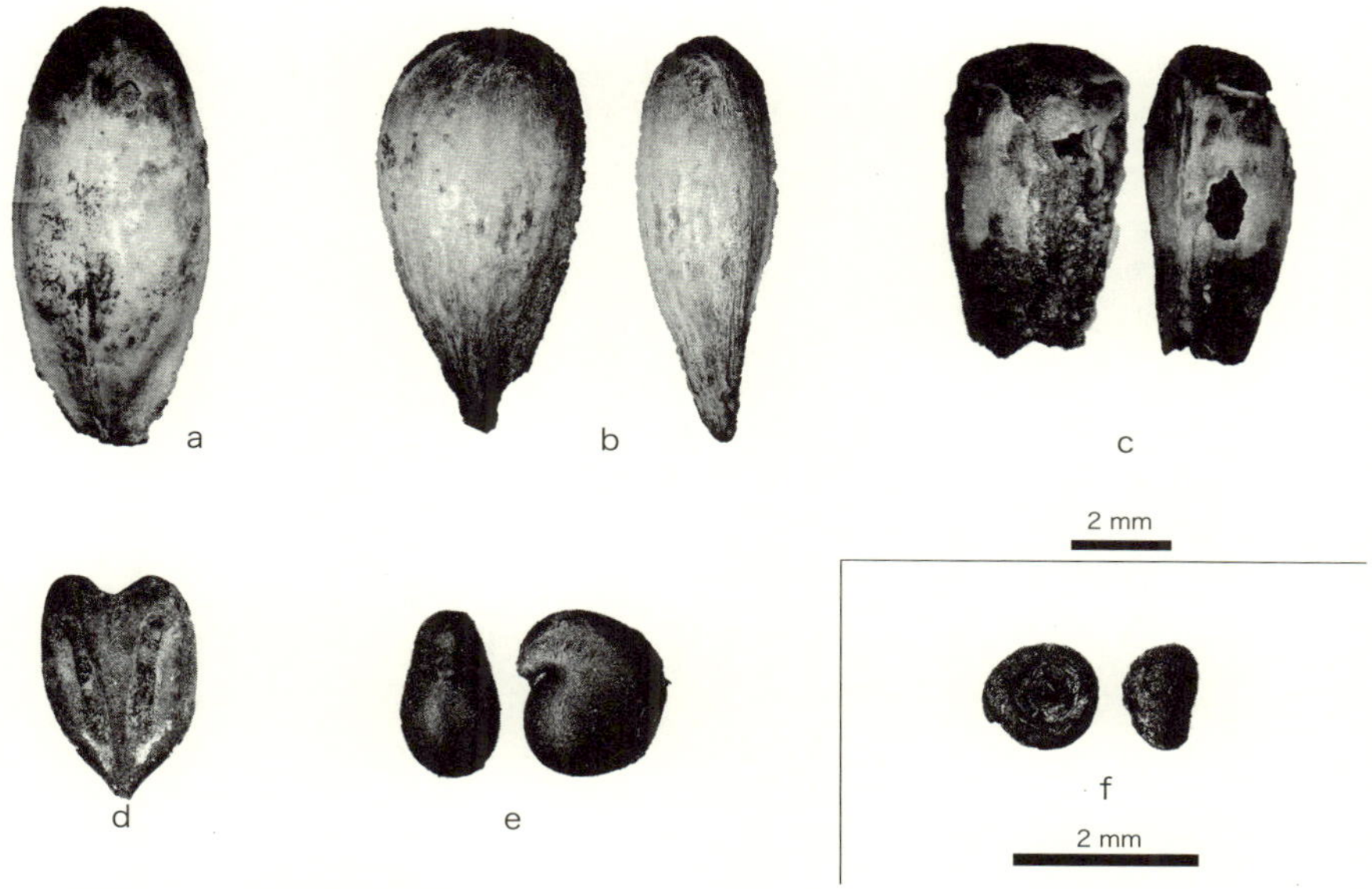

図3　アク・ベシム遺跡出土の果物ほか
a：メロン，b：リンゴ，c：ザクロ，d：ブドウ，e：ケイパー，f：サルソラ属

技術と労働コストが必要となる。中世におけるイネは、東〜南アジアの外においては穀物というより、まさにシルクロードを介して取引された交易品の一つと捉えたほうがいいだろう（Spengler et al. 2021）。

（2）果物類

果物は多くの種類が見つかっている（図3）。少なくともブドウ、ザクロ、リンゴ、ナシ、モモ、ベリー類、ニワトコ、ケイパー、スイカ、メロンが食べられていたことが分かっている。

最も多く出土したのはブドウである。ブドウは地中海岸からもたらされた作物で、カザフスタンのアルマトイに近いトゥズサイ遺跡などで出土しており、前一〇〇〇年紀の後半には中央アジア東部でも広く栽培されるようになった（Spengler, Chang, and Tourtellotte 2013）。新疆でも紀元前三〇〇年ごろの墓地遺跡からブドウの枝が出土しているので、西域でもそのころから栽培されていたが、中原地域では玄奘の時代になっても輸入に頼っていたようである（Jiang et al. 2009）。

リンゴやナシも中世シルクロード地域に一般的な果樹類である。両者のタネは形態的に似ていて区別が難しいが、アク・ベシムではどちらも栽培されていたとみられる。リンゴは中央アジア起源の可能性も指摘されている果樹だが、紀元前の出土例が乏しいので栽培化の歴史ははっきりしない。しかし中世になると、タシュブラクのような標高二〇〇〇メートルのとてもリンゴが育たない遺跡でも出土することから、シルクロードを介して流通していたことが分かる（Spengler et al. 2018）。

スイカとメロンはウリ科の果物で、シルクロード各地の遺跡でも出土している。敦煌の瓜は漢代から有名だったという。両者は生食もできるが、乾燥させれば保存食にもなるし、果肉だけでなく種子も、殻の中の胚乳部分が食用になる。アク・ベシム出土のウリ科種子は壊れていない完全な形のものが多いので、食べていたのは甘い果肉部分だけだったのだろう。夏の暑さと乾燥が厳しいキルギスでは、甘味というだけでなく水分補給のためにも重要な食料だったのではないだろうか。

ケイパーやニワトコは馴染みの薄い果樹かもしれないが、ニワトコは日本でも縄文時代の遺跡からよく出土する。アク・ベシムで出土したのはセイヨウニワトコと考えられ、アクが強いので生では食べられないが、ヨーロッパではコンポートや香料、薬用に用いる。ケイパーは西〜中央アジアによく見られる灌木で、遺跡の上にもよく生えている。現代では蕾や実をピクルスにする。

果物種子の集中出土

果物類がもっとも多く出土したのは、第二シャフリスタンで検出された深い土坑（三号ピット）である。この三号ピットで出土した種実は、粘土層にパックされて無酸素状態にあったことで有機物が分解されるのを免れ、植物が非炭化で大量に出土している（中山・赤司、二〇二〇）。放射性炭素年代によると七〜八世紀と十世紀以降の二通りの年代値が出ており、一部は再堆積の可能性があるが、ゴミ穴として使われたあとおおむね十一世紀初頭までに廃絶されと考えられる。この三号ピットでは、ブドウ、ナシ、リンゴ、メロン、スイカのタネが、無酸素状態だったおかげで炭化していなくてもよい状態で残っており、これらの果物類が大量に消費され廃棄されたことが分かった。

中でもブドウ種子は数千点が集中して見つかっている。『大唐大慈恩寺三蔵法師伝』がいうところのぶどうジュースを絞るなど加工していた可能性もあるが、圧搾で破れたブドウ果皮などは見つかっていない。無酸素状態だとタネだけでなく果皮も残っていてもおかしくないので、生で食べたブドウのタネを捨てたのだろう。また、このピット出土のブドウ種子には大型と小型の二タイプがあったので、複数の品種のブドウがあったのかもしれない。あるいは小型種子は、栽培ブドウに特有の未発達種子という可能性もある。

出土しない果樹

ところで、アク・ベシムで出土した果樹類はどれも液果で、堅果類が見当たらない。シルクロードの同時期遺跡をみると、ブハラやタシュブラク、パイケンドではクルミの殻がよく出土するし、少数だがピスタチオ殻も見つかっている（Spengler et al. 2018, Mir-Makhamad et al. 2023, Mir-Makhamad et al. 2021）。これらウズベキスタンの遺跡と比べて堅果類が少ないのは、地域性を示している可能性もある。堅果類の増加をイスラーム勢力の拡大と結びつける考えもあり、だとすると、ウズベキスタンでキルギスより早くイスラーム教が普及していたために、堅果類を多用する西方の食文化も普及していたのかもしれない。

(3) その他の作物

マメ類

アク・ベシムの人びとが食べていたマメは、レンズマメが最も多く、そのほかにエンドウ、ソラマメ、ヒヨコマメがあった。

これらのマメ類は、いずれも地中海東岸で栽培化されたマメ類である。穀類に比べるとマメ類の出土数は概して少なく、マメ食がどのくらい行われていたのか具体的には分からないが、特にレンズマメとエンドウは同時期の多くの遺跡で見つかっているので、一般的なマメだったということができる。

一方で、ダイズやアズキのような東アジア由来のマメ類は、いまのところ検出されていない。東南アジア起源のササゲ属のマメ類は、タイの港湾遺跡で出土例があるのでおそらく海路で交易されていたのだろう（Castillo, Bellina, and Fuller 2016）。しかし東アジアのマメ類は、陸のシルクロードでは普及していなかったようだ。

ゴマ

第一シャフリスタンでゴマの種子が一点だけ出土している。今のところ、アク・ベシムで出土している唯一の油脂植物である。そのほかのシルクロード都市でも出土は稀だが、これはゴマの種子が炭化すると非常にもろく残りにくいことに起因している可能性もある。また油として流通していたとすれば、種子が出土しなくても不思議ではない。南アジア起源の作物であるゴマがアク・ベシム遺跡から出土したことは、ゴマ栽培の拡散を知る上でも非常に興味深い。

四、都市と食文化

このようにアク・ベシムで西アジア、東アジア、南アジア各地に由来する、多種多様な植物が食べられており、多くは当時すでに中央アジアで数百年から数千年の歴史を持っていた作物だった。シルクロード都市といっても、当然ながらそこは一般の人びとが日常生活をおくる場でもあり、交易路を介して運ばれる珍奇な果実や貴重なスパイスなどを日常的に利用していたわけではないのである。

それでは、上記の出土植物のなかで当時の都市の食文化の特徴と言えるものはなんだろうか。そこで次では、都市繁栄期の植物利用と都市衰退後の植物利用にどのような違いがあるのかという点から、出土植物のなかの都市的な要素について考察する。

(1) 交易都市の住民の生活

アク・ベシムはもちろんシルクロード交易の重要拠点だったが、もちろん人が社会生活を営むための空間としても重要だった。第一シャフリスタンのAKB—13区の出土植物は、そんな、中世の中央アジア都市に住んでいた一般の人びとの食生活を明らかにしてくれる。

AKB—13区は第一シャフリスタンのほぼ中央に位置し、おおむね八～十世紀ごろに設置された南北に走るメインストリートと、それに面するいくつかの部屋に区切られた住居、調理施設などが見つかっている。これらの住居や道路からは、コムギ・オオムギ・アワ・キビの四種の穀類、レンズマメなど三種のマメ類、ゴマ、ブドウが出土した(中山・赤司、二〇一九)。

このように穀類を主体とし、少数のマメ類と果樹類を伴うという植物の構成は、いかにも定住集落における日常食らしいラインナップである。ただし、単なる定住集落ではなく都市だったことを示唆するのが、ムギ類の穂軸の少なさである。ムギ類は種子だけでなく、比較的頑丈な部位である穂軸もよく遺跡から出土する。オオムギだと穂軸一つに種子は一つか三つ実るので、オオムギ穂軸は種子一点に対し三分の一～一点存在することになる。しかし、この発掘区では穂軸がほとんど出土しなかった。穂軸の多くは炭化しなかったか灰になったかして残らなかったとしても、極端な少なさである。

穀類は収穫後、脱穀、籾摺り、風選、篩がけなど、いくつかの工程をへて可食部の種子だけの状態となる。そのため、穀類の非可食部(殻や穂軸、茎など)の出土が多いほど生産地/生産者に近かったという指標になる。つまりAKB—13区の穂軸の少なさは、消費者的な穀類利用を示すものと考えられる。アク・ベシムの都市中心部では、ムギ類は脱穀や殻を取り除く作業を終えたあと、種子の状態で流通していたことを示唆するのである。

(2) 都市衰退後の短期逗留民

アク・ベシムはカラハン朝の重要拠点だったが、新しい都

（現ブラナ遺跡）ができたのをきっかけに十一世紀ごろに重要性を失い、都市としては衰退していく。しかし衰退後も人々が生活していた痕跡が、アク・ベシムのAKB―8区で見つかっている。

AKB―8区は、第一シャフリスタンの南東端に位置するキリスト教会址周辺に設定された発掘区である。この教会も都市衰退期までには廃絶されていたとみられる。二〇二二年からの発掘により、この教会址のすぐ東外に、炉や灰層を持つ生活面がいくつか見つかった。住居というよりは簡易的なシェルターといったほうがよさそうで、廃絶された教会の外壁を再利用して短期的に人が住みついた痕跡と思われる。

その人たちが食べていた植物は、第一シャフリスタン中心部に住んでいた都市民が食べていた植物と大きく違うわけではなく、やはりオオムギ・コムギ・アワ・キビの四種の穀類、少量のマメ類と果樹類が見つかった。しかし詳しく見ると、穀類の割合には大きな違いが見られた。都市の住宅街では四種の穀類が偏りなく出土していたのに対し、十一世紀以降の短期逗留地では、アワが穀類のなかで七割に上っており、それも外皮が付いたままのアワ種子が大半を占める。出土果樹類にも少し違いがあり、短期逗留民が主に利用していたのはケイパー、ベリー類、ニワトコだった。ブドウやリンゴが果樹園の果物だとすると、上記の果樹類はどれも庭木か路傍に生えるような果樹である。商業的に生産され流通する食品を消費する都市民に対し、短期逗留民の自給的な性格が伺える。

そのほかAKB―8区では、炉の一つからヒユ科サルソラ属の種子数一〇〇〇点が出土しており、枝を燃料にしていたと推定している。炭や薪ではなく、手近にはえる灌木を燃やして燃料にしている点も、やはり都市的な生活とは異なる様相が見て取れる。

おわりに

中世の中央アジアにかんする文献史料が乏しく、食文化はとくに記録に残りくいという状況のなかで、出土植物からみるアク・ベシムの利用植物は非常に多彩で、食卓も市場もおそらく色とりどりの食材にあふれていたであろうことが想像できる。

また、都市繁栄期の住民と衰退後の短期逗留者の植物利用を比べることで、都市的な食文化がどのようなものだったかが明らかになる。特に果樹園の果樹をふんだんに利用できるというのは、都市ならではのことだったのかもしれない。

ただし、都市内には多様な出自、階級、職業の人びとが居住しており、街区によって食べていたものは違っていたかもしれない。どうやって食べていたのかも興味深いところである。穀類なら粉食、粒食、酒や酢の原料などが考えられる。都市の場合は一次加工品や調理済み食品も流通していただろう。文献情報が少ない中央アジアで、このような都市ならではの経済のありかたを植物遺存体からどこまで明らかにできるかが今後の課題である。

参考文献

高啓安（高田時雄・山本孝子訳）『敦煌の食文化』（東方書店、二〇一三年）

中山誠二・赤司千恵「アク・ベシム遺跡出土の植物遺存体」（『帝京大学文化財研究所研究報告』18、二〇一九年）一九—四一頁

中山誠二・赤司千恵「アク・ベシム遺跡出土の植物遺存体分析（2）」（『帝京大学文化財研究所研究報告』19、二〇二〇年）一七—三四頁

水谷真成訳『大唐西域記』（平凡社、一九七一年）

Castillo, Cristina Cobo, Bérénice Bellina, and Dorian Q Fuller. "Rice, beans and trade crops on the early maritime Silk Route in Southeast Asia," *Antiquity* 90, no. 353, 2016, pp.1255-1269

Jiang, Hong-En, Yong-Bing Zhang, Xiao Li, Yi-Feng Yao, David K. Ferguson, En-Guo Lu, and Cheng-Sen Li. "Evidence for early viticulture in China: proof of a grapevine (Vitis vinifera L., Vitaceae) in the Yanghai Tombs, Xinjiang," *Journal of Archaeological Science* 36, no. 7, 2009, pp. 1458-1465

Mir-Makhamad, Basira, Sirojidin Mirzaakhmedov, Husniddin Rahmonov, Sören Stark, Stark Omel, Andrey Omel'chenko, and R. N. Spengler. "Qarakhanids on the edge of the Bukhara Oasis: Archaeobotany of Medieval Paykend," *Economic Botany* 75, no. 3, 2021, pp. 195-214

Mir-Makhamad, Basira, Sören Stark, Sirojidin Mirzaakhmedov, Husniddin Rahmonov, and Robert N. Spengler III. "Food globalization in southern Central Asia: Archaeobotany at Bukhara between antiquity and the Middle Ages," *Archaeological and Anthropological Sciences* 15, 2023, 124

Motuzaite Matuzeviciute, G., Taylor R. Hermes, Basira Mir-Makhamad, and Kubatbek Tabaldiev. "Southwest Asian cereal crops facilitated highelevation agriculture in the central Tien Shan during the mid-third millennium BCE," *PLoS ONE* 15, no. 5, 2020, e0229372.

Rösch, M., E. Fischer, and T. Märkle. "Human diet and land use in the time of the Khans—Archaeobotanical research in the capital of the Mongolian Empire, Qara Qorum, Mongolia," *Vegetation History and Archaeobotany* 14, 2005, pp. 485-492

Spengler, R. N., Farhod Maksudov, Elissa Bullion, Ann Merkle, Taylor Hermes, and Michael D. Frachetti. "Arboreal crops on the medieval Silk Road: Archaeobotanical studies at Tashbulak." *PLoS ONE* 13, no. 8, 2018, e0201409.

Spengler, R.N., Claudia Chang, and Perry A. Tourtellotte. "Agricultural production in the Central Asian mountains: Tuzusai, Kazakhstan (410–150 B.C.)," *Journal of Field Archaeology* 38, no. 1, 2013, pp. 68-85

Spengler, Robert N., Sören Stark, Xinying Zhou, Daniel Fuks, Li Tang, Basira Mir-Makhamad, Rasmus Bjørn, Hongen Jiang, Luca M. Olivieri, and Alisher Begmatov, Nicole Boivin. "A journey to the West: The ancient dispersal of rice out of East Asia," *Rice* 14, 2021, 83

[コラム]

空中写真でアク・ベシムを探る

望月秀和

もちづき・ひでかず——帝京大学文化財研究所客員研究員。専門は日本考古学・ジオアーケオロジー。主な論文に「空中写真によるアク・ベシム遺跡（スイヤブ）の解析」（山内和也、バキット・アマンバエヴァとの共著、『帝京大学文化財研究所研究報告』第一九集、二〇二〇年）などがある。

はじめに

唐の時代、砕葉鎮の名で呼ばれ、最も西に配された拠点であったアク・ベシム遺跡。世界遺産シルクロード：長安―天山回廊の交易路網の構成資産の一つである。近年、この遺跡を訪れる多くの方々に観られているのは、丘状で「遺跡」と認識しやすいソグド人の交易都市であった第一シャフリスタンである。一方、唐の軍事拠点「砕葉鎮」の主体は、かつて五角形の城壁および方形の内城壁が存在していた第二シャフリスタンであった。しかし近代に大型重機による農地化で、遺構の大半は削平されてしまった。現在は五角形だった城壁の南壁と南東壁を残し、平坦な地形となっている。なお、砕葉鎮の所在証明となった多量の瓦が出土した発掘調査区も、壁から離れた平坦地にある。調査や遺跡の認識がなく、目視のみで調査区まで訪れる方はごく稀であろう。

失われてしまった遺構を元に戻すことはできないが、本遺跡では古い空中写真（衛星画像や航空機から垂直に地上を撮影したもの）から、破壊される以前の姿を知ることができる。空中写真の一カットとは、撮影当時の土地様相を切りとったものであり、その地域の土地様相を知る重要な手掛かりなのである。

一、アク・ベシム遺跡の空中写真とその解析方法

アク・ベシム遺跡では、幸いにも一九六六年、一九八〇年、二〇〇二年に撮影された航空写真、および一九六七年に撮影されたコロナ衛星画像が存在している。[1] また帝京大学では、二〇一六年よりアク・ベシム遺跡の発掘調査およびチュー川流域に分布する都市遺跡のアーカイブとして、ドローンを用いた三次元計測（フォトグラメトリ）を実施している。[2]

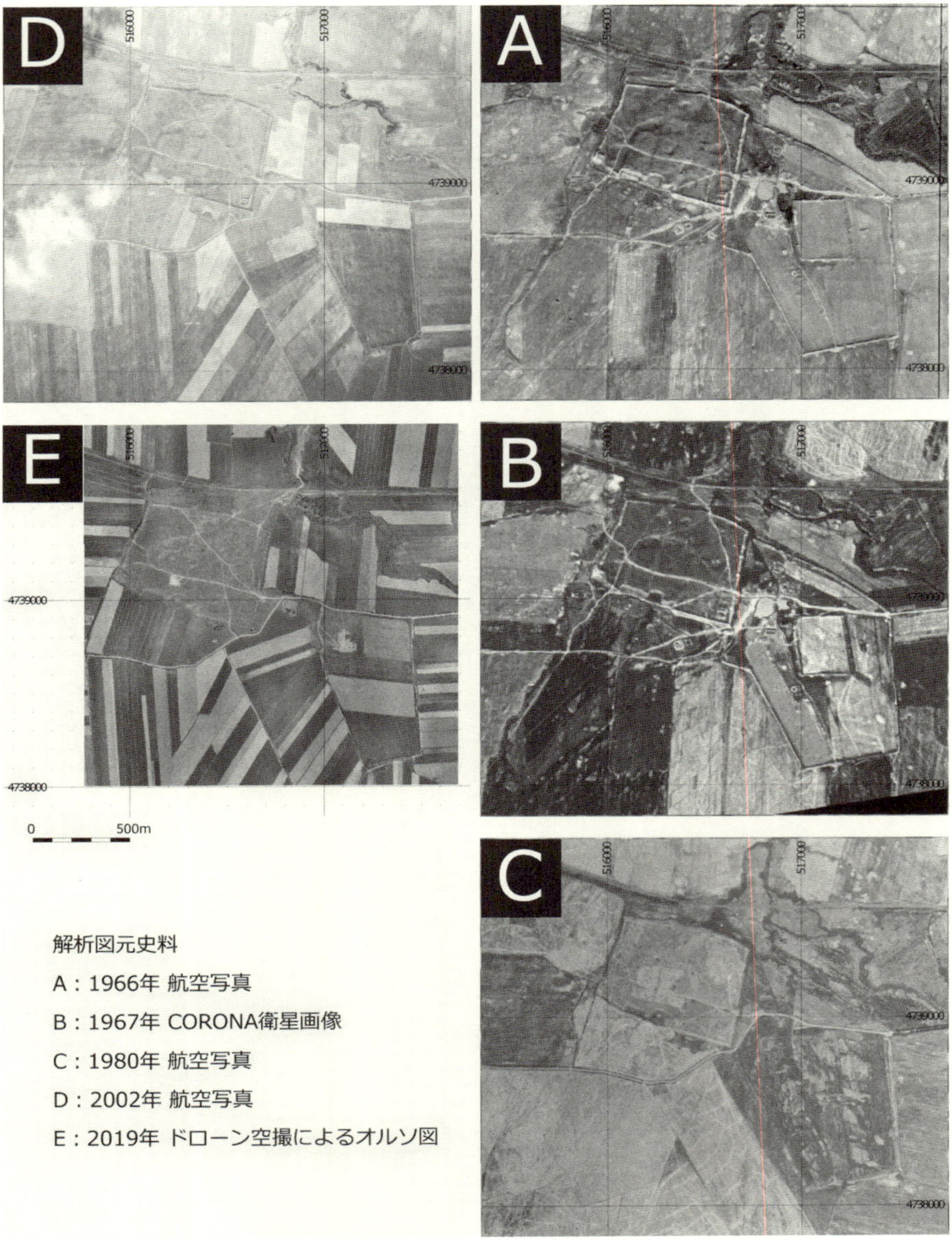

図1　アク・ベシム遺跡解析図

近年の考古学研究では、遺跡・遺構の記録方法として三次元計測をする機会が増えている。遺構や遺物の多くは「立体」であり、三次元計測はその形状を精緻に記録する手法として注目されている。また遺構や遺跡を三次元計測する際、地表面の座標値（GCP：Ground Control point）を付すことで、座標値をもったオルソ画像を生成することができる。これをGIS上に配置し、過去の空中写真を重ね合わせることで、同じ位置、同じ規模の解析図が作成できるのである。

　これらの空中写真と二〇一九年にドローンで撮影した記録から解析したオルソ画像をもとに、解析図A～Eを作成した（**図1**）。これを判読していくことで、過去と現在を比較検討することが可能となる。

二、解析図で探るアク・ベシム遺跡

　各解析図からは、経時的な遺跡の様相と、これまでに発掘された調査区の位置を判読できる（**図2**）。では、各解析図ごとに、アク・ベシム遺跡の様相をみていく。

　解析図A（一九六六年撮影）：第一シャフリスタンおよび第二シャフリスタンを囲む双方の壁のほぼ全体が残っており、形状が明瞭に確認できる。その一方で、郊外区は全体的に耕地となっており、第二シャフリスタンの内部についても、耕地化が進行している状況が確認できる。

　この時点で考古学者であるベルンシュタム、クズラソフ、ズィヤブリンらによる発掘調査区の位置や、検出した遺構の様子を判読することができる。

　解析図B（一九六七年撮影）：資料Aより明瞭に耕地内には車両が通った痕と考えられる白い筋がみられ、すでにこの段階から大規模な耕地化が進んでいる様子が窺える。第二シャフリスタンの内部で農耕による整地が行なわれているが、城壁や遺構の起伏、過去の調査区などは遺存している。

衛星写真のノイズはあるものの、地形の凹凸による陰影が明確なため、第一シャフリスタンでは南北方向の中央大通りのほか、壁や窪地などの起伏のある土地様相が観察できる。第二シャフリスタンでは南門から第二シャフリスタンa周壁の南壁中央に向かって延びる道路状のソイルマークを確認することができる。

　解析図C（一九八〇年撮影）：郊外区のほぼ全域で耕地化が完了し、現在の土地区画の原型が出来上がりつつある。また、解析図Aで確認することができた発掘調査区のほとんどが削平され、判読は難しくなっている。

　この時期には、第一シャフリスタンの内側でも部分的に削平が行なわれたようで、耕地としてトラクターを利用して整地されたものと考えられる。第二シャフリスタンでは、東壁と南壁の一部（東側）を除いた壁が削平される過程にあること、第二シャフリスタンaでは周壁がすべて削平されたことが観察できる。な

AKB -0　第0仏教寺院
AKB -1　第1仏教寺院
AKB -2ab　層位確認発掘
AKB -3　キリスト教徒墓地（マニ教徒墓地?）
AKB -4　キリスト教会およびキリスト教徒墓
AKB -5　初期マニ教徒の「沈黙の塔」
AKB -6　ツィタデル（城塞）
AKB -7　建物
AKB -8　東方キリスト教会
AKB -9　建物
AKB -10abc　建物
AKB -11　建物
AKB -12abc　建物
AKB -13　街路、建物
AKB -14　シャフリスタン2a東壁
AKB -15　建物等
AKB -16　シャフリスタン2北西（シャフリスタン1東壁）
AKB -17　シャフリスタン2南壁
AKB -18　第2仏教寺院
AKB -19　シャフリスタン1南壁

図2　発掘調査区の位置

お、耕地化によって地表面が均一になった影響か、多くのソイルマークが判読できる。

解析図D（二〇〇二年撮影）：第一シャフリスタンは、それ以前と同じ形状を保っている。それ以外の地点に関しては、土地区画や道路、あるいは水路の位置などが現在とほぼ同じとなる。第一シャフリスタンではツィタデル、東方キリスト教会址など、一九九〇年代以降に実施された発掘調査区が明確に確認できる。

第二シャフリスタンでは、周壁の南門以西が削平され、南西角で水路が付け替えられており、現在とほぼ同じ状況になったことがわかる。

解析図E（二〇一九年撮影）：埋め戻しや崩落、草生の影響で判読が難しいところもあるが、資料Dの時点でみられた九〇年以降の調査区の他、新たに実施した第一シャフリスタンでは中央大通りのAKB—一三区（東京文化財研究所、帝京大学）、第二シャフリスタンでは中枢部にあたる第二シャフリスタンaのAKB―一五区（帝京大学）の発掘調査区などが判読できる。

三、アク・ベシム遺跡の土地様相の変遷

ソグド人の街である第一シャフリスタンと、唐の軍事拠点であった第二シャフリスタンの土地様相の変遷についてまとめると、次のようになる。

（1）第一シャフリスタン

一九六六年（解析図A）から二〇一九年（解析図E）までの間、遺構が大きく破壊されたり失われたりした場所はなく、ほぼ同じ遺存状況を保っている。しかし解析図Cの時点で、比較的平坦面が耕地化され、削平・整地によって表層の遺構が消失した可能性がある。その一方、第一シャフリスタン内の窪地の位置が明瞭に判読される。解析図Dの時点で、第一シャフリスタン内に耕作地は、ほぼみられない。解析Eの時点では、第一シャフリスタン内の道の経路が一部変わっており、北東部分の壁を越える進入口が明瞭となっている。

以上、第一シャフリスタンについては、凹凸の多い地形であり、平坦面は耕地化されてはいるが、一九六六年から二〇一九年までの間に大規模な遺跡の破壊はなく、発掘調査の痕跡が加わった以外、遺存状況に変化はみられない。

（2）第二シャフリスタン

一九六六年（解析図A）の時点から二〇一九年までの間に、周壁は、東壁と南壁の南門から東側の部分を残し、そのほとんどが消失した。第二シャフリスタンの壁内の耕地化はすでに解析図Aから確認できるが、周壁と濠、貯水周辺の水路などが遺存している状況が判読できる。解析図で判読する東壁に平行する黒色のラインは、構造物ではなく、溝状の掘り込みと推定される。しかし解析図Cの時点では東壁と南壁以外がほぼ削平され、全体的に平坦に整地された状況になり、周壁内部に耕作のための水路が引かれていることがわかる。解析図Dの時点で現在と同じ土地の様相になる。

以上、第二シャフリスタンについては一九六六年の時点ですでに耕地化が始まっており、周壁や構造物と推定する起伏のある部分以外では、大規模な耕作の痕跡が認められた。また壁外の郊外区とともに、一九八〇年までの間に削平と整地が進み、多くの遺構が消失していることがわかった。

おわりに

空中写真をレイヤーとして定点的に遺跡を観察していくことで、失われゆく遺跡の変遷と、かつて存在していた遺構の復元を試みた。その結果、改めてアク・ベシム遺跡（スイアブ）という都市の広大さと多様性を認識することができた。とくに削平された壁や埋没した水路の経路の位置、また耕作地にみえるソイルマークから遺構の存在が明らかになっ

たことで、都市の構造を検討できるようになったことは大きな成果である。

この研究手法による成果は、空中写真という近代技術による記録の力と、それまで遺跡が遺されてきたことの価値が反映されたものである。復元されたアク・ベシム遺跡の様相は、今後の発掘調査によって検証されていくとともに、同地域における都市研究の一助になるであろう。

注

（1） 資料A・C・Dの航空写真は、キルギス共和国国立科学アカデミーの協力によって二〇一七年にキルギス共和国国家地図測地局（Государственная картографо-геодезическая служба КР）より入手したものである。各空中写真の詳細はつぎのとおりである。

A：一九六六年に撮影された航空写真。写真の縁には「A487（撮影コード番号）26/X[66]（撮影日：[一九六六年]十月二十六日）467（写真番号）」の記載がある。詳細な遺跡の姿を記録する空中写真の中では、もっとも古いものである。

B：一九六七年に撮影されたコロナ衛星写真である。米軍偵察衛星によって撮影されたもので、一九八〇年に一般に入手が可能となって以降、自然地理学、歴史地理学をはじめ諸分野における研究に利用されている。比較的高解像度で一九六〇～一九七〇年代の地表の情報が利用でき、実体視が可能という有用性が指摘されている（小方二〇〇〇）。資料Aと撮影の時期が近いため、ほぼ同様の状況が判読できる。航空写真よりもノイズは大きいが、コントラストが強く、ソイルマークや立体感のある土地の様相が判読される。

C：一九八〇年に撮影された航空写真である。大型重機を利用した整地によって遺跡の破壊が進み、さらに耕地化した部分では失われた遺構の痕跡とともに複数のソイルマークが判読でき、何らかの遺構の存在が推定される。

D：二〇〇二年に撮影された航空写真。遺跡の依存状況はほぼ現在と同じで、Cの撮影以降に実施された発掘調査区がいくつか確認できる。

なお、Eについては、筆者が二〇一九年五月に高度約一五〇メートルから撮影したドローン写真を基に、Agisoft Metashapeで解析した。

（2） 本稿は望月秀和、山内和也、バキット・アマンバエヴァ「空中写真によるアク・ベシム遺跡（スイヤブ）の解析」（『帝京大学文化財研究所研究報告』第一九集、二〇二〇年）六一－一二六をもとに再編した。

参考文献

井上和人「渤海上京龍泉府形制新考」（『東アジアの古代都城と渤海』東洋文庫叢書、六四、二〇〇五年）七一－一一〇頁

小方登「衛星写真を利用した渤海都城プランの研究」（『人文地理』五二巻二号、二〇〇〇年）一九－三八頁

キルギス共和国国立科学アカデミー歴史遺産研究所・帝京大学文化財研究所『キルギス共和国国立科学アカデミーと帝京大学文化財研究所によるキルギス共和国アク・ベシム遺跡の共同調査二〇一六』（二〇一八年）

キルギス共和国国立科学アカデミー歴史文化遺産研究所・独立行政法人国立文化財機構 東京文化財研究所『キルギス共和国チュー川流域の文化遺産の保護と研究アク・ベシム遺跡、ケン・ブルン遺跡――二〇一一～二〇一四年度』中央アジア文化遺産保護報告集 第一三巻（二〇

一六年）
栗本慎一郎「シルクロードの経済人類学――日本とキルギスを繋ぐ文化の謎」（東京農業大学出版会、二〇〇七年）
佐藤剛、山内和也、望月秀和、八木浩司『中央アジア・チュー川盆地の地形分類図を基に検討した中世都市遺跡の立地特性』地図五六（二）、二〇一八年）
城倉正祥、山藤正敏、ナワビ矢麻、山内和也、バキット アマンバエヴァ「キルギス共和国アク・ベシム遺跡の発掘（二〇一五年秋期）調査」（『WASEDA RILAS JOURNAL』No.四、二〇一六年）四三―七一頁。
望月秀和、山内和也、バキット アマンバエヴァ「空中写真によるアク・ベシム遺跡（スイヤブ）の解析」（『帝京大学文化財研究所研究報告』第一九集、二〇二〇年）六一―一二六頁
山内和也、バキット アマンバエヴァ、櫛原功一、望月秀和、中山千恵、大谷育恵、平野修「二〇一八年度アク・ベシム（スイヤブ）遺跡の調査成果」（『帝京大学文化財研究所研究報告』第一八集、二〇一九年）一三一―二〇三頁
Bernshtam, A. H., *Trudy SemireChenskoy arkheologiCheskoy ekspeditsii "Chuyskaya dolina"*. Materialyi i issledovaniya po SSSR, No 14, Moskva-Lenigrad, 1950.
Kyzlasov, L. R., ArkheologiCheskiye issledovaniya na gorodishChe Ak-Beshim v 1953-1954gg. *Trudy Kirgizskoy arkheologo-ethnografiCheskoy ekspeditsii. T.* 2. Moskva, 1959.
Kozhemyako, P. N. *Rannesrednevekovyye gaoroa i poseleniya Chuyskoy doliny.* Frunze, 1959.
Semenov, G. L. Raskopki, gg. Suyab -Ak-Beshim. 2002, Sankt-Peterburg, 1996 1998.
Vedutova, L. M. and Sh.Kurimoto, *Paradigma rannesrednevekovoy tyurkskoy kul'tury: gorodishChe Ak-Beshim*, Bishkek, 2014.
Zyablin, L. M., *Vtoroy buddiyskiy khram Ak-Beshimskogo gorodishCha.*Frunze ： 6, 1961.

チュー川流域出土の初唐様式仏教彫塑

森　美智代

唐西辺の鎮・砕葉には唐朝の官寺である大雲寺が存したといい、中央の仏教文化が直接波及したと考えられる。本稿は、その様相の一端を造形美術の観点から明らかにすることを目的とする。当地（現在のキルギス共和国チュー川流域）に現存する仏教美術作品を概観すると、石造彫刻に初唐時代の標準的中原様式を示す作例や、そこから派生したと見られる作例があり、これらに重点をおいて検討する。

もり・みちよ――青山学院大学・桜美林大学・駒澤大学・聖心女子大学・成蹊大学・武蔵野美術大学・早稲田大学非常勤講師。専門は中央アジアの仏教美術史。主な論文に「西域北道における誓願図について」（宮治昭責任編集『アジア仏教美術論集　中央アジアⅠ　ガンダーラ～東西トルキスタン』中央公論美術出版、二〇一七年）、「キジル石窟航海者窟（第二一二窟）「マイトラカニヤカ・アヴァダーナ」壁画の構成理念について」（『仏教芸術』第一二号、二〇二四年）などがある。

はじめに

キルギス共和国チュー川流域の都城遺跡アク・ベシムは、唐が中央アジア支配のために設置した安西四鎮の一つ、砕葉鎮の故地と目されてきた。近年、帝京大学文化財研究所を中心にした発掘調査・研究によって、同遺跡の第二シャフリスタンがまさしく砕葉鎮城にあたることが確定的になった。同時に、史料に名が見える砕葉の官寺・大雲寺址の候補として、第二シャフリスタン＝砕葉鎮城に隣接する第〇寺院址（別名ベルンシュタム寺院）が最有力視されるに至っている。(1) 二〇二三年度からは龍谷大学が中心となり、第〇寺院址の再発掘が開始された。

さて、唐の中央アジア支配に伴い、中原仏教とその美術もそれ以前の漢語仏教圏を越えて中央アジア各地に移植された。本稿は、その砕葉における様相の一端を明らかにすることを目的として、既出のチュー川流域仏教彫塑作品に見られる唐代中原様式の影響を検討する。とりわけ、唐が砕葉を実効支配していた六八〇年代〜七〇〇年代初頭に現地で制作されたと見られる作品を中心的に取り上げたい。とはいえ、該当する作品は少ないため、零細な造像や断片、筆者未見の作品も敢えて取り上げる。遠からず新資料が得られることを願いつつ、小稿が当面の覚書となれば幸いである。

一、チュー川流域における仏教彫塑の概観

これまでにチュー川流域で発見された仏教関連美術作品(2)を種別に見ると、絵画はアク・ベシム第一仏教寺院址とクラスナヤ・レーチカ第一仏教寺院址、ノヴォパフロフカ遺跡出土の壁画断片に限られ、点数は多いが件数が少ない。一方、彫塑は件数が多く、その材質・技法には石造、塑造、銅造の三種がある。

図1　銅造菩薩立像（キルギス国立歴史博物館所蔵、筆者撮影）

塑像は、アク・ベシム第一・第二仏教寺院址、クラスナヤ・レーチカ第二・第三仏教寺院址など日干し煉瓦寺院に造り付けられており、現地系統の寺院(3)で採用された材質・技法ということができる。現存作例（多くは断片）に、唐代中原様式のダイレクトな影響を示す例は認められない(4)。

一方、銅造と石造の作例中には、唐代中原様式の直接的な影響が認められる。もっとも、その影響の及び方が媒体によって自ずと異なることはいうまでもなく、出土地点の傾向も異なる。次節でそれぞれの様相を見ていきたい。

二、銅仏の概要と、初唐期中原様式の作例

チュー川流域出土の銅仏は、小型のポータブルな作品が多い。その中でカシミール系（近隣のスワート、ギルギットの地域様式や、チベット西部の早期作例を含む）の一群が精巧な作風で目立つが、他にも西チベット・唐（図1、2）・遼（図3）(5)等々、幅広い地域・時代様式の作品がみとめられる。ノヴォポクロフスコエ二都城址、ケン・ブルン、ブラナ、クラスナヤ・レーチカ第二仏教寺院址から出土している他、出土地不明の収集品も多い。

初唐期中原様式を示す作例は、筆者が実見した範囲では、

図3　千仏銅牌（キルギス国立歴史博物館所蔵、筆者撮影）

図2　銅造菩薩立像（キルギス国立歴史博物館所蔵、筆者撮影）

キルギス国立歴史博物館所蔵の菩薩立像二躯が挙げられる。[6] いずれもノヴォポクロフスコエ二都城址からの出土品で、これまでインド（カシミール）製とする見方と、隋製もしくはその模倣とする味方があった。[7] 保存状態の良い一躯（図1）（像高約一〇センチメートル）は、右手を肩の高さに挙げて先端の尖った珠（?）をとり、左手は垂下して水瓶をとって、腰を右にひねり左膝を軽く曲げて立つ。天衣は両肩から大きく波打って台座まで届き、瓔珞が右肩から左膝下にかかる。台座は図様が崩れているものの、蓮華座と同根から枝分かれした蓮葉を表したものとみられ、本像がオルターピースの一部であったことが類例から推測される。これより大きい一躯（図2）は右手先を欠失し、瓔珞がかかる向きや冠飾のデザイン、両膝とも伸びた姿勢などが先の像とは異なるものの、ほぼ同形式である。いずれも七世紀の中国で大量生産された定型に基づく像である。

これ以外に、クラスナヤ・レーチカ第二仏教寺院とブラナから中国式四脚座を伴う独尊の菩薩立像がそれぞれ一躯発見されているという。[8] 実物は未見ながら、図版や描き起こし図から判断する限り、やはり七世紀中原様式とみてよく、言及した次第である。

以上に挙げた初唐期中原様式の作例は、異なる地域・時代様式の作品とともに出土した例や（ノヴォポクロフスコエ二都城址）、現地系統の寺院址からの出土した例（クラスナヤ・レーチカ第二仏教寺院址）など、作品が出土地点の文脈と必ずしも関連しない。折々の奉納品としての性格が想定されよう。なお、これらのように簡易な小像は踏み返し鋳造も想定され、制作地については今後の精査がのぞまれる。しかし中原製にせよその模倣にせよ、初唐様式の像が砕葉周辺から複数出土していることは、唐の砕葉支配と密接に関連するに相違ない。

三、石仏の概要と、初唐期中原様式の影響

チュー川流域で発見された石造仏教彫刻は凡そ十点で、その中には美術史的考察を行うことが困難な小断片も複数含まれる。[9] このように母数が圧倒的に少ない状況ではあるが、銅仏に多様な地域様式が認められたのと比較すると、石造彫刻においては唐の影響が優越していることが明らかである。

初唐期中原の造像が砕葉に及ぼした影響を論じる上で特に重要な作例として、いわゆる「杜懐宝碑」と「三尊龕」が挙げられる。前者は仏像本体が失われ題記が残るのに対し、後者の彫刻は（この地域の石彫品としては）よく残るものの、題記が多く失われている。現状は対照的な二件であるが、いずれも中原の仏教文化をダイレクトに反映する作品で、唐が砕葉鎮を設置して間もない時期に現地で造立されたと見られる点が共通し、類似の制作背景が想定される。

他に仏龕形式の作例として、中原の造像を踏まえながらも逸脱的な表現が目立つ「五尊龕」や、大雲寺址とも目される第〇寺院址出土の断片二点がある。以下に、それぞれ詳細を見ていきたい。

・いわゆる「杜懐寳碑」（図4・口絵④）

いうまでもなく、アク・ベシム遺跡をスイアブ／砕葉に確定する根拠となったことで有名な作品である。一仏二菩薩像の像本体が失われ、基壇部のみが残る。基壇部に刻まれた十一行の銘文には、安西副都護として砕葉に赴任中であった杜懐寳が亡母などの為に造立したことが記されている。銘文中に見える「砕葉鎮圧十姓使」「天皇天后」といった語句の使用時期の検討を通じて、本作例の制作年代は六八二～六八四年と推測されている。[10]

基壇上には三尊の台座下縁部が辛うじて残存する。中尊の台座はもっとも幅が広く、三段の下框《したがまち》が刻まれ、宣字形台座であった可能性が高い。両脇侍の台座は大きく欠けるが、蓮華座とみられる。

全体の本来の形状は、両端を欠くため憶測に過ぎないが、龕形式であった可能性が高い。なお基壇部の下に枘があり、

別製の台に差し込んでいたことがわかる。石造品としてこのような形式は珍しいが、本作例が中原の三尊像（仏龕形式でないもの含め）と比較して薄いことと関連するかもしれない。

・三尊龕（図5—1、図5—2）六〇×三四×一四・五センチメートル

クラスナヤ・レーチカ第二寺院址附近で偶然発見されたというが、発見地点・時期とも不詳である。

図4　杜懐寶碑（スラヴ大学附属博物館所蔵、筆者撮影）

このように拱形（アーチ形）の龕内に単独像あるいは複数の尊像を左右対称構図で表す形式の石造龕は、中国において南北朝時代以降、独自に展開した形式である。チュー川流域では石造龕やその断片が計四点（「杜懐寶碑」も含めるとすれば五点）発見されている。もっとも、中原の作例と直接比較可能なのは本像のみで、他はその稚拙な模倣か、断片的に過ぎて様式観察が難しい作例である。

従来、本作例の制作年代が唐砕葉鎮時代の七～八世紀であることは自明とされてきたが、中原の紀年銘作例と比較することによって、制作年代の幅をさらに絞り込むことが可能と思われる。鍵となる正面の一仏二菩薩像と、側面の神将形について見ていきたい。

〈正面〉

本作例の中心的図像は、同じ茎から枝分かれした蓮華座（以下、同根連枝蓮華座とよぶ）にのる一仏二菩薩像である。三尊とも頭部が人為的に打ち欠かれ、またそれぞれ蓮弁形の頭光が線刻される。中尊は右手を胸前に挙げ、衣はまず偏袒（右肩を露出する形状の肌着）をつけ、次に内衣である僧祇支を両肩からはおり、最後に大衣を偏袒右肩につける。

同根連枝蓮華座は唐代に愛好された図像である。原則的に

図5-1　三尊龕（正面）（スラヴ大学附属博物館所蔵、筆者撮影）

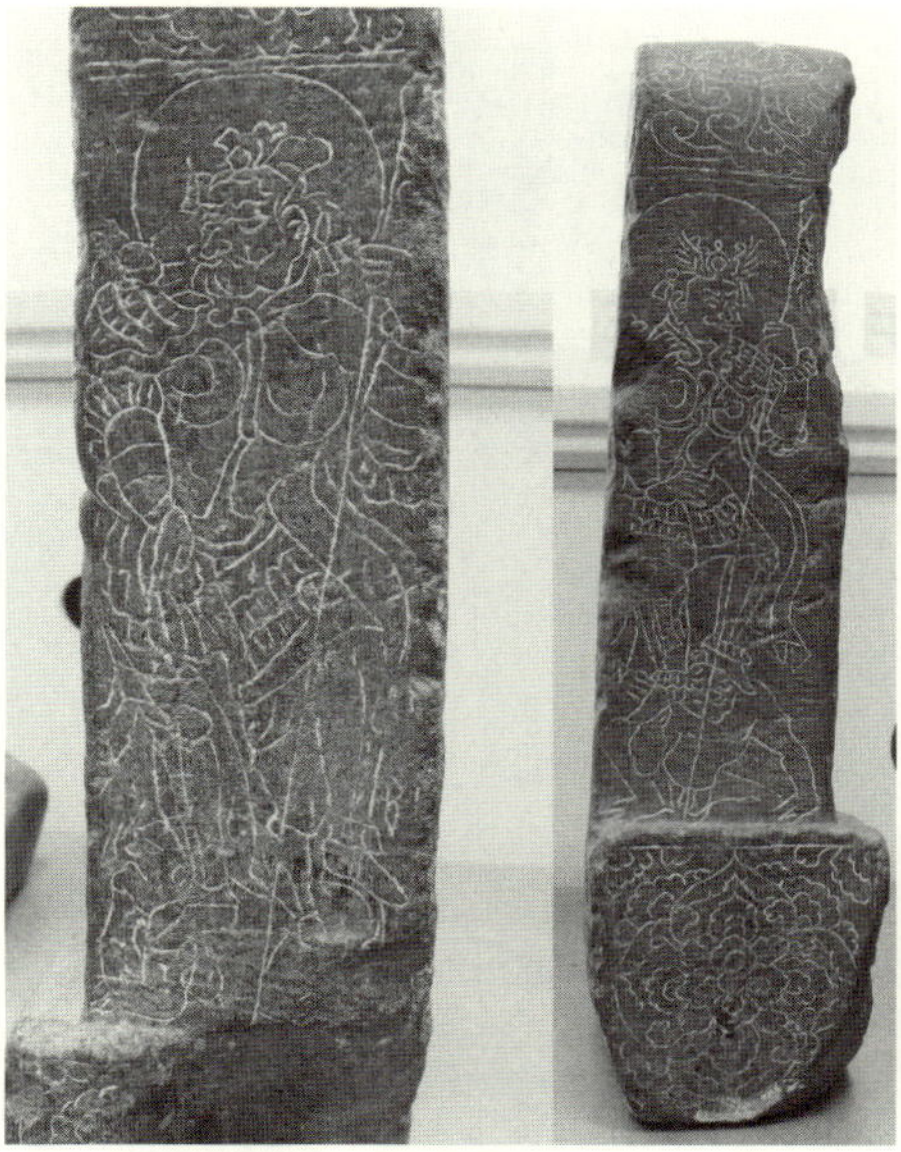

図5-2　三尊龕（側面）（筆者撮影）

中尊は阿弥陀仏であるが、時として他の尊格にも転用されるため、図像のみから尊格を確定することはできない。図様のルーツはインドでグプタ期を中心に流行した「千仏化現」にもとめられ、中国において改変が加えられ、各地で様々なヴァリエーションが展開した。本作例と形式・様式が最も近似するのは、洛陽・龍門石窟の諸作例である。

龍門における同根連枝蓮華座の紀年銘作例については、姚瑶氏による先行研究に基づいてみていくと、上元二年（六七五）に完工した勅願窟・奉先寺洞の中尊（＝奉先寺大仏）頭光内に穿たれた小龕（**図6**）に出現して以降、六九〇年代までに集中している。[11] これらの作例において中尊の着衣形式と印相の組み合わせには幾つかのヴァリエーションが見られ、「三尊龕」と同様の着衣形式と印相の組み合わせは、奉先寺大仏頭光内小龕の中尊の他、永隆二（六八一）〜天授二（六九一）年の三件に限られる。[12] すなわち、この形式は奉先寺洞完工頃に龍門に取入れられたこと、なおかつ奉先寺大仏という重要作品の頭上に配置されていることから、当時一定の影響力をもつ図様であったことが推測できる。以上を踏まえると、「三尊龕」における同根連枝蓮華座上の三尊の図像も、この時期の龍門造像の流れを汲むものと位置づけられよう。

〈側面〉

龕両側面に神将形を各一軀が線刻される。いずれも龕正面側を向き、腰を右に振って邪鬼の上に立ち、左手に戟を執って右手は腰に置く。これらの神将形の甲制や、邪鬼の姿勢に左右で変化をつけることは顕慶三年（六五八）銘の長安・道徳寺碑（西安碑林博物館所蔵）（**図7**）との類似が顕著で、[13] この系統の図像を模したものと見られる。ただし、本作例において左右の神将形が対称の姿勢をとらないことは道徳寺碑と異なり、また左方の神将形と邪鬼の姿勢が連動せず不合理な表現になっている。手本の転写に伴う反転・写し崩れであろう。

〈様式・形式からみた「三尊龕」の制作年代と背景〉

本作例の中心的図像である同根連枝蓮華座上の三尊の図像は、六七五年に完成した奉先寺洞の造営を通じた形成された洛陽・龍門様式を反映する一方、側面の神将形は六五八年銘

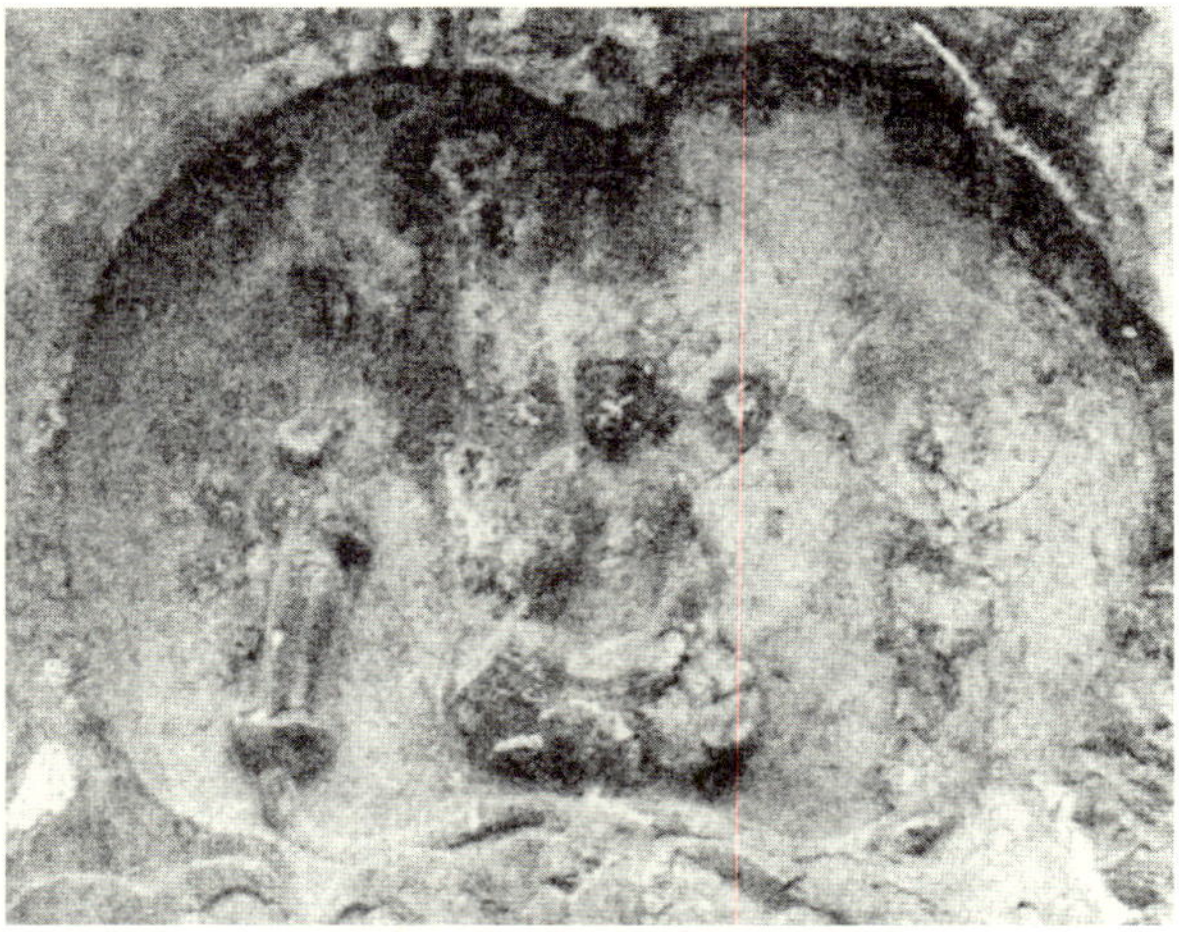

図6　龍門石窟奉先寺大仏頭光内小龕（注11姚論文図2右）

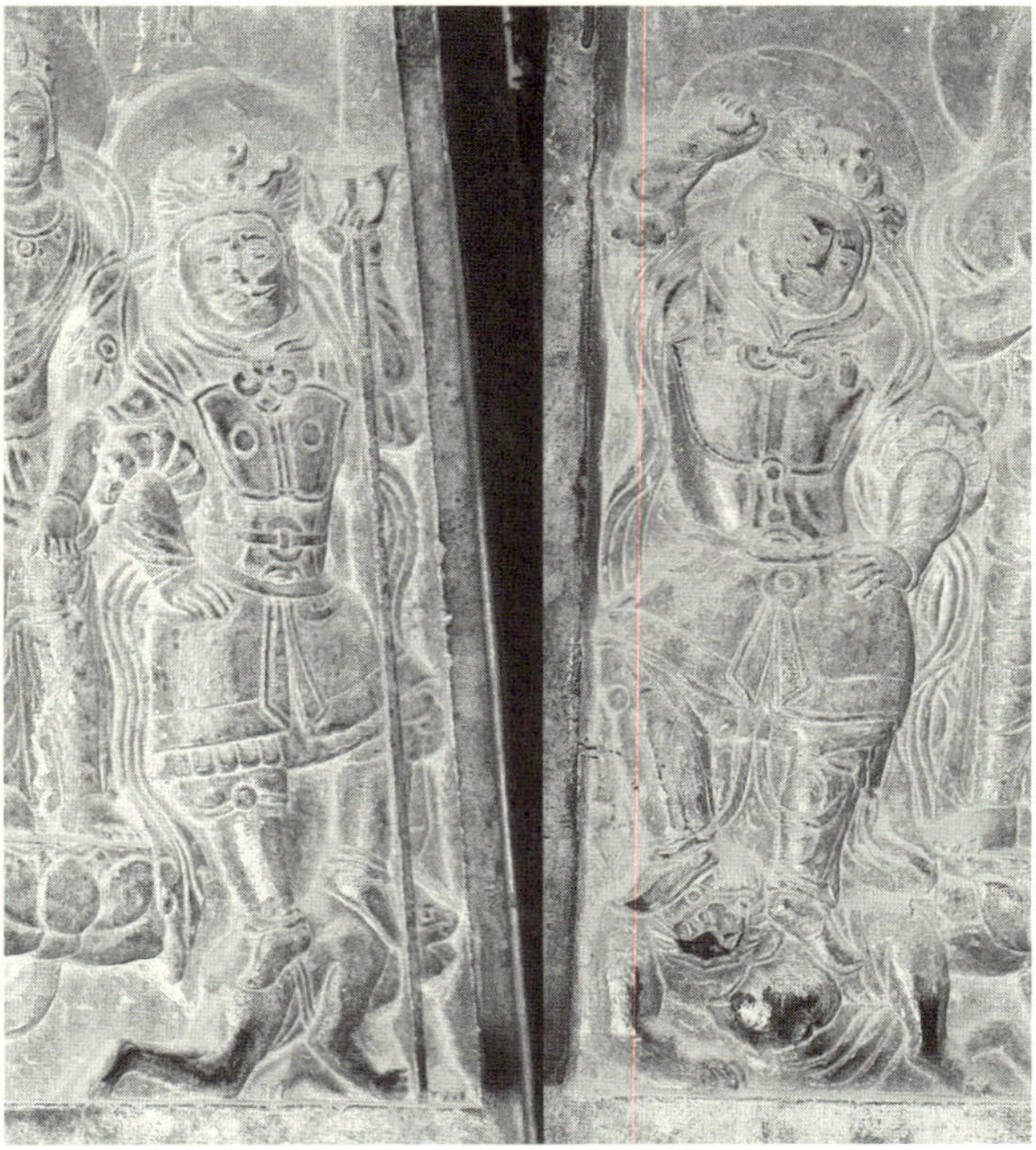

図7　道徳寺碑（西安碑林博物館所蔵、大島幸代氏撮影）

の長安・道徳寺碑に類似する。本作例に洛陽と長安両方の要素が見られることは、奉先寺洞造営を通じて長安の造像の影響が洛陽に及んだ状況[14]を反映していると考えられる。

初唐期の龍門において国家的大事業である奉先寺洞の造営が画期をなすことは、夙に諸先学が指摘するところである。中尊台座の「大盧舎那像龕記」には奉先寺洞が高宗の勅願で、武后が自らの脂粉銭二万貫を以て助成し、長安実際寺の善導と法界寺恵簡を検校僧とすることが記される他、宮殿造営等の土木工事を所掌する司農寺系の官吏・匠の名が列挙されている。奉先寺洞造営を長安仏教界・官吏が主導し、その下で長安の工人が動員されたことが読み取れる。[15]

図8　五尊龕（キルギス国立歴史博物館所蔵、筆者撮影）

このように、龍門の類例との比較から、「三尊龕」の工人は六七〇年代を大きく降らない時期に洛陽から砕葉に至り、本作例を制作したとみるのが妥当である。なお、砕葉鎮を唐朝が直接統治したことが確実な期間は六七九〜六八六年・六九二〜七〇三年の計二十五年間であり、[16]三尊龕の制作時期もこの範囲内であることが推定される。さらに年代幅を狭めるならば、先述の通り本作例中尊のような衣制・印相は龍門石窟において六八〇年代以降は下火になったことから、六七九〜六八六年年の可能性がより高い。

・その他の石造仏龕

「五尊龕」（六五・五×四三×一三センチメートル、キルギス国立歴史博物館所蔵、**図8**）は、アク・ベシム遺跡で一九八七年偶然に発見されたというが、発見時の詳細は不明である。中尊如来坐像の左右に比丘立像・菩薩立像、下部に一対の獅子を浮彫していたと見られるが、龕右側から上部、基部を大きく失う。本作例も初唐期中原造像を参照していると見られるが、先の三尊龕が標準的な初唐中原様式を示すのとは対照的に、逸脱的な表現が目立ち、作風も稚拙である。唐代仏教美術の規範に通じていない工人の作とみられる。

キルギス国立歴史博物館所蔵の「石造龕断片」二件（**図9—1・図9—2**）は、第〇寺院址出土品で、相互に接続はし

図9-1、9-2　石造龕断片　二点（キルギス国立歴史博物館所蔵、筆者撮影）

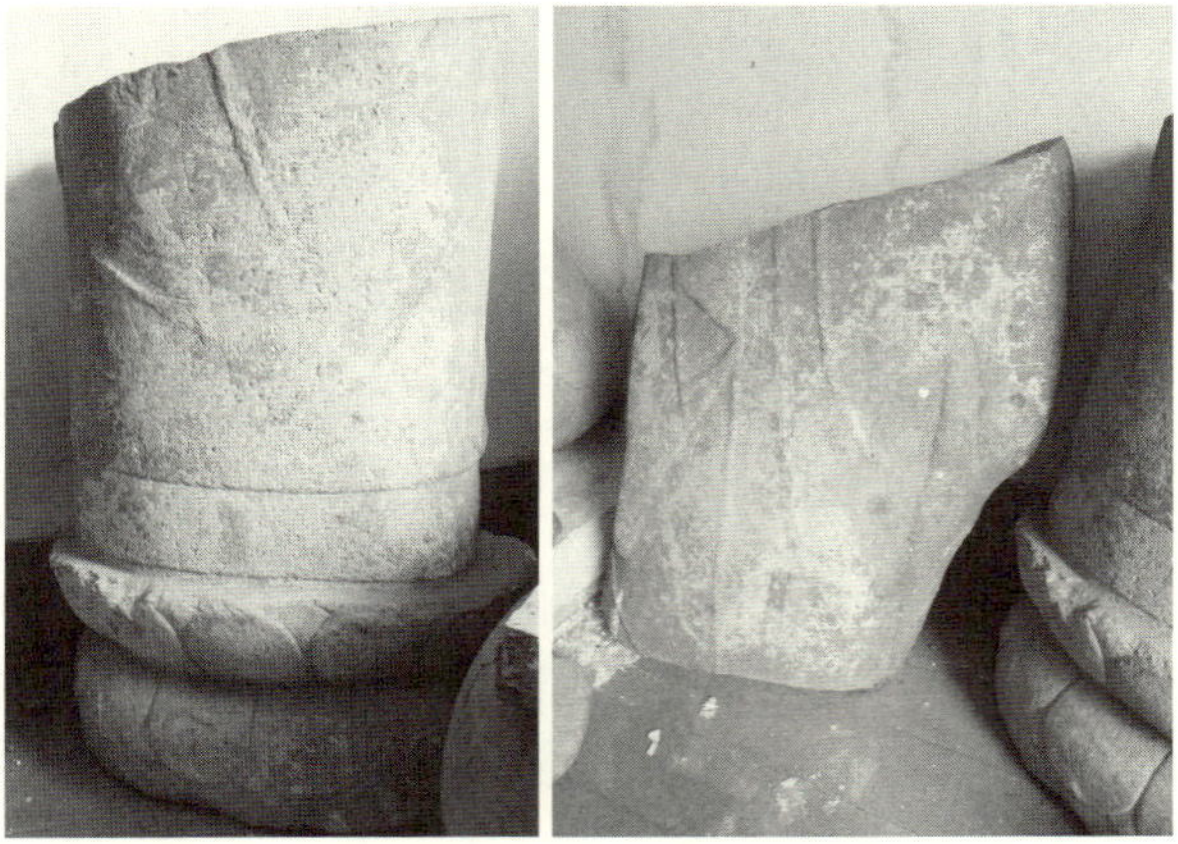

図10　着袈裟立像（ブラナ博物館所蔵、筆者撮影）

ないが同一龕に属する可能性が指摘されている。一断片にみられる獅子像は、既に指摘されているように「五尊龕」獅子像に近似しており、影響関係があったことが窺われる。[17]

・その他

「着袈裟立像」[18]二断片（**図10**）は、二〇〇〇年前後にブラナ防壁東方一・五キロメートルの地点で発見されたという。[19]本来はおそらく二メートルを超え、一断片は右肘から背面、もう一断片は膝裏から台座（仰蓮・反花）の部分である。いずれも前面が大きく削がれるように欠損するが、右足首の辺りが辛うじて残存し、像の奥行は現状と大きく変わらず平面的な造形であったことがわかる。袈裟を通肩に着け右手を挙げ、裙が長く背面では足が見えない。衣紋線はまばらで紐状に彫出する。平面的な造形が強調される。裾が長い着衣形式から見て、本像は中国仏教文化圏の造像伝統に連なるものとみられる。しかし様式的観点からの年代判定は難しく、少なくとも初唐期中原の典型的な様式とはいえない。

図11（アク・ベシム第〇仏教寺院址出土、高一〇・七センチメートル、幅・奥行一五センチメートル）は従来柱頭とされてきたが、本来は複数の部材から構成されていた石塔の頂部で、上部の枘穴には別材の相輪を立てていたと推測される。本作例のように、頂部にインド式ストゥーパに由来する覆鉢を表し、その周囲に各面三連の山形装飾をめぐらせる形状は、鞏義博物館所蔵の五層石塔（**図12**、初層塔身左側面に則天文字を含む銘文あり）など、洛陽地域における初唐期の石塔に類例が見出させるという。[20] つまり、本「石塔頂部」は、「杜懐寶碑」「三尊龕」と同様、初唐期洛陽の仏教文化がダイレクトに反映された砕葉文物と位置づけることができる。

図11　塔頂部（キルギス国立歴史博物館所蔵、筆者撮影）

図12　五層石塔（鞏義博物館所蔵、鞏県石窟寺旧蔵、向井佑介氏撮影）

四、関連する問題と課題

(1) 唐の砕葉進出に伴う石彫技術の伝播

『新唐書』巻一一一王方翼伝等の史料によると、安西都護・王方翼は調露元年(六七九)九月頃から五十日あまりで砕葉城を築いたという。帝京大学によるアク・ベシム発掘調査では、文献に記される唐朝の土木工事・建築活動を跡付けるような発見が相継ぎ、第二シャフリスタンこそが砕葉鎮城に相当することが判明した。とりわけ、第二シャフリスタンで大量に出土した瓦の文様・製作技法が唐大明宮の出土瓦と類似することから、中央技術者が砕葉鎮に直接派遣され現地で造瓦に従事した可能性が指摘されている。(21)

瓦と並び、第二シャフリスタン/砕葉鎮城で目立つ出土品が石造品である。瓦葺建築に必須の柱礎石の他、(22)漢文碑石・碑首の断片、庭園の奇石の断片など、「中国的趣味・趣向を象徴する」石造品が出土している。(23)石工もまた中央から砕葉に派遣されたとみるべきである。

初唐期の標準的中原様式を示す「三尊龕」の作者も、まさしくこのような工人であったと推察される。さらに想像を逞しくすれば、「三尊龕」の作者は、奉先寺洞造営を契機として司農寺系の中央機構と結びつきを強めた洛陽の工人で、土木専門の工人と共に砕葉に派遣されたのではなかろうか。石造仏教彫刻は唐の砕葉進出と軌を一にして、当地に波及したのであろう。

(2) 砕葉大雲寺と仏教石彫

中原から砕葉に派遣された工人による造像活動を考える上で、砕葉に存在したという唐朝の官寺・大雲寺に触れないわけにはいかない。詳しくは本書の諸論考に譲るとして、ここでは唐様式の仏教石彫と関連する問題に絞って取り上げたい。

砕葉大雲寺は、七五一年に当地を訪れた杜環が『経行記』においてその存在を報告している。武則天の詔勅により全国に大雲寺が設置されたのは天授元年(六九〇)であるが、この時、砕葉は一時的に吐蕃に占領されていたため、砕葉における大雲寺の実質的な設置時期は、唐がこの地を奪還した長寿元年(六九二)のこととみられる。(24)

ところで、齊藤茂雄氏が指摘されているように、「杜懐宝碑」の制作年代は砕葉大雲寺設置より早い時期(六八二~六八四年)とみられる。(25)また、本稿で取り上げた「三尊龕」の制作年代も、六九〇年代の可能性も排除できないが、六八〇年代までに遡る可能性がより高い。すなわち、砕葉では六七九年以降、六九二年の大雲寺設置以前の時期に、既に唐人によって仏教造像が行われており、その造立・供養にあたっての導師として、唐内地から派遣された僧や、その僧の住持する寺の存在も想定されるのである。[26]

さて、大雲寺址（六九二年以前に創建された際には別名寺院）と目されているアク・ベシム第〇寺院址は、発掘によって石造彫刻が発見された唯一の遺構であり、ここから出土した「石造龕断片」と「石塔頂部」が唐の仏教造像の流れを汲む。このことは、チュー川流域における石造仏教彫刻が唐の進出とともに始まり、その影響下で行われたという上の推論を裏付ける。それにつけても「杜懐寶碑」や「三尊龕」のような基準的な作例が遊離資料であることは惜しまれるが、今後の新資料発見に期待したい。

おわりに

結びに代えて、砕葉における唐仏教受容の様相を、同じく安西都護府治下にあったタリム盆地の主要オアシス（亀茲・于闐・疏勒・焉耆）と比較し、その特色を浮き彫りにしたい。

吉田豊氏によれば、チュー川流域における仏教寺院の造立は、唐朝による仏教寺院設置をもって開始し、ソグド人仏教徒による仏教寺院建立がそれに続くという。[26] 一方、タリム盆地の主要オアシスにおいては、唐以前から在地仏教の長く強固な伝統が存在した。仏教彫塑の材質・技法をみると、タリム盆地諸オアシスにおいては唐代中原様式の石造仏教彫刻が管見の限り皆無であり、チュー川流域と対照的である。石材に乏しいタリム盆地においては、唐系統の寺院においても石彫が採用されなかったか、あるいは存在したとしても極めて少数であったのかもしれない。

最後に、安西都護府期タリム盆地で制作された作例中、初唐期中原の直接的影響を示すものに恵まれず、ほぼ盛唐以降の作例に限られることである。[27] 一方、砕葉では、盛唐以降の中原様式を直接反映した作例は見出せないが、八世紀初頭に唐の直接統治が及ばなくなったことを鑑みれば、それも頷ける。

このようにして見ると、チュー川流域における初唐様式の仏教石彫が、点数は多くないものの、中央アジア安西都護府期の作例としてユニークな位置を占めることがわかる。しかし冒頭にも述べたように、以上の所見は既出作例に基づく当面の覚書に過ぎない。今後の発掘と研究の進展を願いつつ、筆をおきたい。

注

（1）　川崎建三・山内和也「ベルンシュタムによるアク・ベシム遺跡第二シャフリスタンの発掘調査――一九三九年、一九四〇

年」（『帝京大学文化財研究所研究報告』第一九集、二〇二〇年）一―三二頁。また、本書山内論文を参照。

（2）参照した主な論著は以下の通り（発行年順）。Stavisky, Boris. J., "The Fate of Buddhism in Middle Asia: In the Light of Archaeological Data," *Silk Road Art and Archaeology*, 3, pp. 113-142. 林俊雄「天山北麓の仏教遺跡」（『ダルヴェルジンテパDT二五　一九八九～一九九三発掘調査報告』創価大学シルクロード学研究センター、一九九六年）一五四―一七八頁。加藤九祚「第六章　セミレチエの仏教遺跡」（『シルクロード学研究四　中央アジア北部の仏教遺跡の研究』、シルクロード学研究センター、一九九七年）一二一―一八四頁。ヌルラン・ケンジェアフメド「スヤブ考古――唐代東西文化交流」（窪田順平・承志・井上充幸『イリ河流域歴史地理論集――ユーラシア深奥部からの眺め』松香堂、二〇〇九年）二一七―三〇一頁。怒尔兰・肯加哈买提『碎叶』（上海古籍出版社、二〇一七年）。ヴァレリー・コルチェンコ著、川崎建三訳「キルギスタン・チュー川流域における中世仏教の考古遺産」（公益財団法人東洋哲学研究所編『シルクロード学研究論集　第一巻　仏教東漸の道　インド・中央アジア篇』公益財団法人東洋哲学研究所、二〇二三年）三九一―四三三頁。

（3）本書岩井論文を参照。

（4）唐進出以降のタリム盆地においては、唐美術と在来美術が混融し、それが規範化して、影響が長く継続した。このような唐・タリム盆地混融美術の影響はチュー川流域の日干し煉瓦寺院にも見られる（例えばアク・ベシム第一仏教寺院址出土壁画断片における唐風団花文など）。しかし、このような混融様式と、唐中原からの直接的・同時的影響は区別すべきである。

（5）前掲注２コルチェンコ論文では「中国様式で十～十一世紀の作品の可能性がある」とする。

（6）二〇一八年八月。計測や接触調査は行っていない。

（7）前掲注２Stavisky、加藤（一八三頁）、林（一六九頁）は西北インドあるいはカシミール製とする。前掲注２コルチェンコ論文によると、T・K・ムクルティチェフの著書において隋様式との見解が示されているというが、本稿の執筆中に同書を参照することができなかった。T. K. Mkrtychev, Buddhyskoe iskusstvo Sredney Azii (I-Xvv.), Moscow, 2002.

（8）前掲注２コルチェンコ論文四〇八頁、図６（ブラナ出土品）。

（9）拙稿「キルギス共和国チュー川流域出土の唐風石造仏教彫刻」（『帝京大学文化財研究所研究報告集』第一九集、二〇二〇年）一五九―一七五頁、表一。

（10）齊藤茂雄「砕葉とアクベシム――七世紀から八世紀前半における天山西部の歴史展開（増訂版）」（『帝京大学文化財研究所研究報告』第二〇集、二〇二一年）六九―八三頁。齊藤茂雄「アク・ベシム遺跡出土「杜懐寶碑」再読――大雲寺との関わりをめぐって」（『帝京大学文化財研究所研究報告』第二二集、二〇二三年）七一―八四頁。また本書齊藤論文を参照。

（11）姚瑶「初唐期の龍門石窟に見られる同茎蓮華座に関する研究」（『中国考古学』第一四号、二〇一四年）一四一―一六三頁

（12）永隆二年（六八一）銘・万仏洞（第五四三窟）前庭Ｓ一五龕、垂拱二年（六八六）銘・同窟甬道Ｎ七龕、天授二年（六九一）年銘・双窯北洞（第五二一窟）前庭Ｓ一五龕（前掲注11姚論文表五）。

（13）大島幸代氏（大正大学）のご教示による。

（14）岡田健「龍門石窟初唐造像論――その三　高宗後期」（『佛教藝術』一九六号、一九九一年）九八―一一九頁。

(15) 肥田路美「龍門奉先寺洞盧舎那仏像」（『佛教藝術』二九五号、二〇〇七年）五九―七三頁（再録：同『初唐仏教美術の研究』（中央公論美術出版、二〇一一年））。

(16) 前掲注10齊藤論文。柿沼陽平「唐代砕葉鎮史新探」（『帝京大学文化財研究所研究報告』第一八集、二〇一九年）四三―五九頁。

(17) 前掲注2肯加哈买提二〇一七、二二六―二二七頁。

(18) 単独の大型石像であることから如来像の蓋然性が高いが、比丘形の可能性も完全には排除できず、仮に着架裟像と呼ぶ。

(19) キルギス共和国科学アカデミーのバキット・アマンバエヴァ氏のご教示による。

(20) 向井佑介氏（京都大学人文科学研究所准教授）のご教示による。ここに感謝申し上げます。前掲注9拙稿では本作例の類例を中国に見出せなかったとしたが、訂正したい。また時間の関係で、ご教示いただいた内容を本稿に十分に生かすことができなかった。今後の課題としたい。

(21) 山内和也・櫛原功一・望月秀和「二〇一七年度アク・ベシム遺跡調査報告」（『帝京大学文化財研究所研究報告』第一七集、二〇一八年）一二一―一六八頁。

(22) 山内和也・バキット アマンバエヴァ・櫛原功一・望月秀和・中山千恵・大谷育恵・平野修「二〇一八年度アク・ベシム（スイヤブ）遺跡の調査成果」（『帝京大学文化財研究所研究報告』第一八集、二〇一九年）一三一―二〇三頁、：口絵六―一六。

(23) 山内和也・齊藤茂雄・中山千恵・望月秀和「二〇二三年度アク・ベシム遺跡発掘調査によって発見された唐代関連資料について」（『帝京大学文化財研究所研究報告』第二二集、二〇二三年）一四五―一五四頁。

(24) 大雲寺に関する研究は枚挙にいとまがないが、砕葉大雲寺に関しては主に以下の論著を参照した。Forte, Antonio., "Chinses State Monasteries in the Seventh and Eighth Centuries,"（桑山正進編『慧超往五天竺傳研究』臨川書店、一九九八年）二一三―二五八頁。

(25) 前掲注10。

(26) 前掲注9拙稿では、砕葉において大雲寺設置以前に中原から派遣された僧が住持する寺があったとすれば、それは官寺ではなかったかと述べ、その根拠として高宗期における一州一寺制の施行を挙げた。しかし、羈縻州である砕葉はその対象外である旨、齊藤茂雄氏よりご教示いただいた。ここに感謝申し上げるとともに、訂正したい。

(27) 吉田豊「ソグド語の密教経典とセミレチエ仏教」（『帝京大学文化財研究所研究報告集』第一九集、二〇二〇年）一九三―二〇三頁。

(28) 盛唐様式を代表する例として、安西都護府が置かれていた亀茲（クチャ）のクムトラ石窟第一五～一七窟が挙げられる。二〇世紀初頭に大谷探検隊が切り取った「大唐□厳寺上座四／鎮都統律師□道」の壁画題記（香川黙識『西域考古図譜』（上巻、国華社一九一五年）絵画（九））は第一六窟に由来するというという見方があるが、確証はない。馬世長「クムトラにおける漢民族様式の石窟」（新疆ウイグル自治区文物管理委員会庫車県文物保管所編『中国石窟　クムトラ石窟』（平凡社、一九八五年）二一八―二四九頁。

チュー川流域出土漢文史料の書風分析
——砕葉鎮城に到達した文字

福井淳哉

ふくい・じゅんや——帝京大学文学部日本文化学科准教授。帝京大学書道研究所所長。博士（書道学）。専門は日本書道史、書写・書道教育。主な著書に帝京大学書道研究所、帝京大学総合博物館編『日本書道文化の伝統と継承』（共著、求龍堂、二〇一六年）、『高等学校学習指導要領（平成三〇年告示）解説芸術（音楽・美術・工芸・書道）編』（共著、文部科学省、二〇一九年）などがある。

本稿は「杜懐宝碑」やアク・ベシム遺跡、およびその周辺の漢文資料に対し、書道史学の見地から考察を述べたものである。結果として、これらの資料の制作年代等については、書道史的にも先行研究と近似した見解を得られたことから、これらの資料は、書道史のみならず、中央アジアの複雑な文化交差を理解するためにも重要であり、今後、諸分野を横断してのさらなる学際的な研究が期待される。

はじめに

（1）楷書という書体

文字は、生命のように進化し続ける存在である。古代中国で甲骨文字が成立し、現代に至るまでの数千年間、文字は、時代、環境等に適応しながらその姿・形を変化させてきた。そして現代の社会では、活字（フォント）が次々に創造され、文字の姿はさらに多様性を増している。まさに文字とは、常に変わりゆく姿・形を持つ永遠の生き物であると言えよう。

一方、五体、すなわち篆書、隷書、草書、行書、楷書という漢字書体が織りなす歴史の中で、楷書はその最終の形態として位置づけられているが、漢字書体の豊かな歴史の中で、およそ一四〇〇年の時を越え新しい書体の出現はない。正確な一点一画を構造として持つ楷書は、隷書から発展したと考えられているが、この点は行書、草書ともに同様だ。楷書の萌芽は、後漢時代の文書に見ることが可能で、魏晋の時代には既に独自の書体として認識されていたようである。そして、唐代において、楷書は書体として成熟（様式的完成）したと今日では考えられている。なお、一般に、楷書が時とともに変質し、行書や草書が芽生えたと勘違いされているケースが見受けられるが、歴史的解釈の流れを追うならば、事実は逆行する。漢字は、草書、行書を経て、理を求める過程で楷書が生まれ、やがて定着していったのである。

楷書の特質は、その理知に富んだ構築性の中に、秩序と調和をもたらしている点である。可読性に優れており、その筆法にはシステマティックな三節構造（起筆・送筆・収筆）が組み込まれ、その精緻なる秩序を我々に示してくれる。行書や草書といった、流れるような書体とは異なり、楷書は個の主観を制した普遍性を帯びている。それは、誰もが共有する美の象徴であり、同時に実用性の極致であると言えよう。一四〇〇年の流れの中で、楷書以後新たな書体が生まれなかったという事実は、楷書が書体の到達点に達していることの証しであり、歴史がこれを超えるものを求めずともよいと告げたことを意味するのではないだろうか。

(2) 初唐の三大家と太宗

さて、今日我々が用いている楷書体は、歴史区分でいう初唐期（六一八〜七一二年までの約一〇〇年間）にその原型が形成されたと言えるが、その形成に大きく寄与したのが、初唐の三大家と呼ばれる三人の傑物たちである。

初唐の三大家とは、唐の第二代皇帝太宗（五九八〜六四九）に仕えた臣下の中で、特に書に優れていた虞世南（五五八〜六三八）、欧陽詢（五五七〜六四一）、褚遂良（五九七〜六五八）の三人を称した言葉であり、この三人の傑物の手によって、楷書という書体は完成の域にまで到達したとされている。三人の書は、古今を通じ楷書の名品として最も著名なものであり、欧陽詢の代表作「九成宮醴泉銘」は〝楷法の極則〟と評され、現在に至るまで楷書書法の規範となっている。

一方、太宗は書の名手としても名高く、書聖・王羲之（三〇三〜三六一）[1]の書を蒐集し尊重した事で知られている。太宗が書道文化の普及・研究等を推進したことにより、その治世下では書を学ぶ事はある種の流行のようになった。その結果、多くの人々が書道芸術の研究に関わり、書道における学術的な進歩が起こり、後世に影響を与えるような才能が次々と現れた。中国の書道史の中で、初唐期はまさに黄金期であったのだ。

そう、これから本稿で語ろうとしているチュー川流域出土漢文史料は、この黄金期の書道文化の中で生み出された重要な存在であり、中国書道史における一つのマイルストーンなのである。

一、中国史上最西端の文字たち

(1) 砕葉鎮城

アク・ベシム遺跡については、本書の別稿で取り上げられていると思うが、これから後の核心にも関わる為、簡単に確認しておきたい。

アク・ベシム遺跡は、かつて「スイヤブ」（中国文献では、「砕葉鎮城」「素葉水城」「素葉城」の名称で記されている）と呼ばれたシルクロードの拠点的な交易都市であり、「シルクロード　長安――天山回廊の交易路網」の構成資産の一つとしてユネスコの世界遺産リストに記載されている。この遺跡は、東西に佇む二つの都市遺跡により構成され、その東側にある第二シャフリスタンが、当時の中国（唐）が少なくとも六七九年には建設し、八世紀の初めに放棄した軍営地砕葉鎮城であった事が判明している(2)。

砕葉鎮城は、唐の西域統治および西方進出のため、安西都護府（唐の辺境統治機関）のもとに置かれた四つの都督府（安西四鎮）の一つであり、唐の勢力がもっとも西に拡大した時期には、その最西端の拠点として「砕葉鎮」が設置された。つまり、この遺跡は唐の力が西にどれほど及んだかを物語っているのだ。そして、唐代を境に、この地以西に中華文明の統治が及んだ形跡が確認されていない。よって、砕葉鎮城は、遥か遠く長安よりおよそ三〇〇〇キロの地に築かれた、中国史上最西端に位置する都市であったと考えられている(3)。

(2) 砕葉鎮城に到達した文字

アク・ベシム遺跡とその隣接地には、「クラスナヤ・レーチカ遺跡」などの時代を共有するいくつかの遺跡が存在する。そして、これらの遺跡から発掘された漢文資料は、移動が容易な銭等を除くと、中国史における歴史的境界、最西端の出土漢文資料とされている(4)。

これは何を意味するのか。

私が尊敬する、とある中国書道史を専門とされた先生は、大学の講義の中で「文字だけが動くことない」と説いていた。そう文字だけが動くことはないのである。「動く」というのは、物理的な移動を示唆するものではなく、情報や文化の流れを示しているのだ。文字は単なる記号や言葉ではない。その奥には、深く幅広い歴史や文化が背景として息づいている。文字だけを見ていたのでは、その背後に広がる景色には気づくことはできない。文字を通じて歴史と接する折には、それらを取り巻く全ての背景とともに、深く、広く見る眼差しを持つべきなのである。

つまり、これらの出土漢文資料は、唐代の中国で、中央アジアの最西端、すなわち砕葉鎮（アク・ベシム遺跡）に、漢字を媒介とした文化が根付いていたことの確かな証である。この事実は、中華文明の拡大の歴史を理解する上で欠かせない。また、書道史の観点からも、これらの資料は漢字（書法）の使用と変遷を追跡する上で貴重な情報源となり得る、極めて価値のある遺物として位置づけられるのだ。

二、出土資料　瓦書

砕葉鎮の歴史は、唐が西方に進出した最大領域と関わることからも、古くから関心が持たれていた。ただし、当時その地帯の支配を巡り、遊牧民、唐、吐蕃の三勢力間での支配権争いを繰り広げた結果、その歴史は複雑化の様相を呈した。その絡み合った歴史の中で、関連する多くの断片的な史料が存在していたものの、全体像の把握が容易でなかったため、長らく砕葉鎮の正確な位置が不明であったのである。しかし、二〇一七年、帝京大学シルクロード学術調査団の発掘調査により、アク・ベシム遺跡＝スイヤブという定説を決定付ける成果を得たのだった。

その調査で第二シャフリスタンより検出されたのは、唐代の瓦片が、幅約二メートル×長さ約二五メートルという帯状に積み重ねられていた状況であった。七〜八世紀に造られたと炭化物の年代測定で推定されたその瓦群は、その地に眠る歴史の深い時間を物語っていた。また、その瓦帯の東側には、瓦帯の東側では堅く、良く締まった土の堆積が確認され、その姿から建物の基盤であったとの推察が浮かび上がったのである。そして、この調査で明らかとなったのは、これらの瓦片に平瓦、丸瓦、熨斗瓦、軒丸瓦という多様な形状が含まれていること。そして、丸瓦の中からは「□懐」という文字を記す漢文瓦書（図1）が含まれていたことである。

瓦書の特性を鑑みると、それが建物の一部を構成するものであり、その瓦書に記された情報は、その時代の文化の動向を反映している可能性が高いと考えることができる。つまり、出土した瓦書に漢字が書かれていたことは、その地が当時の行政組織や文化的背景に深く関わっている可能性を示唆するのだ。僅か一字、されどその一字によって、第二シャフリスタンが唐代の遺跡で、漢字を行政言語とする行政府、つまり砕葉鎮城であった事を裏付ける重要な証拠が得られたのだ(5)。

ちなみに、これら出土瓦の文様・製作技法は唐大明宮の出土瓦と類似性が確認されている。これはまさに、中央より技術者が砕葉鎮へと遣わされ、現地で造瓦に従事した痕跡を暗示する(6)。そしてこれは、唐王朝が遠方の地域にも自国の技術や文化を持ち込む意図があったことを示す貴重な証拠とも言

図1 「瓦書」

参考図1

①智永「懐」（「真草千字文」）

②太宗「懐」（尺牘「淳化閣帖」所収）

③蘇軾「懐」（尺牘）

④黄庭堅「懐」（「致無咎通判学士尺牘」）

えるのである。興味深いことに、地元で採れる素材を用いたとみられる柱礎石（瓦葺建築に必須）も現地からは出土しており、これらの出土物から、中央の洗練された技術とデザインが現地の建築にも取り入れられていた様子が伺えるだろう。

このような中国式の瓦葺建築は、唐の威光や文化的優越性を他国に示すための象徴であったとも解釈できるのではなかろうか。砕葉鎮におけるこれらの建築や出土品からは、唐王朝がその周辺諸国に対してどのような外交政策や文化交流を行っていたのか、その策略や意図が垣間見えてくるのではないか。[7]

さて、ここで瓦書の「懐」の字に目を向けてみたい。「りっしんべん」の点が直線化し、続く縦画（第二画）へと繋がっており、縦画の収筆は第三画目と連続していない点に特徴があると言える。このような表現は、智永（生没年不詳）の「真草千字文」をはじめ、同時代の太宗、やや下った時代に活躍した蘇軾（一〇三七〜一一〇一）や黄庭堅（一〇四五〜一一〇五）といった宋四大家[8]の文字にも通底するものがあると言える（**参考図1**）。しかし、今日に至るまでの出土瓦書のサンプルは限られており、この「懐」から読み解くことができる事実は未だ少ない。とはいえ、隋から唐、そして宋へ、異なる時代の書の名手たちの書に見える文字の特徴が、この中国史上最西端地から出土した瓦書にも刻まれていることは、漢字（漢字書）の歴史がいかに豊かに織りなされ、そして継がれてきたのかを示す大きな指標となるのではないか。

瓦にヘラ書きされた文字（焼き固められた）は、瓦の土に含まれる放射性物質（例えば炭素）の減衰率を測定することで、いつ頃書かれた（生成された）かを推定することができる。それは、文字は瓦が焼かれた時と同時に固定されるからであり、瓦と文字の同時性をそこにみることができるからだ。この点は極めて重要である。これがもし紙に記された文字であったなら、或いは墨による書き付けであったならば、推定は困難を極める。紙や瓦の生成年代と物質に加えられた変更の年代（文字が書かれた年代）が異なる可能性があるからだ。それゆえに、考古学では前述のように、発掘調査によって掘り下げた土の層の堆積状況と、瓦の形や文様といった時代性を示す特徴とを比較するなど層序学的な分析により、瓦が生成された時代とその後の加えられた手による変更を見極め、文化の連続性を解明しようと試みるのである。

三、「杜懐宝碑」

(1)「杜懐宝碑」の概要について

玄奘三蔵（六〇二～六六四）による旅行記『大唐西域記』には、七世紀後半より唐の支配下となったソグド系交易都市「砕葉城」に関する記述がある。また、唐代の歴史書『旧唐書』にも、当時そこには安西都護府のひとつである鎮が置かれ、城壁が新たに構築されたことが記載されている。こうした資料に登場する「砕葉城」であったが、その実体に関しては、長らく判然としておらず、実在したことを示す資料は発見されていなかった。ところが一九八二年に、現地の農民により発見された石刻資料により、アク・ベシム遺跡が、かつてのスイヤブである事がほぼ確定した。その石刻資料こそが「杜懐宝碑」（**図2・口絵④**）であり、その発見は歴史の中で失われた真実が、石に刻まれた書によって再び私たちの前に姿を現した瞬間であった。[9]

「杜懐宝碑」は花崗岩でできており、厚さおよそ一一センチ、幅およそ三二・六、高さおよそ一三・五センチの横長の直方体を呈する。その右端は上下部ともに三角形に欠けている。その一部欠けた面に、一一行、一行に五・六字書が刻まれているが、中央部は摩滅が著しく判読することはできない。石の上部中央には、八角のついたと思われる丸い台座の跡がある。その上に破損した丸い座があり、この台座の下部中央には斜め線文様で装飾された基部（この部分を下台に組み込み固定していた）と思われる部分を確認することができる。[10]

さて、ここで書道史学に携わる者（稿者を含む）であるならば、疑問に思うことがある。それは「杜懐宝碑」は「碑」なのかという疑問である。金石学[11]における「碑」の定義を簡潔に説明すると、「文章を刻して地上に建てた長方形の石」と言える。碑の起源は後漢の時代には成立していたと考

図2　「杜懐宝碑」（スラヴ大学蔵）

えられており、一般的な様式は、台石（趺）の上に碑身をたて、碑身の上部（碑首）に題を入れるというものである。つまり、横長の直方体で、自立していない「杜懐宝碑」を、稿者の立場で「碑」として扱う事には抵抗を覚えるのである。事実「杜懐宝碑」には壁にはめこまれていたと思われる痕跡が認められ、台座部分にはそこにはかつて仏像が存在していたと考えられていることからも（森美智代二〇二〇）、構造的に「碑」とは異なるものであることは明らかである。とはいえ、これまで多くの先達によって研究が積み重ねられ、「杜懐宝碑」という名称で定着している点を鑑み、本稿では以後も「杜懐宝碑」の名称を用いる事としたい。

（2）「杜懐宝碑」の内容

それでは、「杜懐宝碑」が碑でないのならば何であるというのか、その答えを探るヒントが「杜懐宝碑」に刻まれた書（文字）に潜んでいる。

先述した通り、「杜懐宝碑」は中央部分の摩滅や両端の欠損により一部判読が困難な部分がある。しかし、文脈や語句の並びまた文献調査等により、その釈文は以下のように推定されている。[12]

一　□安西副都
二　護碎葉鎮壓
三　十姓使上柱國
四　杜懐宝□上為
五　天皇天后下
六　□□□□□妣
七　見□□□使之

八　法界□□生普
九　願平安獲其
十　瞑福敬造一佛
十一　二菩薩

と、この文からして、「杜懐宝碑」は、当時安西副都護であった杜懐宝が、亡母のために寄進した仏像の造像記であったと考えられている。

　魏、晋、南北朝時代といった時代は、中国に仏教が広く伝播し、これに伴い国内の仏教信仰が盛んとなり、多数の寺院や仏像が造営された。造像記は、こうした流れの中、各地の石窟寺院などに刻された仏像等の、造仏由来、発願者、製作者、時期（年月）などを主に楷書体で刻したものである。特に有名なのは、東アジアで最も重要な仏教遺跡の一つである、龍門石窟にある造像記である。北魏時代に刻されたものは、当時の書風を現在に伝える貴重な資料である。そして、その中で芸術性などに優れた二十作は、「龍門二十品」と称され、

図3　「杜懐宝碑」（鮮明撮影）

学書の対象として多くの人々に親しまれている。

　「龍門二十品」の多くには、石仏や石窟を造った寄進者の名前が明記されており、それは王族、功臣、洛陽周辺の地方役職者、比丘や比丘尼に至るまで、多岐にわたる。これらの名は、ただの名ではない。それは、願いそのもの、信仰の証として刻まれたものである。なればこそ、「杜懐宝碑」はその名に込められた意味を反映し、「杜懐宝造像記」と改めて呼ぶべきであると、筆者は提議する。それは、そこに宿る歴史の重みと、信仰の深さを再認識することに繋がるのだから。

　さて、「杜懐宝碑」の釈文・文字解釈（推定）については、先行研究において見解が分かれる部分が存在するなど、難解で未だに確実な結論が出ているわけではない。例えば五行目「天□□□□下」の冒頭は（図3）、通説では「天子」と読まれてきたが、近年、斎藤茂雄氏によりこの部分を「皇」とする説が唱えられている[13]。そして、稿者も携わった実見調査および接写撮影による鮮明化した画像を確認した結果、調査団の見解は、「子」とは読めないという結論に至っている。三次元計測・鮮明撮影の画像を見ると確かに「皇」の字の第一画から第三画らしきものが確認された事を受け、稿者もまたそれを妥当と考えている。

　なお、「杜懐宝碑」の制作年代に関しては、判然としない

部分が存在するものの、その銘文からある程度の推定を行う事が可能であり、現在は、杜懐宝が砕葉に赴任した六七九年から、安西四鎮が吐蕃によって陥落する六八六年の間に制作されたものである可能性が高いと考えられている。(14)

四、「杜懐宝碑」の文字

(1)法を尚ぶ時代

ここからは「杜懐宝碑」の文字について、書道史学の立場からの見解を述べるわけなのだが、中国史上最西端の地より発見された、この石刻資料の文字について調査することは、文化・政治、そこに生きた人々の生活、対外関係などを解読することと同義であり、いわゆる中国西域における文化・歴史を深く理解する上で新たな視点を示すことに繋がると言っても過言ではない。

ところで、中国唐代の書は、後世において「唐人は法を取る」などと評されるように、書は巧みではあっても、言うなれば没個性的で、画一的な傾向を帯びる傾向にあり、「杜懐宝碑」が造られた初唐の後半に入ると、先述の三大家の楷書表現は、新たな創造への礎石となり、欧陽詢の書法を継承した欧陽通(生年未詳〜六九一)や、褚遂良の書法に傾倒した薛稷(六四九〜七一三)や魏栖梧(生没年未詳)などによる優れた楷書がみられるようになったのである。

また、こうした初唐後半の楷書には、師法墨守とでも称するような、師(ないし私淑する書家)の書風を追い続けるという、ある種の伝統に忠実な傾向が見て取れる。先に述べた欧陽詢の欧陽通の二人は親子であるが、欧陽通の代表作である「道因法師碑」などはまさに父欧陽詢の「皇甫君碑」を彷彿とさせ、父の書法を受け継ぎながらも、それとは異なる新たな書を示している。一方、褚遂良と薛稷との間には、血のつながりはないものの、薛稷の「信行禅師寺碑」に見る褚遂良の「雁塔聖教序」への私淑は、先人へのリスペクトが一つの書をどのように形作り、また、いかにしてそれを次代に引き継ぐかといった様相を示している。

この私淑による師法墨守とも言える傾向は、後の顔真卿(七〇九〜七八五)と柳公権(七七八〜八六五)という盛唐を代表する二人の関係にも繋がるものがあり、彼らの間に見られる師伝的な関係は、さながら書の血脈を引くか如くであり、盛唐以降になると、師伝的というべきか、いわゆる類筆関係が見える非常に明確な書法相伝の流れが示されるようになるのである。

つまり、「杜懐宝碑」の文字を調べることで、この時代の標準化された書風と、個々の書家の創造性の間にどのような関係があったのかを垣間見ることも可能と言えるのである。特に、唐の政治的・軍事的にも重要な拠点であった砕葉鎮の一部であったと目される「杜懐宝碑」の文字は、当時の政治的、社会的状況を反映しているとも言え、統一された文化的アイデンティティの表現であった可能性も考えられるのだ。

(2) 地域性

もう一点、「杜懐宝碑」の文字を考える上で念頭に置きたいのが、地域性という観点である。例えば、「龍門二十品」の一つに数えられる「牛橛造像記」は、唐代に完成した端正な楷書とは異なり、荒削りな部分も多く、縦長の字形もあれば正方形に近い字形、横長の字形もあるなど、造形的にパターン化していない部分がみられる。中でも、「方筆」と呼ばれる、起筆や転折を角張らせて力強く線を引き、石を刻むように書く筆法は、「牛橛造像記」の特徴であり、これは六朝時代の楷書のスタイルとしては主流なものであったとされている。

北魏が華北を統一した四三九年から、隋が再び中国を統一する五八九年まで、華南には宋、斉、梁、陳の四王朝が、華北には北魏、東魏、西魏、北斉、北周の五王朝が興亡した。漢民族による南朝の四王朝は、三国、呉、東晋に続き建康(江蘇省南京)を都とし、資源豊かな江南の地に魏晋より形成されてきた南朝の貴族文化が栄華を極めた。書においても、東晋・二王(王羲之、王献之父子)により高められた技法が継承された点が特徴である。それに対し、北魏をはじめとして、北朝の五王朝はいずれも北方民族によって建てられた国である。貴族文化が洗練された南朝に対し、北朝は民族固有の精神性や優れた漢文化を継承し、南朝とは異なる新たな文化を形成していった。書においても、「龍門二十品」に代表されるような魏晋の旧体に強さや荒々しさを加えた特徴的な書風が生まれたのである。

このように、王羲之書法を継承する流麗な南朝の書と、異民族による個性的な北朝の書、といった地域性が書の中に見えるようになるが、洛陽遷都と、東魏、西魏から北斉、北周への王朝交替を期に、南朝新様式の書との融合が一層進み、構築性に富む洗練された書が生まれ、やがてそれは初唐の三大家によって完成されたのであった。

(3)「杜懐宝碑」の書風

「杜懐宝碑」は欠損や劣化により文字のはっきりとした姿を確認する事ができるものは少ないものの、全体的に見て、初唐の気品と盛唐の革新が交錯する過渡の様子をみることができる。例えば、「使」という字に関していえば、三大家の代表作の中では虞世南の「孔子廟堂碑」に確認できるものと近い性質を備えている。一方、「天」や「福」の字は褚遂良の「雁塔聖教序」で確認できる文字の特徴を備えているなど、「杜懐宝碑」の書風は初唐期の洗練された新たな様式を整理し再構築しようとするようないわば実験的な書風であると言える。

初唐の三大家の楷書様式は、当時最先端の文明の精華であり、それが唐の極西にまで伝播している点は大変興味深いだろう。シルクロードによる唐の最先端の文字文化の伝播について論じられる時、東への伝播、具体的には朝鮮半島や日本列島への伝播についてのみ論じられることが多い。しかしながら、この「杜懐宝碑」は、シルクロードが東西に及んだ文化伝播経路であったことを、あらためて我々に教えてくれる。唐代の漢字文化の周辺諸国への広がりを考える時、「西へ」という視点を示唆する、極めて重要な書道史上の遺品であるとも言えよう。

(4) 褚遂良の生涯

ところで、こうした唐の政治的・軍事的にも重要な拠点であった砕葉鎮に、褚遂良の趣を感じさせる書が存在することそのものが大変興味深いと言える。

褚遂良はその書の腕前が評価され、虞世南の死後、書を論じる相手がいなくなったと嘆いた太宗の侍書に推薦され、王羲之書の収集や鑑識を行った。褚遂良は太宗からの信頼が厚く、死去の際に太宗の子、唐王朝第三代皇帝高宗（六二八〜六八三）に後事の附託は褚遂良に頼るようにとの遺言を残している。高宗はその遺言に従い褚遂良を重用し、尚書右僕射、同中書門下等の重役を担わせた。しかし、晩年に高宗が武則天（六二四〜七〇五）を皇后にしようとすることに反対し、その考えを咎めたことで高宗の怒りを買い、潭州に流され、最終的に愛州刺史（現在のベトナム）に左遷されてその地で没している。

先述のように、「杜懐宝碑」は六七九年から、安西四鎮が吐蕃によって陥落する六八六年までの間に制作されたと考えられている。つまり、高宗・武則天の両名が存命中に制作された可能性も考えられるのである。皇帝の怒りを買い左遷された褚遂良を彷彿させるような書を、政治的・軍事的にも重要な拠点であった砕葉鎮の一部であったと「杜懐宝碑」の中に見出すことができることは、「杜懐宝碑」が当時の文化的風潮や宗教観、さらには個人の信仰や価値観を映し出しているからかもしれない。その時代の人々がどのように生き、何を大切にしていたのか、そしてそれがどのように刻まれたのか、この一点をとりあげても、多角的な分析の出発点となりえるのだから大変興味深い。

（5）「杜懐宝碑」の中に潜むキーワード

さて、「杜懐宝碑」には制作年代の推定や、書風について考える上でのキーワードがいくつか存在している。その一つが「天皇」という語句である。欠損している「天皇□□」の部分については、柿沼陽平氏により、当時の造像記に見られる「天皇天后」の可能性が高いと指摘されている。[14]「天皇」の称号は高宗が六七四年から六八三年の約十年間の間だけ用いた称号である。『旧唐書』巻五「高宗紀」には「六七四年に、皇帝高宗は天皇と称し、皇后武則天は天后と称する事とした」という記述があり、これ以降、高宗は天皇と、後に史上唯一の女帝となる皇后の武則天は天后と呼称される事となった。この称号は、高宗死去まで存続したようである。『旧唐書』巻六「則天皇后紀」には、「六八三年に高宗は崩御して皇太子の顕が即位し、天后を尊崇して皇太后とした」という記述があり、武則天が天后から皇太后となった事が分かる。つまり、「杜懐宝碑」の「上は天皇・天后のために」と記された一文は、亡母と共に天皇高宗と天后武則天に仏像寄進の功徳が届く事を祈願した文章と考えられ、「杜懐宝碑」の制作年代は天皇号が使用された六七四年から、高宗崩御の情報が砕葉まで伝わるタイムラグを考慮した六八四年と推定する事ができる。[15] しかし、「天皇天后」は高宗死後の作例や武周革命（六九〇年）以後の作例もあり、当時は工人が手近にある造像記を安易に参照・踏襲して制作していた可能性も考えられている事から、必ずしも天皇天后期に限って見られる表現ではないものとされている。[16]

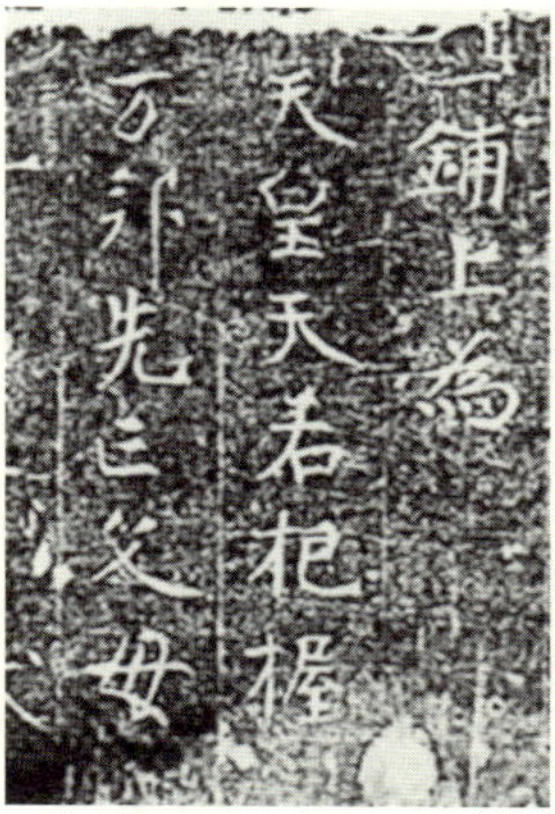

図4 ①「李恵妻孫造象」（六七八年） ②「佛弟子毋丘海深造弥勒像一鋪記」（六八七年）

さて、「杜懐宝碑」の推定制作年代とほぼ同年代に制作された造像記①「李恵妻孫造象」（六七八年）と②「佛弟子毋丘海深造弥勒像一鋪記」（六八七年・天皇天后期以降に制作されている）（**図4**）における前述の「天皇天后」を比較してみたい。①・②ともに、部分的にではあるが、それぞれに当時の楷書様式の特徴を見る事が

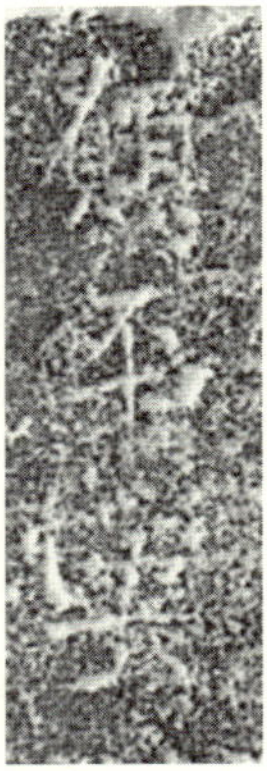

図5 「杜懐宝碑」

参考図2

Ⅰ 相原府校尉観音造像記（六五七年）

Ⅱ □□呉吉甫造像石像一躯記（六六一年）

Ⅲ 魏庄妻阿□□等造阿彌□像記（六六一年）

Ⅳ 妻趙慈善等一佛二菩薩像記（六八七年）

Ⅴ 唐張□□妻裴氏造像記・姚造観世音菩薩記（七一三年）

できるだろう。ただ、こうした書を見ると、文字を彫った職人の技術の他、文字の対称性とバランス、線、全体をとおしての表現の一貫性、など、他のものと比して「杜懐宝碑」の書は様式的に優る事がわかる。①・②ともに出土した場所・原石所在地等は判然としないが、「杜懐宝碑」の場合は、安西副都護を務めた杜懐宝によって、唐の西端にして中央アジアの要所に作られたという事が判明している。いわば、遙か辺境にて唐の文化を体現せんとした政治的意向等が、「杜懐宝碑」の書の様式が優る要因となっている可能性も考えられるだろう。

ところで、墓誌や造像記における「平安」という語句・表現は、それほど珍しくなく、古くは漢代の「宋伯望刻石」（一四四年）などにその表現を確認する事ができる。ところが、「杜懐宝碑」のように「願平安」という表現（ないしこの三字が並ぶ）（**図5**）となると、造像記や墓誌の類ではあまり眼にする機会はないようだ。あまりにも一般的な表現であるものの、漢〜明代までの石刻資料を調べたところ、[17]「願平安」はⅠ〜Ⅴの石刻資料（六五七年〜七一三年に制作された石刻資料）に確認する事ができた（**参考図2**）。勿論、膨大に存在する墓誌・造像記の一部を調べた結果にしか過ぎず、この結果が単なる偏りである可能性も考慮しなければならないが、「願平安」という、いたって普通の表現がほぼ初唐の時期に制作された造像記にしか確認できなかったという事は、これが、初唐期中原の一時期の流行が中央アジアまで届いた結果を示している可能性もあり、大変興味深い[18]。

　これに加え、前掲Ⅰ～Ⅴの造像記は「願平安」という一部分を見ても、「杜懐宝碑」と比して書の様式の洗練の度合いにおいてやや劣る点がある事が分かり、この傾向は「天皇天后」の例とも共通している。前述のように、砕葉鎮は当時の唐にとって重要な都市であり、建築物の瓦等の様式から、その製造には長安の技術者が砕葉鎮に直接派遣され現地で造瓦に従事した可能性が考えられており、中央の職人が製作に携わった可能性が高い。「杜懐宝碑」もまた、その制作に中央の役人や職人が制作に関わっていると考えるのが自然であり、その点が書の様式的完成度を高めた結果に繋がっているのではないだろうか。

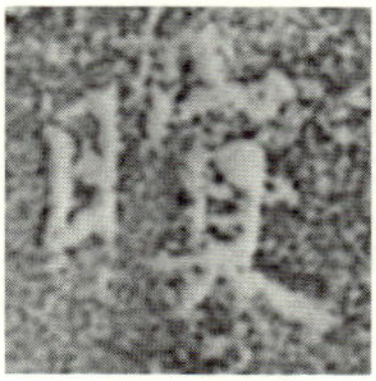

図6　「杜懐宝碑」

(6)アジアに眠る可能性

　この他に、「杜懐宝碑」で興味深いのが「瞑」(※正確には旁が宀+具)の字である(**図6**)。楷書の例として、既存の辞典類には【旁が穴+具】という点画の構造のものが掲載されているが、楷書の様式がもっとも洗練されたと考えられる初唐期に書写された資料において(「杜懐宝碑」の場合はあくまで推定ではあるものの)、【旁が宀+具】という点画の構造を有する例を確認したのは管見の限りではあるが初めてである[19]。加えて、南北朝・盛唐・宋代に書写された資料から同じ点画の構造を有する文字を確認する事ができたものの(**参考図3**)、初唐期に書写された例は「杜懐宝碑」以外に確認する事はできなかった[20]。例えば、辞典の類は、いわゆる名筆・名跡から文字を集字しているであろうし、データベースに関しても、その多くが中国国内で出土したもの等を中心に抽出し構成さ

参考図3
①「鄭子尚墓誌」(五七四年)

②「唐功嵩岳少林寺□太宗文皇帝賜少林寺柏谷」(七二八年)

③「南宋呂原忠華景洞詩」(一一五四年)

れている事が想像できるが、「杜懐宝碑」のように、かつて中華文明が栄えた地で現在は中国の国土ではない土地から出土した漢文資料は、辞典やデータベースを作成する段階のサンプルに含まれていない可能性が高いのではないだろうか。

広大なる中華がかつて抱いた、今は漢字を携えない国々の土からも、漢文資料の遺産は息づいている。この未だ掘り下げられざる歴史の断片を、いずれ新たな調査が光に当て、これまでの枠を超えた認識へと導くかもしれない。

むすび

民族学者の柳田國男（一八七五〜一九六二）がその著『蝸牛考』において、蝸牛を表わす語が時期を違えて次々と京都付近で生まれ、各々が同心円状に外側に広がっていったという過程や、それにより最も外側に分布する語が最古層を形成し、内側にゆくにしたがって新しい層となり、京都にいたって最新層に辿り着くという方言周圏論を唱えた。この理論が示すところは、単なる言葉の移り変わりではなく、時の流れと共に文化がいかにして拡がり、変わりゆくかの一端である。そうした流れを今に伝える貴重な手がかりが、「杜懐宝碑」にも潜んでいる。唐の書が長安を起点にどのように波及し、その姿を変えながら伝えられていったのか、その過程がここには隠されているのだ。故に、この碑は唐代の書道文化の軌跡を探る上で、私たちにとって替えがたい資料となるのである。

本稿では「杜懐宝碑」やアク・ベシム遺跡、それに近辺から見つかった漢文資料について考察を重ねた。その結果、書道史的にも「杜懐宝碑」や他の出土漢文資料の制作年代等について、先行研究と近似した見解を得られたが、特に「杜懐宝碑」をはじめとするアク・ベシム遺跡の研究は、単に書道史や東洋史の範疇に留まらず、異文化・異民族が織り成す複雑な文化の交差点を解き明かすためには、学問の壁を越えた、広域的な視野が不可欠であろう。

「アク・ベシム遺跡」に関しては、今後書道・美術・宗教・東洋史などの各分野の成果を合わせながら、その再検討によって、新たな成果が得られる可能性は十分にある。とまれ、本稿が今後の書道史をはじめ中央アジア研究進展の一助になれば幸いである。

注

(1) 東晋の書家。官名にちなみ王右軍ともいわれる。書を芸術の域にまで高めた、古今第一の書家と謳われ、子の献之とともに二王と称される。

(2) 山内和也ほか「二〇一八年度アク・ベシム（スイヤブ）遺跡発掘調査報告」（『帝京大学文化財研究所研究報告集』第一八集、二〇一九年）一三一—一三二頁。

(3) 前嶋信次『東西文化交流の諸相』（誠文堂新光社、一九七一年）一五〇頁。

(4) 柿沼陽平「唐代砕葉鎮史新探」（『帝京大学文化財研究所研究報告集』第一八集、二〇一九年）五四頁。

(5) 山内和也ほか「二〇一七年度アク・ベシム遺跡発掘調査報告」（『帝京大学文化財研究所研究報告集』第一七集、二〇一八年）一二一—一六八頁。

(6) 前掲注2山内ほか論文、一四九—一五七頁を参照。

(7) 前掲注2山内ほか論文、一五六頁を参照。

(8) 蔡襄（一〇一二〜一〇六七）、米芾（一〇五一〜一一〇七）、蘇軾、黄庭堅ら北宋時代に活躍した書家の総称。

(9) 内藤みどり「アクベシム発見の杜懐宝碑について」（『中央アジア北部の仏教遺跡の研究』一九九七年）一五一—一五八頁を参照。

(10) 稿者は、二〇一六年に実施された、帝京大学シルクロード学術調査団第二次調査において「杜懐宝碑」の実見調査を行っている。

(11) 金属や石に刻まれた文字や文章などを研究する学問。

(12) 齊藤茂雄「砕葉とアク・ベシム——七世紀から八世紀前半における天山西部の歴史的展開（増訂版）」（『帝京大学文化財研究所研究報告集』第二〇集、二〇二一年）におけるは齊藤茂雄氏の釈文。

(13) 齊藤茂雄「砕葉とアク・ベシム——七世紀から八世紀前半における天山西部の歴史的展開」（『キルギス共和国チュー川流域の文化遺産の保護と研究　アク・ベシム遺跡、ケン・ブルン遺跡——二〇一一〜二〇一四年度』、二〇一七年）を参照。※二〇一六年刊の英語版

(14) 前掲注4柿沼論文、五四頁。

(15) 前掲注12齊藤論文、七八頁。

(16) 礪波守「唐中期の仏教と国家」（『唐代政治社会史研究』、同朋舎・一九八六年）三九七〜四七七頁を参照。

(17) 氣賀澤保規編『明治大学東洋史資料叢刊一三　新編唐代墓誌所在総合目録』及古書院、二〇一七年）、『京都大学人文科学研究所所蔵 石刻拓本資料』（http://kanji.zinbun.kyoto-u.ac.jp/db-machine/imgsrv/takuhon/）等の資料やデータベース等を参考にした。

(18) 齊藤茂雄氏による見解。

(19) 例えば、『大書源　中』（二玄社・二〇〇七年）の項目には、「瞑」（旁が宀＋具）の例は、元馮子振と、清趙之謙の例が掲載されているが、共に行書である。楷書として掲載されているのは、北魏の「高宗嬪耿氏墓誌銘」（五一四年）と、隋の「美人董氏墓誌」（五九七年）の二例だが、これらはいずれも旁が穴＋具のものである。

(20) 前掲注17を参照。

図版出典

図1、2、3、5、6　帝京大学文化財研究所提供

参考図1

①『中国法書選二七　真草千字文隋・智永』（二玄社、一九八六年）

②『法帖大系　淳化閣帖』（二玄社、一九八七年）

③『書道名品大系第二期第六』（書芸文化院、一九五九年）

④『宋元明尺牘名品選二』（二玄社、二〇一二年）

図4、参考図2、参考図3

「京都大学人文科学研究所所蔵石刻拓本資料」

http://kanji.zinbun.kyoto-u.ac.jp/db-machine/imgsrv/takuhon

参考文献
福井淳哉「「杜懐宝碑」の書風に関する書道史的考察――時代性を中心として」(『帝京大学文化財研究所研究報告集』第一八集、二〇一九年)一四九―一五七頁
福井淳哉「アク・ベシム遺跡およびその近隣出土漢文資料に関する考察」(『大学書道研究』第一六号、二〇二三年)一三―二四頁
森美智代「キルギス共和国チュー川流域出土の唐風石造仏教彫刻」(『帝京大学文化財研究所研究報告』一九、二〇二〇年)一五九―一七五頁

附記 本稿は、以下の論文に加筆・修正を加え、再構成したものである。

［コラム］

アク・ベシム遺跡出土の「杜懐寶碑」について

齊藤茂雄

著者略歴は総論「アク・ベシム遺跡（スイヤブ）とは」を参照。

　現在では砕葉《スイヤブ》の跡地だということが鉄案になっているアク・ベシム遺跡ではあるが、当初はそう考えられていなかった。この遺跡を訪れたロシアの著名な東洋学者バルトリドは、ここを十一世紀から十二世紀の都市バラサグンであると推測した（Бартольд 1966 (1897), pp. 56-57）。その後、クズラソフ（Кызласов 1959, pp. 235-237）の発掘成果を受けたクローソン（Clauson 1961）や張広達（二〇〇八（一九七九））は、文献史料の記述を博捜してこの遺跡を砕葉であると結論付けたが、遺跡からはっきりした証拠が発見されたわけではなく、あくまで仮説にすぎなかった。

　この状況が変わったのが、一九八二年に遺跡から農民が発見した「杜懐寶碑」（図1・口絵④）である。この碑文は発見後しばらくは全く注目されなかったが、一九九六年にゴリャチェワとペレグドワ（Горячева / Перегдова 1996, pp. 185-187）が初めて報告するとにわかに注目を集めはじめる。碑文の中に「砕葉」の文字が読み取られ、ついにアク・ベシム遺跡が砕葉であることが確定したのである。さらに、翌年には現地で実見調査をした内藤（一九九七）が発表されて録文と歴史的意義が詳論され、その後も議論が続いている（先行研究の詳細は齊藤（二〇二四）参照のこと）。

　その後、日本隊がキルギスで調査を開始すると、実見調査を踏まえた研究が出されるようになる。まず、城倉他（二〇一七、一五六―一五七、一七三頁）や帝京大学文化財研究所（二〇二二、四四頁）によって碑文の図版が公表された。これらの図版は文字の読解が可能なほど高品質なものであり、内藤氏の録文を検証するに堪えるものだった。また、現地調査を踏まえた研究も新たに登場し、柿沼（二〇一九）や福井（二〇二〇）、齊藤（二〇二四）が発表されている。

図1　キルギス共和国スラブ大学所蔵「杜懐寶碑」（筆者撮影）

この碑文は、本来は上部に一仏二菩薩を備えた三尊像だったが、上部は既に失われている。現在残っているのは台座部分のみであり、その部分に仏像を作った目的を記した銘文が刻まれていた。このような仏教銘文を「造像銘」と呼ぶ。以下に齊藤（二〇二四）が現地調査を踏まえて作成した「杜懐寶碑」の和訳と録文を提示する。

唐の安西副都護・砕葉鎮圧十姓使・上柱国である杜懐寶は、上は天皇・天后両陛下のため、下は……亡母や存命中の家中の者、ならびに世界中のあらゆる生きもののために、（生者が）平安であることや、彼ら（死者）が冥福を得ることを広く願い、一仏二菩薩を作りたてまつります。

□（唐）□（安）西副都／□（護）砕葉鎮壓／十姓使上柱國／杜懐寶上為／天皇□（天）后、下／為□□□妣／見存□（眷）属之／法界蒼生普／願平安獲其／瞑福敬造一佛／□（二）菩薩

このように、造像銘では仏像作成によって得られた功徳を様々な対象に廻向したいという祈願が述べられるのが一般的である。造像銘は中国で南北朝期以降非常に多くの作例があり、「杜懐寶碑」の文章の構造や使われている語彙は唐代の造像銘と極めて類似している。

最初のゴリャチェワ・ペレグドワ論文以来、全ての研究が注目してきたのはこの造像銘を作り奉納した杜懐寶という人物と、彼が帯びている「安西副都護・砕葉鎮圧十姓使・上柱国」という肩書きである。杜懐寶は唐代の六七九ないし六八〇年に砕葉に赴任した人物であることが漢文典籍史料から確認でき、それゆえにアク・ベシム遺跡が砕葉であると確定した。彼の帯びている肩書きの意味するところについては諸説あって確定はしていないものの、「安西副都護」という安西都護府の第二位の地位を得て砕葉に赴任していたことは間違いない。唐が砕葉鎮城を重視していたこともこの銘文から明らかになるのである。さらには、咸亨五年（六七四）から弘道元年（六八三）の間に使われた称号である「天皇」と「天后」が碑文中に見られるため、碑文作成の下限も決定できる。辺境への情報伝達のタイムラグを考慮したとしても、翌六八四年までには杜懐寶碑は作成されたはずである。

筆者が齊藤（二〇二四）で注目したのは、「杜懐寶碑」が同時代の中国の中心地、洛陽の龍門石窟（**図2**）に奉納された造像銘と、文章の作りがそっくりだったことであった。このことは、この銘文が漢文をかじったことがある中央アジアの現地住民による撰文ではなく、中国の中心地からやって来た造像銘の文章をきちんと知っている人物による撰文だったことを示している。驚くことに、この銘文の文字の書風もまた、同時代の中原と同格のものであったとされており（本書福井論文参照）、撰文と書写が中原から来た人物によって担当されたと考えられる。

図2　河南省洛陽市龍門石窟の仏像群（筆者撮影）

　杜懐寶が赴任した六七九年は、砕葉鎮城が新たに造られ、砕葉が安西四鎮に加えられた年である。そのため、そこに中原から来た人物がいてももちろん何の問題も無い。問題は、なぜこんな軍事拠点で中原の漢人が三尊像の仏像を作り、造像銘を刻んだのかということである。筆者の推測は、安西四鎮に砕葉が加えられたタイミングで中原から仏僧も派遣され、中国式の仏寺が創建されたのではないかというものである。「杜懐寶碑」はその仏寺に奉献されたのではないかと考えている。

　この後、砕葉鎮城には六九二年頃に大雲寺という仏寺が創建される。この寺は六九〇年に女性として初めて、そして唯一、中国皇帝となった武則天が、自らの即位を正当化する目的の一環で全国に建立させた仏寺である。ところが、中心地の長安でさえ新たに寺院を建造したわけではなく、もともとあった寺を改名して大雲寺と名乗らせており、全国の大雲寺設置が同様の改名によるものだったと考えられている（フォルテ一九八四）。

　中国本土でさえ大雲寺建設が行われたわけではないとすれば、辺境の中央アジアではなおさらだろう。筆者は、「杜懐寶碑」が奉献された仏寺こそが、六九二年頃に大雲寺となった中国仏寺ではないかと考えている。「杜懐寶碑」はアク・ベシム遺跡が砕葉であったことを証明しただけではなく、砕葉における大雲寺設置の謎にも光を当てる出土物なのである。

参考文献

張広達「砕葉城今地考」（『文書・典籍与西域史地』広西師範大学出版社、二〇〇八年）一—二四頁（初出『北京大学学報』一九七九—五、一九七九年）

柿沼陽平「唐代砕葉鎮史新探」（『帝京大学文化財研究所研究報告』一八、二〇一九年）四三—五九頁

齊藤茂雄「アク・ベシム遺跡出土「杜懐寶碑」再読——大雲寺との関わりをめぐって」（『帝京大学文化財研究所研究報告』二三、二〇二四年）七一—八四頁

城倉正祥／山藤正敏／ナワビ矢麻／伝田郁夫／山内和也／バキット＝アマンバエヴァ「キルギス共和国アク・ベシム遺跡の発掘（二〇一五年秋期）調査出土遺物の研究——土器・塼・杜懐宝碑編」（『早稲田大学総合人文科学研究センター研究誌』五、二〇一七年）一四五—一七五頁

帝京大学文化財研究所『アク・ベシム（スイヤブ）二〇一六・二〇一七』（帝京大学文化財研究所／キルギス共和国国立科学アカデミー、二〇二二年）

内藤みどり「アクベシム発見の杜懐寶碑について」（『中央アジア北部の仏教遺跡の研究（シルクロード学研究 四）』一九九七年）一五一—一八四頁

フォルテ，アントニーノ「『大雲経疏』をめぐって」（牧田諦亮／福井文雅編『敦煌と中国仏教』（講座敦煌七）大東出版社、一九八四年）一七三—二〇六頁

福井淳哉「「杜懐宝碑」の書風に関する書道史的考察——時代性を中心として」（『帝京大学文化財研究所研究報告』一九、二〇二〇年）一四九—一五七頁

Бартольд, В.В., Отчет о поездкие в Средюю Азию с научною целью 1893-1894 гг. *Академик В.В.Бартольд сочинения, Том IV: Работы по археологии, нумизматике, эпиграфике и этнографии*, Москва, 1966, pp. 20-91. (1st pub.: *Записки Императорской Академии наук*, Отделение истории и филологии, сер. VIII, 1-4, 1897)

Clauson, G. , Ak Beshim——Suyab. *Journal of the Royal Asiatic Society* 1961-1/2, 1961, pp. 1-13.

Горячева, В. Д. / Перегдова, С. Я., Буддийские памятники Киргизии. *Вестник Древней Истории* 46-2, 1996, pp. 167-189.

Кызласов, Л.Р., Археологические исследования на городище Ак-Бешим в 1953-1954 гг. Дебеца, Г. Ф. (ed.) *Труды Киргизской комплексной археолого-этнографической экспедиции II*, Москва, 1959, pp. 155-241.

アク・ベシム遺跡出土の亀符と則天武后

柿沼陽平

かきぬま・ようへい——早稲田大学文學学術院教授・長江流域文化研究所所長。専門は中国経済史。主な著書に『中国古代貨幣経済史研究』（汲古書院、二〇一一年）、『中国古代の貨幣——お金をめぐる人びとと暮らし』（吉川弘文館、二〇一五年）、『中国古代貨幣経済の持続と転換』（汲古書院、二〇一八年）、『古代中国の24時間』（中公新書、二〇二一年）、『古代中国の裏社会』（平凡社新書、二〇二五年）などがある。

本稿では、隋唐随身符（袋を含む）の制度的沿革と存在意義について検討した。それによると、随身符制の起点は隋代に求められる。隋が魚形を採用した理由は、魚自体が王朝繁栄の兆、正規任用の証、もしくは登龍門の兆として観念されたためと推測される。唐も随身符制を継承し、それらは基本的に五品以上の在京官に与えられるエリート官僚の象徴だった。その機能は、漢代の印綬制が担っていたものと似ており、唐代の官僚社会の秩序を可視化するものだった。ただし、六八六年以降に徐々にそのルールは弛緩していく。こうしたなか、則天武后が帝位につき、魚符を亀符に変更した。さらに対外遠征の過程で、砕葉鎮（アク・ベシム遺跡第二シャフリスタンを中心とする）が設置され、そこに滞在していた者にも亀符が与えられている。以上をふまえ、本稿ではアク・ベシム遺跡出土の亀符二点について紹介する。

はじめに

唐代の砕葉鎮は、唐帝国の最西端に位置する。伝世文献によれば、当地をめぐって唐・突厥・突騎施・吐蕃等の強国がはげしい取り合いを演じた。すぐ西側にはタラス河が流れており、唐とイスラム勢力が衝突したことで有名である。タラス河畔の戦いによって唐の西進は止まり、中国本土の漢人勢力（漢文行政文書を操る皇帝と官吏が民を直接統治する勢力）が砕葉以西に及ぶことはなくなる。唐代以前にも砕葉以西に漢人勢力の直接統治が及んだ形跡はなく、その意味で砕葉鎮は、史上最西端に位置する漢人都市であったといえよう。よって、唐代砕葉鎮は、たんに無数にある帝政中国期の遺跡のひとつではなく、むしろ唐代の対外交渉史を理解し、当時の中央アジア史のありようを知り、中華文明拡大史の限界を知るうえで、たいへん重要な都市なのである。

もっとも、唐代砕葉鎮史については従来論争が絶えない。最初に問題となったのは、砕葉鎮が具体的にどこにあったのか（いいかえれば、唐代砕葉鎮遺跡はどこか）、伝世文献で唐代砕葉鎮とよばれる場所は一箇所に絞りうるのか、砕葉鎮と安西四鎮との関係はいかなるものかであった。これらの問題は、砕葉関連の文字史料がどれも断片的で、全体像の把握が容易でなかったために生じたものであった。ただしその後、多言語を駆使した歴史学的研究により、唐代に「砕葉」とよばれた鎮は一箇所しかない点が判明した。また、現キルギス共和国内のトクマク周辺には複数の古城の存在が知られ、二十世紀後半の考古調査をつうじて、そのなかのアク・ベシム遺跡こそが唐代砕葉城であると推定されるに至った。

それでは、砕葉鎮の問題はこれですべて解決かというと、そうではない。むしろ砕葉鎮史研究は、現在まったく新しい問題群に直面しつつある。すなわち、唐代砕葉鎮＝アク・ベシム遺跡とすれば、今後はアク・ベシム遺跡を考古学的にさらに調査し、出土遺物を整理し、それらを歴史学的知見のなかに位置づける必要がある。また、そもそも近年の研究者が唐代砕葉鎮＝アク・ベシム遺跡とする史料的根拠は何であり、それは本当に論拠たりうるのか。ほかにこの点を裏づける根拠はないか。アク・ベシム遺跡自体はじつは東西二城よりなるが、両者の関係はいかなるものか。アク・ベシム遺跡周辺にはほかにもいくつかの遺跡があるが、これらの相互関係はどのようなものか。私たちはいまや、こういった点にも検討を加えねばならないのである。

そこで筆者は以前、伝世文献研究・考古発掘調査・出土文字資料研究の成果をふまえ、唐代砕葉鎮にかんして少し検討したことがある。それによれば、アク・ベシム遺跡（とくにそのなかの第二シャフリスタン）が唐代砕葉鎮である点はもはや動かない（**図1**）。また、その付近からは文字資料も出土しており、そのうちの杜懐宝碑とクラスナヤ・レーチカ碑をみるかぎり、唐代砕葉鎮が周辺の聚落や寺院をも包括する複合体だったことも確実である。そして唐代の砕葉は、都督系統と鎮守使系統による二重統治体制下にあり、その下部機構がクラスナヤ・レーチカなどの周辺遺跡に置かれていたとも考えられる[1]。

このように、アク・ベシム遺跡とその周辺には唐代の都市・聚落・寺院が分布しており、それらは中央アジアのみならず、唐の歴史を考えるうえでも重要な遺跡である。ところ

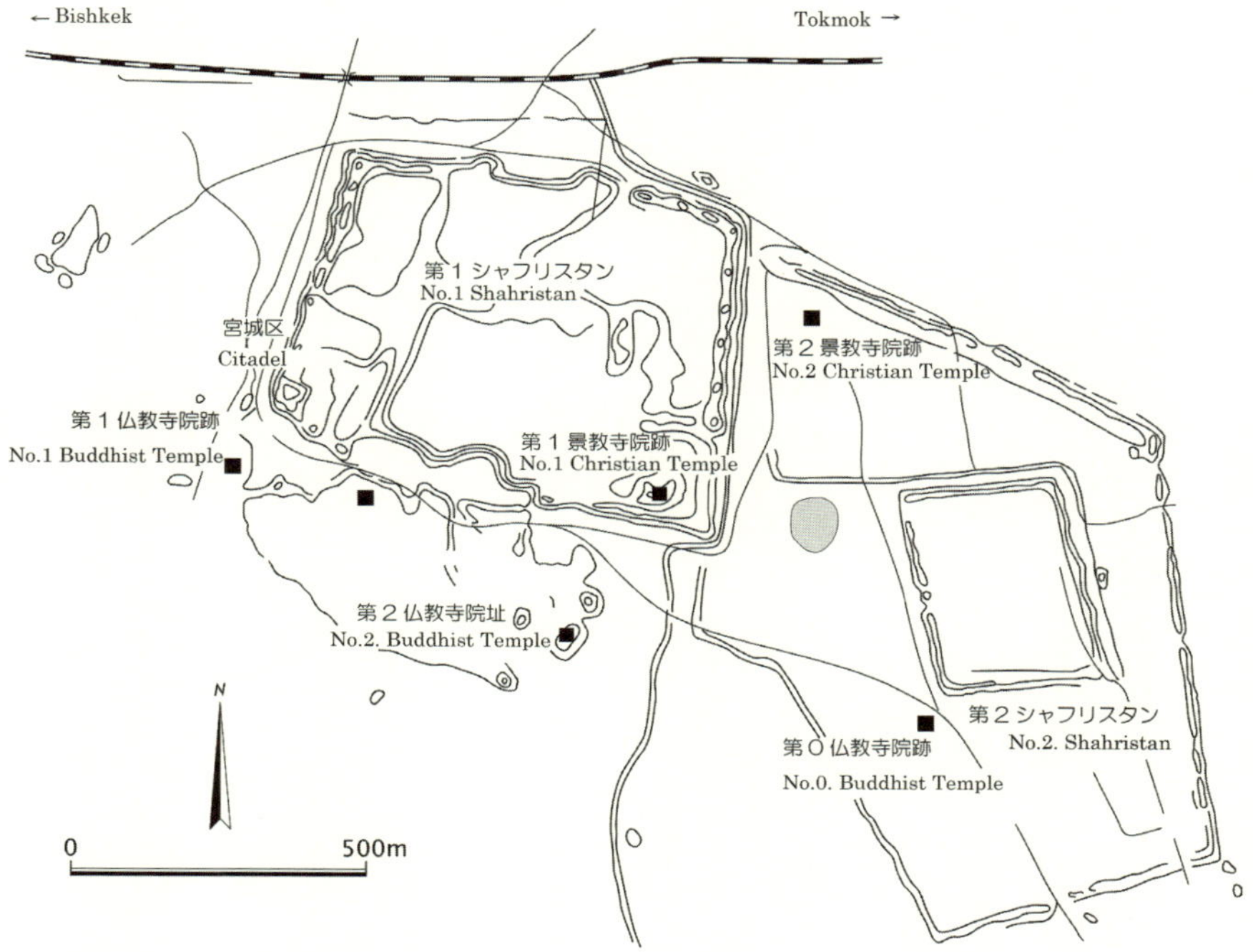

図1　アク・ベシム遺跡の全景

でアク・ベシム遺跡からは、魚や亀のかたちをした青銅製のプレートが三点みつかっている（後述）。そこには漢文が刻まれているが、これは一体どのような性質の遺物なのか。これらはなぜアク・ベシム遺跡から出土したのか。筆者はこの問題についても検討したことがある。本稿ではあらためてそのエッセンスを紹介したい[2]。

一、随身符の登場

アク・ベシム遺跡から出土した、魚や亀のかたちをした青銅製のプレートは、一般に魚符や亀符とよばれている。これは唐帝国（厳密にいえば、則天武后の周王朝もふくむ）が発行した割符である。それは国家の信用をしめす。その逆に、もし割符を破壊したり、紛失したりすれば、それは国家にかかわる約束事の破棄、ひいては国家の信用の失墜につながるであろう。その意味で唐の屋台骨のひとつは、それ以前の諸帝国と同じように、強固な割符制度によって支えられていたといえる。したがって、唐帝国がいついかなる場合にどのような割符を使用していたかを知ることは、唐帝国の特徴を理解する手がかりになるはずである。

そもそも割符全般の起源はたいへんに古く、先秦時代にさかのぼる。たとえば戦国時代の魏の信陵君は、王の寝所から割符の虎符を奪い、前線の晋鄙将軍から兵権を奪おうとした(『史記』巻七七魏公子列伝)。戦国時代の墓からは割符の実物も発見されており、たとえば楚には「鄂君啓節」という割符があり、竹を縦に割ったかたちの、割符形式の青銅製の通行手形である。また、側面に刻目のある簡牘(刻歯簡牘)は「符」とよばれ、やはり割符のように機能した。このように多様な割符文化の土壌のなかから、唐代の割符制度も生み出されていった。

唐帝国が発行した割符には、おおまかにわけて「銅魚符」・「傳符」・「随身魚符」・「木契」・「旌節」の五種類があった。なかでも「銅魚符」と「随身魚符」は、魚のかたちをしためずらしい符である。これらは則天武后期に亀のかたちに改められ、それぞれ「銅亀符」と「随身亀符」とよばれた。魚符・亀符にはさまざまな機能があり、そのなかには軍隊を発動するときに許可を与える機能、城門を開くときに許可を与える機能、州(地方政府)が重要業務を遂行するときにその許可を与える機能、遠方から朝貢使節がやってきたときに身元を確認する機能などがふくまれている。

そうした魚符・亀符の例として、アク・ベシム遺跡から出土した唐代の魚符一点が挙げられる。それは朝貢使節の身元を確認するための割符である(くわしくは後述する)。そうした機能をもつ割符は、隋代以前にも類例をみいだせる。唐代の割符制度が先秦以来の割符文化の土壌からうまれた以上、唐代の割符制度がそれ以前の割符制度と連続性をもつことは、当然といえば当然である。

だが魚符・亀符のなかには、一見したかぎりでは、隋唐時代以前に制度的な淵源を求めるのがむずかしい機能もある。そうした機能をもつ魚符・亀符を、ここでは随身符とよんでおく。隋唐時代の史料においても、「魚符」と「随身魚符」は書き分けられている。後述するように、随身符の起点は隋代にあり、唐代に受けつがれ、まさに隋唐時代の特徴的な制度であった。後述するように、アク・ベシム遺跡から出土した魚符・亀符のうち、亀符二点はいずれも随身符であった。では随身符の歴史とはどのようなものであったのか。

随身符の制度は、隋の開皇十年(五九〇)十月に、在京(中央勤務)の五品官以上に頒布された「木魚符」にさかのぼる。それは左符と右符よりなり、中央官府と命令遂行者がそれぞれ所有し、国の大事に際して左右両方が勘合されるしくみであった。

当時の中央官僚は一~九品(以下、職事官)に区分けされており、一品がもっとも高いものだった。九品はいちばん低いとはいえ、それはエリートキャリア官僚のなかでの区分であり、九品より下にもおおぜいノンキャリアや下働きの者がいる。唐代を例にとると、その定員はあわせて約三十七万人で、うち九五パーセントは下位の「吏」（吏、胥吏、職掌任、雑色人など）、五パーセントは上位の「官」（流内官や品官ともよばれる）であり、五品官以上は「官」のなかでもさらに少なかった。たとえば開元年間（七一三〜七四一年）の例を挙げると、一品から九品までの職事官は約一万八〇〇〇人で、文官が八〇パーセントを占める。そのうち在京の職事官は二六〇〇余人で、五品以上は三九〇人程度にすぎない。つまり五品官に与えられる随身符は、まさにエリートの証だったわけである。なお九品以上の職事官は、べつに散位なるものも所持しており、それを「本品」といい、やはり一〜九品に分かれていた。官吏のなかには職事官と本品がズレている者もいた。そして開元二十六年（七三八）の随身符は「本品」五品以上（本品を解かれたら職事品による）だった。つまり隋身符は、正確にはもともと「本品」と連動するものだった。

　さて、つづく開皇十五年（五九五）五月には、五品以上の在京官に随身符の「銅魚符」が頒布された。このとき随身符は木製から銅製に改められた。このように制度改変がなされたのには、おそらく当時の時代背景がかかわっている。そのころ隋は、開皇九年（五八九）に南朝陳を滅ぼして天下を統一し、開皇十五年（五九五年）春正月には泰山を祭り、二月に天下の「兵器」を回収し、その私造を禁じている。同年五月には吐谷渾が朝貢し、直後に五品以上の在京官に随身符の携帯を義務づけている。同年六月には林邑が朝貢に訪れ、同年七月には九品以上の官のうち、正当な理由で辞職する者にもそのまま笏の所有を許している。つまり、当時の隋はちょうど建国期にあたり、官僚制や礼制を整備する過程にあり、随身符もそれにあわせて頒布されたのである。

　ではなぜ魚形なのか。魚符は隋朝建国期に生まれたものゆえ、その形状や制度には隋朝のイデオロギーが強く反映されていたと考えられる。そして結論をいえば、それは魚が強兆とされていたことに加え、かつて魚釣りをしていた太公望が周の文王に見出されたという故事や、鯉が龍に化けるという登龍門の故事にならい、魚形が政府高官に昇進する象徴とみなされていたことが関係している。

二、徐々に弛緩する随身符制

　随身符の歴史はその後もつづき、永徽二年（六五一）四月二十九日には、五品以上の在京官に加え、開府儀同三司にも随身符が与えられることになった。開府儀同三司とは「散職」のひとつであり、在京の職事官とは同列視しえない。ただし、武徳七年(六二四)以後の開府儀同三司は、「文散官」の最高位(従一品)に位置づけられ、かつ同品の職事官に準じた俸禄を支給され、朝会への参加も許されており、いわば特異な存在だった。また属官も抱え、ほとんど職事官に相当する存在として位置づけられていた。だから随身符を与えられたのであろう。

また六五一年以降の随身符支給者には「袋」も与えられた。そして咸亨三年(六七二)五月になると、四品・五品の在京官には新たに銀色の魚袋が支給された。さらに三品官以上の魚袋は黄金で彩られた。つまり三品官以上と四、五品官とでは、袋の色が区別されたのである。これにたいして六品官以下には、あいかわらず随身符と袋は与えられなかった。下級官吏にとって、随身符とその袋を帯びることは憧憬の対象だった。だから上元年間(六七四~六七六)には、六品官以下・九品以上の文官のあいだで、せめて算袋(筆記用具入れ)を魚形にしようとする動きが起こっている。また上元元年(六七四)八月になると、武官からも魚形の算袋を携帯したいとの申請がなされている。

則天武后が実権をにぎると、垂拱二年(六八六)正月に、在京官になぞらえるかたちで、州の都督(従二品~従三品)と刺史(従三品~正四品下)にも随身符と袋の携帯が許された。また武周革命が行われた天授元年(六九〇)九月以降には、魚符はすべて亀符に替えられた。これは、則天武后が玄武(亀)をみずからのシンボルとして尊崇したためである。このときに袋の形状も亀に変えられたようである。

随身符を携帯しうる人びとの数は、以上のべてきたように、少しずつ増えていった。最初は在京五品以上だったものが、そこに開府儀同三司がふくまれ、さらには地方官である州の都督や刺史にも与えられるようになったというぐあいである。これにくわえて、六九〇年代になると、官職身分が低いにもかかわらず、それよりも上位の待遇を受ける者が増え、銀亀袋の代わりに金亀袋を授かる者や、在京五品官未満なのに魚袋を授かる者が登場し、とくに後者は朝廷や世間の笑いものになったという。こうした例は開元年間(七一三~七四一年)に激増する。それでもルールはルールとして決まっており、久視元年(七〇〇)十月には、さらに四品官と五品官のあいだに袋色の区別が設けられ、職事三品以上は金、四品は銀、五品は銅で彩られた。また長安三年(七〇三)には皇太子の随身符が玉製に改められている。このころの随身符の制度は**図2**のようにまとめられるのではなかろうか。

その後、則天武后が失権すると、唐朝の復活とともに、七〇五年二月に亀符はもとの魚符にもどされている。また同年六月には三品未満の郡王・嗣王にも金袋が許され、さらに五品官の袋の色は、銅から銀に戻された。景龍三年（七〇九年）八月には、開府儀同三司につぐ文散官である「特進」にも随身符が許された。なお、「員外・判・試・検校」には原則的に随身符が支給されなかった。「員外」は「員外置」ともいい、太宗期以来の非正員官である。判官は「任務を執行する官」（つまり法曹関係に限らない）で、やはり非正員官である。試官は、詔に基づく非正員官で、とくに武后が人心収攬のために鳳閣舎人・給事中・次員外郎・侍御史・補闕・拾遺・校書郎などを多く試任したことが知られる。景龍年間（七〇七～七一〇年）以前の検校官は、詔によって某官の代理を行なう官（つまり実職をもつ）であった。こうした非正員官は、とくに景龍年間の前後に濫授されるようになって問題化した。ただし、非正員官にも随身符の「仮授」はありうる。

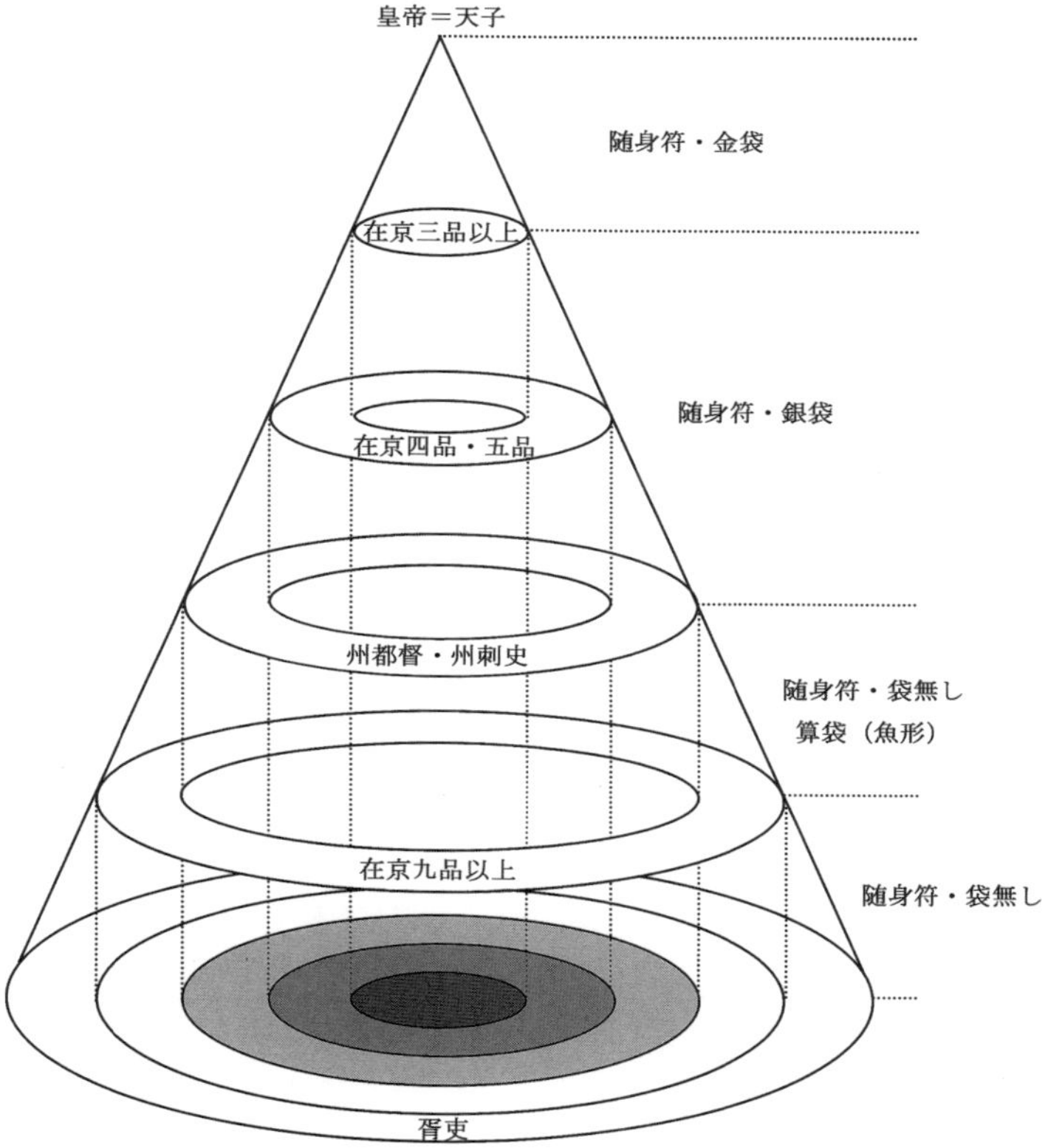

図2　随身符よりみた上下関係

三、随身符の機能——印綬制度から随身符制へ

では随身符はいかなる機能をもつのか。それは一体なんのために与えられたのか。

随身符は一般的に、所有者の貴賤を明らかにし、皇帝の召喚命令に応じるときに用いるものだったといわれている。そのように史料にも明記されている。たしかに、皇帝が高位高官を召喚するときには、随身符（中央保管分の左符）と勅書（もしくは文符。つまり下行文書の省符）とが下され、その勘合後に高官は参内できた。

ただしここで注意すべきは、随身符の照合だけでは参内できなかったことで、当時は随身符をもつ高位高官といえども、勝手に宮廷に参内するのは禁忌だった。その逆に、随身符なき官吏であっても、お召しがあれば宮廷に入れた。だから皇帝との面会にさいしては、じつは勅書や文符があればよく、随身符はみずからの携帯分（右符）だけでは身分証たりえず、参内時以外の場面では身分証や軍官証の役目を果たしえなかった。しかも随身符のなかには、所持者の姓名が刻まれていないものもあった。定員一名の官職に任じられた者の随身符には姓名がなかった。要するに、随身符の身分証としての用途は、きわめて限定的だったのである。

これに加えて、随身符にはむしろそれ以外の大きな存在意義があった。

すなわち随身符には、基本的に「某位姓名」が刻まれているものであり、その者が職を退いた時点で、それは中央政府によって回収された。だが六五四年以降は、五品官以上の者が亡くなると、死亡者の随身符は中央政府に返却せずともよくなった。なぜならそれは「恩榮」・「褒飾」だったからである。そう史料に明記されている。かりに随身符がたんなる身分証や軍官証ならば、それを「恩栄」や「褒飾」とよぶことはあるまい。死亡者の随身符が政府に回収される点について、当時の皇帝はそれを「情に忍ぶべからず」としており、それは随身符が政府高官に与えられる「恩榮」・「褒飾」だったからである。つまり随身符には一種の象徴的意義があったのである。

さらに随身符を入れる袋にもまた象徴的意義があった。既述のとおり、随身符を入れる袋には咸亨三年（六七二）以後、官品におうじた色彩の区別があり、時代とともに少しずつ制度改革が行われたことが知られている。上元年間（六七四〜六七六年）には、五品未満の者がわざわざ筆記用具入れを魚形にし、武官もそれを求めるなど、人びとの魚袋にたいする羨望の念はたいへんに強いものだった。もとより現在知られている随身符の現物の頭部にはみな穴があり、紐を通すことができるので、袋がなくとも帯につるすことができる。つまり袋は必須の実用品であるわけではない。それはあくまでも一種のシンボルとして、官吏のあいだで重んじられたのである。
では、それは前代未聞の制度であったのかといえば、決してそうではない。むしろ隋唐随身符（袋を含む）に似た機能をもつものとして、隋代以前の印綬制度に注目される。関連研究によれば、まず春秋時代に私印と公印が萌芽し、戦国時代に官職や爵位の象徴としての公印が整備された。そして漢代になると、璽・印・綬は整然たる体系を形づくるようになった。それらは、漢代の内臣と外臣を区別し、皇帝の礼・法・徳の受容度に応じた漢帝国の支配構造が反映されているという。つまり印綬は、それを与える側にとっても、佩びる側にとっても、見る側にとっても、すぐれて象徴的な意味を有していたのである。随身符もこれと似た機能をもっている。

じっさいに、漢代の印綬制度は魏晋南北朝時代にも継承され、より複雑化するものの、隋代に突如として使用範囲が縮小する。遅くとも唐代には、個々人が職官印を佩びる制度はなくなり、代わりに官署印の制度が生まれる。そしてそれに取って代わるかのように、隋代に随身符制が登場する。とすると、印綬制と随身符制のあいだには制度的継承関係があるといってよいであろう。

四、アク・ベシム遺跡出土の魚符・亀符

以上の検討をふまえ、あらためてアク・ベシム遺跡出土の亀符二点をみてみよう。

そこには次のような文章が刻まれている。なお、これらのほかに二〇一一年七月にキルギスのアク・ベシム遺跡周辺で発見された唐代青銅魚符もあり、朝貢魚符であると考えられるが、それについての検討はここでは省く。

①左豹韜衛翊府右郎将員外置石沙陁（図3）。
②左武威衛翊府中郎将員外置颯支達干（図4）。

この二点には個人の官名と姓名が刻まれており、まさしく随身符である。

まず①は、アク・ベシム遺跡を構成する第一シャフリスタンと第二シャフリスタンのうち、両者の隣接領域（とくに第二シャフリスタン側）から出土した。これは二〇〇六年にカミシェフ・ミハイロヴィチ氏（ビシュケク市内の骨董店店主）が金属探知機で地表面を調査・発見したもので、正規の考古発掘調査を経て得られたものではなく、現在はミハイロヴィチ氏が所有している。筆者は二〇一六年十一月に当該骨董店を訪問し、許可を得て当該亀符の実見・調査・撮影を行なった。

本符は亀形をしているので、武周期のものである。「豹韜

図3　石沙陁の亀符

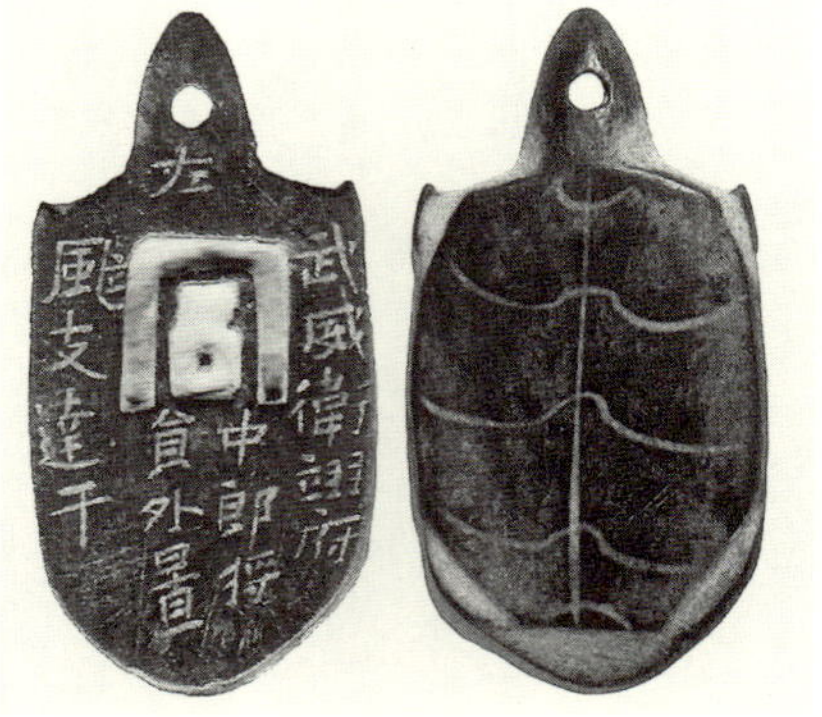

図4　颯支達干の亀符

衛」は六八四～七〇五年に置かれ、それ以前と以後は「威衛」とよばれた、禁軍を構成する十二衛のひとつである。「右郎将」は、「左郎将」とともに「翊府」を警護する属官で、正五品上にあたる。「翊府」とは高級官吏の子弟が宿衛する部署のことで、玄宗期以前にはそこから在京職事の品官に昇格していくのが主たるエリートコースだった。つまり①は禁軍に属する正五品上の武官の割符である。

もっとも、「石沙陁」の「石」は石国（現ウズベキスタン首都タシケント付近）に由来するもので、「沙陁」はおそらく名である。このように、辺境地域において異国出身者がそうしたポジションにつけたのは、則天武后が人心収集のため、異国出身者に「員外置」を濫授したことが関係している。結果、それはもはや宿衛の役割を果たさず、一種の名誉職にすぎなくなっていた。石沙陁もその対象であったろう。

砕葉鎮が中国の支配下に置かれていたのは六九二年～七〇三年なので、本亀符は「六九二～七〇三年に安西都護のもとで働いていた石国出身者の随身亀符」であることになろう。なお①にはテュルク系の官号が付記されていないので、石沙陁は遊牧世界の有力者としてではなく、むしろタシケント出身のソグド系商人の有力者として「員外置」の地位を得たのかもしれない。

②は、二〇一九年にアク・ベシム遺跡で発見された青銅製亀符で、縦四センチメートル、横二センチメートル、厚さ三センチメートル、重さ一二グラム程度である。①②の出土地は近く、武周期に同一の出来事に巻き込まれて失われたとおぼしい。「武威衛」は十二衛のひとつで、その「翊府」を率いる「中郎将員外置」が所有者である。中郎将は正四品下ゆえ、随身符の支給範囲に入る。「武威」とは、六八四年に「驍衛」から更名され、七〇五年に「驍衛」という名称に戻

されたものである。砕葉鎮が中国の支配下にあったのが六九二年~七〇三年であることも考えあわせるならば、本亀符は六九二年~七〇三年のものだとみてよかろう。

そこにみえる「颯支達干」の「達干」は「tarqan」の漢訳だと考えられる。先行研究によれば、「tarqan」は「達官」ともしるし、可汗(qaɣan)の行政幹部にあたる。可汗のもとには、版図の西部統括官(yabɣu 葉護)と東部統括官(šad 設・殺)がおり、その下位に俟斤(irkin)や頡利発(iltabar)とよばれる有力部族長がおり、「tarqan」とともに、族長(匐 bag)階級に属していた。「tarqan」は突厥碑文に散見する官名で、漢文では「小官」のひとつにも数えられ、正統阿史那氏以外の部族長や首長に与えられた官名である。以上の先行研究をふまえると、どうやら②の受給者は族長(匐 bag)階級に属する「小官」の保持者で、しかも必ずしも突厥人とは限らぬらしい。「颯支」はその名前であろう。

ここで当時の国際情勢をみてみると、武周の砕葉鎮支配期(六九二~七〇三年)には、西突厥を率いて唐に与する者がおり、そのなかでも阿史那斛瑟羅なる人物は、六九〇~七〇三年のいずれかの年に一度、もしくは二度にわたって中国内地へ遷徙したことがある。また砕葉の近くでは、烏質勒なる人物が率いる突騎施が台頭しつつあった。烏質勒は本来阿史那斛瑟羅の翼下にあったのだが、六九九年に息子を武周に入朝させており、さらに七〇三年には阿史那斛瑟羅を凌駕して砕葉一帯の覇権を握っている。そうすると②の「颯支」なる人物は、阿史那斛瑟羅もしくは烏質勒の一派であったと考えられ、遊牧世界の族長クラスの「小官」のひとりだったとみてよいであろう。

おわりに

以上本稿では、隋唐随身符(袋を含む)の制度的沿革と存在意義について検討した。それによると、随身符制の起点は隋代に求められ、開皇十年(五九〇)十月に在京官五品以上に「木魚符」が支給され、それは開皇十五年(五九五)五月に銅製に変更された。隋が魚形を採用した理由は、魚自体が王朝繁栄の兆、正規任用の証、もしくは登龍門の兆として観念されたためと推測される。唐も高祖期以来、随身符制は継承され、それらは基本的に五品以上の在京官に与えられるエリート官僚の象徴だった。その機能は、漢代の印綬制が担っていたものと似ており、唐代の官僚社会の秩序を可視化するものだった。ただし、六八六年以降に徐々にそのルールは弛緩していくことになる。こうしたなかで、則天武后が帝位につき、魚符を亀符に変更した。さらに対外遠征の過程で、砕葉鎮（アク・ベシム遺跡第二シャフリスタンを中心とする）が設置され、そこに滞在していた者にも亀符が与えられている。

このように魚符・亀符の歴史と意義をふまえたうえで、アク・ベシム遺跡出土の亀符二点をながめてみると、それらはたいへん小さく、わずか二点しかない遺物ではあるが、しっかりと時代の一齣を語ってくれる。そうした史料が今後もアク・ベシム遺跡からみつかることを期待して擱筆したい。

注

（1）柿沼陽平「唐代砕葉鎮史新探」（『帝京大学文化財研究所研究報告』第一八号、二〇一九年）四三―五九頁。

（2）柿沼陽平「文物としての随身魚符と随身亀符」『帝京大学文化財研究所報告』第一九号、二〇二〇年）一二七―一四七頁、柿沼陽平「隋唐随身符制新探――玄宗即位以前を中心に」（『古代文化』第七四巻第三号、二〇二二年）三三八―三五八頁。

【III　出土遺物・文化】

アク・ベシム遺跡出土のコイン
――文献学・歴史学と分析科学の接点

吉田　豊・藤澤　明

よしだ・ゆたか――帝京大学文化財研究所客員教授・京都大学名誉教授。専門はイラン語史・ソグド語文献学。主な著書に『中国江南マニ教絵画研究』（共著、臨川書店、二〇一五年）、Three Manichaean Sogdian letters unearthed in Bäzäklik, Turfan, Kyoto 2019,『ソグド語文法講義』（臨川書店、二〇二二年）などがある。

ふじさわ・あきら――帝京大学文化財研究所教授。専門は保存科学・文化財科学・保存修復。主な著書に『高徳院国宝銅造阿弥陀如来坐像平成27年度保存修理報告書』（鎌倉大仏殿高徳院、二〇一八年）、『キルギス共和国アク・ベシム遺跡より出土したコインに用いられた材料と産地推定』（帝京大学文化財研究所研究報告第二二集、二〇二三年）などがある。

アク・ベシム遺跡の発掘で出土したイスラーム化以前のコイン（青銅鋳造、八～十世紀）の種類や発行者と歴史的背景、出土した層位の年代比定を論じる。また形態観察から製造技術を検討し、元素分析結果や材料産地推定結果より使用された金属材料の特徴と流通について議論する。対象とするコインは、モデルとなった中国製の開元通寶に比べて鉛を多く含む傾向があり、その背景についても論じる。

はじめに――ソグド語圏のコインと出土コイン研究

玄奘は、現在のアク・ベシム遺跡がある素葉すなわちスイヤブに着いたとき、そこから鉄門までがソグドであると言っている。つまりソグド人が居住する場所、ソグド語圏であるとしている。このソグド語圏がイスラム化する以前に発行されたコインを見ると、大きく三つの地域に分けられる(1)。第一はザラフシャン河流域とカシュカダリア流域、つまりサマルカンドを中心とするソグドの故地である。第二はタシケントとその周辺である。第三はタラス以東のチュー河流域である。この三つの違いは、ソグド人による東方への入植の時代と関係がある。サマルカンド周辺はアケメネス朝以前からソグド人が居住し、その南にあったバクトリア王国（紀元前三世紀から二世紀頃）の影響でコインは導入された。当初はギリシア語の銘文があるコインが発行されたが、後にアラム文字（ソグド文字の祖）の銘文に変化した。その後ササン朝の影響を受けたコインも発行された。これらはすべて鍛造である。七・八世紀は開元通寶をモデルにした鋳造の方孔銭も発行されよく知られている。タシケント周辺の最古のコインは、絶対年代は不明ながら古風な草書の銘文が見える。七世紀になると西突厥の支配者のコインが発行される。この地域では一貫して鍛造コインが発行された。これに対してチュー河流域では、すべて中国式の鋳造方孔銭である。[2] この地域は、ソグド語圏の他の地域とは異なり十世紀中頃にカラハン朝が成立するまで、イスラム化せず独自の経済文化圏を形成していた。本稿ではこの第三の地域のアク・ベシム遺跡で帝京隊が発掘したソグド語銘文があるコインを扱う。第三節までを吉田が、第四節は藤澤が執筆している。

　チュー川流域で出土するソグド語銘文を備えたコインについての研究テーマのうちで、貨幣史研究一般との観点から可能な課題とそうでないものについて概観しておく。吉田も藤澤も古銭研究の専門家ではないので、出土貨幣について考え得るテーマを網羅的に列挙することはできないが、素朴な疑問としては、いつ、どこで、だれが、何のために、どんな貨幣を、どんな金属を使ってどんな技術で、どれほどの数量を発行し、どのように流通していたのか、外部からの流入はどうだったのかなどがあげられるだろう。これらの疑問は以下のように分類できるかもしれない。

（1）型式の同定と、型式の継承関係の推定。銘文の読みと、発行者の研究

（2）コインの製造（原材料と製造技術）に関する研究

（3）流通・機能に関する経済史的研究

　このうち（3）のテーマは、シルクロードの交易都市としてのアク・ベシム遺跡を考える場合、極めて重要であることは明らかだが、この地で行われていた経済活動にかかわる文献史料が皆無である状況では、[3] 出土するコインがどのように使われていたかを研究することは容易ではない。結局本稿で可能な研究は（1）と（2）である。しかも出土した貨幣は多くの場合さび付いているが、文化財研究所による研究は現状に変更を加えない非破壊が原則で、過度の洗浄や切り取りができないために、銘文、図柄、材質の調査は限定されざるを得ない。銘文や図柄の比定は、主に現地の古銭収集家であり古銭学者カミシェフ氏の以下の研究を参考にした：『中世初期におけるセミレーチエのコイン』ビシュケク 2002（A. M. Камышевт, *Раннесредневекобый монетный комплекс Семиречья*, Бишкек, 2002）.[4]

一、コインの出土状況と歴史研究

まず、帝京大学文化財研究所が二〇一九年春のアク・ベシム遺跡の発掘で、都城址の南壁（AKB―19）[5]から発掘されたコインを見てみよう（図1：no.43）。これは発掘を指揮する山内の発案による遺跡の城壁の建築方法を確認するための発掘であった。唐が設置した砕葉鎮（第二シャフリスタンと呼ばれる）の城壁（AKB―17）が中国式の版築で製作されていたことから、その西側に隣接するソグド人が作った本来のスイヤブ城（第一シャフリスタン）の東寄りの南壁を断ち割って調べてみた。その結果、城壁の外側は日干しレンガとパフサと呼ばれる大きな土塊を組み合わせたソグド式、内側は中国式の版築になっていることが判明した。本来折衷式であったはずはなく、もともとはどちらかの方式で作ってあったものが破損したとき、もう一方の方式で補修したのであろう。どちらが先かの判定に、ソグド式の壁の中から見つかった出土コインが役に立ちそうである。

図1　アク・ベシム遺跡出土コインno.43

直径二・四センチメートル、質量五・四グラムで保存状態が良いこのコインは、中国式の鋳造方孔青銅銭で、片面にソグド文字ソグド語でβγy twrkyš x'γ'n pny「神なる突騎施（トゥルギシュ）可汗の銅銭」とあり、もう一方の面には弓形のマークがある。銘文は非常にきれいで読みやすい。マークは一般にタムガと呼ばれている。西突厥を構成する十部族（十姓）の一つであった突騎施の歴史は、『新唐書』などの中国の歴史書からある程度知られている。突騎施は七世紀の終わり頃から盛んになり、蘇禄（在位七一五?~七三八年）が可汗のときが最盛期であった。盛んに安西都護府に侵入する一方で、ソグディアナからアラブ軍を一掃するほどだった。蘇禄は七一九年に唐に砕葉鎮を放棄させ自分がそこに居座った。帝京隊が発掘したコインのような立派な突騎施銭は、この蘇禄の時代中国の工人の技術的援助を得て鋳造されたと考えられている。唐の通貨であった四グラム弱の開元通寶を真似ているが、このコインはそれよりずっと重い。

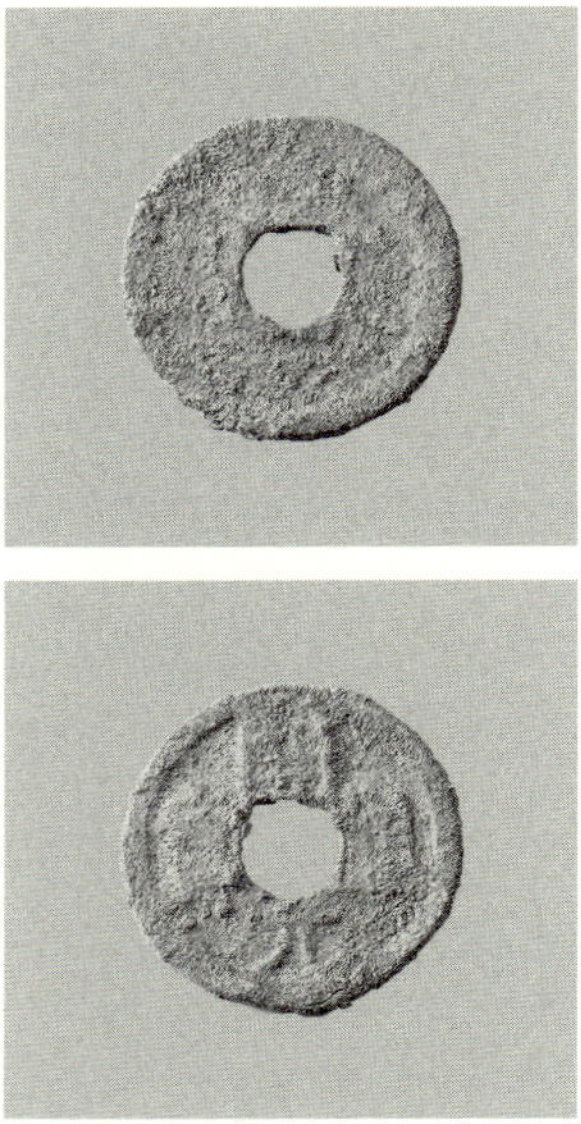

図2　アク・ベシム遺跡出土コインno.1

南壁の補修の年代問題に戻ろう。ソグド式で城壁が建築された時に、このコインが混入したわけだから、それは蘇禄以前ではありえない(6)。唐は七一九年に撤退しているので、中国式の城壁が何らかの理由（山内は地震を推定する）で破損したときソグド式で補修したと推定できる。このように遺跡で出土するコインは、発行年代や流通していた時代が分かれば、出土地点の層位の時代判定に利用できる。

二、アク・ベシム遺跡で出土するコインの概観

アク・ベシム遺跡の最初の組織的な発掘はクズラソフが一九五三〜一九五四年に行った。その後ジャブリン（一九六一）、セミョーノフ（一九九六〜一九九八）、ヴェドゥータヴァ・栗本（二〇〇六〜二〇〇八）らが第一シャフリスタン内部のいくつかの遺構を発掘している(7)。帝京隊は二〇一六年から、第一シャフリスタンと第二シャフリスタンで調査を続け、現在も進行中である。帝京隊の発掘では現在までに六十点のコインが見つかっている(8)。これらの発掘されたコイン、以下のように分類されるだろう(9)。

（1）中国のコインとその模造品（特に開元通寶）：帝京隊の発掘品には開元通寶の銘文があるコインが一点ある（**図2**：no.1）。従来の発掘で確認されているのは、開元通寶以外に、乾元重寶、大暦元寶がある。珍しいところでは高昌吉利も見つかっている。乾元重寶は乾元年間（七五八〜七六〇）の発行、大暦元寶は中国本土ではなく安西都護府で鋳造された(10)。大暦は七六六〜七七九年の年号である。トルファンにあり六四〇年に滅亡した麹氏高昌国発行の高昌吉利銭は六二一年初鋳の開元通寶をモデルにしていた。

（2）突騎施銭：上で紹介したno.43がその代表である。タムガの形状が微妙に異なる少し軽いバリアント（**図3**：no.40）もある。直径二四〜二五ミリ程度で五グラム強であるが、一六ミリ程度の中〜小型のもの（**図4**：nos.16、17）も見つかる（銘文第一型式）。

（3）ワナントマーフ銭：片面にβγy twrkyš x'γ'n pny、裏面に

wn'ntm'x xwβw「ワナントマーフ王」という銘文と、三叉の形状のタムガのある直径二〇ミリ～一五ミリ程度の中～小型のコイン（**図5**：no.20）（銘文第二型式）。

（4）小型ワナントマーフ銭：片面にwn'ntm'x xwβwと三叉タムガ、裏面が平滑な（3）より小型のコイン。（3）や（4）は銘文の誤読によってTukhusコインと呼ばれきたコインである。

（5）銘文のないごく小さいコインで、質量は一グラム以下

図3　アク・ベシム遺跡出土コインno.40

no.16

no.17

図4　アク・ベシム遺跡出土コイン

図5　アク・ベシム遺跡出土コインno.20

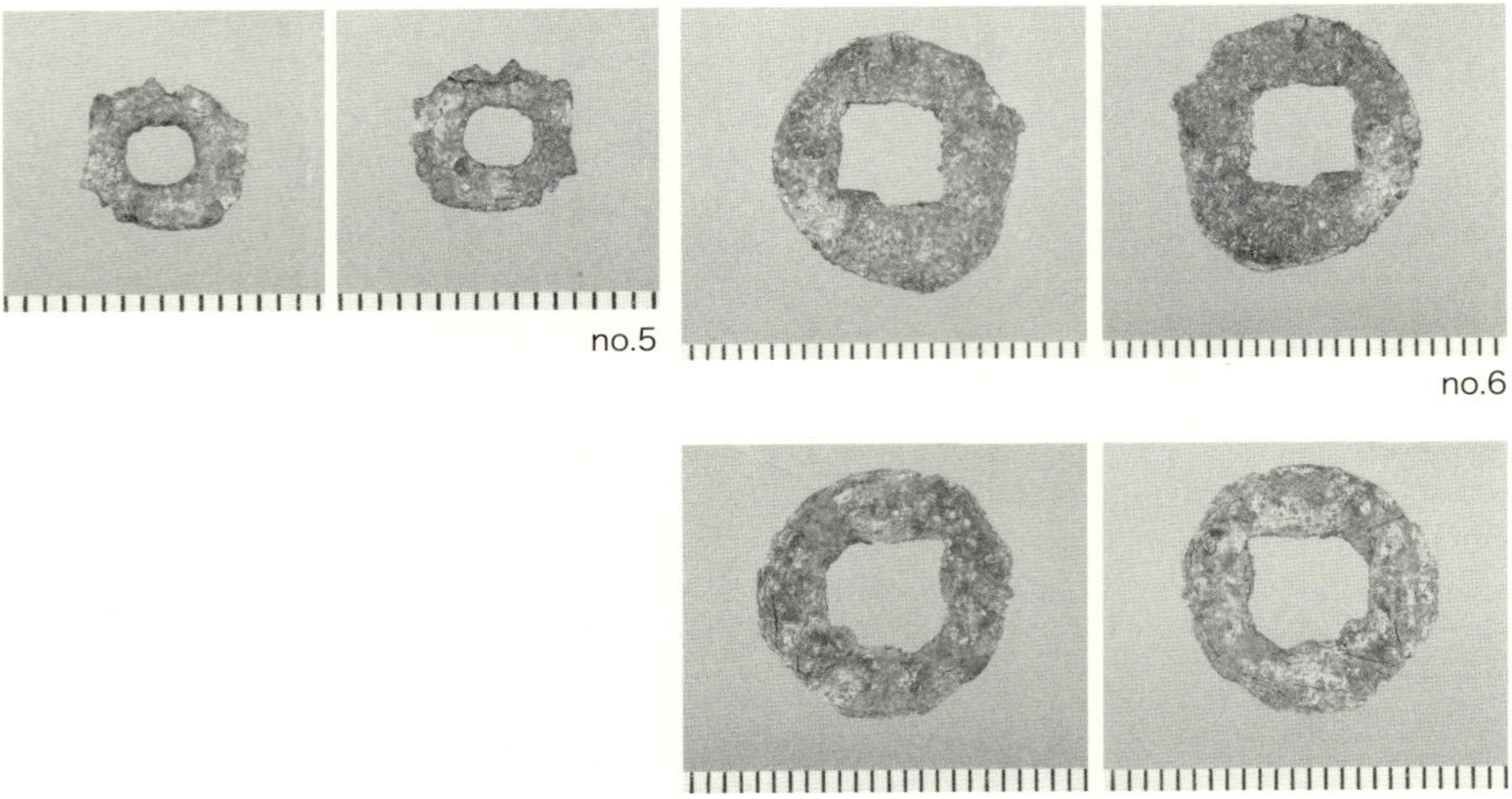

図6　アク・ベシム遺跡出土コイン

になっている（図6：nos. 5―7）。（6）方孔のない鍛造のカラハン朝コイン。遺跡が放棄されてからここに居住した住民が残したものと考えられる。クズラソフは第一仏教寺院の崩壊後の層に七十枚ほどの一括出土コインを発見している。このことから、アク・ベシムがカラハン朝の都バラサグンの遺跡ではないことが証明された。

三、出土コインと政治史および遺跡の年代

蘇禄が七三八年に殺害されると後継者争いのなかチュー河流域は争乱状態になった。この間七五一年にタラス戦が起きた。当時ウイグルに追われて西遷していたカルルク族が、この戦役にも参戦し唐の敗北の一因になったことは有名である。『新唐書』では、カルルクは大暦の頃からこの地域で盛んになったと言う。カラハン朝はこのカルルクの後継であるという有力な説がある。二〇一〇年になって、蒐集品のなかに片面にβγy x'rlwγ x'γ'n pny「神なるカルルク可汗の銅銭」という銘文があるコインが見つかった。(11) ただ出土例はごくわずかで、多数みつかる突騎施のコインと比較にならない。バリアントを無視するなら、いわゆる突騎施銭とワナントマーフ銭は出土数が多いだけでなく、いろいろな層位で見つかっている。アク・ベシム遺跡でクズラソフがはじめて組織的な発掘を

行ったとき、出土するコインの研究を、当時ペンジケント出土コインを調査していたスミルノーヴァに委託した。彼女は第一仏教寺院では、建築時の層にワナントマーフ銭が見つかるという事実をもとに、建築後の層で見つかる大型の突騎施銭との相対年代を推定した。突騎施銭が蘇禄の時代のものという前提で、それ以前に存在したはずの小型ワナントマーフ銭の（4）は突騎施銭以前、七世紀の終わりから八世紀初めに存在していたと結論した。そして、この地域のコインは（4）→（3）→（2）の順序で流通し、（4）はサマルカンドのソグド人が導入したと考えた。日本では護雅夫がこの説を採用し紹介している。[12]

一方カミシェフは、この説に従えば当初質の悪い軽量のコインが導入され、後にそれが高品質の重いコインになるということになり、貨幣史的には考えられないとして、高品質の突騎施銭が、突騎施の衰退とともに劣化するという、逆の相対年代を提案した。wn'ntm'x の銘文を読み取った吉田（二〇一八、注11参照）もこの説を採用している。[13] 重要なのは、出土状況から判断して、突騎施銭は、さながら中国における開元通寶のようにスタンダード化し、突騎施滅亡後も長く流通していたことが知られていることである。突騎施銭自体にもワナントマーフ銭と同じような軽量のバリアントがあり（図4：nos. 16、17）、大型の突騎施銭が鋳造された蘇禄の時代以降、軽量化し銘文の出来映えの良くないコインも作られた。そしてこれらの大型、中型、小型、極小型のコインが同時に流通していたことは、帝京隊が二〇一七年の発掘でAKB—13の狭い一地点でこれらすべてのコイン（nos. 2—7）が一括で出土したことからも知られる。ワナントマーフ銭や中型の突騎施銭に見られる軽量化を、カミシェフは大中小の三種類のサイズがあった唐の乾元重寶と関連付け、八世紀後半以降と考えている。

ここではアク・ベシムの発掘で出土したコインを主に扱ったが、チュー河流域で蒐集されたコインには上述のカルルク銭やアルスラン・ビルゲ可汗銭以外にも、実に多種多様なコインが見られるし、これからも発見されるであろう。チュー河流域の各都市国家が独自にコインを発行していた可能性もある。それらがどのような時代、地域、為政者、経済状況を反映しているかは、今後引き続き検討していかなければならない。その際分析科学の成果も考慮する必要があるだろう。例えば、五グラムも越え銘文の出来映えもすばらしく、蘇禄の時代のコインだと想定しているno. 43は、成分分析によれば鉛が多く含まれている。四グラム以下の開元通寶より立派なコインを発行して威信を示そうとした蘇禄の政治的な意図の現れとも考えられる。

後半では、藤澤が上で言及した帝京隊の発掘品を分析科学の立場から分析することによって判明することを報告する。

四、分析科学との接点

本稿で扱うコインの材質は金属製である。金属製のコインが現在でも広く普及している第一の理由は、金属がリサイクル可能であることだと考えられる。コインの発行者が変わり新しいコインが必要になった場合、不要になったコインを集めて新しいコインを作ることが可能である。また、コインを素材として別の製品を作ることも可能である。日本の例であるが、戦国時代に銅銭を再溶解して鉄砲玉を作っていた可能性が示されている。一方で、ある程度の技術があれば誰でも作れてしまうという問題もある。そのため現在では高額な取引には偽造が比較的困難である紙幣が使われている。これは古くから存在する問題であったようで、模倣銭や私鋳銭が存在することが知られている。

第二の理由は、金属の経済的価値であろう。金属は多くの文化圏で古くから材料として使われている。国の存亡に関わる武器から物づくりに欠かせない道具、容器や装飾品に至るまで金属の利便性は高い。よってコインがその刻印や文様による額面価値を失った場合や国境を越えるなどそのコインの流通範囲を超えた場合においても、金属材料としての価値は失われない。特に品位が補償された金貨や銀貨などは質量による分りやすい価値を有している。よって為替レートが不明瞭な場合には使いやすいというメリットがある。

次に、コインに求められる金属の特性はなんであろうか。金属製のコインの作り方には大きく分けて二つの方法がある。中国を起源とし東アジアを中心とする地域では鋳型に溶かした金属を流し込んで固める鋳造であり、トルコを起源としヨーロッパから西アジア地域では金属の塊を上下の金型で打ち付ける鍛造である。それぞれについて説明する。

鋳造でコインを製作する場合、溶けた金属が固まる前に鋳型に十分に行き渡る必要がある。このためには、融点よりもさらに高い温度に加熱する過熱が必要である。鉄よりも銅の方が融点は低く、純金属よりも他の金属を混ぜた合金の方が融点は低いため、銅合金では過熱を得やすい。よって銅と錫の合金である青銅が古くから用いられてきたと考えられる。

古代から使われてきた金属にはさらに融点が低い鉛や錫があるが、常温でも柔らかいため使用において摩損しやすく、外力によって変形しやすい。また、基本的に鋳造コインは複数枚を同時に製作するため、コイン同士が湯道と呼ばれるランナーで繋がれた木の枝のような状態で鋳造される。これを切り離し、鋳型の合わせ目に生じたバリを除去するために削るもしくは研磨して仕上げる。この仕上げにおいては硬い金属材料の方が面を滑らかに仕上げることができる。つまり鋳造コインの金属材料としては、融点が低く、ある程度の硬さがある材料が適している。

一般的に鍛造コインを製作する場合、最初に素材を溶解し円板形や球形の平金を作る。これをダイと呼ばれる表面刻印を彫った金型の上に載せインキューズと呼ばれる裏面刻印を彫った金型を手に持ちハンマーで打ち付ける。このまま完成とし、削りなどの仕上げ処理はしない。材料によっては平金を加熱して打刻していたようである。文様を明確に写すには、金型の凹凸に合うように十分に変形する伸展性が求められる。一般的に合金化することにより、硬くなるが同時に衝撃に弱くなる。よって金や銀などの軟らかい純金属に向いた製作方法である。合金化し硬くなった金属であっても加熱することによりある程度の展伸性は得ることが出来る。また仕上げ処理が必要ないため、平金の質量がそのまま製品質量となる。これが鋳造コインと大きく異なる点であり、平金に金属を足す、削るなどして質量を管理することによりコインの質量を一定にすることが出来る。一方で、前述したように鋳造コインは湯道の切り離しやバリ取りを行うので、質量を一定に揃えることは困難である。

本稿で対象とするアク・ベシム遺跡から出土したコインは全て方孔円銭であり鋳造製である。やや小型のコイン（第二型式nos. 16、17、20）は、本来は円形であるべき外形に直線的な部分があり、これは湯道を切り離した痕跡である。さらに無紋の極小コイン（nos. 5—7）の外形は歪んだ円形でありバリらしき部分も残る。よってこれらは円形にする仕上げ処理は行われていない。一方で、大型のコイン（第一型式nos. 39—40）は丁寧に仕上げられているようで、腐食はしているものの外縁部は滑らかである。開元通宝の模倣銭であるno. 1は、大型のコインと同様に丁寧に仕上げされている。しかし本来は方孔であるべき部分がやや歪んだ円形になっている。さらに通常は方孔の周りに郭と呼ばれる凸部があるが、これを明確に観察することが出来ない。よってこれは使用に伴う改変ではなく、鋳造時からこの形に製作されたようである。

次に、コインに使用された金属材料について紹介する。文化財の調査は非破壊が原則となっているため、表面から正確な金属組成を知ることは難しい。もし破壊調査が出来たとしても文化財の場合、そもそも不均一な材料が使用されていることが多くあり、正確な値を得ることは困難である。そこで、金属を含む無機物で作られた文化財の材質調査には、しばしば蛍光X線分析計が使用される。非破壊・非接触での測定が可能で、材料の定性的な分類が可能である。この蛍光X線分析計を使って得られた分析結果から、銅合金に含まれる元素を抜き出して全体が一〇〇パーセントになるように換算した結果を**表1**に示す。文化財の表面分析では、埋蔵中の付着物や埃などが多く検出されるため、これを取り除いて議論する必要がある。

対象とするコインに含まれる金属元素は、主に銅と鉛である。銅は古代から使用されてきた主となる金属であるが、鉛を多く含む点が注目される。鉛は銅の中に合金成分としてはほとんど固溶しないため、銅と鉛を含む溶けた金属を冷やす過程において、最後まで融点の低い鉛は液相として残り、最終的に粒子状に凝固する。よって軟らかい鉛の粒子が銅の中に分散した状態となるため衝撃に弱い材料となる。このため剣などの武器や刃物などの利器にはほとんど鉛を入れないことが普通である。しかし、鋳造コインのように打ち伸ばす必要が無ければ鉛が多い弊害は少なくなる。対象としたコインは、鋳造製であるので自由に鉛の量を多くすることができている。鉛量が多いコインでは五〇massパーセントを超えているものもある。鉛の量を増やす利点には、原料コストの削減と質量増加が上げられる。鉱石が得やすく低融点のために製錬が容易な鉛は、銅や錫に比べて古代より安価だったと考えられている。これを多くすることで原料コストを低く抑えることが出来る。さらにコインを金属材料と考えた場合、銅(八・九六g/cm³)や錫(七・三g/cm³)よりも密度の高い鉛(一一・三六g/cm³)を多くすることで同じ体積ながら質量を増加させることができる。現在でも同じであるが、金属材料の取引においてその質量は重要な役割を果たす。さらに鉛を銅に多く入れると融点が低くなるだけでなく溶けた状態でその流動性が良くなる。よって低い温度での鋳造が可能になり、鋳型の銘文の転写も良好になる。よって燃料コストを削減しつつ見栄えの良いコインの製造が可能になる。

次にそれぞれのコインについて見ていく。開元通寶の模倣銭(no.1)は中国で作られた開元通寶よりも錫がかなり少ない。開元通寶は作られていた時代が長く、さらには様々な場

金属元素		
砒素	アンチモン	銀
0.0	0.3	0.1
0.0	0.0	0.0
0.0	0.2	0.0
0.0	0.7	0.6
0.0	0.0	0.0
0.0	0.7	0.6
0.0	0.0	0.0
0.0	0.1	0.0
0.0	0.1	0.0

表1　蛍光X線分析で得られた半定量値から算出した金属成分濃度（mass%）

資料番号	図番号	形式	銘文	質量g	報告書番号	金属元素			
						銅	錫	亜鉛	鉛
no. 43	図1	大型	第1型式	5.4	19-19-005	44.9	11.0	0.1	43.7
no. 1	図2	模倣銭	開元通宝	3.3	13-16-049	70.6	1.5	1.3	26.6
no. 40	図3	大型	第1型式	2.4	13-19-024	62.6	9.0	0.1	28.1
no. 16	図4	中〜小型	第1型式	1.3	13-18-020	38.4	2.8	0.0	57.5
no.17		中〜小型	第1型式	1.3	13-18-020	86.6	2.5	0.7	10.3
no. 20	図5	中〜小型	第2型式	1.1	13-18-021	57.4	2.7	0.1	38.5
no. 5	図6	極小コイン	無紋	0.2	13-17-048	61.4	1.3	0.0	37.2
no. 6		極小コイン	無紋	0.7	13-17-051	52.4	1.8	0.0	45.7
no. 7		極小コイン	無紋	0.5	13-17-051	37.8	0.6	0.0	61.5

所で作られていたために、一定の組成を示さないが、平均的には約七massパーセントの錫を含むことが多い。より優れた実用性を考えれば錫を足して硬度を高め、摩損を防止することができる。しかし模倣銭はそうでないことからコスト削減を意識した材料選択である。また開元通寶の平均的な鉛量は約二〇massパーセントであるので、これについては大きな差が無い。

大型で良質の突騎施銭（no.43）とサイズは同じだがはるかに軽く、タムガも少し異なる突騎施銭（no.40）を比較すると、錫量はほぼ同じであるが鉛量が異なる。no.43は約一・五倍の鉛を含んでおり、これが原因で重くさらには銘文が明瞭に鋳上がっていると考えられる。しかし材料としてはno.43の方が安価であると想定され、また軟らかく脆い材料である。出来映えと材料的な視点からの実用性は相反する。またこれらの大型の突騎施銭は中国で作られた開元通宝と同等レベルの錫を含む。特にno.40は鉛量も近く、中国銭と同等の材料と言える。

小型と中型の突騎施銭（nos.16、17、20）は大型の物に比べ錫量が少ない傾向があり、約三massパーセントとなってる。さらに小さい極小コインではより錫量が少ない。錫は産地が限られるため比較的高価な材料であったと考えている。額面価格が高い大型には多く使い、価値がより低いコインには錫を減らしていたと解釈できる。また、錫量は製品の色に影響を与える。現在でも、五円硬貨、十円硬貨、五十円硬貨は銅合金ではあるが、合金成分はそれぞれ異なり、色からコイン種が判別できるように考えられている。一般的に金に最も近い色味となるのは錫が一〇massパーセントであるが、対象とするコインのように白色金属である鉛を多く含む場合は、薄い金色となるだろう。また錫が少なく鉛が多い場合は、薄く赤みを帯びた色を呈する。このような色とサイズの違いにより、コイン種の判別を容易にしていた可能性がある。

以上のように成分からコインを分類することは可能である。しかし最も重要な発行年代や発行順について知るのは容易ではない。現在、名古屋大学を中心とする研究グループが銅合金の錆から年代を知る方法を研究している。いわゆる緑青として有名な銅の錆は、大気中の炭素を含む炭酸ガスと化学反応して形成される。よって錆の中の炭素の年代を測定することにより錆びた年代が分るという原理である。それがうまくいったとしても錆びた年代が分るだけである。現在でも財布の中には昭和期に発行された硬貨が多くある。錆びずに数十年に亘り使われることは難しくない。さらにコインとしての役目を終えた後に素材として流通することも考えれば、コインについては作った年代を特定する必要がある。間接的ではあるがこれにアプローチする研究手法が、材料産地推定である。つまりある時期のみに稼働していた鉱山とその鉱石が製品に使われていれば製作時期を絞り込める可能性が高い。もちろん前述のように過去の材料を使い回している可能性も大いにあるが、コインのような大量生産を基本とする製品では、鉱山もしくは鉱石を確保して、一次材料を使用することが多いと想定している。そこで筆者は鉛同位体比を利用した産地推定を行っている。この結果、現在までの帝京大学の発掘で見つかっているコインに使用された鉛の産地は、大きく分けて四つである。中国の材料が使用された開元通宝が1点あり、中国から持ち込まれたコインである。他は天山山脈周辺の三カ所の鉱山の存在を示している。それぞれが具体的にどこかは鉱山の基礎情報が少ないため特定することは容易ではないが、一つはウズベキスタンを中心とする西側、二つはアク・ベシム遺跡に近い天山山脈内鉱山と想定している。いずれにせよ突騎施銭や模倣銭はそれほど遠くない鉱山の材料を使用している。つまりアク・ベシム遺跡を含む中央アジアでは、中国を起源とする鋳造コイン製造技術やトルコを起源とする鍛造コイン製造技術を受容し、そのデザインまでも模倣するもしくは取り入れ発展させ、在地の材料で独自に製造していたことを示している。これは製品としてのコインが物流により運ばれたのではなく、技術やデザインが伝播していたことを意味している。シルクロードにおける金属加工技術の伝播の様態を示す好例であると考えている。

注

（1）ソグドを含むシルクロード地域で発見されるイスラム以前のコインについては、平野の解説が非常に便利である。平野伸二「古代から中世のシルクロードのコイン」（山内和也編『シルクロードのコイン I』帝京大学シルクロード叢書1、帝京大学出版会、二〇二五年）を是非とも参考にされたい。本書には他にも本稿で論じる問題を扱う研究が掲載されている。

（2）一種類だが、方孔銭ではなく片面に支配者の肖像を表したコインが蒐集されている。

（3）突騎施の可汗蘇禄の後継者のクールスールは、絹を部下への給料にしていたという記録がある（de la Vaissière著・影山訳『ソグド商人の歴史』二〇一九年、二四五頁）。これはこの地域の高額決済通貨として、布帛が使われていたことを示唆する。ソグド商人が布帛を高額決済用の通貨としても利用していたこととも関係しているだろう。ここで問題にしているコインはすべて（青）銅製で、もとよりその価値は高くない。サイズも一定しないし、鉛の含有量も少なくないので、地金の価値も問題にならなかったであろう。突騎施のタムガを追刻したペーローズ銀貨が発見されており、銀貨も使われていたに違いないが詳細は不明である。

（4）本書の日本語訳は山内和也編『シルクロードのコインII』（帝京大学シルクロード叢書2、帝京大学出版会、二〇二五年）に収録される。

（5）AKB―0～19のような略号は、アク・ベシム遺跡のこれまでの発掘地点を示す。詳しくは、山内他「2018年度アク・ベシム（スイヤブ）遺跡の調査成果」（『帝京大学文化財研究所研究報告』18）一九四―二〇二頁を参照せよ。

（6）出土コインは、（1）当該の遺構が建築される以前の層位、（2）建築時の層位、（3）遺構が放棄ないしは破壊されたときの層位、（4）遺構が崩壊した後の層位で発見される可能性がある。この場合は（2）の層位である。（3）には遺構が機能していた時代も含まれることになる。

（7）何時、誰が、どの地点を発掘したのかは前掲注5の参考文献で確認できる。

（8）研究所ではno. 1からno. 60までの番号で整理している。学術的な発掘で見つかったコイン以外に、現地の人が見つけて拾い上げたものも含まれている。上で言及したカミシェフの研究は、主にそのような蒐集コインに基づいている。

（9）ここで紹介するコイン以外に第一仏教寺院からはβγy 'rsl'n pylk' x'γ'ny pny「神なるアルスラン・ビルゲ可汗の銅銭」という銘文があるコインが一点出土していた。

（10）アク・ベシム蒐集品の中には、建中（七八〇～七八三）年間にやはり安西都護府で鋳造された建中通寶も見つかっている。

（11）吉田豊「貨幣の銘文に反映されたチュルク族によるソグド支配」（『京都大学文学部研究紀要』五七、二〇一八年）一五五―一八二頁参照。

（12）護雅夫「いわゆるトゥルギシュの銅銭の銘文について」（『三笠宮殿下還暦記念オリエント学論集』一九七五年）。

（13）F. Thierry, “Sur les monnais des Türgesh”, in: M. Alram and D. Klimburg-Salter (eds.), *Coin, art, and chronology*, Vienna 1999, pp.321-349もこの説を採用している。

【III 出土遺物・文化】

セミレチエのソグド人キリスト教徒が制作したとされる銀器について

影山悦子

ウラル山脈周辺ではササン朝ペルシアや中央アジアで生産された銀器が多数発見されている。その多くはロシア帝国末期の踏査によって入手されたものであるが、一九八〇年代以降、民族学者によって数点の銀器の存在が明らかにされている。本稿ではその中からセミレチエのキリスト教徒が制作したと推定されている四点の銀皿について検討する。

はじめに

セミレチエにおいて東方キリスト教（ネストリウス派）が信仰されていたことは、イスラーム史料の記述や、考古学調査によるキリスト教会址の発見によって明らかにされている。[1] イスラーム史料の検討から、八世紀末にカルルクの可汗がキリスト教に改宗したと考えられており、それが当地におけるキリスト教の地位を高め、より多くの信者の獲得につながったことは容易に想像される。

本稿では、セミレチエのソグド人キリスト教徒が制作したと推定されている以下の四点の銀器を扱うが、それらが発見されたのはセミレチエではなく、ウラル山脈周辺である。二点はロシア帝国末期にウラル山脈西麓で発見され、他の二点は二十世紀末にウラル山脈東麓で民族学者のA・バウロによって発見されている。[2]

・グリゴロワ・プレート（Grigorova Plate）、一八九七年、カマ川上流発見（**図1**）

・アニコワ・プレート（Anikova Plate）、一九〇九年、カマ

かげやま・えつこ――名古屋大学人文学研究科附属人類文化遺産テクスト学研究センター准教授。専門は中央アジア文化史。主な著書・論文・翻訳に「ソグドのペンジケント遺跡宮殿址で出土した壁画について」（東洋哲学研究所編『仏教東漸の道――インド・中央アジア編』シルクロード研究論集第一巻、東洋哲学研究所、二〇二三年）、近本謙介・影山悦子編『玄奘三蔵がつなぐ中央アジアと日本』（臨川書店、二〇二三年）、『ソグド商人の歴史』（翻訳、エチエンヌ・ドゥ・ラ・ヴェシエール著、岩波書店、二〇一九年）などがある。

川上流発見（**図2**）

・ニルディノ・プレート（Nildino Plate）、一九八五年、北ソスヴァ川上流発見（**図3**）

・オビ・プレート（Ob Plate）、一九九九年、オビ川下流発見（**図4**）

銀器の制作技法と内側に表された図像の検討により、図像の内容がキリスト教に関係することが明らかにされ、九～十世紀にセミレチエで制作されたと推定されている。本稿では、四点の銀器をセミレチエの制作とする先行研究を詳しく紹介する。その過程で、セミレチエがまさに東西の文化が交流する場所であったこと、銀器の制作にソグド人が関わっていたことが理解されるからである。最後に、筆者が気づいたことを簡単に述べておきたい。

図1　グリゴロワ・プレート（O'Daly 2021, fig. 4）

一、グリゴロワ・プレートとアニコワ・プレート

（1）グリゴロワ・プレート

図1は、ロシア帝国末期の一八九七年に、現在のロシアのペルム地区北部、カマ川上流に位置するグリゴロフスコエ村で見つかった銀皿である(3)。

三つの円の内側にキリストの磔刑（右下）、復活（左下）、昇天（上）を表し、円の間にネストリウス派の十字架を配する。円の外側には獅子の洞窟の中のダニエル（下）、墓を守る兵士たち（左上）、ペテロの否認（右上）を表している。各場面にはエストランゲロ文字でシリア語銘文が添えられている。これが出来の悪い複製品であることについては研究者の間で意見が一致しているが、制作年代、制作地については意見が異なり、六～七世紀のシリア製とする説や十三～十四世紀のセミレチエ製とする説があった。オリエントの銀器の中で孤立した作例であったグリゴロワ・プレートの研究を大きく進めたのは、一九七四年のV・P・ダルケヴィッチとB・I・マルシャークの論文で、次に示すアニコワ・プレートとの比較検討が有効であることが示された[4]。

(2) アニコワ・プレート

アニコワ・プレートは、一九〇九年にペルム地区北部、カマ川上流のアニコフスカヤ村で、アラビア文字銘文のある銀器二点、九〜十一世紀の現地製銀頸輪三点、銀塊(インゴット)二点とともに発見された[5](**図2**)。『旧約聖書』のヨシュア記の中のイェリコの包囲の様子を表すことがマルシャークによって明らかにされている[6]。画面右上の人物がヨシュアで、彼が率いる騎兵隊がイェリコのまちを包囲する情景を表している。城門の上にはヨシュアを助けた遊女ラハブの姿が見え、

図2　アニコワ・プレート (O'Daly 2021, fig. 2)

図3　ニルディノ・プレート (O'Daly 2021, fig. 1a)

城壁の上方には角笛を吹く七人の祭司と「契約の櫃《ひつ》」が表されている。「契約の櫃」とは、十戒が刻まれた二枚の石板を納める箱で、ヨシュア記では櫃の威力でイェリコの城壁が崩れたとされる。画面上部は別のまちを包囲する場面を表し、ヨシュアの祈りに応えて天にとどまる太陽と月を表現している。「イェリコの包囲」を表す作例として、イタリアのサンタ・マリア・マジョーレ大聖堂に残されている五世紀初めのモザイク画が挙げられている[7]（図5）。城壁の左右に武装した兵士が立ち、城壁の上には遊女ラハブの姿が見える。城壁の左側の壁がまさに倒壊する瞬間を表現している。その下は祭司たちが角笛を吹き、「契約の櫃」を運ぶ場面である。また、別の部分には、ヨシュアの祈りに応えて太陽と月が天にとどまる様子が描かれている。

図4　オビ・プレート（O'Daly 2021, fig. 3a）

図5　イェリコの包囲、サンタ・マリア・マジョーレ大聖堂、5世紀初（Karpp 1966, pl. 138）

（3）グリゴロワ・プレートとアニコワ・プレートの制作年代

ダルケヴィッチとマルシャークは、二つの銀皿の制作技法、装飾文様について比較検討を行い、制作年代を推定している。[8]ササン朝ペルシアの銀皿の多くは鍛造であるのに対して、[9]この二つの銀皿は鋳造であることを指摘し、既存の銀皿の複製品であると推測している。具体的には、既存の銀皿を元に作成した型に銀を流し込んで成形し（地の部分が沈み、図柄の部分が浮き出る）、その後、表面を磨いた上で、鏨を用いて線を刻んだり、点や円などの装飾文様を打ち込んだと考えられている。

また、羽毛状の模様、三つの円からなる斑点模様、菱形の編み目模様などの装飾文様が、両方の銀皿に共通していることを指摘し、目立たない装飾文様が共通していることは、制作地と制作年代が同じであることを示唆すると述べている。さらに、グリゴロワ・プレートの光背などの内側に表された半パルメットは九～十世紀に認められること、羽毛状の模様が装飾文様として使用されるのは九～十一世紀であることから、グリゴロワ・プレートとアニコワ・プレートは九～十世紀に制作されたと推定している。

（4）アニコワ・プレートの元になった銀器の制作年代と制作地

ダルケヴィッチとマルシャークは、アニコワ・プレートの鋳造によって成形された部分に、西トルキスタンと東トルキスタンの両方の特徴が認められることを指摘している。西トルキスタンの特徴としては、城壁の張り出し部分や上部の装飾レンガの組み合わせがソグドの壁画に描かれた城壁の描写と酷似していること、装飾レンガの実物がソグドやセミレチエ等で出土していることを挙げる（後述）。一方で、兵士の長い鎧、幅の広い旗、馬の尾を束ねた払子状のもの、背負うタイプの盾は、ソグドやウストゥルシャナではなく、東トルキスタンや極東に類例があること、[10]さらに、構図の面では、東トルキスタンの仏教壁画に見られる「クシナガラの包囲（舎利の争奪戦）」の構図、すなわち、城門の左右に騎士たちを表し、城門の上部に舎利容器を持つ王たちを表す構図の影響を認めている（**図6**）。[11]東西トルキスタンの特徴を合わせ持つ銀器の制作地として、両地域の境界にあたるセミレチエを挙げ、制作年代は八世紀であると推定している。そして、八世紀末～九世紀初めに、セミレチエを拠点としたカルルクがキリスト教に改宗したことは、この推定を補強すると述べている。

先に紹介したとおり、ダルケヴィッチとマルシャークは、グリゴロワ・プレートとアニコワ・プレートは、制作技法や装飾模様が共通することから、同じ時代に同じ地域で制作されたと推定している。そのためグリゴロワ・プレートも、九

図6　クシナガラの包囲、キジル石窟第207窟（宮治 1992、図307）

〜十世紀にセミレチエのキリスト教徒によって制作されたと考えている。アニコワ・プレートは八世紀にセミレチエの工房で制作された銀皿から直接型をとったため、当初の銀皿の構図が保持されたのに対して、グリゴロワ・プレートは六世紀末〜七世紀初にペルシアの工房で制作された銀皿を手本としながら、別に型を作ったために、構図や図像にゆがみや粗さが生まれたと推定している。(12)

二、ニルディノ・プレートとオビ・プレート

(1) ニルディノ・プレート

一九八五年に現在のロシアのハンティ・マンシ自治管区内の、北ソスヴァ川流域に位置する上ニルディノ村で、民族学者のA・バウロが銀皿を発見した(13)（**図3**）。現在はシベリア考古学・民族学研究所が所蔵している。細部の線刻・刻印は別として、銀皿のサイズ、凹凸によって表された図像はアニコワ・プレートと同じである。制作技法も同じ鋳造で、その後で、図柄の部分に、鏨による線刻、刻印が行われている。ニルディノ・プレートの発見により、アニコワ・プレートが鋳造による複製品であるとするマルシャークの仮説が証明された。

図7　動物を魅了するオルフェウス、エデッサ付近、西暦194年（O'Daly 2021, fig. 9）

(2) オビ・プレート

一九九九年にバウロは同じハンティ・マンシ自治管区の小オビ川（オビ川下流）で、別の銀皿を発見した（**図4**）(14)。制作技法は、既に挙げた三点と同様に鋳造で、鋳造後に鏨で細部の図柄が表されている。バウロは、主題が竪琴を奏でる古代イスラエルのダビデ王であると解釈し、向かって右の女性をダビデ王の妻バト・シェバに、左の男性を息子のソロモンに比定している。B・オダリーは、ダビデ王の図像は、ギリシア神話に登場する詩人で竪琴の名手であるオルフェウスと習合したことを指摘している。そして、周囲に表された二十匹の動物は、象以外は両足または後ろ足を曲げた姿勢をとり、「動物を魅了するオルフェウス」を表すモザイク画などと類似することを明らかにした(15)（**図7**）。

主題を囲む円の装飾は、アニコワ・プレート、ニルディノ・プレートの外縁の装飾と同じであり、また、光背の内側に表された唐草文は、グリゴロワ・プレートの光背の内側の半パルメット文と類似する。聖者をアーチの下に表す構図はシリア語写本の挿絵に認められる(16)。

(3) アニコワ・プレートとニルディノ・プレートとの比較

アニコワ・プレートとニルディノ・プレートは基本的な図像は同じであるが、兵士の甲冑や軍旗の模様、馬具などには違いがあり、I・N・ゲムエフが細部の比較を行っている(17)。アニコワ・プレートでは甲冑や軍旗に羽毛状の模様が多用されているが、ニルディノ・プレートには全く見られない。馬具の尻繋《しりがい》に大きな違いがあり、アニコワ・プレートでは、水平な直線で表されているのに対して、ニルディノ・プレートでは、馬の背から斜め下向きに曲線で表現されている。重要な点として、ゲムエフは、アニコワ・プレートでは城壁の左側中段、手前の兵士が、右手に棒のようなものを持つが、ニルディノ・プレートでは、ヨシュアと同じ戦闘用の斧を持っていることを指摘する。この違いは、鋳造工程での失敗によりアニコワ・プレートでは、斧の先端部分を成形することができなかったことによると推定している。

ニルディノ・プレートには古い要素が認められるが、ニルディノ・プレートがアニコワ・プレートの原型となった八世紀の銀皿であるとは考えられないとし[18]、両者は同時代の職人によって制作されたが、ニルディノ・プレートの職人は、過去に存在した実物を多く保持する作風だったと推定している。その他に、裏側に金具を取り付けるための二つの穴が、同じ場所（それぞれ月と太陽の上）にあることが指摘されている[19]。当初から懸けることを意図して制作されたことがうかがえ、セミレチエのキリスト教徒がどのような目的で銀皿を鋳造したのかを考える上で重要である。

マルシャークも両者の馬具の違いについて言及している[20]。アニコワ・プレートには遅い時代のスタイルの馬具が認められるのに対して、ニルディノ・プレートの馬具はソグドの壁画に見られるスタイルであり、職人は元になった銀器の馬具の描写を忠実に写したと推定している。

三、考察

（1）ソグドに由来する要素

四点の銀皿の器形やサイズはササン朝ペルシアの銀皿と同じである。ソグド製と推定される銀器には、このような平皿よりも、口縁が花弁状に屈曲した銀碗や把手付きの杯が多い[21]。一方で銀皿の図像にはソグドに由来する要素が認められる。一つは王のレガリアである[22]。オビ・プレートのダビデ王と左側の男性は、一対の鳥の翼をかたどった王冠（鳥翼冠）をつけ、上部には球と三日月を組み合わせた飾りを付けている。また、アニコワ／ニルディノ・プレートのヨシュアの兜は、他の兵士とは異なり、両側に翼状の飾りが付いている。鳥翼冠はササン朝ペルシアの王冠に由来するが、エフタルの中央アジア支配の影響により、八世紀前半までソグドの典型的な王冠として使用されていたと考えられる[23]。さらにヨシュアが左手に持つ戦斧が注目される。ソグドの壁画に王が描かれる際には、右手に戦斧を持つことが多い[24]。もう一つは建築の要素である。既に述べたとおり、アニコワ／ニルディノ・プレートの城壁上部は数種類の装飾レンガで飾られている。同じような装飾レンガの組み合わせは、ソグドの壁画に描かれた城壁にも認められる[25]。また実際にそのような装飾レンガがソグドやウストゥルシャナ、セミレチエの遺跡で発見されている。[26]さらに、オビ・プレートのアーチは、上部に城壁文を表し、支柱の上の方が細い点において、ソグドの納骨器に表されたアーチと一致することが指摘されている。[27]

そのため、これらの銀皿は、ササン朝下のキリスト教徒のもとで制作された図案をもとに、ソグド人の職人が手元の図案（形式化していた王の姿や建築装飾など）に合わせて、細部をいくらか修正した可能性が考えられる。オビ・プレートはまさにそのような銀皿で、構図はササン朝西部に由来するが、王冠やアーチの柱をソグド式に修正したのだろう。また、ダビデ王の周りに座る二十四匹の動物の中には数種類の鹿が含まれるが、そのうちの一頭（二時の位置）の角の形状は、ソグド製銀器に見られる鹿の角と類似している。[28]この点もソグド人が制作に関わっていたことを示唆する。

(2) 東トルキスタンの仏教壁画との比較

サンタ・マリア・マジョーレ大聖堂の「イェリコの包囲」では、城壁の左右に兵士を表す場面と、次の、祭司たちが角笛を吹き、「契約の櫃」を運ぶ場面は、上下別々の区画に描かれているが、アニコワ／ニルディノ・プレートでは、二つの場面は下から上に連続して配置され、**図6**の「クシナガラの包囲」と「八王分舎利」を上下に配置する場面構成とのつながりが認められている。[29]「クシナガラの包囲」とは、仏伝を構成する物語の一つで、釈迦の入滅後に遺骨の所有をめぐって行われた争いである。その図像は、古くはサンチー第一塔南門の浮彫に見られ、その後、ガンダーラの石彫にもその様子が表現されている。[30]インドから中央アジアまで「クシナガラの包囲」の図像を検討した宮治昭は、クチャのキジル石窟の壁画では、兵士が戦闘を行うのではなく、手を挙げて舎利を要求していること、また中央アジア式の甲冑や武器をつけていることに着目し、それらがアニコワ・プレートの兵士たちにも認められることを指摘している。さらに両者は構図も類似することから、キジル石窟の「クシナガラの包囲」は、ササン系中央アジアの作品に見られるような、城壁を前にした戦闘の構図に、ガンダーラの舎利説話の図像を組み入れて仕上げたものと見ている。[31]

(3) 馬の頭部の表現

ところで、アニコワ／ニルディノ・プレートの馬は体は横向きだが、頭は斜め向きで、両方の目が表されている。これまで、鋳造後に線刻を行った職人による稚拙な表現であると解釈されてきた。[32]しかし、アニコワ・プレートとニルディノ・プレートを比較すると、馬の顔面の造形に差異がないことから、目の窪みや鼻筋の線まで鋳造によって成形されたと思われる。この推定が正しければ、原型となった銀器において馬の頭部は斜め向きに表現されていたということになる。ソグドの壁画に描かれた馬の頭部は常に横向きであり、比較的遅い八世紀前半に描かれた壁画においても斜め向きに表現された例はない。(33)キジル石窟の「クシナガラの包囲」の場面では、出版されている図版で確認する限り、基本的に馬の頭部は横向きで描かれている。(34)

図8　クシナガラの包囲（部分）、シクシン遺跡第11窟、8世紀（『俄羅斯國立艾爾米塔什博物館藏錫克沁藝術品』2011年、彩図29）

一方、シクシンの「クシナガラの包囲」の壁画には、顎をひき、観る者の方に顔を向ける馬もいる（図8）。観る者に近い方の目は完全に見えるが、もう一方の目は、まぶたの膨らみだけが見える。その描写は自然であり、熟練の職人によって描かれたと思われる。唐の章懐太子墓（七〇六年）の馬毬図や狩猟図では、前方を向いて走る横向きの馬の他に、顎をひき、観る者の方に顔を向ける馬がいる。鼻梁の上にまぶたの膨らみが見える点もシクシンの表現と類似する。(35)シクシンの「クシナガラの包囲」は八世紀に制作されたと推定されており、中国の影響を受けていることが指摘されている。(36)以上のとおり、馬の頭部の描写に注目すると、「イェリコの包囲」を表すアニコワ／ニルディノ・プレートの元になった銀器は、中国絵画の影響が及ぶ七世紀半ば以降に、東トルキスタンで描かれた「クシナガラの包囲」の絵画をもとに制作された可能性が考えられる。馬の顔面の表現は、後代の職人の稚拙な表現ではなく、東方から伝わった新しい表現方法をいち早く銀器に応用した試みと見るべきではないだろうか。

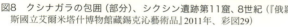

おわりに

以上のとおり、四点の銀器の図像はキリスト教美術を土台としているが、その中にソグドの文化に由来する要素や東トルキスタンの仏教美術の影響が入り込んでいることが、先行研究によって明らかにされている。キリスト教美術、仏教美術、ソグドの世俗文化が混在する造形作品として貴重であり、これらの銀器の図像を綿密に研究することによって、セミレチエ地域において、多様な宗教や文化が共存し、交流していた実態が浮かび上がってくる。本稿では、アニコワ／ニルディノ・プレートに表現された馬の頭部に注目したが、その他に、シクシンやキジル石窟の「クシナガラの戦い」には、戦斧を持つ兵士や、鳥の翼のついた兜をかぶる兵士が登場するなど、当該銀器と共通する点が少なくない。今後の課題としたい。

注

（1）セミレチエに広まった東方キリスト教については、吉田豊「中国、トルファンおよびソグディアナのソグド人景教徒――大谷探検隊将来西域文化資料二四九七が提起する問題」（入澤崇・橘堂晃一編『大谷探検隊収集西域胡語文献論叢――仏教・マニ教・景教』龍谷大学西域研究叢書六、二〇一七年）一五五―一八〇頁、森安孝夫「前近代中央ユーラシアのトルコ・モンゴル族とキリスト教」（『帝京大学文化財研究所研究報告』二〇、二〇二一年）五―三九頁、巻頭図版一―二参照。一九五〇年代と一九九〇年代の発掘調査によりアクベシム遺跡の二箇所でキリスト教会の遺構が発見されている（ＡＫＢ―4区、ＡＫＢ―8区）。山内和也・岡田保良「（翻訳）スイヤブ（アク・ベシム遺跡）のキリスト教会―第8号遺構：キリスト教会複合体」（『帝京大学文化財研究所研究報告』一九、二〇二〇年）二四七―三一九頁。現在、帝京大学文化財研究所はＡＫＢ―8区の発掘調査を行っている。

（2）B. O'Daly, *An Israel of the Seven Rivers: Sogdians and Turks reimagining a Christian past and future in early medieval Zhetysu*, *Sino-Platonic Papers* 308, 2021. https://www.sino-platonic.org/（二〇二三年十一月二十日閲覧）。四点の銀器の最新の研究であり、銀器の鮮明な写真も掲載されている。ユーラシアの銀器の情報をまとめたこちらのサイトも有用である：B. Hensellek, *Eurasian Silver*. https://eurasiansilver.com/（二〇二三年十一月二十日閲覧）。

（3）径二三センチメートル、高さ二・七センチメートル、九七七グラム。Ja. I. Smirnov, *Vostochnoe serebro. Atlas drevnej serebrjanoj i zolotoj posudy vostochnogo proiskhozhdenija, najdennoj preimushchestvenno v predelakh Rossijskoj imperii*, 1909, Saint Petersburg, fig. 38; エルミタージュ美術館蔵（W-154）。

（4）V. P. Darkevich, B. I. Marshak, "O tak nazyvaemom sirijskom bljude iz permskoj oblasti", *Sovetskaja Arkheologija* 1974/2, pp. 213-222.

（5）径二三センチメートル、高さ、重さ不明。東京国立博物館他編『シルクロードの遺宝』（日本経済新聞社、一九八五年）一五八：皿「要塞の攻囲」（解説：マルシャーク）、田辺勝美・前田耕作編『世界美術大全集』東洋編一五、中央アジア（小学館、一九九九年）図版二〇一（解説：マルシャーク、田辺勝美訳）。

（6）B. I. Marshak, *Sogdijskoe serebro: ocherki po vostochnoj torevtike*, 1971, Moscow, pp. 11, 61.

（7） Darkevich, Marshak 1974, p. 221, n. 39; H. Karpp, *Die frühchristlichen und mittelalterlichen Mosaiken in Santa Maria Maggiore zu Rom*, 1966, pls. 138, 153.

（8） Darkevich, Marshak 1974, pp. 216-219; B. I. Marshak, *Istorija vostochnoj torevtiki III-XIII vv. i problemy kul'turnoj preemstvennosti*, 2017, Saint Petersburg, pp. 331-336.

（9） ササン朝ペルシアの銀皿の制作技法には、主に、鍛造、地（背景）の部分の削り出し、別に制作した小さな部品の嵌め込みの三種類がある（P. Meyers, "Technical study", in P. O. Harper, P. Meyers, *Silver vessels of the Sasanian period* I: Royal imagery, 1981, pp. 145-183）。

（10） Marshak 2017, p. 334.

（11） Darkevich, Marshak 1974, p. 222. キジル石窟二〇七窟とシクシン遺跡第十一窟の壁画を挙げる。後者は一九〇九～一九一〇年に東トルキスタンを踏査したロシアのS・F・オルデンブルクが持ち帰り、現在エルミタージュ美術館が所蔵する。ドイツ隊はこの遺跡をショルチュクと呼んでいる。N. V. D'jakonova, *Shikshin: Materialy Pervoj Russkoj turkestanskoj ekspeditsii akademika S. F. Ol'denburga 1909-1910 gg.*, 1995, Moscow, p. 93, no. 698, pl. 22-24; *Peshchery Tysjachi Budd: Rossijskie ekspeditsii na Shelkovom puti k 190-letiju Aziatskogo Muzeja: Katalog vystavki*, 2008, Saint Petersburg, no.118; 俄羅斯國立艾爾米塔什博物館他編『俄羅斯國立艾爾米塔什博物館藏錫克沁藝術品』（上海古籍出版社、二〇一一年）七八―七九、一三一頁、彩図二九。

（12） Darkevich, Marshak 1974, pp. 214, 216.

（13） 径二三・五～二四・〇センチメートル、高さ二・九～三・四センチメートル、高台径九・七～九・九センチメートル、高台高さ〇・四～〇・五センチメートル、重さ一一〇三グラム。A. V. Baulo, "Connection between time and cultures (Silver plate from Verkhnee Nildino)", *Archaeology, Ethnology & Anthropology of Eurasia* 19, 2004, pp. 127–136; O'Daly, 2021.

（14） 径二四センチメートル、高さ三センチメートル、高台径一〇センチメートル、重さ一キログラム。A. V. Baulo, "Silver Plate from the Malaya Ob'", *Archaeology, Ethnology & Anthropology of Eurasia* 4, 2000, pp. 143–153. 地元の聖域に建てられた小屋に保管されていた。発見後も銀器は現地で信仰の対象として保持されているようである。

（15） 西暦一九四年のモザイク画、ダラス美術館旧蔵、二〇一二年にトルコに返還された（O'Daly 2021, pp. 22-24, fig. 9）。B・オダリーの論文が発表される前に、M・モーデは、オビ・プレートの中心人物をダビデ王とするバウロの解釈に疑問を持ち、銘文を持たないオビ・プレート、アニコワ／ニルディノ・プレートの三点の主題をキリスト教と関係づけて解釈することはできず、仏教、キリスト教、マニ教、ゾロアスター教の共同体が存在したセミレチエにおいて、カルルクやカラハン朝の支配者のために制作されたと主張するが、受け入れがたい（M. Mode, "König David am Kleinen Ob? Anmerkungen zu einer Silberschale in sogdischer Tradition", S. G. Vashalomidze, L. Greisiger (eds.), *Der Christliche Orient und seine Umwelt: Gesammelte Studien zu Ehren Jürgen Tubachs anläßlich seines 60. Geburtstags*, 2007, Wiesbaden, pp. 143-168）。

（16） J. Leroy, *Les manuscits syriaques à peintures conservés dans les bibliothèques d'Europe et d'Orient*, 1964, Paris, pl. 20（五八六年にザグバの聖ヨハネ修道院で書写された「ラブラ福音書」と呼ばれるシリア語写本の挿絵など）。

（17） I. N. Gemuev, "Eshchë odno serebrjanoe bljudo iz Severnogo

"Priob'ja", *Izvestija Sibirskogo otdelenija Akademii nauk SSSR. Serija istorii, filologii i filosofii*, 1988/3-1, pp. 39-48.

(18) J・A・ラーナーはニルディノ・プレートからとった型でアニコワ・プレートが制作されたと考えている（J. A. Lerner, "Anikova plate", *The Sogdians: Influencers on the Silk Roads*, online exhibition organized by the Freer Gallery of Art and Arthur M. Sackler Gallery, Smithsonian Institution, 2019. https://sogdians.si.edu/anikova-plate/（二〇二三年十一月二十日閲覧）。

(19) Gemuev 1988, pp. 47-48. アニコワ・プレートの裏側には吊り下げ用の輪が残り、表側上部の月と太陽の描写の上には、それを留める二個の鋲が見える。前掲注5『シルクロードの遺宝』一五八のマルシャークの解説参照。

(20) Marshak 2017, p. 334, n. 249.

(21) ソグド製銀器については、Marshak 1971; 斉東方（古田真一訳）「中国文化におけるソグドとその銀器」（曽布川寛・吉田豊編『ソグド人の美術と言語』二〇一一年）一四五―二一三頁参照。

(22) O'Daly 2021, p. 34.

(23) 影山悦子「中国新出ソグド人葬具に見られる鳥翼冠と三面三日月冠――エフタルの中央アジア支配の影響」（『オリエント』五〇―二、二〇〇七年）一二〇―一四〇頁。

(24) O'Daly 2021, p. 34; M. Shenkar, "The epic of "*Farāmarz*" in the Panjikent Paintings", *Bulletin of the Asia Institute* 24, 2010, pp. 73, 79. ただし、上述のとおり、ゲムエフの観察により、ヨシュアだけでなく、左側中段手前の兵士も戦斧を持つことが明らかになった。

(25) 東京国立博物館編『シルクロード大美術展』（一九九六年）一二三「マハーバーラタ図」、前掲注5『世界美術大全集』中央アジア、二一六頁、図一五二「城下の決闘図（部分）」。

(26) E. V. Zejmal' (ed.), *Drevnosti Tadzhikistana, Katalog vystavki*, 1985, Dushanbe, p. 278, no. 712, 713; S・ボボムロエフ、山内和也編『カフカハ遺跡群の図面と出土品（土器と木彫）――タジキスタン共和国科学アカデミー歴史・考古・民族研究所アーカイヴ』東京文化財研究所文化遺産国際協力センター、二〇一一年、一〇三―一〇六頁、N・ケンジェアフメト「スヤブ考古――唐代東西文化交流」（窪田順平、承志、井上充幸編『イリ河流域歴史地理論集――ユーラシア深奥部からの眺め』松香堂、二〇〇九年）二一七―三〇一頁、図三―六二。

(27) Baulo 2000, pp. 149-150.

(28) 吉田豊先生からご指摘いただいた。稲垣肇「シルクロードのトレンド――ユーラシアを駆け抜けた瑞獣たち」（『文明をつなぐもの――中央アジア』MIHO MUSEUM、二〇二二年）二〇七―二一七頁。類似する形状の角を持つ鹿を表すソグド製銀皿は、前掲注5『世界美術大全集』中央アジア、図版一九九参照。

(29) Darkevich, Marshak, p. 222.

(30) 宮治昭『涅槃と弥勒の図像学――インドから中央アジアへ』一九九二年、一五八―一八四頁。

(31) 宮治一九九二、五〇三―五〇七頁。

(32) Darkevich, Marshak 1974, p. 218.

(33) たとえば、前掲注5『世界美術大全集』中央アジア、図版一八七「勝利者ルスタム像」。

(34) 宮治一九九二、五〇五頁、図三〇七（第二〇七窟）、五一三頁、図三一七（第二二四窟）。『中国新疆壁画全集』二、克孜尔（一九九五年）、図五七（第一六三窟）。ただし、第八窟の左側の黒い馬は後ろを振り返っている（宮治一九九二、五〇七頁、図三一一（描起図）、『中国石窟、キジル石窟』三、一九八五年、

図一七九（カラー写真））。

（35）百橋明穂・中野徹編『世界美術大全集』東洋編四、隋・唐（小学館、一九九七年）図版六、七。

（36）B. Marshak, F. Grenet, "L'art sogdien (IVe-IXe siècles) : La toreutique (IVe-IXe siècles)", *Les arts de l'Asie centrale*, 1999, Paris, p. 162, fig. 215. アクベシム遺跡などから出土した仏教彫塑に見られる唐と東トルキスタンの影響については、森美智代「チュー川流域出土仏教彫塑と東方」（『二〇一七年度シルクロード学研究会報告集』二〇一七年）一一―一四頁、同「キルギス共和国チュー川流域出土の唐風石造仏教彫刻」（『帝京大学文化財研究所研究報告』一九、二〇二〇年）一五九―一七五頁。

物質文化資料からみた天山地域の遊牧民

——シャムシの遺宝を中心に

大谷育恵

アク・ベシム遺跡の東には、シャムシの遺宝として有名な多数の黄金製品が出土した遺跡がある。それら資料はキルギス国立歴史博物館で展示され、キルギスタンを代表する考古資料となっている。アク・ベシム遺跡とその東西交易路を取り巻く山地や草原地域を支配した遊牧民の姿と活動の様子をこの遺宝を中心として見てゆきたい。

はじめに

アク・ベシム遺跡は、五～六世紀にチュイ川流域に進出してきたソグド人によって築かれたと考えられている。この地に都市が建設されたのは、交易の中継地点として適しており、また農業を営むための灌漑《かんがい》施設を設けることができる地であったことがその要因として指摘されている（帝京大学文化財研究所ほか二〇一八）。しかし、農耕が可能な土地は限られており、周囲をとりまく草原では遊牧が営まれていた。

チュイ川盆地の南を限るキルギス・アラ・トー山脈を背にして言うと、その北にはセミレチエにかけて草原が広がり、古来遊牧民の地であった。一方でキルギス・アラ・トー山脈以南、そのうち現キルギスタン領域についていうと、キルギスタンには天山山脈とその枝脈が国土全体に広がっており、国土の九割が海抜一〇〇〇メートル以上という山岳国であって、ナリン周辺の内天山地域、イシク・クル湖周辺には山地ステップが広がり、ここにもまた遊牧民が暮らしてきた痕跡が残っている。本稿ではユーラシア草原地帯の考古学の

おおたに・いくえ——京都大学白眉センター・特定助教。専門は考古学。主な論文に「帯飾板」（『ユーラシアの大草原を掘る』アジア遊学二三八、勉誠出版、二〇一九年）、「草原の東から西に伝わった中国製の文物」（『同上』）、「漢～唐代の遺跡で出土した指輪とその出現背景」『東アジア考古学論叢II』（奈良文化財研究所、二〇二〇年）などがある。

立場から、アク・ベシム遺跡の外に広がっていた遊牧系文化について、キルギスタンを代表する考古資料であるシャムシの遺宝を中心に取り上げてみてゆきたい。対象としているのは、民族移動期からテュルク期初期にかけての時代である（**表1**）。

一、シャムシ古墳とその遺宝

シャムシの遺宝と呼ばれる資料は、一九五八年秋に国営農場《ソフホーズ》で行われていた収穫作業中、トラクターが地中遺構を破壊したことで偶然発見された。その場所はシャムシ川の峡谷開口部から二キロの地点であり、アク・ベシムがその末端に位置するケゲティ川扇状地からみて東の扇状地である（**図1**）。遺構は、墓室《カタコンベ》の長辺側に墓室に至る道《ドゥロモス》のついた構造の墓であったとみられる。墓室はドーム状天井の穹窿《きゅうりゅう》頂《ちょう》で、高さは破壊のため不明、床部分の大きさは三・二×二・一メートル、入り口は三つの巨石で塞がれていたという。残念ながら多くの遺物が破壊時に持ち去られ、通報後にキルギス＝ソビエト社会主義共和国科学アカデミー歴史学研究所の考古隊によって、遺物の回収と残存遺構の緊急調査が行われた。この地域の墓は、前五世紀から前三世紀のサカ期以降、地上には外表施設として積石のある古墳《クルガン》が築かれる。この遺構に墳丘も積石もなかったのは、一九五六年に農場建設に伴い削平されていたためで、削平を行った工事作業者の証言によると、二〇メートルを越えない墳丘がその時までは残っていたようである（Кожемяко, Кожомбердиев 2015）。

出土遺物は約一五〇点あるとされるが、全ての遺物が報告されているわけではない。以下順にみてゆくが、豪華な仮面や馬具などの貴金属資料は、キルギスタンを代表する考古資料として、今日もキルギス国立歴史博物館で展示されている。

表1　地域と時期区分（著者作成）

年代	地域：セミレチエ 天山	地域：ケトメニ - テュベ フェルガーナ アライ
前八～前六世紀	先サカ期	
前五～前三世紀	サカ期	
前三～後一世紀	烏孫期（前期）	
後一～五世紀	烏孫期（中期）	
三～五世紀	烏孫期（後期）	
六世紀中葉～八世紀	テュルク期	

三～五世紀→別称：民族移動期、フン期、先テュルク期

二、遊牧民の姿形、容貌

(1) 仮面を通してみた容貌と埋葬習俗

シャムシの遺宝のうち、最も良く知られているのが黄金の仮面である（**図2―1**）。額は直線状に切られ、顔の輪郭線は丸みをもって仕上げられている。大きさは縦二〇×横一四センチメートル。眼窩《がんか》や口は凹凸をつけて表現し、両耳は小孔を連ねた列点線で描き、鼻は別の金板で作ったものをリベット接合している。両眼の黒目にあたる部分には、紅玉髄《こうぎょくずい》が象嵌されている。これと同じく、金板に赤色宝石が象嵌された仮面は、新疆ウイグル自治区の波馬《ボマ》古墓でも出土している（**図2―2**）。波馬の仮面には口髭《くちひげ》や顎鬚《あごひげ》があることから男性であることが分かるが、シャムシの仮面にはそれがなく、女性と考えらえている。一方で、シャムシの仮面には鼻筋と両頬に樹状文様が刻まれており、幹や枝のライン中央には一列あるいは二列の列点文が内面から打って開けられている。樹状文様のアウトライン外側には白い練り物が塗られていたというが、輸送中に剥落してしまった。類例がなく推測になってしまうが、当時の女性、あるいは特別な女性には、このような化粧あるいは入れ墨の風習があったのかもしれない。仮面の縁には三センチ間隔で小さな孔が開けられており、仮面の内面に織物が縫い付けられていたか、頭部に固定するため衣服等に縫い付けて

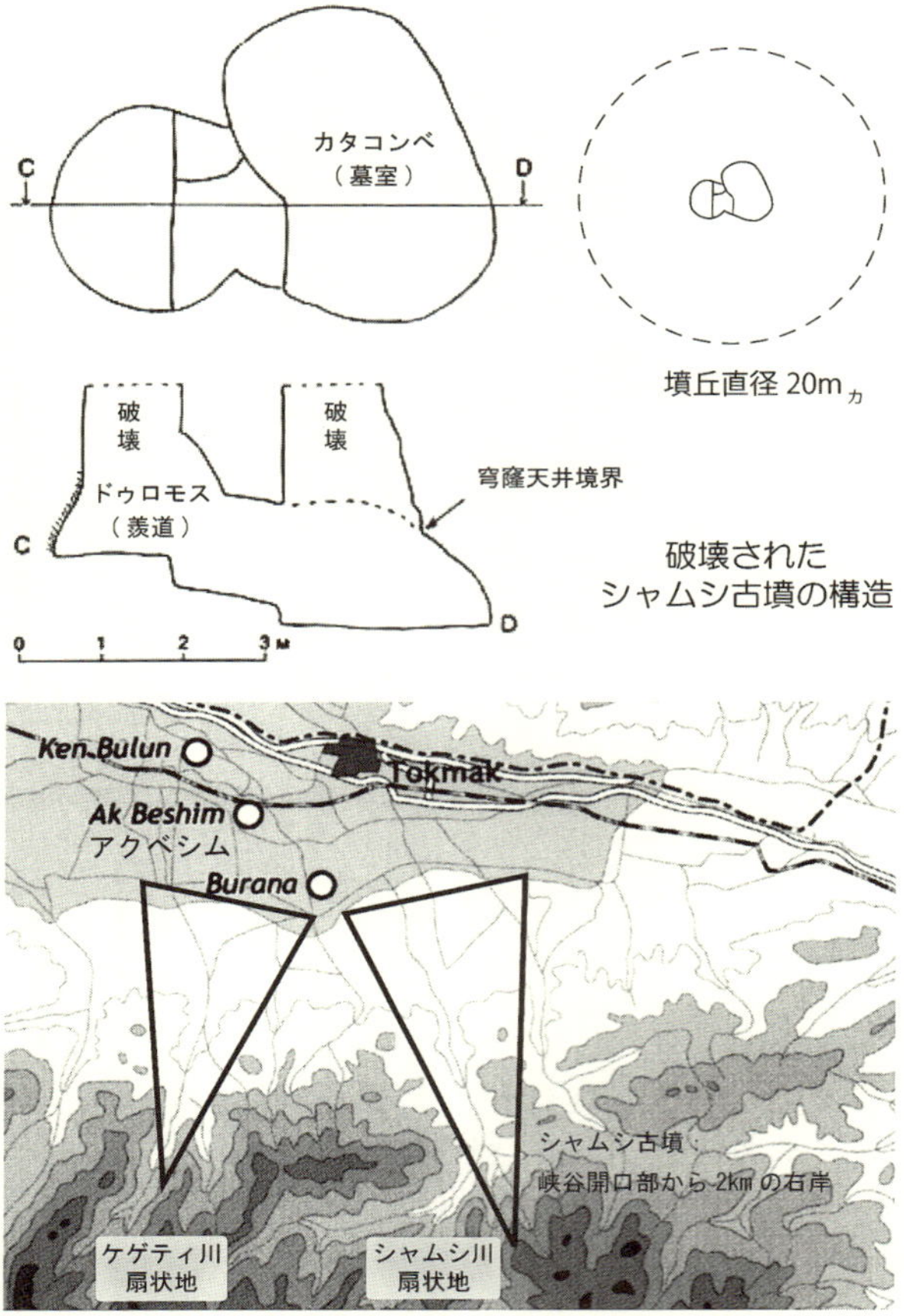

図1　シャムシ古墳とその位置

いたと推測されている。絹の残余物が発見時にはみられたという。

死者に金属製の仮面を被せて埋葬する風習は、一世紀から五世紀の東部ユーラシアの草原地帯で確認されている（大谷二〇一九）。赤色宝石を象嵌した黄金の仮面は上記二例に限られるが、貴金属の板で製作した仮面は、様々なタイプのものが各地で出土している。キルギスタンで出土した例を見ると、ジャルパク・デョベ墓地で出土した仮面は、目や口など顔のパーツを切り抜いて作った顔全面を覆う黄金の仮面である（図2—3）。それに対して、アクチー・カラス墓地の仮面は、両眉と鼻が一体化した、顔の一部パーツのみを覆うものである（図2—4上）。金の薄板をパーツの形に合わせて切って作っており、顔の側面に回して頭蓋骨から下顎骨が脱落しないよう固定する顎受け金具も伴っている（図2—4下）。装着方法が良く分かる例として中国寧夏回族自治区の史道徳墓を挙げると、この仮面は、目、眉、鼻、上下唇の各パーツを覆うもので、花冠《ディアデム》と顎受け金具を伴っている（図2—5）。花冠の中央には、三日月の弦の上に丸い円形の太陽が接して載った日月装飾、そしてその両側には花蕾《からい》文様が打ち出された五角形状の装飾がついている。顎受け金具は、顎を乗せる部分が楕円形に丸く幅広くなっており、顔に回した両端の先は、額に巻いた鉢巻状のものに留めて固定していたものと思われる。

なお、墓誌より被葬者の名が判明する史道徳墓は、固原市周辺に移り住んだソグド人集団の子孫で、「史」を姓にしていることから、

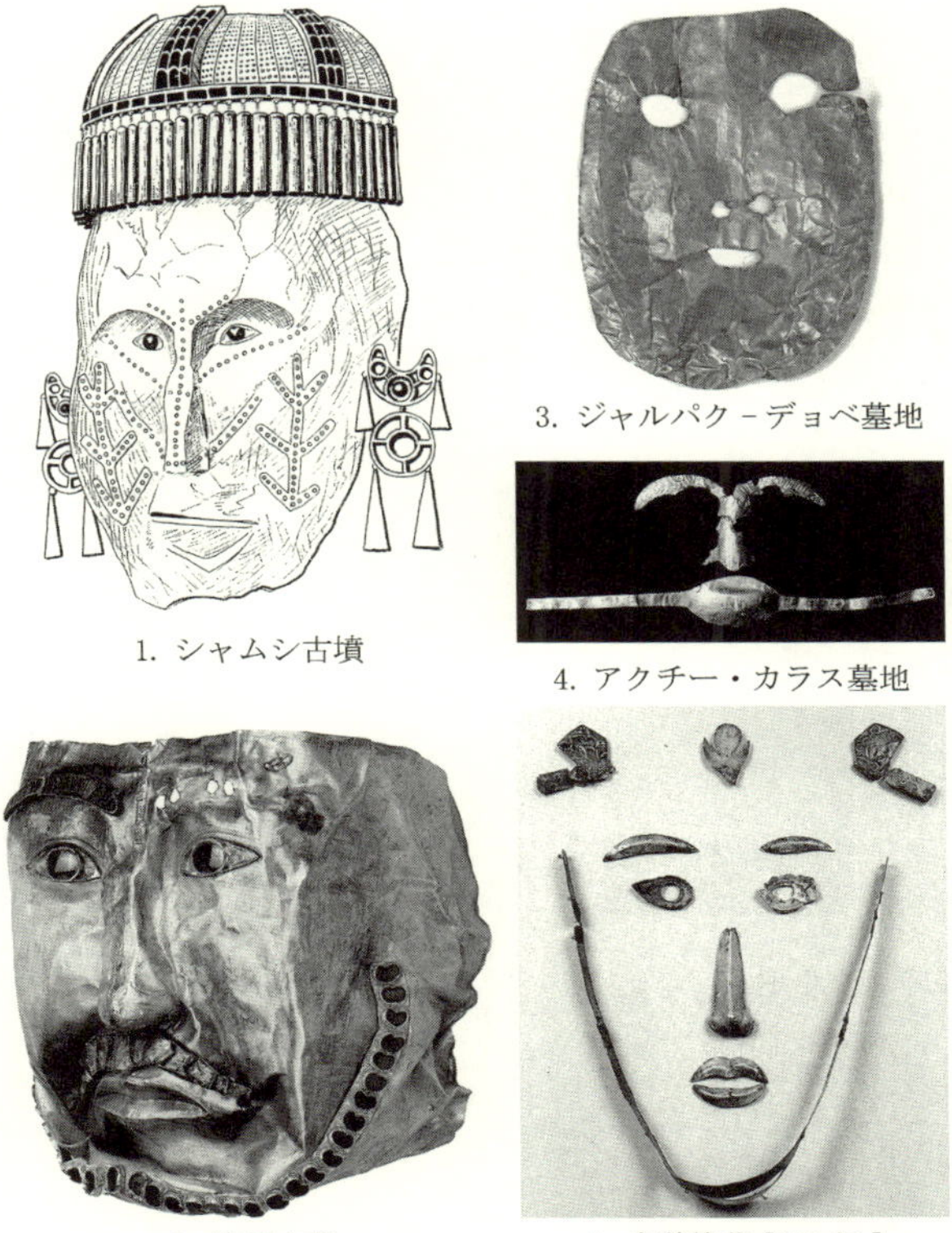
1. シャムシ古墳
2. 波馬古墓
3. ジャルパク－デョベ墓地
4. アクチー・カラス墓地
5. 史道徳墓［678 年］

図2　黄金の仮面

その先祖はサマルカンドの南にあったキッシュ出身であるとみられる。[1] ソグド人が信仰したゾロアスター教の埋葬方法は、ソグディアナにおいては死体を骨だけにして骨壺《オッスアリ》に入れ、納骨堂《ナウス》に納めるというものであるが、新疆以東に移住したソグド人はこの葬法をとっていない。死者に金属製の仮面を被せ、頭部を結束するという習俗がどこに起源するのかは明らかではないが、一世紀から五世紀の東部ユーラシア草原地帯でみられるこの習俗を、東方のソグド人も受容した例があることは興味深い点である。

(2) 石人や壁画を通してみた姿と習俗

草原地帯の古代遊牧民の姿や習俗を知りたいと思っても、彼らは自らの手で歴史や物語詩を書き残していない。セミレチエや天山地域などの草原地帯において、文字で記録を書き残すようになるのは、テュルク期以降のことである。したがって、遺跡やそこから出土した遺物を元に彼らの姿を知ろうとするわけであるが、肉体や衣服など有機質のものは通常残らないので、故人の容貌や在りし日の出で立ちを知るというのは意外と難しいことである。

そのような中、遊牧民の姿をよく伝えるのは石人である。中でも、被葬者自身の姿を彫像して立てたことが判明する稀有な例が、新疆ウイグル自治区昭蘇県に立つ石人である（図3―1）。石人は全長二・三〇メートルの赤色花崗岩製で、右腰下の平らな部分にソグド語の銘文が二十行縦書きされている。その内容は西突厥《とっけつ》の泥利可汗《でいりかがん》について伝えるもので、六〇四年に可汗が死去した後に立てられたことが分かっている（鈴木二〇一九）。石人の顔をみると、先述した波馬《ボマ》古墓の仮面と同じく立派な口髭をたくわえており、太い眉、目、鼻が表現されている。頭には花冠を被っており、その花冠の中央装飾には二重の円形とその外側左右に屈曲して伸びる線が見え、左右側頭部分にも円形の装飾があるようにみえる。石人背面をみると、少量ずつ編んだ長い辮髪《べんぱつ》を垂らしている。右手は体の前で杯の高台《こうだい》を親指と人差し指でつまむように持ち、左手は帯から下がる刀を握っている。

昭蘇県の石人のように、花冠を巻いた石人は他に例がない。先に史道徳墓の日月装飾のある花冠の例を挙げたが、ソグド美術の中に三面日月冠や鳥翼冠がみられることは影山が指摘しており（影山二〇〇七）、この泥利可汗石人の花冠もその影響を受けた造形の可能性がある。しかしこの人物が遊牧文化の側に属することは、その頭髪で分かる。七世紀に成立した『大唐西域記』は、アク・ベシムからキッシュ（史国）に至る地域を窣利《そつり》（ソグド）と記し、窣利人の風俗のうち、「頭髪は整え頭頂を露わにするか、或いは全て剪《き》り剃《そ》り、彩絹を

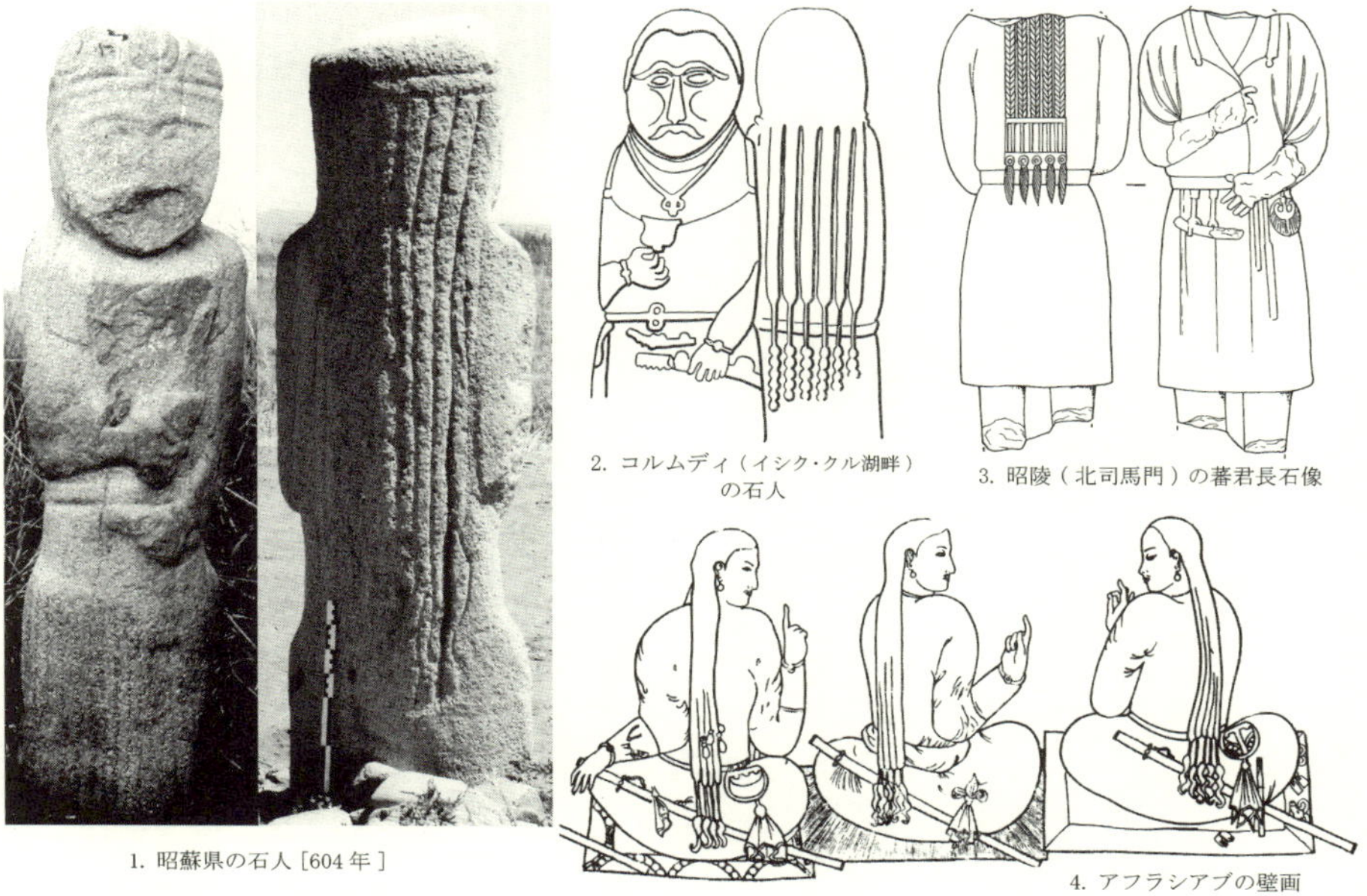

1. 昭蘇県の石人［604年］

2. コルムディ（イシク・クル湖畔）の石人

3. 昭陵（北司馬門）の蕃君長石像

4. アフラシアブの壁画

図3　草原遊牧民の姿（男性）

額に巻く」[2]と記しており、石人の遊牧民の姿とは違いがある。長い辮髪の石人は、その他にもイシク・クル湖北岸のコルムディに立つ石人（図3―2）など、草原各地で確認できる。また、草原の石人とは性格が異なるが、唐の太宗・李世民（五九八～六四九年）が葬られた昭陵の北司馬門には、唐の羈縻《きび》支配下にあった蕃君長の石像が立てられており、その中にも確認できる（図3―3）。頭髪以外の点も確認すると、昭陵蕃君長像の前合わせの上衣は、唐からみて野蛮な着衣方法の左衽《さじん》であり、コルムディの石人と同じく襟は詰めず、左右襟元は三角形に折り返して着ている。持ち物の点では、昭陵蕃君長像は右手に杯を持っていないが、帯と刀が同じく確認でき、帯に吊るすポシェット状の革袋である鞶囊《はんのう》が加わっている。基本的に三例の石人像の姿勢と持ち物はよく似ている。

一方で、造形素材に限界があることから石造物では良く分からないのが衣服の色や細部表現で、それについてはサマルカンドのアフラシアブの丘で発見された広間壁画（七世紀末～八世紀初）が参考になる。西壁にはワルフマーン王が各国使節を迎える様子が描かれているが、その中には長い辮髪の赤や白の上衣を着た人物が参列し、連珠文錦などで縁取りした敷物に胡坐《あぐら》をかいて座り、談笑している（図3―4）。赤い服を着た人物の両袖口は折り返されており（図3―4左）、その部分は白青二色で、文様があるように見える。別の場面のソグド人と言われている使節を出迎える人物の着衣を参考にすると、上衣の表地は赤単色であるが、三角に折り返した左右襟元や袖口には同様に白青の柄があり、豪華な裏地を見せて着るファッションであったことが伺える。また、**図3―4**の辮髪人物らも、長刀と鞶嚢を帯びている。

三、装身具にみえる民族移動期の特徴

草原地域で出土する装身具は主に墓からの出土資料であるため、シャムシの遺宝も被葬者が埋葬時に身にまとっていたものを見ていることになる。ユーラシア草原地帯の考古学では、三〜五世紀の民族大移動期の特徴として、赤色宝石を象嵌した貴金属製品の出土を指摘している（Амброз1981; 林俊雄二〇二二）。貴石を象嵌した金製品はサルマタイ期（中央アジアでは烏孫期）より存在するが、民族移動期になると柘榴石《ざくろいし》など赤色の石が選ばれ、象嵌される石も大型化する傾向がある(3)。貴金属製品にみられるこのような美術様式の変化は、以下装身具にも表れている。

①かぶりもの

シャムシ古墳からは、頭頂部が丸く開いた半球状の帽子が出土している（**図2―1**）。半球形の部分は列点文を打ち出した細長い金片と赤色琥珀《こはく》を三列六段象嵌した金片を組み合わせて構成し、その下部には別作りした象嵌台のある半円形の金具二点で環を作って嵌め、締めている。半円形の金具二点には合計四六個の赤色琥珀を嵌める象嵌枠があり、下面には金線がはんだ付けされ、白い練り物で作った小球と円筒形の垂飾を合計六十一個吊り下げている。

②耳飾り

シャムシ古墳の耳飾りは金製で、三日月状の装飾板の両端に装着のための掛け金をわたす(4)（**図2―1、図4**）。象嵌枠が作られているが石は残っておらず、左右に三角形の垂飾が下がっている。この耳飾りはサルマタイ並行期のやや古式の特徴を残しているが、金板の上に宝石を象嵌する大型耳飾りという点がこの地域と時代の特徴を示しており、ジャピリクII墓地四号墓のような独特の耳飾りの派生につながってゆく（**図4―1**）。

③指輪

シャムシの被葬者は、両手に一つずつ指輪を嵌めていた。装飾部は大きく、楕円形の柘榴石の両側に小さな柘榴石を配置したデザインである（**図4**）。同様の宝石配置の指輪は、ドン川下流のモルスコイ・チュレク遺跡、ウラルのトゥルバスリ文化の遺跡など、草原地帯上の遺跡で類例がある。民族

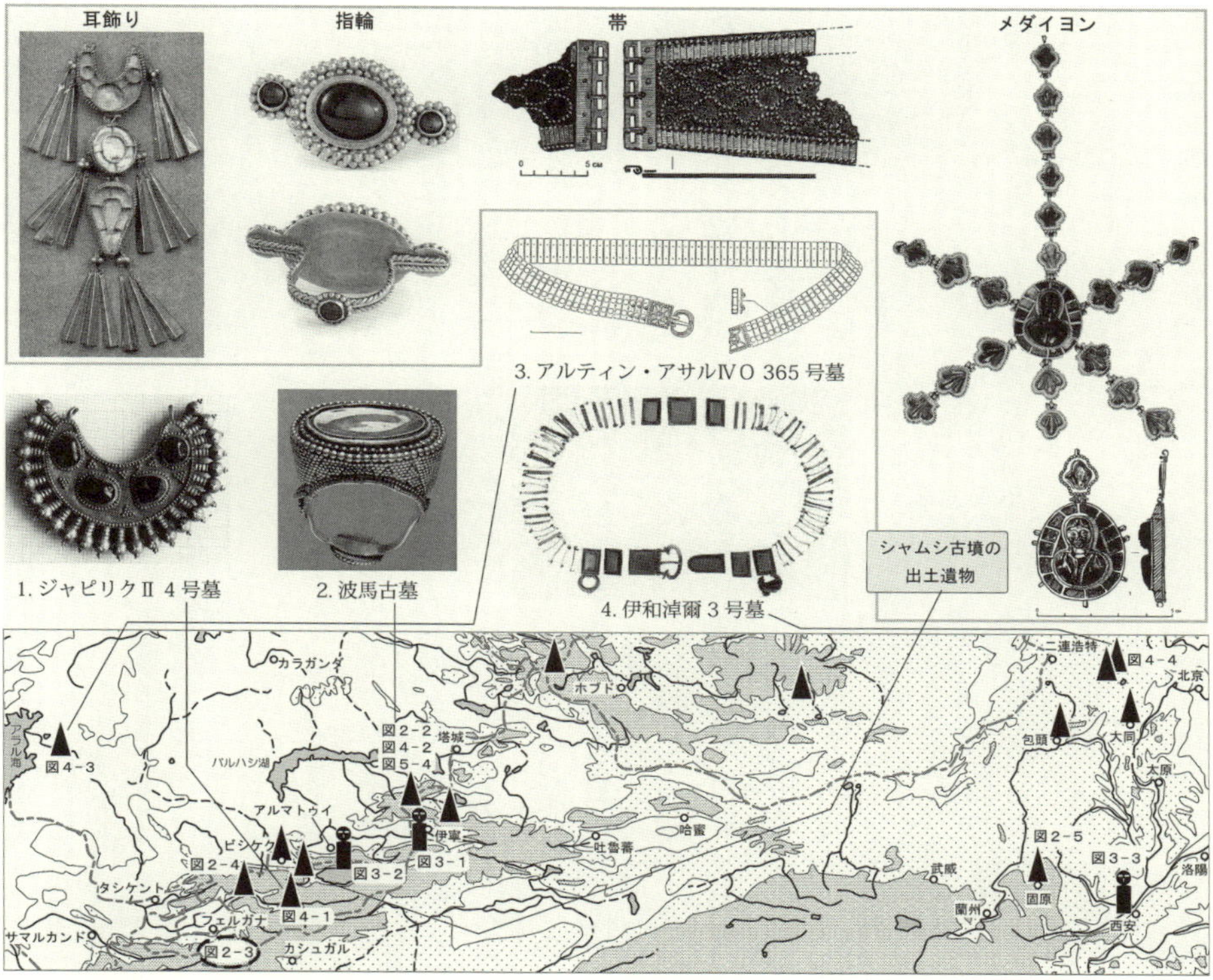

図4　草原地帯に広がる赤色宝石を象嵌した装身具

移動期の指輪であることを証明する赤色宝石の象嵌に加えて、この指輪に特徴的なのは象嵌台の反対側の位置（指内側にくる位置）に小さな象嵌が付く点である。指輪の形は異なっているが、この特徴は波馬《ボマ》古墓の指輪などにもみられる（**図4―2**）。波馬古墓の指輪には楕円形の赤色宝石一点が象嵌され、嵌石台の側面には金粒を全面にロウ付けしつつ、鋸歯文《きょしもん》を表現する。

④帯

シャムシ古墳では、革帯が約四十点の破片になって出土した。被葬者は女性と推測されることから、女性用の帯と考えらえる。留金《バックル》は銀製で、縦八・六×横二・三センチメートル（**図4**）。縦長長方形の三つの穴には可動舌《ぜつ》がついている。同形の留金が二点あり、体の前の位置で結束したものと思われるが、結合方法は良く分からない。帯革部分は二枚の革を重ね合わせており、留金から離れるにしたがって徐々に幅が広くなっている。表面には全面に鱗模様がある。帯の上辺と下辺は、縦一・八×横〇・三センチの銀板を隙間なく並べ、上下を鋲《びょう》留めしている。シャムシの帯のような幅広の帯は類例がないため、帯として一般的な幅の狭い帯の例になるが、細長い金属板を並べ付けた帯は、アラル海東岸のアルティン・アサルⅣO墓地、内蒙古自治区の伊和淖爾《イフ・ノール》三号墓など草原地帯の各地で出土している（図4―3、4）。

⑤メダイヨン

どのように用いられたのかは不明であるが、メダイヨンを紹介しておきたい（図4）。メダイヨンの台は金製で、中央には女性の胸丈半身像を立体的に浮き彫りした暗赤色の柘榴石（頭部と胴部は別の石）を嵌め、その周囲には十四個の赤色琥珀が象嵌されている。女性は大きなアーモンド形の目で、髪は真ん中で分けて梳《と》かしつけ、着衣は肩の上に襞《ひだ》の蓄えがあり、V字形に胸元が切れ込んでいる。側面六ケ所に懸垂のための環がはんだ付けされており、頭上と両肩の位置の環は二環一組、残りの三箇所は単環である。パルメット形の柘榴石を象嵌した金具二十個がこのメダイヨンと組み合わさっていたと考えられている。赤色宝石を象嵌した資料ではあるが、女性像やパルメットという要素からみて、草原地帯の遊牧民領域で製作されたものではなく、域外からの輸入品と思われる。

四、遊牧民の日常・非日常の道具

（1）什器類

シャムシ古墳から出土した飲食に関係する什器には、金製の杯、青銅製の鍑《ふく》、素焼きの水差し、銀製の匙があり（図5―1〜4）、大部分が腐朽しているため器形や数量は分からないが、木器も副葬されていたと思われる。

金製の杯は丸底で、口径七・五、高さ五センチメートル。装飾はなく、一つの持ち手の付いたのこのような形状の杯は、後の唐代金銀器にも通じるところがある。一方で、草原地帯の金工資料に特徴的な赤色宝石を象嵌した杯も波馬古墓で出土している（図5―5）。

鍑は煮炊きに用いられるナベで、青銅器時代より草原地帯の遊牧民の遺跡から出土する。大きさは、口径二四、高さ二一・四、厚さ〇・五センチメートル。横方向の把手《とって》が四つあり、元来はラッパ形に広がる台脚が付いていたと思われるが、外れてナベ部分のみになっている。

重くて壊れやすい土器は移動生活には適さないためか、相対的に遊牧民の遺跡から出土する量は少ない。シャムシ古墳から出土したのも一点で、多量の砂を混ぜた土を用い、還元焼成した素焼きの水差しである。高さ五四センチメートル。

以上の什器を用いて、シャムシの被葬者が鍑を使って何を調理し、何を飲食していたのかという食事面について知る手掛かりはないが、食事の際には匙も用いていたらしい。匙は銀製で、長さは一四センチメートル。

（2）馬具

遊牧民の生活と生業に欠かせないのが馬である。遊牧民は馬に騎乗するために馬具を用いており、普段使いの馬具であったかは疑問であるが、シャムシ古墳からは華麗な装飾のある馬具が出土している。

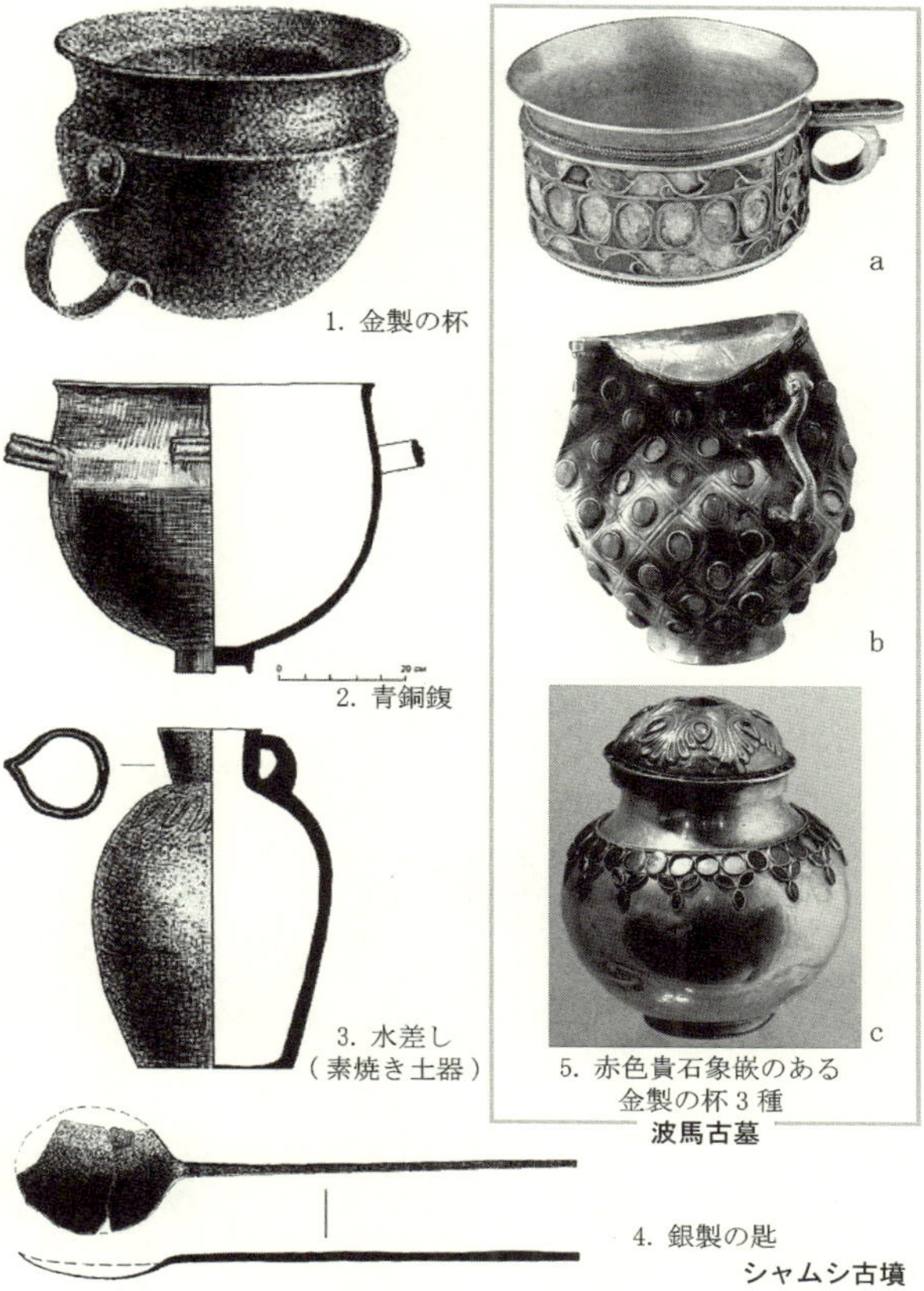

図5　什器類

図6―1の最上段二点のS字形をした金具が馬の両頬にあたる鑣《ひょう》である。青銅製で、長さ約八センチメートル。直径〇・七センチの丸い穴には馬の口に含ませる鉄の銜《はみ》の端の環が通っていたが、現在は折れて外れ、その一部が一方の孔にのみ残っている。その横の縦長の穴には、馬の頭絡《とうらく》の革帯が通されている。穴に通し、折り返して二重になった革帯には、楕円形の装飾金具の背面に付いた鋲足が打ち込まれて固定されている。楕円形の装飾金具は金銅製で長さ一・八センチ、粒の大きな金粒細工で二重の枠があるように見せており、中央には紅玉髄を象嵌している。そして、**図6―1**の二段目の二点が、手綱とその先端金具である。元来は鑣の上に重なるような形で、鑣と同じく先端金具の先の丸い環の中に銜の環が通っていた（右側の先端金具には銜の一部が残っている）。手綱の革帯も宝石を象嵌する装飾金具で留められており、一方の石は紅玉髄である

が、他方は透き通った青色ガラスである。この他に、十字に交差させた革帯の交点を楕円形装飾金具で固定したもの（三段目左）、革帯を締めるバックルが先端についたもの（三、四段目右）、装飾金具のみになったものなど、破片と部品は多数ある。

宝石を象嵌した馬具の装飾金具自体は、北カフカスから黒海北岸を支配した遊牧騎馬民族・アランの遺跡と考えられているダーチ一号墳から出土した馬具（後一世紀）のように、民族移動期以前より草原地帯西部でみられる（図6―1）。年代の差は装飾に用いられている金細工のモチーフや装飾技法の点からもうかがえるが、馬具の場合は鑣の形状からも分かる。シャムシ古墳のS字形の鑣の先端はキノコ状に膨らんでいるが、これは民族移動期の馬具に見られる特徴である（林二〇二二）。一方、ダーチ一号墳のように棒状の鑣両端が円盤状になった銜は、サルマタイ期（地域により匈奴期、烏孫期）の遺跡でしばしば見られるものであり（Brosseder 2015）、ダーチの馬具はこの円盤部分の上に宝石象嵌が加わった豪華な馬具である。シャムシの馬具はダーチのような草原西部の装飾馬具から何らかの影響を受けているのではないかと思われるが、現在のところ具体的な関係性は良く分かっていない。

（3）馬に乗って活動する：狩猟、戦闘

最後に、馬に騎乗して活動する遊牧民の姿について、絵画

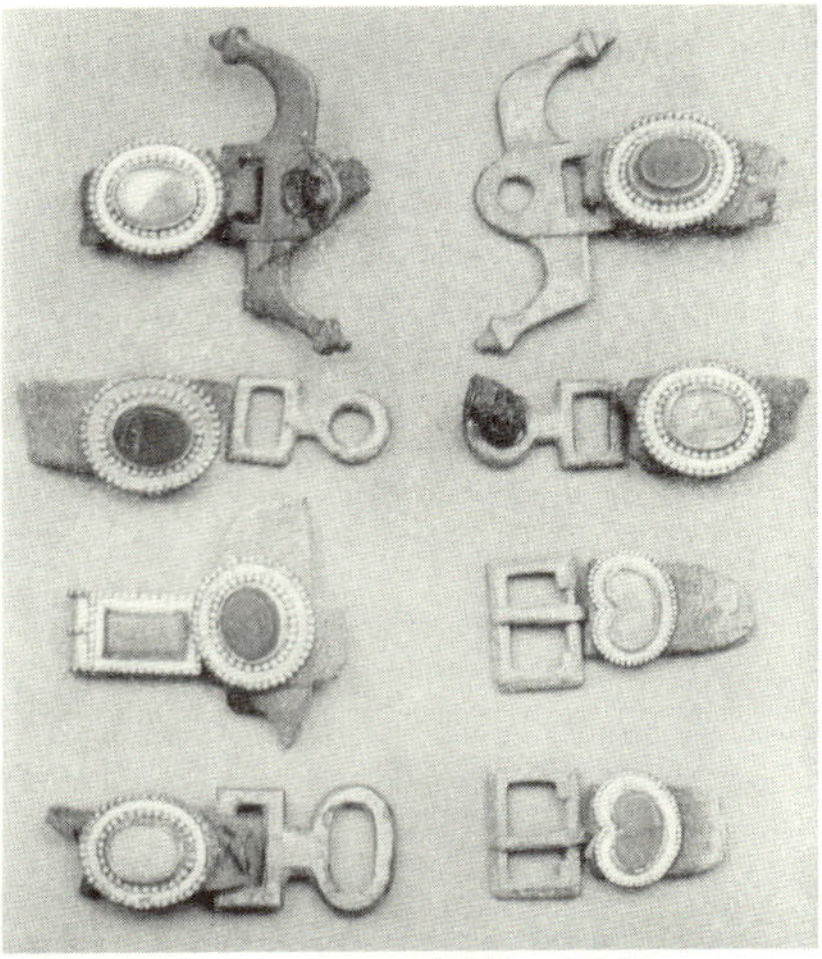

1. シャムシ古墳の馬具
（上段左右２点が鑣）

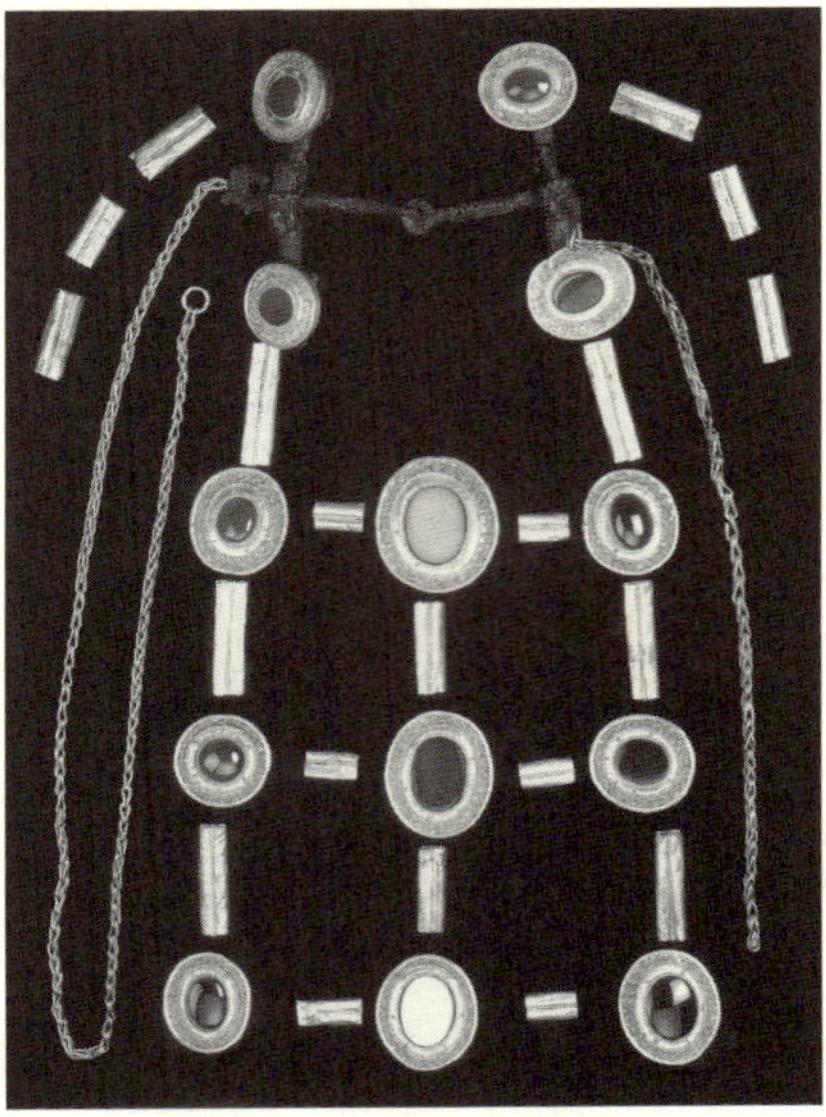

2. ダーチ１号墳の馬具
（上部に鑣と銜、金鎖の手綱）

図6　宝石象嵌で装飾した馬具

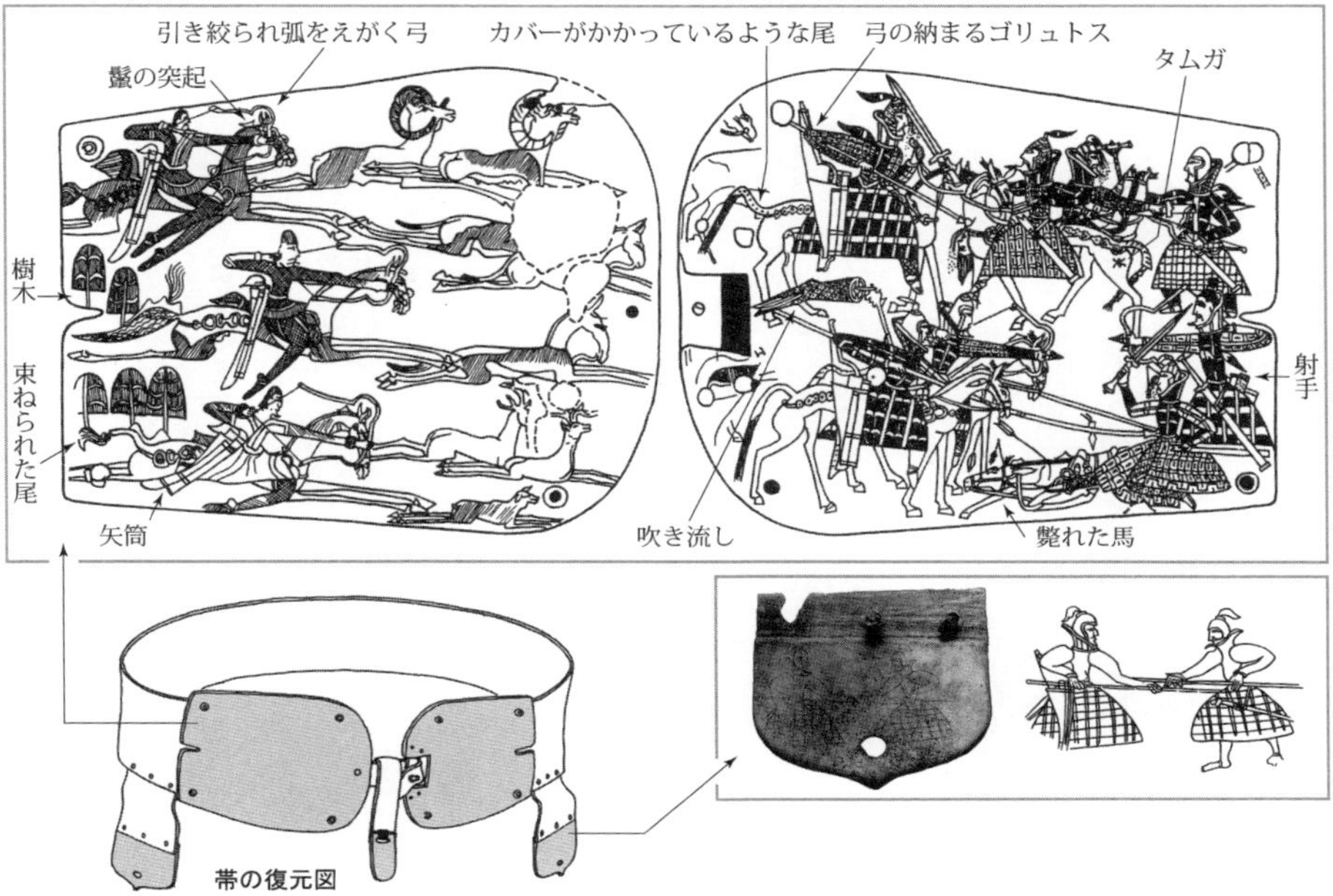

図7　狩猟と戦闘風景

資料を通して見ておきたい。ウズベキスタンのオルラト2号墓からは、狩猟風景と戦闘風景を線刻した馬蹄形の骨製帯飾板が出土している（**図7**）。

左の帯飾板が狩猟風景を描くもので、鹿や山羊など八頭の動物を林のように樹がまばらに生えたところから追い出して、三騎の騎馬人物が追っている。三人は騎乗したまま弓を引き絞って獲物を狙っているが、その脚をみると「く」の字に曲がり、鐙《あぶみ》を踏んでいない。鐙は三世紀に騎馬に慣れていなかった中華世界で生み出されたと考えられており、この画像に鐙が描かれていないのは、この帯飾板の製作年代がそれより古く、まだ鐙が登場していないからと考えられる[5]。さらに人物をみると、二名は上衣を右衽《うじん》で着ており、髪は短いか、ぴったりと帽子をかぶっている。そして、右腰には矢筒を下げている。

右の帯飾板の題材は、戦闘風景である。場面は上と下の二段に大きく分かれ、上段は槍を持つ騎兵と刀を振るう騎兵の接近戦、刀を振り上げた騎兵と歩兵の接近戦を描いている。下段の前方右には斃《たお》れた馬と落馬した騎士、そしてその落馬した騎士は刀を振るうが、槍を手にした左側の騎士に襲われている。下段後方は弓をつがえた騎士と射手である。登場人物はいずれも襟の高い鎧《よろい》と冑《かぶと》を身に着けている。武器には槍、長剣、弓矢があったことが分かり、騎兵は腰に弓袋と矢筒が一体となったゴリュトスを下げている。

馬に注目すると、下段の矢が刺さって斃れた馬の背には鞍らしきものがみえ、鞍橋が高くない鞍に騎士らは跨《またが》っていることが分かる。また、下段後方の弓を引く騎士の背中の後ろには旗竿の先から後方に流れる吹き流しが見えるので、いわゆる蛇行状《だこうじょう》鉄器のような旗指物をつける器具が鞍付近に付いていた可能性がある。人は鎧を着て重装であるが、馬は馬甲を着ていない。したがって体表が見えるので、上段の槍の刺さった馬の左臀部にある文様は、所有印《タムガ》として押された焼印と思われる。体表はおおわれていないはずであるが、馬の尾は途中まで毛束に見えない棒状に描かれており、何らかのカバーがかかっているか、あるいは尾の付け根の部分が剃られていると思われる。左の狩猟文帯飾板の馬のうち一頭も同様の表現になっており、これはユーラシア草原地帯の馬に指摘されている尾と鬣《たてがみ》に変形を加える習慣に関連している(柳生二〇一二、大谷二〇二三)。鬣についても突起状に突出した箇所のある馬がいるので、一部分の毛を残して刈り込むなどの手入れがされていたのではないかと思われる。

おわりに

ここまでシャムシの遺宝を中心に据えて、アク・ベシム遺跡を取り巻く草原地帯で暮らした遊牧民が遺した遺物を見てきた。民族移動期の赤色宝石を象嵌した豪華な貴金属製品は注目されてきたものの、それら資料の出土状況や宝石象嵌製品以外の共伴遺物の報告状況は十分ではないため、未だに三世紀から七世紀初頭は草原考古学の中でも考察が難しい時代である。現在のところ、物質文化資料からみた天山地域の遊牧民といっても、それは主に美術資料に頼った一面的なものであり、被葬者人骨や副葬された動物骨から得られる情報は抜け落ちている。アク・ベシム遺跡の調査の進展とともに草原地域の遺跡についても調査を進めてゆけば、その姿はより具体的なものになるだろう。

注

(1) 墓誌は其の先を「建康飛橋人」とするが、詳細は福島(二〇〇五)参照。

(2) 「斉髪露頂、或総剪剃、繒彩絡額」。なお、この描写はハルチャンの宮殿遺跡(ウズベキスタン・スルハンダリヤ州)の塑像などにみられる、切りそろえた髪を真ん中で分けて後ろになでつけ、額帯を巻いた男性を想起させるが、これはパルティア美術で年代差がある。

（3）赤色の石には柘榴石、瑪瑙、紅玉髄、琥珀などがあるが、鑑定されていない場合も多く、その場合は赤色宝石とする。

（4）復元図（**図2―1**）と写真（**図4**）では違いがあるが、シャムシの遺宝は修復を経ており、どちらが正しいかは現在のところ不明である。

（5）オルラトの帯飾板の年代は不明であるが、形状からみて後漢並行期（一～二世紀）。ユーラシア草原で出土する帯については大谷（二〇一九）参照。鐙の出現と普及の問題については、諫早（二〇二三）参照。

引用文献・参考文献

諫早直人「鐙の出現――騎馬文化東伝の原動力」（『馬・車馬・騎馬の考古学：東方ユーラシアの馬文化』臨川書店、二〇二三年）二〇一―二四〇頁

大谷育恵「北魏・北朝並行期の遺跡より出土した金属製頭部結束具と頸部飾」（『金沢大学考古学紀要』四〇号、二〇一九年）一二三―一四〇頁

大谷育恵「帯飾板」（草原考古学会編『ユーラシアの大草原を掘る』アジア遊学二三八、勉誠出版、二〇一九年）二〇五―二一四頁

大谷育恵「東部ユーラシア草原地帯の馬と馬具――パジリク文化期と匈奴期の特徴ある二事例を中心に」（『馬・車馬・騎馬の考古学――東方ユーラシアの馬文化』臨川書店、二〇二三年）四七―五七頁

影山悦子「中国新出ソグド人葬具にみられる鳥翼冠と三面日月冠――エフタルの中央アジア支配の影響」（『オリエント』五〇―二、日本オリエント学会、二〇〇七年）一二〇―一四〇頁

鈴木宏節「石人」（草原考古学会編『ユーラシアの大草原を掘る』アジア遊学二三八、勉誠出版、二〇一九年）二一五―二二八頁

陝西省考古研究所・昭陵博物館「二〇〇二年度唐昭陵北司馬門遺跡発掘簡報」（『考古與文物』二〇〇六年六月）三―一六頁

帝京大学文化財研究所ほか『キルギス共和国国立科学アカデミーと帝京大学文化財研究所によるキルギス共和国アク・ベシム遺跡の共同調査二〇一六』（キルギス共和国国立科学アカデミー歴史遺産研究所・帝京大学文化財研究所、二〇一八年）

中国歴史博物館・新疆維吾爾自治区文物局『天山・古道・東西風』（中国社会科学出版社、二〇〇二年）

寧夏固原歴史博物館『固原歴史文物』（科学出版社、二〇〇四年）

林俊雄「フン時代の考古学（上）」（『金大考古』八一、金沢大学考古学研究室、二〇二二年）七五―八九頁

福島恵「唐代ソグド姓墓誌の基礎的考察」（『学習院史学』四三、学習院史学会、二〇〇五年）一三五―一六二頁

柳生俊樹「前二世紀のユーラシア草原地帯東部における馬の鬣の鋸歯状整髪の終焉」（『オリエント』五五―二、日本オリエント学会、二〇一二年）六三―七五頁

Brosseder U. B., "A study on the complexity and dynamics of interaction and exchange in late iron age Eurasia", *Complexity of Interaction along the Eurasian steppe zone in the first millennium CE*, Vor-und Frühgeschichtliche archäologie Rheinische Friedrich-Wilhelms-Universität Bonn, 2015, pp.199-332

Chen Yongzhi, Song Guodong, Ma Yan, "The results of the excavation of the Yihe-Nur cemetery in Zhengxiangbai Banner (2012-2014)", *The Silk Road, 14*, The Silkroad Foundation, 2016, pp. 42-57

Stark Sören, *Die altürkenzeit in Mittel- und Zentralasien: Archäologische und historische studien*, Wiesbaden., 2008

Амброз А. К., "Кочевнические древности Восточной Европы и Средней Азии V-VIII вв.", *Степи Евразии в эпоху средневековья*, М: Наука, 1981

Золото древнего Кыргызстана: из собрания Государственного исторического музея КР, Бишкек, 2008

Габуев Т.А., 2005, *Аланский всадник: Сокровища князей I - XII веков*, М.: ГМИНВ.

Исиралиева А. Ы., *Шедевры древнего искусства Кыргызстана*, Бишкек, 2014

Кожемяко П. Н., Кожомбердиев И., "Катакомбное погребение в ущелье Шамси", *Археология Центральной Азии: Архивные материалы*, том II, Самарканд-Ташкент: МИЦАИ, 2015, сс. 130-157

Левина Л.М., *Этнокультурная история Восточного Приаралья : I тысячелетие до н.э. - I тысячелетие н.э.*, Восточная литература, 1996

Мошкова М. Г. [ред.], *Степная полоса Азиатской части СССР в скифо-сарматское время*, Изд-во Наука, 1992

Памятники культуры и искусства Киргизии: древность и средневековье : каталог выставки, Искусство Ленинградское отделение, 1983

Пугаченкова Г. А., *Искусство Бактрии жпохи кушан*, М, 1979

図版出展一覧

図1　著者作成

図2　Кожемяко, Кожомбердиев 2015, рис.1 改変

図3　1：Мошкова 1992, рис. 10-16　2：Исиралиева 2014, с.12　3：同上、一三頁　4：中国歴史博物館二〇〇二、五五頁　5：寧夏固原歴史博物館二〇〇四、一二四頁

図4　1：林俊雄撮影、Stark Sören 2008, abb.3-e　2：Мошкова 1992, рис. 22-4　3：陝西省考古研究所二〇〇六、一三頁、図19　4：アフラシアブ博物館

図5　1：著者撮影　2：中国歴史博物館ほか二〇〇二　3：Левина 1996, рис. 133-1　4：Chen Yongzhi et al. 2016, p.49, fig. 24a（top）　耳飾り、指輪、メダイヨン：Золото...2008　帯：Кожемяко, Кожомбердиев, 2015　地図：著者作成

図6　1-4: Кожемяко, Кожомбердиев 2015, рис. 3-1, 4; рис. 4-1, 2 波馬古墓：著者撮影

図7　1: Памятники... 1983, 188.　2: Габуев 2005, с.19, рис. 12.

図8　Пугаченкова 1979 加筆

キルギスにおける伝統医療とシャーマン

藤崎竜一・高柳妙子・池田直人

現存する伝統医療従事者を対象とした聞き取り調査に基づき、キルギスにおける伝統医療の伝承方法及び伝承者の役割を明らかにした。シャーマンという呼称は、役割によって細分化されており、異なる名称があることを提示した（例：医師の内科や外科等あたる）。現地研究者と協働で伝統医療従事者でありシャーマン的な存在の、バクシ、タブブチー、シャイークにインタビューした結果、現存する世界の伝統医療とは異なる源流に基を発している可能性がわかった。なお、薬用植物の先行研究においては、キルギス南西部での六十三種類が特定されているが、今回の北部での調査では、一〇〇種以上の薬用植物の特定に至った。

ふじさき・りゅういち――帝京大学医療技術学部、医学部救急医学講座・ER准教授。専門は内科感染症（熱帯病、伝統医学）、救急医学。主な論文にExotic myiasis caused by 19 larvae of Cordylobia anthropophaga in Namibia and identified using molecular methods in Japan: Ryuichi Fujisaki , Koichi Makimura, Toshihiko Hayashi, Mariko Yamamura, Toshimori Yamaoka, Kyoko Shiraishi, Sachiko Ishibashi, Sayoko Kawakami, Takeshi Kurihara, Hajime Nishiya:Trans R Soc Trop Med Hyg , Oxford University Press, 2008 ;102（6）, A case study of measles vaccination for university students during the measles outbreak in Tokyo, Japan 2007: Ryuichi Fujisaki , Mariko Yamamura, Shigeru Abe, Kousuke Shimogawara, Michihiro Kasahara, Hajime Nishiya, Miho Makimura, Koichi Makimura: J Infect Chemother, JOURNAL OF INFECTION AND CHEMOTHERAPY SPRINGER TOKYO,18 (3), 2012 などがある。

たかやなぎ・たえこ――東京女子大学現代教養学部 社会コミュニケーション学科特任准教授。専門はアジア、アフリカにおける教育社会学、国際開発、ジェンダー。主な論文にSignificance of informal learning and literacy in health promotion in rural Kenya: Seeking Maasai women's voices, The International Quarterly of Community Health Education, 2021. https://doi.org/10.1177/0272684X211004691., Informal Learning and Literacy among Maasai Women: Education, emancipation and empowerment. Oxford: Tailor and Francis, Routledge, 2020（国際開発学会2020年度奨励賞受賞）、Listen to the Voices of Maasai Women in Kenya: Ensuring the Well-Being of their Families through Collective Actions, International Journal of African Development, 5（2）, 2019 などがある。

いけだ・なおと――早稲田大学大学院アジア太平洋研究科博士後期課程在籍。フリーランスとして、開発途上国、特にパキスタン関連のＮＧＯ／コンサルタント業務に従事している。専門はパキスタンの社会開発。

はじめに

本稿の目的は、キルギスおよびイシククル湖周辺に伝わる伝統医療を明らかにすることである。伝統医療と口承文学を含む口承文芸は、とりわけ文字を持たない遊牧民にとって重要であり、外からくる宗教や侵略等の影響を受けながらも、後世に伝えられてきた（宇山・藤本二〇一五）。この文脈から、遺跡において、医療に用いた可能性がある薬用植物の痕跡、医療器具、治療施設等が発見された場合、現代に残る伝統医療に関する情報をもとに、これらの遺物を科学的に検証することが可能となる。つまり、当時に生きた人々の生活、風習から、流行していた疾病、疾患、治療法を明らかにする一助となる。

一、シャーマン

キルギス及び周辺国におけるシャーマンについての文献レビューを提示する。現代のキルギスにおけるシャーマン的な存在として、男性ではバクシ（一部女性も含む）、女性ではビュビュがいる。名称とその由来の中に貴重な情報が存在するため、これを見ていく。シャーマン的存在は、古くは十世紀以前の中国の年代記では、エニセイ川流域に住むキルギス族の魔術師が「カム（ＫＡＭ）もしくはチャム」と呼ばれている。この「カム」は、現在でも南シベリアで使われており、エヴェンキ語に由来するテュルク語である（ステパノフ&ザルコンス二〇一四）。また、唐（六一八～九〇七）のキルギス人に関する記録の中で用いられており、中世テュルク語とモンゴル語に共通の呼称だった（ボー&ソンソブラン、二〇二二）。唐の時代の終焉後、イスラーム王朝時代（一〇七七～一二三一）のキルギスにおいては、「ペリ」が一般的だった（Snesarev 1969）。この呼称は、南はイラン・パキスタン・アフガニスタン、東は中国新疆ウイグル自治区から北はキルギスの高山帯などで「妖精」を意味する言葉として、現在も存在している（石井二〇一二）。なお、これらの「ペリ」が使われている地域では、伝統医学が発達していることに着目したい。また、ビュビュについては、ペルシャ語の bibi「尊敬される女性」に由来すると考えられる（Basilov 1992; 若松寛訳二〇〇一）。

第二に、シャーマン的存在の役割を見てみる。バクシは、癒しの力、紛失・盗難物を見つける力、未来を予言する力を持っていると信じられている人物を指す（Duyshembiyeva J2002）。また、語り手と同様に、神から授かった特別な才能、または継承された特定の精神的な能力を持っていると信じられている。バクシとシャーマニズムに共通するのは、禁欲主義と神秘的な自己改善に召された人々である。ロシアや中央アジアでは、ドゥバン（托鉢僧、放浪の僧侶）とされ、その役割に応じて名称が異なっており、クウチュとエムチ（悪霊と対峙することで能力を獲得する人々）、デムチ（広義での悪霊払い）、タビプス（本草学と自然療法の分野で広範な知識を持つ治療者）、タミルチ（脈拍によって診断する治療者）、ダリカー（治療者兼悪霊払い）、トルゴチュ（占い師）、モルドス（魔法を使い、お守りを作り、しばしば薬草学の知識を持っているイスラーム学に精通した人物）が存在する（Balzer Marjorie M. et al. 2019）。その他、現地調査では、その発音とスペルに沿って、「Shayik（以下、「シャイーク」とする。）」が存在する。シャイークは、その役割と類似した発音から、一般的にSheikh（شيخ：シェイク、シャイフのように発音されることもある。）と呼ばれる存在だと考えられ、宗教的な教育を受けることによって得られる称号を持ち（ヴィレム・フォーヘルサング二〇〇五）、聖者廟などの聖なる地を護っている（石井二〇一二）。同じく聞き取り調査対象にある、「タブブチー」は上記の文献レビューとの比較によれば、タビブスに当たる。

キルギスに現存するシャーマン的な存在の人々として、「ヘビ使いのバクシ」および「脈のバクシ」がいる。Winkelman M. J.（2021）によれば、ヘビのような動物霊に関する力をもつのは、シャーマン（狩猟系シャーマン）もしくはシャーマン／ヒーラー（農耕系シャーマン）とされる。ヘビ使いのバクシ（自らバクシと語っていたが、シャイークの方が近いと思われる）が、彼女にしか見えないヘビを患者に向かわせると、患者は突然叫んだり、泣き崩れたりした有症状を示した。これは、思春期の破瓜型統合失調症の特徴である。好発年齢であることを考慮すれば、この疾患の可能性が高いだろう。バクシは、ヘビを使って清め、もみの木の煙と火で浄化することで治療している。もみの木による浄化は、エッセンシャルオイルという形で世界各地で民間療法として見られるため、これに抗精神作用があるではと推測される。加えて、もみの木の代用はペガヌム・ハルマラである。現地のバクシによると、もみの木は一時的な使用のみだが、ハルマラは数日間使用可能とのことなので、抗精神作用が持続する可能性を述べている。

脈のバクシは、生まれ故郷の村が脈を診る医師の村であり、当時その村には多くの脈を診るバクシが存在しており、今回のバクシも若いころに手ほどきを受けている（現在は、このバクシ一人だけが存続）。この脈を診る手技は、中医の脈の診かたと類似する（どちらが先かは不明）。彼らが使う、独自の生薬の中には、リウマチの痛みを和らげる生薬も数種類認められた。飲み方、休薬の必要性等を考えるとステロイドパルス療法に似た方法を使用するため、それに近い作用があるのだろう。実際、炎症の改善、痛みの低下も認められている。

通訳談によれば、上記にある、歌うバクシは語り部として別におり、イシ・ククル周辺に長時間（十二時間以上）マナスの歌を歌い続けギネスブックに載ったバクシもいるが、彼が会ったバクシやシャイークとは異なっている。この点については、エリアーデが著書「シャーマニズム」（一九七四）の中で、キルギス（およびカザフスタン）人のバクサ（もしくはバクシと呼ばれ、シャーマン的存在）は「歌い手であり、詩人であり、音楽家であり、占い師であり、司祭者であり、そして医師でもあるが、また宗教および民間伝承の保護者であり、数世紀以前の伝説の保存者であるように見える。」に該当する。これとは別に、整形外科（接骨院）に近い治療を得意とするバクシがおり、骨接ぎがうまく骨折程度なら下手な医師よりうまいという通訳談に関しては、Penkala & Adam (2014) が、キルギスおよびカザフスタンの伝統医療において、薬草師、助産師とともに、骨接ぎ師を挙げている。

このように、キルギスにおける現地調査では、シャーマン的な存在はバクシとして、同一的なグループにされて呼ばれているが、一人ひとりが特化した特技を持っており、全てを使えるバクシは現地調査で遭遇することはなかった。おそらく、「医師」という言葉と同様に、その中に内科、外科、整形外科、精神科、産婦人科、と専門領域があるのと同様に考えることができる。現地調査で遭遇したシャイークは、見る疾患が、精神疾患や、不妊、出産、発達障害という産婦人科、小児科、精神科等の女性に多い疾患を得意としていた。

バクシもシャイークも人によっては未来や過去を語るが、多くの場合、後付けの話になっており占い師のそれにあたる。この手法は、患者の信頼を得るのには役立つ。未来も過去も語るのにしばらく会話を必要としているところからも、「モンタージュ技法」に近いことがうかがわれる。なお、隣国ウズベキスタンでは、未来予想を含む占に特化している者を「フォルビン」と呼び、バクシと区別する場合もある（帯谷二〇一八）。

二、調査概要

今回の調査地は、キルギス共和国である。現地調査は、二〇二二年八月三日から八月十二日、二〇二三年七月二十六日から八月五日に実施した。主に、ライフ・ヒストリー法を用いた聞き取り調査と参与観察による質的アプローチを採用した。ライフ・ヒストリー法は、個人の生活を含む人生の記録であり、個人の生活を把握しつつ主観的な考え方を明らかにして、現在の活動がどのような過去を踏まえて展開されているのかを理解することである（谷一九九六; Keeves 1997）。筆者は、調査の目的を伝統医療従事者に説明し、同意を得て聞き

表1　キルギスにおける伝統医療に関する聞き取り調査対象者の概要

インタビュー対象者	人数
元遊牧民の末裔・地元民（ビシュケク）：通訳者	1
研究者（ビシュケク）：キルギスアカデミー&メディカルアカデミー	7
バクシ（アク・ベシム遺跡周辺）：墓場のバクシ）	1
バクシ（イシククル湖周辺）： （脈師1、ヘビのバクシ1、絵描きのバクシ1、博物館のバクシグループ7）	10
シャイーク（アク・ベシム遺跡周辺）：湧き水のシャイーク、墓場のシャイーク	2
タブブチー（ビシュケク）：街の薬師	1
計	22

取り調査を開始したわけだが、伝統医療従事者の方々は、調査期間中、非常に協力的であった。聞き取り場所は、伝統医療施術場所、居宅、博物館、などである。言語は現地の通訳者に日本語からロシア語に通訳してもらいながら進めた。なお、調査対象者は、ロシア語で問題なくコミュニケーションがとれることを確認している。録音機を使用せず、調査者の質問に対する各々の返答をノートに書き取った。固有名称等は、伝統医療従事者に確認した。キルギス科学アカデミーの共同研究者がすでに持っている地元シャーマンたちと人的ネットワークにより、聞き取り対象シャーマンと伝統医療従事者を選出した。調査対象地は、アク・ベシム遺跡周辺に加えて、イシク・アタ県チュンクルチャク渓谷（Chunkurchak Valley, Ysyk-Ata）、ビシュケク市（Bishkek）、トング県カジ・サイ村（Kaji-Say, Tong）、カラコル市（Karakol）、イシク・クル市（Issyk-kul）、アク・ブラク市（Ak Bulak）である。

三、調査結果

十四人の伝統医療従事者が現在取り組んでいる様々な施術法について語ったが、今回は、代表的な三人から聞き取った話を紹介する。それぞれの事例について、まず経歴を紹介し、次に彼らの病の診たて、治療法、使用する生薬について述べ、最後に医学的な見解を述べる。なお、これらの名前はすべて仮名である。

（1）湧水のシャイーク：グルミラ（仮名）（六十八歳、女性）の話

シャイークがその地や木、岩、（聖地）を世話することで、その地が明るくなる。彼女が守るこの地には、湧き水がありそこに三匹のヘビが住んでいる（シャイークにしか見えない）。ヘビの力とクダイ（神）とコーラン（クルアーン）の力で病を

治す。なお、アッラーはイスラム教の唯一神である一方で、クダイはペルシャ語の「神」の総称である。イスラム教のコーランは、唱えるというよりむしろ呪文的な使い方をする。重要なのはヘビの力である。

病の診たて

患者が来る前の夜には、その患者の夢を見る。その夢の中でヘビやクダイが教えてくれる。患者が来たら、話を聞き礼拝を行い、病を診る。そして、患者と手を重ね患者の発するエネルギーで診る。脈、呼吸、浮腫の状況等の診察は行わない。しかし、熱や病気の部位は患者が何も言わなくてもグルミラの手が勝手に動きそこに手を当てることとなる。

治療

訪問者、患者に対する治療法は、まずヒアリングをし、それに基づき、使用する薬草の種類や、治療法を決定する。器質的疾患（感染や喘息、癌の緩和）には薬草をよく使用するが、精神疾患には偽薬（ヘビの抜け殻）を使用していると述べている。障害児（彼らは、祖先の犯した罪の償いと認識している）の治療も行っているが（ほとんどは、コミュニケーション障害を他の刺激が入らない環境での家族とのコミュニケーションで緩和。多くの他人がいると悪化するため）、発達障害や癌末期等の患者には聖水の飲用や温泉・聖水での行水などで対応している。

生薬

タイムは食道癌末期の通過障害、ヨモギは下痢、咳嗽、等に使用する。ヨモギの場合は約二十種以上自生しているが四種を使い分ける。器質的な疾患および感染症には生薬を使用し栄養補充する。精神的疾患には、患者にヒアリングを行い、抗精神作用があると思われる生薬等を使用し治療する。

医学的根拠と見解

湧き水のシャイークは、生薬を使用した。治療法は、生薬と抗菌薬を置き換えれば、通常の感染症治療と同様である（藤田二〇一四）。タイムは抗炎症作用や、抗真菌作用、鎮咳作用が知られており（田代・久保二〇〇八）、食道癌末期の通過障害時に起こる食道カンジダ症や、癌や感染による炎症を緩和することにより一時的な通過障害は改善する。上記の通り、シャイークの治療には、現代医療とは異なるが「現在も世界で使用されている診断、治療」が使われている。

(2) 街の薬師、タブブチー、トラディショナルヒーラー：ウール（仮名）（男性、六十九歳）の話

タブブチーは、家業である。薬草の情報は、その親がメンターとなり子に伝授していく。ウールは、大学等での教育歴はない。生薬の情報は他のタブブチーとも情報交流をしており、新たな生薬の情報、使用法を共有している。得られた情報は、キルギス語の書籍「キルギスの民間療法(チョモエフ二〇〇五)」にもまとめられている。タブブチーは誇り高い職業であり、「シャーマン」と言われるのを嫌う。同様にバクシ、シャイークと同義語として使われるのも嫌う。

病の診たて

病は問診、視診、触診を用いる。聴診は行わない(聴診器はない)。触診を最も重視している。見立てに用いる考え方は「血(血圧、脈)」、「心(精神)」で診る。さらに「冷たい疾患(肝臓や、骨の疾患)」と「暖かい疾患(血の疾患:高血圧も含まれる)」に分けて診断する。診断は、基本的には症状診断であり、病気の原因を見つけ出し治療する。キルギス内でも北部と南部では使用する薬草の種類も異なる。同じ植物でも北部に自生しているものと南部に自生しているものでは、薬効に差がある。

治療

疾患に応じて、投薬を中心に接骨、マッサージ等を行う。投薬後も通院をさせ、その都度診察を行い、投薬内容の微調整や治療法の変更を行う。治療に関し、祖先や神は語らない。

生薬

使用する生薬は植物がほとんどで百種を超える。各々の生薬の取り扱いを熟知している。生薬のほとんどは、自ら生薬の産地に出向き、生薬を採取するか、農家から譲り受け、買い上げ一年のうち約二ヶ月をかけ国内で収集してきた植物を使用している。保存は、医院に隣接した倉庫に乾燥した状態で袋詰めにして保存されている。

医学的根拠と見解

診立ての考え方は、漢方(中医学)の「気」「血」「水」を用いて診断する方法に類似する(三浦二〇一四)。生薬の種類は百を超え、その多くはキルギスの固有種が多く独特である。他の代表的な伝統医療である中国の漢方薬(兵頭二〇一八)、ヨーロッパのエッセンシャルオイル(藤本二〇一七)、インドのアーユルヴェーダ(上馬場&西川二〇一七)とも一部同じ植物を使うが、使い方や対象疾患(症状)が一部異なる。

(3) 山岳の脈診の薬師:ヌルベク(仮称)(七十六歳　男性)の話

医療従事者、バクシとして医院を開業している。物理学、数学、アルマイト、森林学部を専攻した大学卒である。以前は半導体関連工場に勤務していた。自身が、子供の頃にリウマチ(心臓)に罹患し、その村のバクシ(脈を診る)の治療で完治している。その経験から、一九八〇年に工場を退職し現職についた。当時は、脈を診るバクシは村には多くいた(現在はいない)ため、彼らの元で手技を身に付けた。跡継ぎはいない。ヌルベク氏が、イシククル湖周辺では唯一の「バクシの脈師」である。

病の診たて

患者を診るときは、問診を行った後、触診、打診等を行うと同時に「脈」を診る（脈診）。脈診は、右腕六ヵ所、左腕六か所で行う。脈は、遅い早い等の脈拍数、リズムの乱れ、脈の深さ、強弱、体温等で診断する。聴診は行わない。手を握り、気を感じることで、身体の悪い部位がわかるのだとの事。神の力は使わない。

治療

診断後、生薬、食事療法、生活指導、マッサージ等を中心に行う。治療薬によっては、時に強心作用や、免疫抑制作用を思わせる薬剤を使用するため、基本的には毎日の通院を基本としている。その時に副作用等にも十分注意しつつ診察し投与量を決める。診察には、「神託」様の方法を用いるが、疾患の原因に関しては祖先、神等のものではない。

生薬

イシク・クル湖周辺に自生する約五十種類の薬草を使用している。薬草は、採取する場所が詳細に決められている（わずかな採取場所のずれが効能に差をきたすことがある）。半分程度はタブブチーの使用していたものと同様だが、残りはイシク・クル湖周辺でのみ採取されるものらしく、独自な植物を使用している。

医学的根拠と見解

病気の考え方は、「脈診」に特化した中医学（山田二〇〇七）に近い、しかしながら、疾患の考え方に「神託」の要素が多い。患者の脈診を診るときは、脈が浅いか？ 深いか？ 血管の硬さは？等を診ており中医の「脈診」と同等か、それ以上より詳しく診ている。

診断は、症状診断を用いる。前述のタブブチーと比較すると、ツボの考え方もあり中医に近いと考えられるが、五行説等の考え方は皆無であり、診立て等からも、疾患の概念の根本が中医とは異なる。

まとめ

本稿では、伝統医療とこれに関る口承文学などの文化財の保存・新興と、後世に残すという視点から、バクシのようなシャーマン的な存在や薬用植物の保全にかかる基本的な情報を提示した。今回の調査の結果、キルギスの「伝統医療は主に」バクシ、シャイーク、タブブチーが担っていることが分かった。

バクシは、日本でいう風水師や陰陽師の役割から、医療

（脈）、詩での語り部、薬草師など、様々な特殊技能を持った人々の総称である。これは、Penkala & Adam（2014）らの研究を追従している。今回調査したバクシは医療（脈を診る）に特化していた。この手法は、中医における脈診にあたる。現代医学でも、脈診は診察法として行われている。バクシの脈診は、そのどちらよりも詳細に行っている。

シャイークは精神疾患、女性の疾患等を得意としている。治療にも、行動療法（祈り等含む）が多く含まれる。その他に癌の末期のホスピス的な役割、不妊治療や、障害児のフォロー等の緩和ケアが多い。

タブブチーは、上記の彼らの情報の中から「医療」に関する部位のみを伝承している。その情報は薬学、診断等、治療に至るまで詳細にまとめられており、単なる伝統医療の伝承者という枠を超え「学問」の域まで昇華されている。

上記の三つの職の医療（薬学含む）に限って言えば、バクシやシャイークの情報はその地方の伝統医療の方法であり体系化することは難しい。タブブチーはキルギス全体のバクシやシャイークの医療情報のみを集め体系化している。

今回調査では、彼らの医学の情報は、中国、ヨーロッパ、インド、中東とも一部は似るが、本流を特定するには至らなかった。私見ではあるが、テングリ主義に発する中央アジアの医療（遊牧民の医療）の集大成との見方が当てはまる。今後の研究にて解明していく。キルギスで用いられている生薬は、多種にわたる。その種は、中国の本草図録（中国本草図録〈巻一―十、別巻〉）ともヨーロッパのエッセンシャルオイル（Johnson S. 2017）とも、インドのアーユルヴェーダ（T・C・マジュプリア二〇一三）とも一部共有している。キルギスの生薬は、使い方、腫、病の考え方等を考慮すると、どれとも同一視できないと思われる。特に、キルギスにおいては、生薬としてヨモギを多用する傾向にある。ヨモギは漢方では艾葉（がいよう）として用いられるが、薬効としては、代謝亢進や止血に用いられる（川添二〇二一）。世界中で用いられている（木村二〇二三）が、アイヌの多種な使用法や、ヨモギはこの世に最初に生えた草と言われ、とても霊力の強い草と考えられている（帯広百年記念館アイヌ民族文化情報センターホームページ）。使用法は、キルギスのヨモギの使用方法に近いと考えられる。

特に、キルギスという国については、いまだ調査が進んでいない状況であり、今後の研究として、キルギス国内の対象となる地域の拡大、聞き取り調査の対象となる宗教的実践者の拡大なども含めて、さらに踏み込んだ調査が必要であろう。一方で、伝統的な知識の保全は、持続可能な社会資源を維持するうえでも重要であり、早急に取り組む必要性があることを再認識した。この研究が考古医科学という新領域の構築に一翼を担うことができればうれしい限りである。

参考文献

石井昭男『中国のムスリムを知るための60章』（中国ムスリム研究会、明石書店、二〇一二年）
上馬場和夫、西川眞知子『インドの生命科学 アーユルヴェーダ』（農山漁村文化協会、二〇一七年）
宇山智彦、藤本透子『カザフスタンを知るための60章』（明石書店、二〇一五年）
ヴィレム・フォーヘルサング著、前田耕作、山内和也訳『アフガニスタンの歴史と文化』世界歴史叢書、明石書店、二〇〇五年）
帯広百年記念館アイヌ民族文化情報センターホームページ　アイヌ語で自然かんさつ図鑑ヨモギ（http://www.museum-obihiro.jp/riwka/nature/plant/158）
帯谷知可『ウズベキスタンを知るための60章』（明石書店、二〇一八年）
川添和義『図解：漢方処方のトリセツ〔第二版〕』（じほう、二〇二一年）
木村正典『メディカルハーブ事典 三訂新版：主要100種類の基本データ』（東京堂出版、二〇二三年）
シャルル・ステパノフ／ティエリー・ザルコンス著（遠藤ゆかり訳）『シャーマニズム「知の再発見」双書162』（創元社、二〇一四年）
セバスチャン・ボー、コリーヌ・ソンンブラン著（島村一平訳）『シャーマン　霊的世界観の探求者』（グラフィック社、二〇二二年）
田代眞一、久保浩子『アロマセラピー標準テキスト：基礎編』（日本アロマセラピー学会編、丸善出版、二〇〇八年）
谷富夫「ライフ・ヒストリー法の「原則的理解」」（『日本都市社会学会年報』一九九六巻、十四号、一九九六年）三一―四二頁
チョモエフ『キルギスの民間療法（キルギス語書籍）』（自費出版、二〇〇五年）
T・C・マジュプリア著（西岡直樹訳）『ネパール・インドの聖なる植物事典』（八坂書房、二〇一三年）
兵頭明『中医学の仕組みがわかる基礎講義』（医道の日本社、二〇一八年）二一〇頁
藤田次郎「三.感染症：今日の治療指針：私はこうして治療している」（『TODAY'S THERAPY』医学書院、二〇一四年）一八七―二五〇頁
藤本幸弘『メディカルアロマテラピーの科学』（コスモトゥーワン、二〇一七年）
三浦於菟『「気・血・水」の流れが健康をつくる――「漢方の原則」で病気知らずに！』（プレジデント社、二〇一四年）
山田勝則『脈診――基礎知識と実践ガイド』（東洋学術出版社、二〇〇七年）
若松寛訳『マナス　少年編　キルギス英雄叙事詩』（東洋文庫、二〇〇一年）
Balzer Marjorie M. et al. "Shamanism -Spiritual and Magical Practices-", *Ethnological Studies of Shamanism and Other Indigenous Spiritual Beliefs and Practices*, Vol. 18, 2019
Basilov V.N., *Shamanstvo u narodov Srednei Azii i Kazakhstana [Shamanism Among the People of Central Asia and Kazakhstan].*

Moskva: Nauka, 1992
Botaniczne P.T., "Medical ethnobotany of herbal practitioners in the Turkestan Range, southwestern Kyrgyzstan", *Acta Societatis Botanicorum Poloniae*, Vol.85[1], 2016 (Open Access Journal)
Duyshembiyeva J. "Kyrgyz Healing Practices: Some Field Notes", *The Silkroad Foundation Newsletter*, Vol.3, No.2, 2002
Johnson S. *Medicinal Essential Oils: The Science and Practice of Evidence-Based Essential Oil Therapy*, Scott A Johnson Professional Writing Services, 2017
Keeves,J.P.*Educational Research, Methodology and Measurement: An International Handbook*, 2nd ed. London: Pergamon, 1997
Penkala D. & Adam G. "The Way of the Shaman and the Revival of Spiritual Healing in Post-Soviet Kazakhstan and Kyrgyzstan", *SHAMAN*, spring/autumn Vol. 22. No. 1-2. 2014, pp.35-59
Snesarev, G. P. *Relikty domusul'manskikh verovanii i obriadov u uzbekov Khorezma.* Moskva: Nauka, 1969
Winkelman M.J. "An Ethnological Analogy and Biogenetic Model, for Interpretation of Religion and Ritual in the Past", *Journal of Archaeological Method and Theory*, Vol. 29, 2021, pp.335-389

［コラム］

アク・ベシム遺跡を活用した観光開発

榊原洋司

さかきばら・ようじ――株式会社国際開発センター執行役員、経済開発部長。約三十年間にわたり開発コンサルタントとして独立行政法人国際開発機構、アジア開発銀行などの国際協力機関の実施する観光開発・経済開発・都市地域開発の各分野の調査・計画の作成やプロジェクトの実施に従事。

一、日本とキルギス共和国の協力による観光開発プロジェクト

独立行政法人国際協力機構（ＪＩＣＡ）は、キルギス共和国の経済商務省および文化情報スポーツ青年政策省と共に、二〇二二年四月から「チュイ州世界遺産を活用した地域開発・観光促進プロジェクト」（以下、チュイ州観光プロジェクト）を実施している。このプロジェクトは、チュイ州を対象として将来の観光開発の方向性を示す将来計画を作成するものである。二〇二六年二月までの約四年間に複数のパイロットプロジェクトを実施し、それらの実施から得られた知見を活用してマスタープランを完成させる予定である。

チュイ州は首都ビシュケクを取り囲むように位置し、面積は一九八九五平方キロメートル（国土面積の一〇パーセント）、二〇二一年一月一日時点の推計人口は約九十七万人（国の人口の一五パーセント）である。世界遺産「長安―天山回廊の交易路網」のキルギス共和国内の構成遺産であるアク・ベシム、クラスナヤ・レーチカ、ブラナの塔（口絵①参照）はいずれもチュイ州に位置している。

キルギス共和国の観光は自然や遊牧民文化を活用した活動が中心となっている。特に、北東部に位置するイシククル湖は有名な観光地で、その北岸では旧ソ連時代からロシア連邦や中央アジア諸国からの観光客が夏季に長期滞在する観光施設が点在している。近年では南岸にユルタキャンプが複数整備され、遊牧民文化の体験や騎馬競技が楽しめるようになっている。イシククル湖周辺には七〇〇〇メートルを超える山々や高山の湖もあり、これらを訪れる観光活動も人気を博している。チュイ州は、観光地としてはそれほど有名ではないが、州内の二つの国立公園も観光地として利用されている。

表　三つの世界遺産とその周辺のパイロットプロジェクト

アク・ベシム	アク・ベシム遺跡公園整備
	アク・ベシム遺跡における新たな観光商品開発
	アク・ベシム遺跡啓発プログラム
ブラナの塔	いちご狩りツアー
	ブラナの塔での陶芸体験
クラスナヤ・レーチカ	多民族観光商品の開発（他民族フェスティバルとホームビジット）
	クラスナヤ・レーチカ遺跡のパンフレットの作成

チュイ州観光プロジェクトでは、シルクロードの歴史遺跡やその周辺の生活文化を紹介する新しい観光商品を創出することを意図している。これにより、歴史文化観光を自然観光と並ぶ観光の柱とし、より多くの観光客を受け入れて地元住民の雇用促進や所得向上を図ること、また、年間を通じて観光が行える体制を構築することを目指している。

二、三つの世界遺産サイトでのパイロットプロジェクト

表は世界遺産「長安—天山回廊の交易路網」の三つの構成遺産サイト（以下、世界遺産サイト）において計画・実施しているパイロットプロジェクトの主要な活動である。チュイ州観光プロジェクトでは、三つの世界遺産サイトの中でもアク・ベシム遺跡を観光地としての魅力を高めることに力を入れており、遺跡公園の整備やイベントの開催など、遺跡の整備や運営に関わるプロジェクトを実施している。一方、ブラナの塔やクラスナヤ・レーチカ遺跡周辺では、イチゴ栽培や多様な民族文化など、遺跡周辺の観光資源を活用したプロジェクトが進行中である。

　三つの世界遺産サイトの中で、ブラナの塔は十一世紀に建てられたミナレット（モスクなどのイスラム教主教施設に付属する塔で、礼拝を知らせるために使われるもの）の跡がランドマークとして残り、ビシュケクからイシククル湖への観光客にとって立ち寄る観光地となっている。遺跡公園として整備されており、二〇一六年にサイト博物館も設置されている。二〇二三年には約三万九〇〇〇人の観光客が訪れた。

　クラスナヤ・レーチカ遺跡は、アク・ベシム遺跡と同様に遺跡公園としては整備されていないが、近くの町からのアクセスが良く、地元の人々との距離が近いことが特徴である。遺跡の清掃活動やパンフレットの出版など、地元住民による

取り組みが行われている。

　アク・ベシム遺跡は、アク・ベシムの町の中心から約四キロメートル離れた農地の中に位置しており、地元の人々との関わりはこれまで薄かった。キルギス共和国科学アカデミーと帝京大学による二〇一六年からの発掘以降は遺跡に関わる人々が増えてきているが、多くの地元住民は遺跡や訪れる人々に対して関心を持っていない。このため、アク・ベシムでのパイロットプロジェクト活動では、遺跡の公園化とその活用に加え、地元住民にアク・ベシム遺跡の価値を知ってもらうための活動を計画している。これらの活動を通じて、遺跡と地域社会との相互理解と協力を深め、持続可能な観光開発を目指している。

三、アク・ベシム遺跡での活動

　アク・ベシム遺跡は、毎年四月から五月にかけて科学アカデミーと日本の大学による発掘が行われている。その時期には遺跡は活気づく。近年、中国の唐代の詩人李白の生誕地という話に惹かれた中国人観光客のグループの訪問が増えつつあるがその滞在時間は短く、全体の訪問者数は二〇二四年の観光シーズンで五七〇〇人程度である。遺跡にはユネスコにより案内板が設置されているが、遺跡内の過去の発掘地や近年の発掘成果に関する情報は不足しており、遺跡の周遊路や遺跡訪問者のための休憩施設も整備されていない。遺跡は農地の中にあるが、遺跡へのアクセス道は舗装されておらず、灌漑が行われる春先や雨の後には道路状態が悪くなり、バスなどの大型車両の通行は困難な状況となる。

　アク・ベシム遺跡を遺跡公園として整備するためには、遺跡の背景や発掘の成果の情報提供、遺跡へのアクセス道の改善、周遊路の整備、案内標識や休憩設備の設置が必要である。また、国立科学アカデミーと帝京大学及び二〇二二年から加わった龍谷大学による発掘は今後も続けられる予定であり、これらの整備は発掘活動を妨げないものとする必要がある。

　遺跡の背景や発掘の成果に関する情報は、アク・ベシムの町の中にある「文化の家」にビジターセンターを設置し、紹介する計画である。訪問者からの入場料や車両からの駐車場代を集め、遺跡公園の整備・運営資金に充てることも検討している。また、発掘の季節以外にはほとんど観光客の訪れることのない第二シャフリスタン中心部の基壇とそれを取り囲む壁の部分に現地の材料で作った日干しレンガ等を使った低い壁を作り、遺跡の遺構が観光客に分かるようにすることも目指している。

　将来的に訪問者が増加すれば、サイト博物館や駐車場の整備も必要となる。チュイ州観光プロジェクトでは、二〇二六年二月のプロジェクト終了までの短期の活動だけでなく、その後の遺跡公園化に必要な取り組みを提案することにしている。

第一シャフリスタンは夏には草が生い茂るが、これは遺跡が放牧地として利用されているためである。キルギス共和国政府は、二〇二一年四月に政令を発出し、アク・ベシム遺跡の保護に取り組んでいる。しかし、二〇二三年十月現在でも、第二シャフリスタンの西側半分は民間所有の土地であり、遺跡の多くは農地として利用されている。遺跡公園化や発掘を進めるためには、土地の所有や利用に関する問題を解決する必要がある。遺跡公園化に必要な取り組みを提案することと合わせて、チュイ州観光プロジェクトではその前提となる土地の所有や土地利用の問題にも対応している。

図1　ビシュケクの日本人会の遺跡見学会で第2シャフリスタンの発掘の状況を説明する帝京大学山梨文化財研究所の平野修氏

　アク・ベシム遺跡が賑わいのある遺跡公園となるためには、施設の整備だけでなく、人々が集まる「楽しい場所」としての魅力を高める必要がある。アク・ベシム遺跡では二〇二一年から地元自治体によって遺跡内の広場で子供を含む地元の人々によって歌や踊りが披露されるイベント「アク・ベシム・フェスティバル」が開催されている。二〇二三年にはイランや中央アジアの国々で春（新年）の訪れを告げるノウルーズの日に開催された。チュイ州観光プロジェクトもこのフェスティバルの開催を支援しており、今後もこのようなフェスティバルを開催していきたいと考えている。

　二〇二三年から二〇二五年にかけては、科学アカデミーと日本の大学の発掘期間中に遺跡見学会を実施し、地元住民や学生、メディア、学校の生徒を対象に遺跡の説明を行った。遺跡の説明はアカデミーや日本の大学の研究者が行ったが（**図1**）、今後は、地元の人々が訪問者に遺跡の説明ができるような取り組みも進めていきたい。これにより、アク・ベシム遺跡と地域社会との結びつきを強化し、持続可能な観光開発を目指している。

四、訪問者と地元の人々に愛されるアク・ベシム遺跡となることを願って

　チュイ州観光プロジェクトは二〇二二年四から二〇二六年二月までの四年間の

図2　第1シャフリスタンの東方教会の発掘の様子を見学する中国人観光客

活動期間であり、二〇一六年からコロナ禍を挟んで継続的に行われている国立科学アカデミーと帝京大学及び龍谷大学による発掘活動と比較すると短いものである。それでも、三つの世界遺産の周辺に住む人々が自分たちの住む場所に存在している歴史遺産の価値と意義を再発見し、観光資源として活用するきっかけを作ることができればと考えている。また、アク・ベシム遺跡がシルクロードの遺跡の中でもユニークな特徴を持つものとして世界中の人々からの関心を集めることを期待している。世界中の多くの人々がこの遺跡を訪れ、地元住民と訪問者の間で新たな交流と理解が生まれること、遺跡の地元の人々が遺跡に誇りを持ち、また訪問者との交流の中で経済的にも潤うことを願っている。チュイ州観光プロジェクトがこのようなきっかけを作り出せるよう、今後もプロジェクトに真摯に取り組んでいきたいと考えている。

［コラム］

ファインダーから見たキルギス

福田大輔

ふくだ・だいすけ――有限会社アド・デザイン企画、映像・デザイン制作。二〇一七年よりキルギス共和国アク・ベシム遺跡調査を撮影。

二〇一七年、私はある撮影依頼をいただいた。依頼内容は帝京大学文化財研究所による遺跡調査の記録映像を制作すること。その遺跡とはキルギス共和国のアク・ベシム遺跡であった。

私の会社は山梨県を拠点に、映像制作やデザイン制作を行っている。キルギスという未知の地で、しかもシルクロードの遺跡を撮影できるなど、またと無い機会であり、私は心を躍らせながらそれをお引き受けすることとなった。

同年四月。はち切れそうな機材バッグを背負い、私は初めてキルギス共和国を訪れた。初めて踏み入る異国の地に期待と不安が入り交じる。しかしその緊張感は、目の前の景色がすぐに吹き飛ばしてくれた。標高四〇〇〇〜五〇〇〇メートルの山々が連なるキルギス・アラトー山脈（**図1**）。雪を戴く壮麗な山々に私は心を奪われ、夢中でシャッターを切っていた――。

それ以来、二〇二五年現在まで記録撮影を続けてきた。制作した映像は日本語だけではなく、英語、中国語、ロシア語にも翻訳され、その年ごとにインターネット上で公開されている。こうしてアク・ベシム遺跡の事業に関わってきたご縁で、今回このコラム掲載の機会をいただいた。ここでは私がファインダー越しに見てきたキルギスの美しい風景、人々の暮らしを写真を通してお伝えしたい。

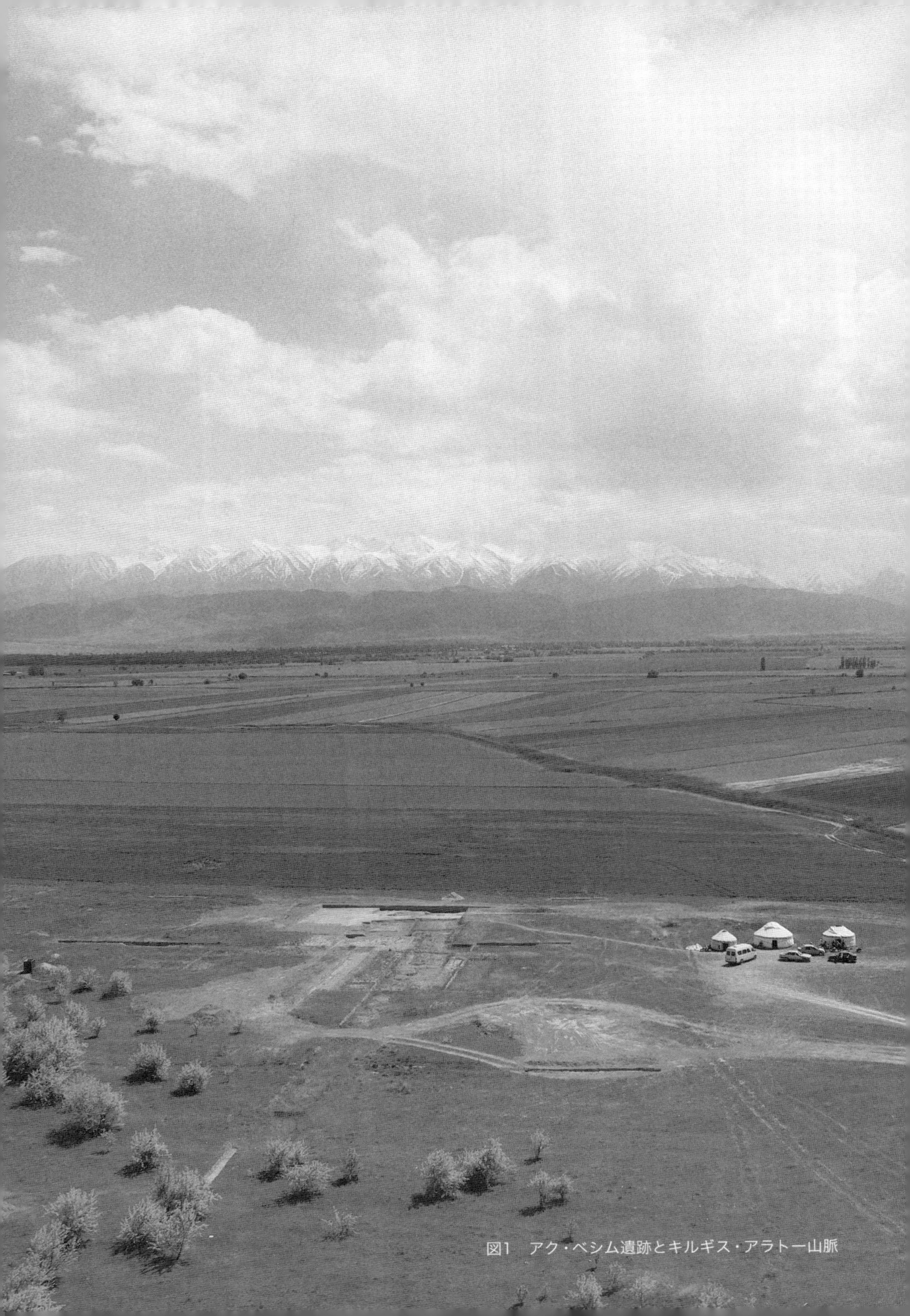

図1　アク・ベシム遺跡とキルギス・アラトー山脈

（上）図2　バザールのハチミツ店
（中）図3　ビシュケク市内
（下）図4　アラトー広場のマナス像

（1）首都　ビシュケク

キルギス共和国の首都ビシュケク（図2〜7）。北緯四十三度。政治、経済の中心地であり、官公庁、大学、博物館、美術館、劇場、ショッピングモールなどが並ぶ。しかし街を歩くと、のんびりとした穏やかな雰囲気が漂う。

街の中央にある「アラトー広場」（図4）。巨大な英雄マナス像が見守るその広場には、大きな国旗がはためいている。

(上・下右) 図5・6　ビシュケク市内のお祭りにて
(下左) 図7　ビシュケク市内のモスク

(2) イシク・クル湖

ビシュケクから東へ約一五〇キロ離れた高地に青く美しい湖がある。中央アジアの碧い宝石「イシク・クル湖」だ（図8・9）。その広さは琵琶湖の九倍程。対岸が霞んで見えないので、その奥に聳える山々が湖に浮いているように見える。夏には避暑地として多くの人々で賑わう。

湖畔では伝統競技「コクボル」の練習が行われていた（図10・11）。頭を切り落とした山羊を奪い合いゴールに投げ入れるという、中央アジア諸国で行われるスポーツである。馬と騎手が一体となって繰り広げる勇ましい姿は、キルギス人の力強さと誇りを象徴しているようだった。

これらの撮影の中で、美しい自然も然

(上／次頁) 図8・9　イシク・クル湖
(中上／中下)
　図10・11　伝統競技コクボル
(下) 図12　湖畔の村に住む家族

る事ながら、この国の人々の人懐っこい表情がとても印象的だった（**図12、口絵⑦⑧**）。残念ながら私はキルギス語を話すことができない。自分が何者なのか説明することも出来ない外国人である私がカメラを向けても、彼らは笑顔で手を振り返してくれる。その手の温かさと力強さをこれからもカメラに収めていきたい。

（上）図13　湖畔からの日の出
（下）図14　湖畔の夕日

執筆者一覧（掲載順）

山内和也	齊藤茂雄	佐藤　剛
櫛原功一	平野　修	岩井俊平
向井佑介	植月　学	赤司千恵
中山誠二	望月秀和	森美智代
福井淳哉	柿沼陽平	吉田　豊
藤澤　明	影山悦子	大谷育恵
藤崎竜一	高柳妙子	池田直人
榊原洋司	福田大輔	

【アジア遊学 302】

アク・ベシム遺跡《いせき》を掘《ほ》る

よみがえるシルクロードの交易都市

2025年4月25日　初版発行

編　者　山内和也・齊藤茂雄
発行者　吉田祐輔
発行所　株式会社勉誠社
〒101-0061　東京都千代田区神田三崎町 2-18-4
TEL：(03)5215-9021(代)　FAX：(03)5215-9025
〈出版詳細情報〉https://bensei.jp/

印刷・製本　㈱太平印刷社
組版　デザインオフィス・イメディア（服部隆広）
ISBN978-4-585-32548-2　C1322

298 無住道暁の拓く鎌倉時代

―無住道暁の拓く鎌倉時代

土屋有里子　編

アジア遊学既刊紹介

301 描かれた法華経
―本法寺蔵「法華経曼荼羅図」の時空

原口志津子　編

カラー口絵
刊行に寄せて　原口志津子
Ⅰ　本法寺本の伝来・史的位置づけ
明応の政変と本法寺蔵「法華経曼荼羅図」　松山充宏
足利義材と五山派禅宗寺院の人事　髙鳥廉
Ⅱ　本法寺本の美術史的位置づけ
本法寺蔵「法華経曼荼羅図」に見る浄土のイメージ―宝樹を中心に　鴈野佳世子
本法寺蔵「法華経曼荼羅図」と版本細字法華経―構図と図様の比較から　小林知美
中世律宗絵画としての本法寺蔵「法華経曼荼羅図」　瀬谷愛
「一遍聖絵」にみられる法華経経意絵的モチーフについて　五月女晴恵
本法寺蔵「法華経曼荼羅図」に見る龍女と金翅鳥の図像ほか二、三の問題　原口志津子
Ⅲ　説話の宝庫としての本法寺本
本法寺蔵「法華経曼荼羅図」薬草喩品第五における救済のモチーフ　小林直樹
本法寺蔵「法華経曼荼羅図」における絵画化されるテクストの位相　本井牧子
本法寺蔵「法華経曼荼羅図」描き起こし図作成レポート　石崎誠和
編集後記　原口津子

300 性なる仏教

大谷由香　編著

序文　大谷由香
Ⅰ　女性が出家すること／女性がさとること
東アジアにおける比丘尼受戒譚と三人の尼　大谷由香
仏性と女性　村上明也
Ⅱ　性の超越と仏教
転変する性　岸田悠里
律蔵に記載される「性転換」した人々―上座部の比丘尼僧伽復興に関連して　サッチャーナンディー
Ⅲ　理想化される女性像
浄土真宗本願寺派における母親像　小野嶋祥雄
［コラム］我を抱擁せよ―『華厳経』の婆須蜜多女をめぐる教理解釈と明恵　野呂靖
Ⅳ　ルッキズムな仏教
美僧の登場　河上麻由子
玄奘の肖像と玄奘イメージの系譜　大島幸代
［コラム］僧侶の美醜　大谷由香
Ⅴ　仏典とともに生きる女性たち
写経と女性　前島信也
［コラム］堕地獄の諸相―女性の堕地獄と救済　南宏信
Ⅵ　僧と家族／僧の家族
僧の女犯・妻帯と清浄性―「僧の家」と女人禁制をめぐって　坪井剛
僧の妻の系譜、坊守の系譜　板敷真純

299 近代日本の中国学―その光と影

朱琳・渡辺健哉　編著

序文　近代日本の中国学―その光と影　朱琳
総論
「中国知」と「シナ通」　山室信一
近代日本の中国学の系譜　小野寺史郎
第Ⅰ部　「東洋史」と「支那学」の確立
那珂通世と桑原隲蔵―その中国史像を中心に　黄東蘭
白鳥庫吉と内藤湖南―同時代人としての共通点　吉澤誠一郎
服部宇之吉と狩野直喜―「支那学」の光と影　水野博太

玄奘三蔵

新たなる玄奘像をもとめて

佐久間秀範・近本謙介・本井牧子【編】

七世紀、遠くインドへ旅に赴き、
多数の仏典・仏像を将来、仏典の漢訳により
東アジアにおける仏教の基盤を作り上げた仏者、玄奘三蔵。
その求法の道行はいかなるものであったのか。
そして、その思想はどのように形成され、伝えられていったのか。
言説・絵画作品などで玄奘は
どのように語られ、描かれているのか。

**仏教学・文学・美術など多角的な視点から玄奘の、
そして、玄奘にまつわる
思想・言説・図像を読み解く画期的論集。**

【執筆者】※掲載順
佐久間秀範◎近本謙介◎桑山正進◎吉村誠◎橘川智昭◎師茂樹
ステファン・デル◎蓑輪顕量◎阿部龍一◎肥田路美◎荒見泰史
李銘敬◎本井牧子◎谷口耕生◎落合博志

本体 一二、〇〇〇円(+税)
A5判・上製・五一二頁

勉誠社
千代田区神田三崎町 2-18-4 電話 03(5215)9021
FAX 03(5215)9025 WebSite=https://bensei.jp

東西交渉とイラン文化

井本英一【編】

東洋と西洋の結節点に位置し、
古代より宗教・文化・文物の
発信地であったイラン。
宗教・思想・伝承、
そしてヒト・モノといった様々な観点から
その文化交渉における諸相を多角的に論じ、
世界史に与えたイラン文化の影響を考察する。

【執筆者】※掲載順
井本英一
岡田明憲
松村一男
吉田敦彦
奥西峻介
前田耕作
杉田英明
森　茂男
岡本健一
竹原　新
森谷公俊
田辺勝美
道明三保子
星谷美恵子
谷　一尚
由水常雄
森部　豊
山下将司
青木　健

本体 2,000円(+税)

ISBN978-4-585-22603-1
【アジア遊学 137号】

勉誠社
千代田区神田三崎町 2-18-4 電話 03(5215)9021
FAX 03(5215)9025 WebSite=https://bensei.jp